세상에서 가장 흥미로운 철학 이야기

근현대 편

■ 일러두기

— 이 책의 곳곳에 인용문이 등장한다. 필자가 인용한 책은 모두 참고 문헌에 표기해두었다.

— 책의 본문에 나오는 인용문은 처음에는 출처를 각주로 표기하여 서지 사항, 인용 쪽수 등을 모두 밝혀놓고
 자 했다. 그러나 자세한 인용 출처가 책의 가독성과 독서의 흐름을 방해할 수 있다는 편집진의 권고에 따
 라 인용에 대한 주석은 과감하게 생략하기로 했다. 대신 참고 문헌에서 각각의 철학자와 관련해 사용했던
 문헌 출처를 밝혀놓았다.

— 필자가 이 책 전반에 걸쳐 많이 인용한 책은 본문에 약호를 사용해 표시해놓았다. 약호는 참고 문헌에서
 다음과 같이 밝혀놓았다.

 Weischedel, W., Die philosophische Hintertreppe, dtv, 2008; 이기상·이말숙 옮김,《철학의 뒤안길》, 서
 광사, 1991. 〔이 책의 약호는 PH로 하고 인용은 본문에 "(PH 인용 쪽수)"로 표시〕

— 필자가 책의 흐름을 유지하기 위해 자세한 인용 출처에 대해 과감하게 생략했지만, 이 책은 앞선 연구와 번
 역이 없었다면 작업이 불가능했을 것이다. 이 책에 인용된 선행 연구자들과 번역자들에게 감사를 드린다.

세상에서 가장 흥미로운 철학 이야기

근현대 편

이동희 지음

휴머니스트

이 책은 처음으로 철학에 관심을 가진 사람, 한번쯤 철학에 도전했다 흥미를 느끼지 못해 뒤돌아선 사람들을 위해 쓴 것이다. 철학에 접근하는 길은 여러 가지가 있다. 나는 철학자들의 삶을 재구성해 그들의 철학을 새롭게 이해하는 길을 택했다.

〈고중세〉 편에 이은 〈근현대〉 편에서는 베이컨에서 시작해 한나 아렌트에 이르는 28명의 근현대 철학자들이 빚어낸 삶을 재구성해보았다. 베이컨에서 헤겔에 이르는 근대 철학자들은 불합리한 세계에서 '이성'과 '합리성'에 근거해 새로운 합리적 세계와 자유로운 사회를 그려내고자 했다. 철학이 빵 굽는 법 하나 제대로 가르쳐주지 않는다고 비판하지만, 만인이 자유하고 평등하다는 생각을 심어준 것은 순전히 철학자들의 머리에서 나온 것이다. 철학자들이 생각하지 않았더라면, 사람들은 지금처럼 자유와 평등에 대해 생각하지 못했을 것이다. 그러나 이런 근대 철학자들의 성과에도 불구하고 근대 철학이 남긴 문제도 많았다.

쇼펜하우어와 니체로부터 시작된 현대 철학자들은 '이성'과 '합리성'이라는 근대 철학에 반기를 들며 다양하고 새로운 관점에서 철학을 시도하고 있다. 애초에는 마지막 편을 《말과 사물》에서 근대 철학의 주제인 인간의 죽음을 선언한 푸코로 마무리할 생각이었으나, 푸코는 사르트르, 데리다, 푸코, 들뢰즈까지 이어지는 프랑스 현대 철학의 흐름 속에서 다루는 것이 자연스러워 보여 마음을 바꾸었다. 마지막은 새롭게 부각되는 여성 철학자 한나 아렌트로 마무리했다. 여성 철학자의 눈으로 현대 사회의 문제를 조망해보고자 했다.

나는 글을 쓰는 내내 철학자 한 사람 한 사람을 가슴 설레는 마음으로 만났다. 인류에게 큰 깨우침과 가르침을 준 지적 스승들을 '라이브'로 만나는 기분이었다. '철학자들과의 가슴 설레는 만남'이 가능하기나 한 것일까? 머리에 쥐가 날 정도로 골치 아픈 이야기라는 기억이 많기 때문일 것이다. 나 역시 철학을 공부하면서, '가슴 설레는 만남'은커녕 그들의 이론을 이해하느라 정신없을 때가 더 많았다. 지금 생각해보니, '책에 가려 철학자들의 참모습을 제대로 보지 못한 것은 아닐까?' 하는 생각이 든다.

'철학자들과의 가슴 설레는 만남'을 계속 이어가면서 문득, 그들의 삶과 열정이 가슴에 와 닿았다. 닭고기가 얼마 동안 부패하지 않는지 알아보기 위해 눈 내리는 추운 겨울날 실험을 하다가 죽은 베이컨의 열정을 느끼니 그의 철학이 더욱 가깝게 느껴졌다. 혼란스런 영국의 정치 상황 탓에 본의 아니게 망명 생활을 해야 했던 로크나 홉스를 생각하면서 그들이 쓴 철학 책을 읽으니, 그들의 고민이 더욱 생생하게 그려졌다. 그동안 우리는 이런 철학자의 삶과 열정을 도외시하고 그들의 철학 이론만 이야기했던 것은 아닐까? 무시간적이고, 열정도 없으며, 따라서 박제화된 무미건조한 철학만을!

나는 철학이라는 결정체가 만들어지기까지의 철학자들의 삶을 추적하고 싶었다. 그래서 직접 두 발로 철학자들이 살았던 삶의 현장을 가

보았다. 데카르트와 루소가 묻혀 있는 파리를 찾아갔고, 라이프니츠의 집을 찾아 하노버를, 횔덜린과 셸링, 헤겔이 함께 공부했던 튀빙겐 대학교를 방문했다. 헤겔이 학생 시절 자주 갔던 술집도 찾아보았다. 그리고 피히테와 헤겔이 잠들어 있는 베를린의 묘지를 방문해 그들의 삶과 철학을 추억했다. '플라톤 철학'과 '기독교적 가치'에 기반한 전통적인 서양 철학을 망치로 때려 부수고자 했던 니체에 대해 쓸 동안, 나는 독일의 유명한 숲인 슈바르츠발트에 있었다. 독일의 겨울은 음울하고, 때로는 폭풍이 몰아치곤 했다. 글이 잘 쓰이지 않을 때에는 폭풍우가 몰아쳐 와도 슈바르츠발트 숲 속을 산책하곤 했다. 니체를 생각하며 걷다보면, 슈바르츠발트의 키 큰 나무들을 휘감고 무서운 소리를 내며 지나가는 바람 소리가 마치 이렇게 외치는 니체의 목소리 같았다.

"삶을 긍정하라!"

얼마 전 나는 하이데거가 주로 집필 활동을 했던 토트나우베르크의 산장과 그의 고향 메스키르히를 방문했다. 처음 산장을 찾은 때는 겨울이었다. 슈바르츠발트의 아주 깊은 산속이었다. 하이데거의 산장 앞에서 세월이 흘러도 변함없이 서 있는 거대한 슈바르츠발트 산맥을 바라보면서, 내 가슴속 어딘가에서 영원에 대한 동경이 꿈틀거리기도 했다.

이듬해에 나는 하이데거의 고향인 메스키르히도 갔었다. 조용하고 한적한 전원 마을을 보니, 그가 왜 그렇게 전원과 시골풍을 강조했는지 이해할 수 있었다. 하이데거의 생가, 하이데거 박물관 등을 직접 보았고, 그가 산책을 다니며 영감을 얻었던 들길을 걸었다. 그 들길을 한 발 두 발 걸으며 나는 하이데거가 했던 사유가 어떤 것이었는지 마음으로 느끼고자 했다. 그때 그곳에서 받았던 느낌을 하이데거 편에 담아보고자 노력했다.

　나는 철학자들의 삶의 현장을 답사하면서, 그들의 철학을 생생하게 체험했고 많은 영감을 받았다. 독자들에게도 그 순간의 감동을 전해주고 싶었다. 이 책을 통해 내가 느꼈던 영감과 감동을 조금이라도 나눌 수 있다면, 책을 쓴 사람에게는 커다란 기쁨이자 보람일 것이다.

2010년 8월 22일
태릉에서 이동희

자유를 탐하다 | 경계에 선 철학

근대 철학

—

의심을 시작하다

1

최초로 과학의 순교자가 되다

—

프랜시스 베이컨

Francis Bacon

내일도 태양이 뜰까? 이것을 어떻게 확실하게 주장할 수 있을까? 우리는 이전에 태양이 떴기 때문에 오늘도 태양이 뜰 것이라고 직관적으로 확신한다. 하지만 이러한 기대는 날마다 모이를 기다리는 닭의 마음과 같다. 닭은 주인이 주는 모이를 날마다 받아먹었다. 그래서 항상 새 날이 되면 주인이 모이를 줄 것이라고 기대했다. 닭은 여러 차례의 경험을 통해, 즉 귀납적인 방식으로 모이를 기대했다. 그러나 닭이 전혀 예상하지 못한 일이 일어났다. 어느 날 주인은 모이를 주는 대신 닭 목

을 비틀었던 것이다. 이렇듯 내일도 해가 뜨리라는 우리의 기대는 닭이
날마다 모이를 기대하는 것과 같다.

　귀납법의 이런 성격 때문에 오랫동안 철학자들은 귀납법이 아무것도
참으로, 필연적으로 증명해줄 수 없다고 생각했다. 그래서 철학자들은
삼단논법과 같은 연역법을 선호했다. 잘 알려진 것처럼, 삼단논법은 대
전제와 소전제를 매개로 해서 결론을 도출한다. 예를 들어, "모든 사람
은 죽는다. 소크라테스도 사람이다. 그러므로 소크라테스도 죽는다."
하는 방식으로 결론을 이끌어낸다. 그런데 삼단논법에서는 새로운 사실을 알려주지 않는다. 이미 대전제인 '모든 사람' 속에 '소크라테스'가 포함되어 있고, '죽는다'는 사실도 대전제 속에 포함되어 있다. 우리의 경험을 확장시켜주거나 우리에게 새로운 사실에 대한 원리를 제공해줄 수 있는 것은 불완전해도 귀납적인 방식밖에 없다. 그런데 학문의 영역에 이런 귀납법을 과감하게 끌어들일 것을 주장한 사람이 있었다. 바로 영국의 철학자 프랜시스 베이컨(Francis Bacon, 1561~1626년)이었다.

베이컨은 연역에 의한 추론보다 실험과 관찰을 통한 경험적 사례의 중요성을 강조했다. 과학은 경험적 사례에 대한 끊임없는 실험과 관찰을 통해 원리를 만들어낸다. 그리고 이를 다시 실험으로 검증해 좀 더 확실한 원리로 발전시킨다. 이렇게 해서 우리는 자연에 대한 실제적 지식과 원리를 얻어내는 것이다. 그는 《신기관(Novum Organum)》에서 이렇게 말한다.

> 우리가 학문에 대해 어떠한 희망이라도 품고자 한다면, 일정한 단계를 중단이나 두절 없이 연속적으로 상승하는 길, 개별적인 사례에서 저차원의 공리로, 그 다음에 중간 수준의 공리로, 계속해서 고차적인 공리로 차차 올라간 다음, 마지막으로 가장 일반적인 공리에 도달하는 길뿐이다.

만약 닭이 베이컨의 귀납적인 방식을 더 잘 이해하고, 다른 닭의 사례들도 좀 더 주의 깊게 관찰했더라면, 주인이 아침마다 모이만 주러 오리라는 성급한 결론을 내리지는 않았을 것이다. 그러나 닭에게 너무 많은 것을 기대하지는 말자.

근대적 학문을 위한 귀납법

베이컨은 근대 자연과학의 성공적 방법인 귀납법을 철학에 도입했다. 더 나아가 그는 이러한 방법을 사용하는 과학자들을 모아 연구단지를 만들고자 했다. 오늘날의 '카이스트'를 상상한 것이다. 그는 이곳을 '솔로몬의 집'이라고 불렀다. '솔로몬의 집'에서 과학자들은 오늘날의 에어컨과 공기정화기 같은 것을 발명하는 일에 몰두한다. 베이컨은 이렇게 과학 기술의 발전을 통해 세상을 개선할 수 있다는 원대한 희망을 품었다. 독일의 철학자 게르노트 뵈메(Gernot Böhme)가 언급한 것처럼, 어쩌면 우리는 베이컨이 구상한 시대에 살고 있는지도 모른다. 이성과 과학을 통해 인간에게 유용한 사회를 만들 수 있다는 것이 베이컨이 기획한 프로젝트였다. 그는 우리가 자연을 알면 알수록 그것을 유용하게 이용할 수 있고, 결국 자연에 대한 지식이 힘이 될 수 있다고 보았다. 그래서 그는 "아는 것이 힘이다."라는 유명한 말을 남겼다.

베이컨은 자연에 대한 탐구가 위대한 과학적 발견을 가져온다고 생각했다. 그가 이렇게 생각하게 된 배경은 인쇄술과 화약, 나침반의 발명이 인간 생활에 엄청난 변화를 가져온 것을 목격했기 때문이다. 그는 《신기관》에서 이렇게 말한다.

> 고대인들은 전혀 모르고 있었던 저 3대 발명, 즉 인쇄술·화약·
> 나침반이 어떠했는가를 살펴보면 금방 알 수 있다. 이 세 가지는
> 천지개벽을 가져왔으니, 인쇄술은 학문에서, 화약은 전쟁에서,
> 나침반은 항해에서 세상을 완전히 바꾸어놓았던 것이다. 그 어느

제국도 어느 종파도 어느 별도 인간의 생활에 이 세 가지 발명보
다 더 큰 힘과 영향을 미친 것은 없었다.

베이컨은 아리스토텔레스의 형이상학적 자연학을 청산하고 자연에
대한 실험과 관찰에 기초한 새로운 학문적 방법론을 주장했다. 또 여러
실험과 관찰을 진행하며 새로운 방법론에 충실하고자 했다. 그런 그를
화이트헤드(Alfred North Whitehead)는 "근대적 정신을 세운 위대한 건
설자"로 평가했다.

베이컨은 1561년에 엘리자베스 1세의 옥새를 담당하는 국새상서(國
璽尙書) 니콜라스 베이컨 경(Sir Nicholas Bacon, 1509~1579년)의 둘째
아들로 태어났다. 그는 1573년부터 1575년까지 케임브리지 대학교 트
리니티 칼리지에서 공부했다. 대학에 입학했지만 당시 대학에서 가르치
던 아리스토텔레스주의 철학에 깊은 실망감만 느꼈다. 아리스토텔레스
의 철학이 "인간의 실생활에 전혀 도움이 되지 않으며, '비생산적'이고
'공허'"하다고 생각했다. 당시 스콜라철학에 의해 소개된 아리스토텔레
스의 철학의 방법에서는 '경험'과 동떨어진 '이성적 추론'만 강조했기
때문이다. 전통적인 철학 방법에 대한 반감은 나중에 그가 아리스토텔
레스의 《오르가논(Organon)》에 반대해 《신기관》을 쓰는 계기가 된다.

베이컨은 고리타분한 교육에 실망을 해 학위도 받지 않은 채 대학을
그만두었다. 세상의 일에서 배울 것이 훨씬 더 많아 보였다. 그는 세상
의 일을 배우기 위해 1576에서 1579년까지 3년간 영국 대사 수행원으
로 프랑스의 파리로 건너갔다. 그러나 아버지의 갑작스런 죽음으로 다
시 귀국해야만 했다. 아버지는 막내아들인 베이컨에게 유산을 남기지

않았다. 그는 생계를 잇기 위해 법학을 공부하기로 결심했다. 1582년 법정 변호사 자격을 얻은 그는 변호사 생활을 시작했다. 스물세 살이 되던 1584년에는 국회에서 의석을 얻어 대의원이 되었다. 의원으로 활발하게 활동했지만, 자신이 기대한 만큼 출세 가도를 달리지는 못했다.

베이컨은 출세하고자 하는 정치적 야심이 대단했다. 1589년 여왕의 관심을 사고자 〈충언의 편지(Letter of Advice)〉와 〈영국 교회 논쟁에 관한 공고(An Advertisement Touching the Controversies of the Church of England)〉를 썼다. 그러나 1593년 에스파냐와의 전쟁 비용으로 특별 보조금을 요구하는 엘리자베스 여왕의 제안에 반대해 여왕의 눈 밖에 났다. 그래서 베이컨은 대신 여왕의 총애를 받던 에식스의 백작 로버트 데버루(Robert Devereux, 1566~1601년)와 친교를 맺었다. 에식스 백작은 여왕의 마음을 누그러뜨려 그를 법무차관에 등용시키려고 노력했으나 성공하지 못했다. 에식스 백작은 베이컨을 위로하기 위해 거대한 영지를 그에게 선사했다.

그러나 베이컨은 이런 호의와 환대를 베푼 에식스 백작을 배반한다. 이 배반으로 베이컨은 '가장 야비한 사람'으로 평가받게 된다. 1598년 에식스는 아일랜드의 반란을 진압하러 떠났다가 여왕의 허락도 없이 반란군과 휴전을 체결했다. 여왕은 분노해 백작의 관직을 박탈하고 반란죄로 그를 체포한다. 1600년 6월, 베이컨은 변호사로서 자기 후견인인 에식스에 대해 죄를 묻는 재판에 참여했다. 거기서 그는 여왕을 옹호하면서 에식스 백작에게 아주 불리한 증언을 했다. 그는 재판이 끝난 뒤에도 에식스와 친분을 계속 유지하려 했다. 그러나 에식스와의 관계가 단절되는 사건이 벌어진다. 1601년 에식스가 여왕을 납치하여 정적

베이컨의 묘지. 세인트 앨번스에 있는
성 미카엘 교회, 영국

을 제거하려고 시도한 것이다. 이 시도는 실패로 끝났다. 베이컨은 에
식스와의 관계를 끊기 위해 반역자 에식스 사건에 관한 공식 보고서를
작성했다. 아무튼 은인이자 후원자에 대한 베이컨의 이러한 처세는 두
고두고 그를 비난하는 빌미가 되었다.

베이컨은 그렇게 여왕의 환심을 사서 출세를 하려 했지만 여왕의 시
대에는 크게 출세하지 못했다. 믿기 어려운 이야기지만, 그가 출세하지
못한 것은 그가 여왕의 아들이기 때문이라는 설도 있다. 처녀왕인 엘리
자베스와 그녀가 총애하는 신하 사이에서 몰래 태어난 자식이라는 것
이다. 그는 어머니인 엘리자베스 여왕에게 몇 번이고 졸라서 지위를 얻
으려 했으나 여왕은 이목이 두려워 냉담하게 대했다는 것이다.

베이컨은 여왕의 뒤를 이어 즉위한 제임스 1세 때부터 출세 가도를

달린다. 그는 왕의 편에 서서 의회를 견제하고 왕권을 옹호하면서 왕의 총애를 얻었다. 그 대가로 1603년에 기사 작위를 받았다. 1607년에는 법무차관, 1613년에는 법무장관으로 발탁되었으며, 1618년에는 당시 최고 지위인 대법관에 임명되어 벨럼의 남작이라는 작위까지 받았다. 1621년까지 그의 권력은 확고부동한 것처럼 보였다. 그는 군주에게 총애를 받았고, 풍요로운 생활을 보장받았다. 1620년 베이컨은 새로운 학문적 방법론인 《신기관》과 과학을 재조직하고 자연에 대한 인간의 지배권을 회복하려는 거대한 계획인 《대혁신(Instauratio Magna)》을 펴냈다. 그는 학자로서도 최고 정점에 올랐다.

그러나 정점에 오르면 기다리는 건 내리막길뿐이던가. 1621년 베이컨은 뇌물을 수수한 혐의로 고발되었다. 왕을 옹호하며 의회와 대립하던 그에게 의회파는 28가지에 걸친 죄목을 만들어 고발했다. 그는 무죄탄원이 소용없다는 것을 알고 순순히 뇌물수수 사실을 시인했다. 베이컨은 적은 뇌물은 관행이라는 생각에서 그렇게 인정했는지 모른다. 그는 뇌물이 재판에 영향을 미친 적이 절대 없다고 강변했다. 또한 "니콜라스 베이컨 이후 대법관이 다섯 번이나 바뀌었지만 자기만큼 공정한 대법관은 없었다."고 주장했다. 그러나 뇌물수수 사건은 베이컨이 공직을 사임하는 것으로 끝나지 않았다. 그는 4만 파운드의 벌금과 왕이 만족할 때까지 런던 탑에 감금, 공직 보유 금지, 하원과 법원 관할 지역에서의 추방 등 가혹한 판결을 받았다. 그래도 그는 그 재판이 공정하다며, 이렇게 진술했다.

"지난 200년 동안 의회가 견책한 사건 중 가장 공정한 견책이었다."

닭고기 부패 실험을 하다 죽은 철학자

베이컨은 예순의 나이에 불명예스럽게 퇴진한 후에도 화려한 컴백을 위해 노력했으나 허사로 돌아갔다. 그는 남은 삶을 정치보다 인류의 삶을 개선하기 위한 학문에 바치기로 결심했다. 그래서 영국의 역사와 튜더 군주들의 전기 등을 집필하여 왕에게 바쳤고, 교육 개혁에 대한 견해도 밝혔다. 그리고 《바람의 자연사(Historia Ventorum)》(1622년)와 《삶과 죽음의 자연사(Historia Vitae et Mortis)》(1623년), 그리고 《새로운 아틀란티스(The New Atlantis)》를 써냈다. 그는 정치적 불명예에 전혀 위축되지 않고 활발한 저술 활동과 과학 활동을 계속 했다. 그가 죽게 된 것도 그의 열정적인 실험 정신 때문이었다.

1626년 3월, 베이컨은 런던에서 하이게이트로 말을 달리면서 흥미로운 연구거리를 머릿속에 떠올렸다. 고기를 눈으로 덮어두면 얼마 동안 썩지 않을까 하는 궁금증이었다. 그는 당장 실험해보기로 했다. 농가에서 말을 멈추고 닭 한 마리를 사서 죽인 다음 닭의 뱃속에 눈을 채워 넣었다. 차가운 야외에서 실험을 하는 동안 베이컨은 자신의 몸 상태가 좋지 않다는 것을 느꼈다. 오한이 나고, 기분이 나빠졌다. 하이게이트의 집으로 돌아가기도 어려웠다. 그는 가까운 곳에 있는 아란텔 경의 저택으로 갔다. 그는 병석에서도 "실험은 매우 성공적이었다."고 편지를 쓸 정도로 실험에 대한 생각만 했다. 감기는 폐렴으로 악화되었다. 결국 베이컨은 4월 9일에 사망했다. 차가운 야외에서 닭고기의 부패 실험을 하다 죽은 그를 우리는 '최초의 과학의 순교자'라 부를 수 있을 것이다.

베이컨이 남긴 유언장에는 그의 마지막 말이 이렇게 적혀 있었다.

"내 몸은 아무도 모르게 묻을 것, 나의 이름은 후세와 외국에 전할 것."

그의 유언대로 그의 이름은 후세와 외국에 전해졌다. 그의 이름을 후세와 외국에 전한 것은 대법관에 오른 그의 경력이 아니라, 과학을 위해 '순교'한 그의 열정적인 실험정신과 철학 때문이었다고 해야 할 것이다.

베이컨은 중세를 지배한 아리스토텔레스를 극복하기 위해 아리스토텔레스의 《오르가논》을 대체하는 《새로운 오르가논》이라는 작품을 썼다. 《새로운 오르가논》은 우리말로는 《신기관》으로 번역되었는데, 일본식의 낯선 번역어다. '오르가논'이라는 말은 '학문을 하는 도구 또는 방법'이라는 뜻이다. 그가 주장하는 새로운 오르가논은 전통적인 학문 도구 또는 방법이 아니라 새로운 학문 도구 또는 방법을 말한다.

《신기관》 1권에서 베이컨은 신뢰할 만한 지식을 획득하려면 오류에 대한 유혹에서 벗어나야 한다고 주장한다. 이러한 오류를 그는 '우상'이라고 불렀다. 베이컨은 특히 위험한 네 가지 우상을 제시했다. 첫째는 종족의 우상(idola tribus), 둘째는 동굴의 우상(idola specus), 셋째는 시장의 우상(idola fori), 넷째는 극장의 우상(idola theatri)이다.

종족의 우상은 인류에게 공통적이며, 인간의 본성에서 비롯하는 오류다. 인간은 사물을 볼 때 자신의 척도에 따라서 현실을 파악한다. 인간은 자신의 척도를 통해 자연을 바라보다 오류를 범하는 경우가 많다. 예를 들어 사자가 잡은 고기를 몰래 훔쳐 먹는 하이에나를 보고 도덕적으로 나쁜 동물이라고 말한다면, 그것은 동물의 세계를 인간의 질서로 판단하는 오류를 범한 것이다. 동물의 세계에서는 하이에나나 사자나 모두 본능에 따라 움직일 뿐, 인간의 본성을 지니고 있지 않기 때문이다.

동굴의 우상은 플라톤의 동굴의 비유에서 이름을 빌려온 오류다. 이 오류는 개인의 성격이나 교육, 습관, 경향 등에서 빚어지는 오류다. 예를 들면, 어렸을 때부터 남자는 여자보다 우월하다는 교육을 받아온 사람은 그런 식으로 세상을 보게 될 경우가 많다. 아니, 그렇게만 보려고 할지 모른다. 그렇지만 세상에는 남자보다 우월한 여자도 많다. 이러한 오류는 개인의 수만큼이나 많다.

시장의 우상은 언어의 오해에서 빚어지는 오류다. 시장에 가면 여러 사람이 흥정하기 위해 말을 주고받는다. 인간들 사이의 중요한 소통 수단은 언어다. 그런데 서로 말을 주고받을 때 의미의 혼란이 일어나면 오류에 빠지게 된다. 또한 실제로 사물은 없고 단순히 이름만 있는 그런 단어가 지칭하는 것이 실제로 존재하는 것처럼 생각할 때 잘못된 오류에 사로잡히게 된다. 예를 들어 유니콘은 상상 속의 동물이지만, 유니콘이라는 이름 때문에 그런 동물이 있다고 생각한다면 그것은 심각한 오류일 것이다.

극장의 우상은 사상의 체계나 학파의 이론에 사로잡혀 빚어지는 오류다. 예를 들면, 아리스토텔레스학파의 이론에 푹 빠져 현대 세상을 그 이론에 의거해 바라본다면 심각한 오류를 빚을 것이다.

베이컨은 이와 같은 우상들을 제거하고, 사물들을 객관적으로 그리고 직접적으로 관찰할 것을 주장한다. 또 그렇게 개별적인 사례들을 연구하면서 귀납적으로 조금씩 자연의 법칙에 다가갈 것을 주장한다. 그

1620년에 출간된 《대혁신》 표지.
중앙에 새로운 과학으로의 항해를 시작한
'과학의 배'가 그려져 있다.

는 결론을 내릴 때 부정적인 사례의 중요성도 염두에 두라고 주장한다.

이렇게 베이컨은 경험을 중시하는 영미철학의 초석을 놓은 사람이며, 더 나아가 오늘날 우리가 생각하는 자연과학의 방법적 기초를 놓은 사람이다. 그는 과학의 발전을 위해 왕립학술연구원과 대학연구소를 세울 것을 주장하기도 했다. 그러나 이런 그의 계획은 그의 생애 동안 이루어지지 않았다. 베이컨이 죽은 직후 사람들은 그를 다시 평가하기 시작했다. 제임스 1세의 손자인 찰스 2세는 1662년에 영국 왕립학술원을 세우고 베이컨의 과학적 생각에 동의하는 사람들을 받아들였다. 그리고 우수한 학자들을 지원해서 훌륭한 연구 성과를 내게 했다. 베이컨이 주창한 이 학술원이 없었다면 아이작 뉴턴 같은 인물은 나오기 어려

윘을 것이다.

 이렇게 베이컨은 근대 학문의 초석을 마련했지만, 그를 후원한 에식스 백작을 배신한 일이나 대법관 시절에 사람들을 수사하고 고문한 일들로 인해 야비하다는 평가도 함께 들었다. 그래서 시인 알렉산더 포프는 베이컨을 "가장 현명하고, 가장 총명하며, 가장 야비한 사람"이라고 평가했다. 그러나 이러한 상반된 평가에도 불구하고 베이컨은 미개척 분야인 과학의 바다를 최초로 항해한 자로, 과학의 순교자로 더 많이 기억될 것이다.

 그의 책《대혁신》표지를 보면, 헤라클레스의 기둥 사이를 통과하는 배의 모습이 나온다. 헤라클레스의 기둥은 지브롤터 해협 사이에 서 있는 거대한 바위 돌출부를 의미하며, 이곳은 지중해와 대서양을 잇는 유일한 통로다. 그 당시 헤라클레스의 기둥은 인간이 탐험 가능한 한계의 상징이었다. 고대인들은 기둥을 넘어선 곳에 지구의 끝자락이 있다고 믿었고, 그 너머의 세계로 나가고 싶어하지 않았다. 그러나 베이컨은 그 너머의 세계로 항해를 떠난 최초의 인물이었다.

2

나는 공포와 쌍둥이였다

—

토머스 홉스

Thomas Hobbes

토머스 홉스(Thomas Hobbes, 1588~1679년)는 공포와 함께 태어났다. 홉스의 어머니는 에스파냐의 무적함대가 쳐들어온다는 소식을 듣고 놀란 나머지 예정일보다 일찍 홉스를 낳았다. 영국과 에스파냐는 해외 무역의 주도권을 두고 서로 충돌했다. 에스파냐의 왕 펠리프 2세는 영국을 정복하기 위해 무적함대를 꾸렸다. 무적함대는 전함 127척, 수병 8,000명, 육군 1만 9,000명, 대포 2,000대의 막강한 대함대였다. 펠리프 2세는 메디나 시도니아(Medina Sidonia) 공작에게 무적함대의 지

존 마이클 라이트,
〈토머스 홉스〉, 17세기경

휘를 맡겼다. 1588년 5월 28일, 무적함대는 포르투갈의 리스본을 출발해 네덜란드 육군 1만 8,000명과 합류해서 영국 본토에 상륙할 예정이었다. 에스파냐의 무적함대가 정벌하러 온다는 소문이 영국에 빠르게 퍼졌다. 사람들은 소문만 듣고도 벌써 공포에 떨었다. 홉스의 어머니도 마찬가지였다. 소문대로 무적함대는 영국을 향해 쳐들어왔다. 그러나 전쟁은 엘리자베스 1세가 지휘한 영국의 승리로 돌아갔다.

전쟁의 공포 속에 태어난 홉스는 나중에 자신이 갖게 된 불안한 정서에 대해 "어머니는 나를 공포와 쌍둥이로 함께 낳았다."라고 말했다. 죽음에 대한 공포는 평생 홉스를 사로잡은 주제였다. 그는 전쟁의 공포 속에 태어났다. 사는 동안에도 전쟁으로 인한 죽음의 공포에서 벗어나지 못했다. 영국의 시민전쟁을 피해 오랫동안 프랑스에서 망명 생활을 했고, 만년에는 의회파와 왕당파 사이의 정쟁에 시달렸기 때문이다.

홉스는 아수라장 같은 영국의 정치 현실을 바라보면서, 인간을 움직이는 힘이 '선'이 아니라 '욕망'과 '공포'라고 생각했다.

인간을 움직이는 유일한 동기는 자기 이익을 취하기 위한 욕망이다. 인간은 자기 이익을 위해서는 무엇이든지 할 수 있는 존재다. 그러므로 자연 상태에서 인간은 인간에 대해 늑대다. 이러한 '인간 늑대들'은 만인에 대한 만인의 투쟁을 벌인다. 이러한 상태에서 '인간 늑대들'은 항상 누가 자신을 죽일지도 모른다는 공포를 느낀다. 그러나 이러한 죽음에 대한 공포가 인간 늑대들로 하여금 사회를 형성할 수 있는 동기를 제공한다. 죽음에 대한 공포를 극복하기 위해 인간 늑대들은 사회를 형성하고 사회 질서를 유지할 수 있는 강력한 힘을 지닌 존재인 국가 기구를 탄생시키게 된다.

홉스는 죽음에 대한 공포 때문에 폭악한 전제정치보다 혼란스런 내란 상태를 더 싫어했다. 그런 그는 1588년 월트셔 주 맘즈베리 근처인 웨스트포트에서 태어났다. 그의 아버지는 제대로 교육 받지 못한 시골 교회의 목사였다. 명색이 목사였지만 노름꾼에다 술주정뱅이였다. 홉스가 열여섯 살일 때 아버지는 술에 취해 런던 교외 어딘가에서 죽고 말았다. 어린 그는 장갑 장사로 돈을 번 삼촌에게 재정적 도움을 받아 컸다.

언어에 특출한 재능이 있었던 홉스는 여덟 살 때부터 맘즈베리 학교에서 라틴어와 그리스어, 프랑스어, 이탈리아어 등 여러 고전 언어를 습득했다. 재학 중에는 에우리피데스의 《메데이아(Medeia)》를 그리스어에서 라틴어 운문으로 번역하기도 했다. 열다섯 살 때 옥스퍼드 대학교에 진학해 1603년에서 1607년까지 4년 동안 전통적인 논리학과 물리학을 공부했다. 그러나 진부한 스콜라적 논리학과 물리학보다는 고전 언어에 더 많은 관심을 가졌다. 1608년 2월, 그는 옥스퍼드 대학교를 졸업했다. 졸업 후 옥스퍼드 대학교 학장의 소개로 윌리엄 캐번디시가의 가정교사로 들어갔다. 이 윌리엄 캐번디시 경은 나중에 1대 디본셔 백작으로 봉해진 인물이었다. 그는 홉스에게 아들 윌리엄의 교육을 맡겼다.

홉스는 뉴캐슬 가의 백작 가문에서 지낸 것을 빼면 생애 대부분을 이 디본셔 가에서 지냈다. 이 디본셔 가는 그에게 일류 도서관에 출입하고 다양한 외국 여행을 하며, 유력한 정치가나 사상가들을 만날 수 있는 기회를 제공했다.

거대하고 흉측한 외눈박이 괴물을 탄생시키다

1610년 홉스는 2대 디본셔 백작이 되는 윌리엄 캐번디시와 함께 유럽 대륙으로 여행을 떠났다. 여행은 1615년까지 이어졌다. 1대 디본셔 백작은 나중에 이 여행을 '대여행(Grand Tour)'이라고 불렀다.

'대여행'은 일종의 수학여행으로 귀족 자제들에게 새로운 세계와 지식에 대한 견문을 넓혀주었다. 홉스는 이후에도 다른 귀족의 자제들을 데리고 '대여행'을 떠났다. 그런 그의 모습을 본 한 프랑스 친구는 그에게 '영주의 안내자'라는 별명을 붙여주었다. '대여행'으로 홉스는 상당히 많은 견문과 지식을 얻을 수 있었다. 또 새로운 정보를 접하고 새로운 인물들을 만나면서 깨달은 것이 많았다.

홉스는 여행에서 돌아온 후 1621년에 프랜시스 베이컨의 개인 비서로 일했다. 베이컨이 라틴어로 저술하는 것을 도왔는데 그는 베이컨의 비서들 가운데 가장 뛰어났다. 베이컨은 산책을 하며 그와 대화하는 것을 즐겼고 죽을 때까지 교류했다. 홉스는 베이컨의 비서로 일을 하는 한편, 투키디데스의 《펠로폰네소스 전쟁사(The History of the Peloponnesian War)》를 영어로 번역해 1628년에 출간했다. 1628년에는 디본셔 백작 2세가 요절하자 디본셔 가를 떠나 뉴캐슬 가의 가정교사로 들어갔다. 거기서도 그는 클리프턴 경의 아들을 가르치는 가정교사로서 1629년에서 1631년까지 프랑스를 여행했다. 이 여행 기간에 그는 '유클리드의 기하학'을 알게 되었다. 유클리드 기하학은 그가 기하학적 증명 방법을 철학적 탐구의 한 모델로 생각하게 된 계기가 되었다.

영국으로 돌아온 홉스는 1631년에 다시 디본셔 가의 가정교사로 들어갔다. 디본셔 가 백작 3세를 수행해 1634년에서 1636년까지 또다시 '대여행'을 했다. 1635년에는 파리에 머물면서 유물론자 피에르 가상디(Pierre Gassendi, 1592~1655년)와 마랭 메르센(Marin Mersenne, 1588~1636년) 등과 교류를 했다. 피에르 가상디는 유물론자이자 근대 원자론의 창시자로 여겨진다. 그는 에피쿠로스와 루크레티우스의 유물론적 원자론에 입각하여 새로운 세계상을 설명했다. 데카르트의 형이상학적 합리주의에 대항하여 경험 지식을 모든 인식의 원천이라고 선언한 그

는 홉스의 유물론적 사상에 영향을 끼쳤다.

파리의 미님 수도회 소속 메르센 신부는 데카르트와 같은 라 플레슈 학교 동문이었다. 그는 '메르센의 소수 · 완전수'라는 이름이 남아 있을 정도로 수론 분야에 업적을 남긴 인물이었다. 그는 당시 유럽 도처에 있는 저명한 철학자나 과학자들과 폭넓게 교류했다. 데카르트도 메르센을 통해 바깥 세계와 접촉했다. 홉스는 메르센이 있는 방을 가리켜 '과학의 세계에서 별이 도는 극점'이라고 불렀다. 메르센은 홉스에게 네덜란드에 은신해 있던 데카르트를 소개해주었다. 1640년에 홉스는 데카르트의 《성찰(Meditationes)》 원고를 읽고 반론을 제기했다. 데카르트는 홉스의 날카로운 반론에 가만히 있을 수 없었다. 그래서 《성찰》에서 반론에 대한 답변을 제시했다. 1636년에 홉스는 피렌체에서 말년의 갈릴레이를 만났다. 그는 갈릴레이가 물리학에서 세운 과학적 방법론에 자극을 받아 사회철학에도 그런 방법론을 적용하고자 했다.

1636년 10월, 영국으로 돌아온 홉스는 마흔여덟 살이라는 중년의 나이에 철학 연구를 진행한다. 그는 1640년 말까지 3부로 된 《철학의 제요소(The Elements of Philosophy)》라는 책의 초안을 썼다. 1부는 〈물체론〉이고, 2부는 〈인간론〉, 3부는 〈시민론〉이었다. 그러나 이 초고는 출간되지 못했다. 1640년에 영국의 정치적 상황이 7년간의 시민전쟁으로 치닫고 있었기 때문이다. 1640년 찰스 1세는 스코틀랜드와의 전쟁 비용 승인 문제로 의회를 소집했다. 그러나 왕의 뜻과 다르게 의회는 그 문제로 격렬한 논쟁을 벌였다. 왕은 뜻대로 되지 않자 의회를 서둘러 해산시켰다. 단기간에 해산된 이 의회를 사람들은 '단기 의회'라고 불렀다.

찰스 1세는 재차 의회를 소집했다. 그러나 의회는 왕의 뜻대로 움직이지 않았다. 찰스 1세가 이전에 의회 없이 통치하면서 종교적으로나 정치적으로 적대자를 탄압해온 것을 잊지 않았다. 의회는 의원들의 동의 없이 왕이 의회 해산을 할 수 없는 법안을 통과시켰다. 이렇게 1640년 가을에 영국에서 '장기 의회'가 결성되었다. 장기 의회는 왕권 옹호자에 대한 처벌을 결의했다. 왕당파로 의심을 받던 홉스는 이 소식을 듣고 그해 11월 15일에 재빨리 프랑스로 피신했다. 찰스 1세와 의회 사이의 충돌은 계속되었다. 결국 1642년에 왕당파와 의회파 사이에 시민전쟁이 일어났다. 전쟁은 의회파의 승리로 막을 내렸다. 1649년에 찰스 1세는 의회파에 의해 참수형을 당했다.

홉스는 1651년까지 파리에 머물렀다. 영국에서 시민전쟁이 발발한 1642년에 그는 철학 체계의 세 번째 부분인 《시민론(De cive)》을 출간했다. 1646년에는 파리로 망명을 온 왕세자 찰스 2세의 수학 가정교사로 지명이 되었다. 프랑스 예수회와 영국 가톨릭교회 측은 홉스와 같은 무신론자가 왕세자의 교육을 맡으면 안 된다고 강력하게 비난했다. 결국 그는 2년 만에 왕세자의 수학 가정교사 자리에서 물러났다. 파리의 왕세자 궁정에 출입하는 것도 금지되었다.

홉스는 가정교사 자리에서 물러난 1647년에 몇 달 동안 심한 병을 앓았다. 회복되지 못하는 줄 알고 종부성사를 받기도 했다. 그러나 그는 죽지 않았다. 병을 앓고 난 후에 《리바이어던(Leviathan)》의 집필에 들어갔다. 이 원고는 빠른 속도로 쓰여 1651년 런던에서 출간되었다. 《리바이어던》은 출간되자마자 그에게 '맘즈베리의 악마'라는 악명을 안겨주었다. 런던데리의 주교 존 브럼홀(John Bramhall)은 《리바이어던》에 대해 "생명의 빛을 빼앗는 거대하고 흉측한 외눈박이 괴물"이라고 공격했다. 브럼홀은 오래전에 홉스와 '의지와 자유', '자유와 필연'의 문제로 논쟁을 벌인 적이 있는 사람이었다. 《리바이어던》 때문에 홉스는 왕당파 사람들에게 미움을 받았다. 왕당파 사람들은 같은 동지로 알았던 그에게 배신감을 느꼈다.

《리바이어던》의 어떤 점이 왕당파 사람들에게 배신감을 느끼게 한 것일까? '리바이어던'은 《구약성경》〈욥기〉 40~41장에 나오는 거대하고 무시무시한 동물의 이름이다.

티토 레시,
〈밀턴의 방문을 받고 천체에 대해 설명하는 갈릴레이〉, 1880년

너는 낚시로 레비아단(리바이어던)을 낚을 수 있느냐? 그 혀를 끈
으로 맬 수 있느냐?
코에 줄을 꿰고 턱을 갈고리로 꿸 수 있느냐?
그가 너에게 빌고 빌며 애처로운 소리로 애원할 성싶으냐?
……
지상의 그 누가 그와 겨루랴. 생겨날 때부터 도무지 두려움을 모
르는구나.

모든 권력가가 그 앞에서 쩔쩔 매니 모든 거만한 것들의 왕이 여기에 있다.

《성경》에 나타난 '리바이어던'은 가공할 만한 힘을 지닌 지상 최강의 존재를 상징한다. 홉스는 이 '리바이어던'으로 무엇을 이야기하고자 한 것일까? 리바이어던은 강력한 힘을 지닌 국가를 상징한다. 그는 영국의 혼란한 상태를 종식시킬 강력한 군주 국가를 옹호했다. 그러나 이 강력한 군주 국가는 전통적인 왕권신수설에 기초한 국가가 아니라 시민들의 계약에 의한 국가였다.

《리바이어던》은 '교회 및 시민 공동체의 내용·형태·권력'이라는 부제를 달고 있다. 총 4부로 구성되어 있는데, 1부는 인간론이고, 2부는 국가론, 3부는 기독교 국가론, 4부는 어둠의 나라다. 부제에서 알 수 있듯이, 그는 교회 권력에 대비해 시민국가를 내세우고 있으며, 그것의 재료와 구성 원리를 다루고자 했다.

인간이 만든 인공 인간, 국가

홉스는 《리바이어던》에서 인간이 국가를 구성하는 재료들이며, 국가는 그런 인간이 신의 작품인 인간을 모방해 만든 또 하나의 '인공 인간'이라고 생각했다.

이 인공 인간은 자연인을 보호하고 방어할 목적으로 만들어졌기 때문에 자연인보다 몸집이 더 크고 힘이 더 세다. 이 인공 인간에게 있는 '주권'은 인공 '혼'으로서 전신에 생명과 운동을 부여한다. '각부 장관들'과 사법 및 행정 '관리들'은 인공 '관절'이다. '상벌'은 모두 관절과 사지를 주권자와 연결시켜 그 의무의 수행을 위해 움직이도록 하는 것이므로 자연인의 신체에서 '신경'이 하는 것과 똑같은 일을 한다. 구성원 개개인 모두의 '부'와 '재산'은 그의 '체력'이다. '인민의 복지'와 '인민의 안전'은 그의 '업무'다. '조언자들'은 그가 알고 있어야 할 내용들을 제안하기 때문에 그의 '기억'이다. '공평'과 '법'은 인공 '이성'이며 '의지'다. '화합'은 '건강'이다. '소요'는 '병'이다. 그리고 '내란'은 '죽음'이다. 끝으로 이 정치 공동체의 각 부분을 처음 제작하고 모으고 결합하게 만든 '약정'과 신의 '계약'은 하느님이 천지를 창조하실 때 '이제 사람을 만들자.'고 선언하신 명령과 같다고 할 수 있다.

홉스는 이런 '인공 인간'인 국가의 속성을 알려면 그 재료가 되는 인간의 경향과 특성, 생활양식을 알아야 한다고 주장한다. 그는 인간을 이해하기 위해 자연 상태의 인간을 상정한다. 여기서 인간은 자기 이익을 추구하는 이성을 지닌 영리한 존재로 설정된다. 인간은 아리스토텔레스가 말한 정치적 동물이 아니다. 그는 이성에 의해 움직이지 않는다. 오히려 그를 움직이는 것은 이익을 취하기 위한 '늑대적인 본성'이다. 그리고 '이성'은 그러한 이익을 취하기 위한 전략적 계산 능력에 불과하다. 그러므로 인간은 이기적이며 비사회적이다. 홉스는 토마스 아퀴나스처럼 인간이 의지의 자유를 갖고 있다고 생각하지 않는다. 인간은 기계와 같으며, 인간의 행위는 개인의 신체 행태 및 신체에 가해지는 원인과 관련해 설명할 수 있다고 생각한다.

홉스는 인간을 움직이는 원인을 욕망과 공포라고 하는 심리적 동기를 통해 설명했다. 자연 상태에서 인간은 신체적, 정신적 능력에 있어 평등하다. 이 평등한 능력을 가진 사람들이 한정된 재화를 놓고 자신의 이익만 좇다 보니 충돌할 수밖에 없다. 자연 상태에서는 법도 없고, 국가도 없다. 욕망을 충족시키기 위해 인간은 만인에 대한 만인의 투쟁(bellum omnium contra omnes)을 벌인다. 여기에는 규칙도 없고, 심판도 없다. 인간은 다른 인간에 대한 늑대(homo homini lupus)일 뿐이다. 그러나 이러한 상태에 있는 인간은 어떠한 이익도 취할 수가 없다. 그 대신 계속되는 죽음에 대한 공포와 위험만이 있을 뿐이다. 이런 상태의 공포가 지속되는 것이 가장 나쁘다. 따라서 그는 《리바이어던》에서 이런 상태 속에 있는 인간의 삶을 이렇게 말한다.

"인간의 삶은 고독하고 가난하고 잔인하다, 그리고 짧다."

그런데 인간은 무질서에서 오는 혼란과 죽음에 대한 공포를 피하려고 서로 계약과 동맹을 맺고자 한다. 그러나 홉스는 그러한 상태가 오래갈 수 없다고 단언한다. 강제력이 없는 계약은 단지 말에 불과하기 때문이다. 따라서 이러한 계약과 동맹은 궁극적으로 인간을 보호하지 못한다. 강제력이 없는 상태에서 누구든지 계약을 깨는 편이 더 유리하다고 생각하면 그렇게 할 것이기 때문이다. 개인이 계약을 통해 각자의 생명을 보존하고, 평화적으로 자기 이익을 취할 수 있으려면 개인들의 결사보다 더 큰 강력한 힘을 가진 국가 기구가 필요하다. 이러한 국가 기구가 있어야만 개인들에게 계약에 따른 법을 강제하고, 법을 어길 경우 단호하게 처벌할 수 있다. 이러한 국가 기구가 생기려면, 모든 사람이 이 기구에 권력을 양도하는 일에 동의해야 한다. 이렇게 해서 국가 기구가 생겨나면, 개인들은 절대적인 권력을 가진 국가에 저항할 엄두를 내지 못하게 된다. 국가는 절대적인 권력을 갖는 대신 그 권력으로 개인들 간의 생명을 보존하고 안정을 보장해야 한다.

홉스는 《리바이어던》을 통해 강력한 전제군주제를 옹호했으나, 그 주권의 기초가 시민에게 있다는 것을 명백히 했다. 또 권력은 시민에게서 나오며, 군주는 단지 통치권의 위임자일 뿐이라는 것을 분명히 했다. 절대 권력은 주권자를 위한 것이 아니라, 모든 사람의 이익을 위해 주권자에게 위임된 것뿐이다. 이런 민주주의적 견해가 담긴 《리바이어던》은 왕당파의 사람들에게는 매우 못마땅한 것이었다. 이 책으로 인해 그는 왕당파가 모여 있는 망명지인 파리에서 더욱 신변의 위험을 느껴 귀국을 서두른다.

홉스는 이 책으로 최고 권력자인 올리버 크롬웰(Oliver Cromwell, 1599~1658년)과 화해를 하고, 1652년에 영국으로 서둘러 돌아왔다. 그러고 나서 1655년에 철학 체계의 첫 번째 부분인 《물체론(De corpore)》을, 1658년에는 두 번째 부분인 《인간론(De homine)》을 출판했다. 《물체론》과 《인간론》은 철저하게 유물론적 입장을 견지한다. 《물체론》에서 그는 오직 물질만이 존재한다고 주장한다. 존재하는 것들의 전체인 우주는 물질적인 것이며, 물체를 가지고 있다. 우주의 모든 부분은 물체이며, 물체가 아닌 것은 우주의 부분이 아니다. 철학은 물체의 특성, 그리고 물체의 원인과 작용을 합리적으로 인식하는 것이다. 물체가 없는 곳에서 철학은 있을 수 없다. 영혼이나 천사와 같이 물체의 상태라고 생각할 수 없는 그런 모든 것에 관한 가르침은 철학에 속하지 않는다.

아브라함 보세, 《리바이어던》 표지, 1651년.
그림 속에 리바이어던은 개개의 사람들이 모여서
이루어진, 강력한 권력을 가진 왕으로 묘사되어 있다.

이와 연관해서 홉스는 오컴의 윌리엄(William of Ockham, 1285?~1349
년)의 유명론 입장을 따른다. 물체가 없는 개념이라는 것은 사실 이름
에 불과할 뿐이다. 보편적인 것은 존재하지 않으며, 오직 존재하는 것
은 개별자뿐이다. 우리가 눈으로 볼 수 있고 만질 수 있는 개별적인 책
상은 존재한다. 그러나 그러한 개별적인 책상들의 보편적 개념인 '책
상'은 존재하지 않는다. 그것은 이름에 불과하다. 홉스는 인간도 유물
론적으로 파악한다. 그는 인간도 물체라고 본다. 인간의 정신적 과정은
개인의 두개골 내부에 있는 물질의 운동이다. 인간이나 동물은 감각 정
도의 차이가 있을 뿐 비슷하다. 인간은 기계적인 작용에 불과하다. 인
간의 행위는 감각의 자극과 그에 대한 반작용에 불과하다. 인간은 감각

을 통해 느끼는 것에서 유쾌함을 가져다주는 것은 긍정하고 불쾌한 것은 거부한다. 인간은 외부의 자극에 대해 반응할 뿐이다. 그러므로 인간은 자유롭지 않다. 이미 홉스는 《리바이어던》 서설에서 인간에 대한 자신의 유물론적 견해를 분명하게 밝힌 적이 있다.

> '모든 자동장치들'(시계처럼 태엽이나 톱니바퀴로 움직이는 기계장치들)이 하나의 인공적 생명이라고 말하지 못할 이유가 있는가? '심장'에 해당하는 것이 '태엽'이요, '신경'에 해당하는 것이 여러 가닥의 줄이요, '관절'에 해당하는 것이 '톱니바퀴'이니, 이것들이 곧 제작자가 의도한 바대로 전신을 운동하게 하지 않는가?

홉스가 인간 및 우주에 대해 유물론적 입장을 견지한 것은, 모든 것을 물질의 운동으로 설명 가능하다고 생각했기 때문이다. 이런 점에서 그는 최초의 근대 유물론자로 평가받는다.

그사이 영국의 정치적 상황이 급변했다. 1658년에 크롬웰이 병으로 죽고 난 후 공화정이 붕괴되었다. 권력은 그의 아들 리처드 크롬웰에게 넘어갔으나, 아버지 크롬웰의 독재에 대한 반발도 거셌다. 결국 1660년에 찰스 2세가 의회파의 승인으로 왕이 되면서 왕정복고가 일어났다. 1661년 크롬웰은 왕을 살해했다는 죄목으로 묘가 파헤쳐진 뒤 목이 잘렸다. 처형은 상징적으로, 찰스 1세가 죽은 1월 30일에 시행되었다. 그리고 크롬웰의 추종자들도 교수형을 당했다.

찰스 2세가 왕이 된 뒤, 홉스는 왕의 스승으로서 대접을 받았고, 연간 100파운드의 연금도 받을 수 있었다. 그러나 왕당파들은 홉스의 변절을 혐오했고, 의심의 눈초리를 거두지 않았다. 그들은 런던에 흑사병과 대화재가 있던 1666년에 홉스를 무신론자로, 신성 모독으로 고발했다. 당연히 홉스의 《리바이어던》도 고발을 당했다. 이 책은 금서로 지목되었다. 《리바이어던》을 소지하면 벌금이 부과되기도 했다. 그러나 사람들은 몰래 《리바이어던》을 읽었다. 그리고 그 책에 대한 인기는 사그라지지 않았다.

어둠 속에서 무모한 마지막 여행을 하다

홉스는 정치적 공세에 아랑곳하지 않고 계속해서 저작에 몰두했다. 1668년에는 영국 의회의 역사를 기록한 《비히모스 또는 장기 의회 (Behemoth or The Long Parliament)》를 집필했다. 이 책은 그가 죽은 뒤 유고로 1682년에 간행되었다. 1674년에는 《절망적이던 몇몇 기하학적 원리들과 문제들(Principiaet Problemeta Aliquot Geometrica ante desprata)》을 출간했다. 그리고 홉스는 호메로스의 전 작품을 영어로 번역하는 일에 매달렸다. 1673년에 《오디세이아》를, 1676년에는 《일리아스》를 번역하여 출간했다. 그는 호메로스의 《오디세이아》와 《일리아스》를 번역한 이유를 이렇게 밝히고 있다.

"딱히 다른 할 일이 없어서."

홉스는 평생 독신으로 살았다. 그러나 그가 여성을 혐오하거나 사랑을 못마땅하게 생각한 것은 아니었다. 홉스가 노년에 어떤 여성에게 보낸 사랑의 편지를 보면, 그는 아흔이 넘어서도 사랑에 대한 열정을 간직한 사람이었다.

크롬웰의 데스마스크, 워릭 성 소재

내 비록 지금은 나이 아흔을 넘어 너무 늙었지만, 큐피드의 길로
나아가길 기대하노라. 수많은 겨울들이 나를 떨게 하고 온통 어
리석음으로 뒤덮인다 해도, 당당하고 현명하게 나는 여전히 사랑
을 할 수 있고, 연인을 가질 수 있다네.

학문이든 사람이든 홉스는 정열적인 사람이었다. 아흔 살까지 그가
이렇게 정열적인 삶을 살 수 있었던 것은 꾸준한 건강관리 때문이 아니
었을까 싶다. 그는 술을 거의 마시지 않았고, 늘어서는 자기 방문을 잠
그고는 매일 밤 노래를 불렀다고 한다. 홉스는 1679년 12월 4일 추운
겨울에 아흔한 살의 나이로 일생을 마쳤다. 그가 남긴 마지막 말은 이
것이다.

"나는 어둠 속에서 크게 내딛는 대단히 무모한 마지막 여행을 하고자 한다."

홉스는 올트 허크넬 교회에 묻혔다. 현재 그의 묘에는 그가 쓴 것으로 알려진 묘비가 세워져 있다.

"여기 오랜 세월 아버지와 아들, 두 분의 디본셔 백작을 모셨던 맘즈베리의 토머스 홉스의 뼈가 묻혀 있다. 그는 유덕한 사람이었으며, 학문에 대한 그의 명성은 국내나 국외에 잘 알려져 있다."

홉스는 교회 권력을 지닌 보수적인 사람들에게는 '맘즈베리의 악마'였다. 그러나 그는 철학에서는 용감하게 인간과 사회에 대한 새로운 생각과 통찰을 보여준 '근대 사회철학의 예언자'였다.

3

사라진 데카르트의 두개골

―

르네 데카르트

R e n é   D e s c a r t e s

파리의 인류박물관에는 르네 데카르트(René Descartes, 1596~1650년)의 것으로 추정되는 두개골이 보관되어 있다. 이 두개골의 이마 부분에는 다음과 같은 글이 새겨져 있다.

"데카르트의 해골. 1666년 프랑스로 유골 이장을 하게 된 차에 이스라엘 한스트룀이 이양받아 소중히 보관함. 계속 스웨덴에 숨겼음."

데카르트가 죽고 난 뒤 그의 무덤에 두개골이 없다는 사실이 알려진 것은 140년도 더 지난 후였다. 1791년에 프랑스 혁명정부는 오래전에

죽은 데카르트를 다시 기억해내고 기념하기 시작했다. 프랑스 혁명정
부는 이성의 신을 섬길 정도로 인간의 이성과 이성에 의한 인간의 발전
을 믿었다. 그들은 이성의 상징으로 데카르트를 원했다. 데카르트의 증
조카는 이런 기회를 재빨리 이용했다. 그는 할아버지의 유해를 위대한
프랑스인들의 영예로운 사원인 팡테옹으로 이장하자는 제안을 했다.
그런데 이장을 하기로 하고 데카르트의 관을 파낸 사람들은 깜짝 놀랐
다. 데카르트의 두개골이 없었던 것이다. 그는 두개골이 없는 상태로

데카르트의 유해를 팡테옹으로 이장하려 했다. 그러나 어떤 의원의 음모로 이장 계획은 무산되었다. 결국 데카르트는 팡테옹에 묻히지 못하고 생제르맹 데 프레 교회에 묻히게 되었다.

의심 많은 철학자의 불온사상

그런데 데카르트의 유해에는 왜 두개골이 없는 걸까? 현재 그의 두개골은 파리 인류박물관에 보관되어 있다. 그렇다면 어째서 데카르트의 없어진 두개골이 그곳에 보관되어 있는 걸까?

지금까지 알려진 데카르트의 공식 사망 원인은 폐렴이다. 1649년 데카르트는 스웨덴 주재 프랑스 대사 피에르 샤뉘(Pierre Chanut)의 주선으로 스웨덴 여왕 크리스티나의 궁정에 초대 받았다. 여왕은 국사에 바빠 처음에는 데카르트에게 관심을 두지 못했다. 1650년이 되어서야 여왕은 겨우 시간을 낼 수 있었다. 여왕은 데카르트에게 철학을 가르쳐줄 것을 요청했다. 조건은 국사에 방해가 되지 않아야 하며, 일주일에 세 번 새벽 5시에 철학 수업을 해야 한다는 것이었다. 여왕은 마차를 보내 데카르트를 모셔왔다. 그러나 데카르트는 얼마 후에 북구의 추운 겨울을 이겨내지 못하고 갑자기 감기에 걸리고 말았다. 감기는 폐렴으로 악화되었고, 결국 그는 1650년 2월 11일에 스톡홀름에서 숨을 거두었다.

데카르트의 시신은 프랑스로도, 그가 오래 거주했던 네덜란드로도 이송되지 못한 채, 스톡홀름의 아돌프 프레드릭 교회에 묻혔다. 그렇다면 데카르트의 유해 중에서 두개골만 어떻게 파리 인류박물관에 소장된 것일까? 데카르트가 죽은 지 16년이 지난 1666년에 프랑스는 위대

한 자국의 철학자를 기리기 위해 그의 유해를 프랑스로 이장하려는 계획을 세웠다. 프랑스 대사 드 테를롱의 입회 하에 스톡홀름 시 근위대장 한스트룀이 발굴 작업을 지휘해 그의 유골을 구리 관에 이관했다. 데카르트의 관은 열광적인 영국인들이 그의 유골을 훔치려 한다는 정보원의 보고에 따라 석 달이 지난 후에 몰래 파리로 옮겨지게 된다. 아마 이때 두개골은 남겨지고 다른 유골만 옮겨진 것으로 보인다. 왜냐하면 보관된 두개골에는 '계속 스웨덴에 숨겼음'이라는 글이 새겨져 있기 때문이다. 그리고 두개골을 빼돌린 것은 근위대장 한스트룀으로 여겨진다.

1878년에 스웨덴의 학자 베르셀리우스(Berselius)는 어떤 수집가의 유품인 '데카르트의 두개골'이 경매에 부쳐진다는 소식을 듣고 그것을 사들였다. 그런데 그는 그 두개골을 세밀하게 조사하다가 이마에 새겨진 글씨를 발견하고 경악했다. 위대한 철학자의 두개골 이마에다 글씨를 새겨 넣는 만행을 저지르다니! 그는 자신의 조국이 위대한 철학자에게 심각한 모독 행위를 저질렀다고 생각했다. 그는 모독 행위를 보상하는 의미에서 두개골을 파리 인류박물관에 기증했다. 그렇게 해서 데카르트의 두개골은 이 박물관에서 소장하게 된 것이다.

그런데 근위대장 한스트룀은 왜 두개골을 빼돌려 스웨덴에 숨겨놓았던 것일까? 왜 데카르트의 두개골을 파리로 보내지 않은 것일까? 이러한 의문에 대한 가장 강력한 대답은 데카르트가 독살되었다는 설이다. '폐렴'으로 숨졌다는 궁정의 공식 성명에도 불구하고, 당시 스톡홀름 시에는 데카르트가 독살되었다는 소문이 파다했다고 한다. 또한 이러한 소문을 뒷받침하는 것은 당시 여왕의 주치의이자 명의였던 요한 반 불렌이 묘사한 데카르트의 증세다. 그는 자신의 동료 의사에게 보낸 편지에서 병의 진행 과정을 자세하게 묘사했다. 그 편지에 따르면, 데카르트는 딸꾹질을 하고, 밤색을 띤 가래를 토해내며, 호흡이 불규칙하고, 눈동자를 이리저리 움직였다는 것이다. 이러한 증세는 폐렴보다는 비소 중독으로 의심된다. 폐렴으로 죽었든, 비소 중독으로 죽었든 간에 데카르트의 죽음은 많은 의문점을 남긴다. 데카르트가 죽고 나서 샤뉘 프랑스 대사가 손수 작성한 묘비문에서도 그러한 의문점이 발견된다.

> 그는 철학을 그 기초에서부터 혁신했으며, 언젠가는 죽을 수밖에 없는 인간들에게 자연의 가장 깊은 내면에로 이르는 길, 새롭고 분명하고도 안전한 길을 제시했다. …… 그는 그를 시기하는 자들을 그의 죄 없는 생명으로 속죄했다.

누가 그를 시기했고, 데카르트는 왜 그들을 위해 죄 없는 생명으로 속죄해야만 했을까? 혹시 데카르트는 자신의 철학을 위해 순교를 당한 것은 아닐까?

사실 데카르트는 자신의 철학을 통해 기존의 학계에 대해 전면전을 선포했을 뿐만 아니라, 그들의 학문적 기초를 여지없이 허물어버린 사람이었다. 그는 전통적 학문의 방법과 진리에 대해 회의를 하고, 인간의 이성에 기초한 새로운 학문 방법을 주장했다. 전통과 권위보다는 이 세상 사람 모두가 가지고 있는 양식(bon sens)을 믿었다. 《방법서설(Discours de la méthode)》(1637년)의 첫 문장은 이렇게 시작한다.

"양식(bon sens)은 이 세상 사람 모두에게 가장 공평하게 분배되어 있는 것이다."

양식이란 올바르게 판단하고 참과 거짓을 분별하는 능력, 즉 이성을 뜻한다. 데카르트는 이성은 모든 인간이 태어날 때부터 공평하게 갖고 태어나는 것이라고 생각했다. 이 이성을 가지고 기존의 진리와 전통이라 믿어왔던 것을 의심해보고, 더 이상 의심할 수 없으면 그것을 진리로 인정하라고 요구했다. 이 요구는 오늘날로 보면 당연하고 소박한 것이다. 그러나 당시에 이러한 요구는 전통의 학문과 세계관을 뒤엎을 수 있는 위험하고 불온한 생각이었다. 전통적 학문과 진리에 도전하거나 의심을 품는 자는 반역자이며 이단자로 취급받았다. 그가 《방법서설》을 쓸 당시 파리의 의회는 아리스토텔레스에 반대하는 다른 물리학을 내세우는 자는 사형으로 다스릴 정도였다.

사실 데카르트도 이런 위험을 의식하고 있었다. 그가 파리를 떠나, 자유의 바람이 불고 있는 네덜란드로 망명해서도 거처를 알리지 않고 자주 옮겨 다닌 것을 보면 알 수 있다. 그러나 《방법서설》은 그를 독살할 만한 직접적인 원인이 아니었던 것 같다. 그렇다면 그는 어째서 비

피에르 루이 뒤메닐, 〈데카르트와 토론하는 크리스티나 여왕〉, 18세기경

교적 학문적으로 자유로운 개신교 국가인 스웨덴에서 독살을 당했다는
의심을 받는 것일까?

나와 세계라는 거대한 책

데카르트는 몽테뉴가 죽은 지 4년 후인 1596년에 태어났다. 1604년
에 그는 파리에서 서남쪽으로 약 200킬로미터 떨어진 '라 플레슈' 학교
에 입학했다. 이 학교는 앙리 4세가 설립해서 예수회에 운영을 맡긴 곳
으로, 당시 유럽에서 엘리트 학교로 유명했다. 교육 프로그램은 당시의
기준으로 볼 때 가장 새로운 수준이었다. 교사들은 코페르니쿠스나 갈

릴레이의 충격적인 발견들을 가르쳐 학생들을 열광시켰다. 데카르트는 재능이 뛰어난 학생으로 인정받아 금서를 읽는 것도 허용되었다. 라 플레슈에서 그는 논리학과 철학, 그리고 수학을 배웠다. 1612년에 이 학교를 졸업한 후 푸아티에의 대학에서 법률학 디플롬을 획득했다. 그러나 그는 학교 교육에 오류가 많다는 것을 깨닫고 직접 세계라는 책을 공부하고자 결심한다. 이는 《방법서설》에 드러나 있다.

> 나는 스승들로부터 해방되는 나이가 되자 학교 공부를 완전히 버리고 말았다. 나는 나 자신과 세계라는 커다란 책에서 찾아낼 수 있는 그런 학문 이외에는 어떠한 다른 학문도 탐구하지 않기로 결심했다.

데카르트는 잠시 파리에 머물며 연구한 뒤 1618년 30년 전쟁이 시작될 무렵 자원해서 자비를 들어 네덜란드 군대에 들어간다. 그가 군인이 된 것은 전쟁에 참여하려는 목적보다 군대를 따라 여행하며 전쟁의 실상을 관찰하려 했던 것으로 보인다. 그는 여행을 통해 책보다 현실 세계가 훨씬 더 다양하고 상호 모순적이라는 것을 깨달았다. 그렇게 군대에 복무하던 중 1619년 11월 10일에 도나우에 있는 노이부르크의 겨울 진영에서 결정적인 철학적 영감을 경험한다.

데카르트는 세 가지 꿈을 꾸고 심각한 고민에 빠졌다. 첫 번째 꿈에서 그는 정면에서 불어오는 강풍을 마주 받으며 힘겹게 길을 걷는다. 강풍 때문에 오른쪽 옆구리에 고통을 느끼고 교내 성당으로 피신해 들어간다. 두 번째 꿈에서는 엄청난 위세로 천둥이 내리치는 장면을 목격한다. 쏟아지는 번개의 불꽃 때문에 눈이 부시다. 세 번째 꿈은 전편보다는 조금 더 편안한 꿈으로, 시집 하나가 그의 눈앞에 펼쳐져 있다. 펼쳐진 면에서 그는 "나는 인생에서 어떤 길을 걸을 것인가?(Quod vitae sectabor iter?)"라는 문장을 보게 된다.

꿈에서 깨어난 데카르트는 이 꿈을 인생에서 지난날의 생활방식을 버리고 진실 탐구에 몸을 바쳐야 한다는 뜻으로 해석했다. 이 꿈을 통해 학문의 기초가 될 수 있는 하나의 방법을 발전시키는 과제가 자기에게 부여되었다고 믿었다. 이후 18년 동안 그는 이 세계를 확실하게 인식할 수 있는 새로운 '보편적 방법'을 추구한다.

그렇지만 데카르트는 아직은 학문과 철학에 완전히 헌신할 때가 아니라고 생각하고 있었다. 독일을 무대로 신교와 구교 간에 종교전쟁이 한창 벌어지고 있었기 때문이다. 종교전쟁은 1618년에서 1648년까지 지속되었다. 그는 바이에른 공의 군대에 들어갔다. 그리고 1620년에 '겨울 왕' 팔츠의 프리드리히 5세에 대항하는 바이센베르크 전투에 참여했다. 프리드리히 5세는 보헤미아와 오스트리아의 신교 귀족들에 의해 왕으로 옹립되었다. 그러나 전쟁에 패배해 네덜란드로 망명하고 개신교도들은 탄압을 받았다. 그는 전투에서 승리한 후 군대를 떠났다.

그 후의 세월을 데카르트는 주로 프랑스와 이탈리아를 여행하면서 보냈다. 그는 여행을 계속하면서 여러 학자와 접촉했다. 그가 만난 인사들은 대개 장미십자가단과 관련이 있을 것이라고 추측된다. 장미십자가단원들은 신비한 비밀 이론을 계몽주의적, 인문주의적 실천과 결합시켰다. 그들에게 학문적 탐구와 교환은, 서로를 손님으로 맞이해 환대하고 서로에게 도움을 주어야 하는 것처럼, 그들이 가진 원칙에

데카르트의 삶의 장면들. 왼쪽 위는 데카르트의 딸의 죽음을 보여주고 있고,
오른쪽 위는 스웨덴 여왕 크리스티나의 스승으로서의 데카르트를 그리고 있다.

속했다.

1628년에 데카르트는 개신교 국가인 네덜란드로 이주해 그곳에서 20
년 이상 살았다. 네덜란드의 자유로운 정치적 분위기와 종교적 관용이
그의 마음을 사로잡았던 것 같다. 그러나 그는 네덜란드에서도 주소를
자주 옮겨 다니며 고독하게 학문에 몰두했다.

데카르트는 노이부르크에서 얻은 학문적 영감에 따라 모든 학문의
방법에 의심을 품고, 이 회의에서 견뎌낼 가장 확실한 사실을 발견하고
자 노력했다. 절대적 확실성을 찾기 위해 '의심'이라는 방법을 선택한
다. 그는 모든 것을 의심한다. 간단한 수학적 진리인 2+2가 4라는 것

도, 그는 악마가 자신에게 그렇게 믿게 하는 것이라고 의심했다. 그렇게 모든 것을 의심할 수 있지만, 더 이상 의심할 수 없는 것이 있었다. 그것은 의심을 하더라도 의심하는 동안 의심하는 자신이 있어야 한다는 사실이었다. 이렇게 해서 그는 방법적으로 모든 것을 의심했지만, 의심하는 나는 더 이상 의심할 수 없다는 결론에 이른다. 그래서 그는 그러한 발견을 다음과 같은 유명한 말로 정리했다.

"나는 생각한다, 고로 나는 존재한다."

데카르트는 이러한 발견을 《방법서설》이라고 불리게 되는 조그만 소책자에 담아 출판했다. 이 책은 라틴어가 아니라 프랑스어로 쓰인 에세이풍의 책이었다. 이 책의 원제목은 '학문을 통해 진리를 탐구하는 데 있어서 이성을 올바르게 사용하는 방법에 관한 논문'이었다. 그는 모든 학문의 움직일 수 없는 기초를 발견한 이후 이 절대적 확실성에서 세계에 관한 모든 인식을 수학적 명증성에 기초해 도출하고자 했다. 그는 《방법서설》 2부에서 수학에서 빌려온, 진리를 인식하기 위한 방법의 주요 규칙을 이렇게 설명한다.

첫째, 명증적으로 참이라고 인식한 것 이외에는 그 어떤 것도 참된 것으로 받아들이지 말 것, 즉 속단과 편견을 신중히 피하고, 조금도 의심의 여지가 없을 정도로 명석 판명하게 내 정신에 나타나는 것 외에는 그 어떤 것에 대해서도 판단을 내리지 말 것.

둘째, 검토할 어려움들을 각각 잘 해결할 수 있도록 가능한 한 작은 부분으로 나눌 것.

셋째, 내 생각들을 순서에 따라 이끌어 나갈 것, 즉 가장 단순하고 가장 알기 쉬운 대상에서 출발하여 마치 계단을 올라가듯 조금씩 올라가 가장 복잡한 것의 인식에까지 이를 것, 그리고 본래 전후 순서가 없는 것에서도 순서를 상정하여 나아갈 것.

끝으로 아무것도 빠뜨리지 않았다는 확신이 들 정도로 완벽한 열거와 전반적인 검사를 어디서나 행할 것.

데카르트는 《방법서설》 3부에서 자신의 경험에 비추어 '이성'에 의해 판단을 못 내리고 있을 때 잠정적으로 따라야 할 삶의 격률도 제시하고 있다.

첫 번째 격률은 내 나라의 법률과 관습에 복종하고, 어렸을 적부터 신의 은총에 의해 배워온 종교를 확고하게 견지하며, 다른 모든 일에 있어서는 나와 더불어 살아가는 사람들 가운데 가장 사려 깊은 사람들이 실생활에서 보통 취하고 있는 가장 온건하고 극단에서 먼 의견에 따라 나를 지도하자는 것이었다. …… 두 번째 격률은 행동에 있어서 가능한 한 확고하고 결연한 태도를 취하고, 아무리 의심스런 의견이라도 일단 그것을 취하기로 결정했다면 아주 확실한 것인 양 따라야 한다는 것이었다. …… 세 번째 격률은 언제나 운명보다는 나 자신을 이기려고 노력하고, 세계의 질서보다는 내 욕망을 바꾸려고 노력하는 것이었다.

《방법서설》은 1637년 6월 8일에 네덜란드의 대학 도시 라이덴에서 출간되었다. 이 책에서 데카르트는 신의 존재와 영혼 불멸성에 대해 확고한 믿음을 표명했다. 그래도 교회는 1663년에 이 책을 금서 목록에 올려놓았다. 하지만 이 책의 영향력은 막을 수가 없었다. 1690년에 이 책은 저자의 이름 없이 다시 인쇄되었다.

1641년에 데카르트는 《성찰록(Meditationes de Prima Philosophia)》을 펴냈고, 1644년에는 자신의 철학을 집대성한 《철학의 원리(Principia philosophiae)》를 암스테르담에서 출간했다. 1647년에 엘리자베스 왕녀의 요청으로 《정념론(Traité des Passions de l'âme)》의 집필을 계획했다. 1648년에는 《인간론(De homine)》을 탈고했는데, 이 책은 그가 죽고 난 뒤 1664년에는 파리에서 출간되었다.

이러한 저서들에서 표명된 데카르트의 인간관은 많은 논란을 낳았다. 데카르트는 아리스토텔레스와 달리 동물들이 영혼을 가진 생명이 아니라 정교한 시계 뭉치와 같은 자동기계라고 생각했다. 그는 인간 역시 영혼을 제외하면 기계라고 생각했다. 다시 말해, 인간의 몸은 메커니즘으로 움직이는 자동기계와 같다. 이 몸이라는 메커니즘을 움직이는 원인은 인간의 영혼이다. 육체와 영혼은 뇌 속에 있는 송과선(松果腺)을 통해서 서로 작용하고 움직인다는 것이다. 그는 인간은 두 가지 실체로 이루어진다고 생각했다. 하나는 정신 · 영혼 · 이성을 뜻하는 사유하는 실체(res cogitans)이며, 다른 하나는 연장된 실체(res extensa)로서 육체다. 그러나 인간에 대한 데카르트의 생각 가운데 중요한 것은 인간의 몸도 뜯어보면 그 작동하는 원인을 규명해볼 수 있다는 것이다. 마치 시계를 뜯어보는 것처럼!

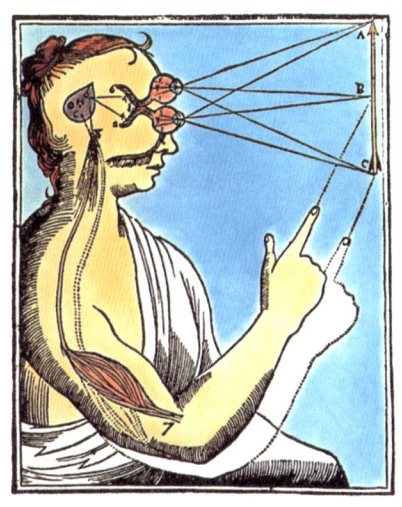

데카르트의 〈인간, 태아발생론〉은 최초의
생리학 교과서로 여겨진다.

독살 위협을 받은 심신이원론

데카르트의 기계론적 생각은 많은 지지자와 반대자를 낳았다. 특히
유물론자들과 의사들 사이에서 찬반이 엇갈렸다. 어떤 사람들은 인간
의 몸에 대한 그의 기계론적 생각을 높이 평가했지만, 다른 사람들은
데카르트가 아직도 실체로서의 영혼을 인정하는 것에 불만을 품었다.
유물론 철학자이자 의사인 라 메트리(Julien Offroy de La Mettrie, 1709~
1751년)는 데카르트의 인간론이 불만족스러워 아예 《인간기계론
(L'Homme-machine)》을 쓰기도 했다. 그는 영혼이 따로 존재해 정신 작
용을 하는 것이 아니라, 뇌의 활동에 의해 정신 작용이 일어난다고 주
장했다.

이처럼 데카르트 사상의 혁신성을 두고 많은 찬반 논란이 벌어졌다. 데카르트가 영혼의 실체를 인정하고 신의 존재를 당연한 것으로 전제하는 점에서 중세적 그늘을 완전히 못 벗어났다는 비판이 가해졌다. 그러나 이러한 비판에도 불구하고 분명한 것은, 데카르트의 등장 이후로 인간의 이성과 합리성의 빛에 비추어 의심스러운 지식들은 더 이상 존속하기 어렵게 되었다는 점이다. 특히 교회의 도그마나 전통적 이론들은 심각한 타격을 입었다.

데카르트 사상의 혁신성이 점차 세상의 주목을 끌자, 데카르트에게는 '자유로운 나라'였던 네덜란드도 살기 어려운 곳이 되었다. 1641년에 데카르트는 교회 측으로부터 무신론자라는 비난이 제기되어 자신을 변호해야 했으며, 친구의 도움으로 재판에서 겨우 풀려났다. 그 무렵 그는 스웨덴의 크리스티나 여왕에게 초청을 받아 1649년 가을에 스톡홀름으로 가게 된다.

그렇게 스웨덴에 간 데카르트는 간 지 다섯 달도 안 되어 죽고 말았다. '폐렴'이라는 공식적 사인에도 불구하고, 그가 독살되었다는 소문은 끊이지 않았다. 데카르트를 초대한 크리스티나 여왕은 개신교의 편에서 가톨릭의 연합 세력에 대항하여 전쟁을 이끌었던 구스타프 아돌프 대왕의 딸이었다. 30년에 걸친 종교전쟁이 끝나고 스웨덴은 개신교 국가로 남았지만, 정작 여왕은 가톨릭으로 개종할 것을 고려하고 있었다.

그 시기에 데카르트가 스웨덴에 있었고, 로마 교황은 여왕을 로마 교황청의 품으로 끌어들이기 위해 반개혁주의 예수회 학자들을 스웨덴 궁정으로 보냈다. 그들에게 데카르트는 눈엣가시였을 것이다. 그러나 그들만이 데카르트를 미워한 것은 아니었다. 크리스티나 여왕이 초대한 수많은 다른 학자들도 여왕의 총애를 받다가 이제 데카르트로 인해 뒷전으로 밀려나는 초라한 신세가 되었기 때문이다. 그들은 데카르트의 출현으로 안락한 삶을 보장해줄 기회를 모두 잃을 위기에 놓였던 것이다.

여왕은 처음 석 달 동안 데카르트를 부르지 않았다. 그러나 1650년에 들어 여왕은 그를 궁전으로 불러 철학을 배우기 시작했다. 그러나 데카르트는 여왕을 가르치기 시작한 지 14일 만에 갑자기 병이 났다. 그렇게 병이 난 지 7일 만인 1650년 2월 11일에 그는 사망했다. 그가 독살되었다는 소문은 스톡홀름 시내에 파다하게 돌았다.

최근에 데카르트 연구자인 독일 에를랑겐 대학교의 테오도르 에베르트 교수는 파리와 스톡홀름에 보관된 데카르트의 사인에 관한 문서들을 연구한 끝에, 데카르트는 "스톡홀름의 자크 비오구에 신부가 건네준 비소가 발라진 영성체 빵을 먹고 비소 중독으로 죽었다."고 주장했다. 비오구에 신부가 데카르트의 급진적 사상이 크리스티나 스웨덴 여왕의 가톨릭 개종에 장애가 될 수 있다고 생각해 일을 저질렀다는 것이다.

그러나 데카르트의 진짜 사인이 무엇이었는지는 아직 더 풀어야 할 미스터리로 남아 있다. 현재 그의 두개골도 진짜 그의 것인지 미스터리다. 그러나 중요한 것은 그의 두개골보다 그가 사유했던 철학적 정신일 것이다. 그것은 의심을 통해 더 이상 의심할 수 없는 철학적 진리에 대한 추구다.

4

철학의 야만적 별종

—

바뤼흐 스피노자

Baruch de Spinoza

오늘 한 가지를 분명히 해두지요. 소크라테스가 독이 든 술잔을
들이키긴 했지만, 악법도 법이라며 실정법을 인정했다는 이야기,
그거 가짜입니다. 그리고 나도 사과나무를 심겠다는 이야기를 한
적이 없어요. 내일 세상의 종말이 오더라도 난 렌즈를 깎고 있을
사람이라고요.

EBS 지식채널 e의 〈two Jobs, 스피노자의 이유〉 편에서 스피노자

(Baruch de Spinoza, 1632~1677년)가 독백으로 하는 말이다. 스피노자
는 내일 세상의 종말이 오더라도 사과나무를 심겠다는 말을 한 적이 없
다. 그렇다면 세상의 종말이 오더라도 그는 렌즈를 깎고 있었을까? 그
렇지 않다. 생계를 유지하기 위한 수단으로 그가 렌즈를 깎은 것은 사
실이지만, 그것은 자유로운 정신적 삶을 유지하기 위해서였다. 그가 하
이델베르크의 정교수 자리도 마다하고 렌즈를 깎는 일로 생계를 유지
하면서 지키고자 했던 것은 자유로운 정신이었다. 그러므로 지식채널

e의 스피노자의 독백은 "내일 세상의 종말이 오더라도 나는 내 철학을 계속 하고 있었을 것이오."라고 해야 맞다.

신을 모독한 끔찍한 괴물

스피노자는 세상과의 접촉을 끊은 채 자신의 철학을 위해 가난하고 고독한 생활을 스스로 선택했다. 그는 자신의 철학이 가진 폭발성과 휘발성을 잘 알고 있었다. 그리고 자신의 철학이 당시 사회에서 감당하기 어려울 것이라는 것도 잘 알고 있었다. 그래도 그는 세상과 타협하지 않고 자신의 철학을 끝까지 포기하지 않았다.

스피노자는 은둔하며 조용한 삶을 살았지만 자신의 철학으로 인해 당시 유럽의 정치와 종교계를 뒤엎을 수 있는 '사상의 이단아'였다. 아니, 안토니오 네그리가 표현한 대로, 그는 거룩한 것을 세속화시킨 '야만적 별종'이었다.

라이프치히의 유명한 철학 교수 토마시우스는 그를 "신을 모독한 전형적인 유대인이자 완전한 무신론자"이며 "끔찍한 괴물"로 묘사했다. 예나 대학교의 신학 교수 무제우스도 "악마에 매수당한 자"라고 표현했다. 무엇 때문에 그들은 스피노자를 이렇게 증오한 것일까? 혹시 그가 유대인이기 때문이 아닐까? 그러나 스피노자는 같은 동족인 유대인들에게도 분노를 사 파문을 당했다. 유대교로부터의 파문은 유대인에게 사회적 사형이나 마찬가지였다. 그가 파문을 당할 때 내려진 판결문은 그에 대한 저주로 가득 차 있다.

천사들의 결의와 성인의 판결에 따라 바뤼흐 스피노자를 저주하고 제명하여 추방한다. 이는 성스러운 하느님과 성인들의 공동체가 허락한 것이다. …… 여호수아가 예리코를 저주한 그 저주와 엘리사가 소년을 저주한 그 저주를 받고 율법서에 쓰여 있는 그 모든 저주를 받아라. 밤낮으로 저주를 받을 것이며, 잠잘 때도 일어날 때에도 저주를 받아라. 나갈 때에도 저주 받을 것이며 들어올 때에도 저주 받을 것이다. …… 어느 누구도 말이나 글로 그와 교제하지 말 것이며, 그에게 호의를 보여서도 안 되며, 그와 한 지붕 아래 머물러서도 안 되며, 그의 가까이에 가서도 안 되며, 그가 저술한 책을 읽어서도 안 되느니라…….(PH 201)

스피노자는 도대체 어떠한 인물이기에 유대교와 개신교 양측으로부터 이렇게 심한 반발과 저주를 산 것일까? 스피노자는 1632년 암스테르담에서 태어났다. 그의 가족은 종교적인 이유 때문에 포르투갈에서 네덜란드로 이민을 왔다. 그의 집안은 장사로 번창했으며, 유대인 사회에서도 두터운 신망을 얻고 있었다. 1638년경에 스피노자는 암스테르담에 설립된 유대인 소년학교에 다녔다. 그곳에서 그는 랍비들에게서 탈무드와 기초 교육과정을 배웠다. 1650년에 그는 한때 예수회 회원이었던 프란키스쿠스 반 덴 엔덴이라는 인물이 세운 학교에 들어가 고전 언어와 새로운 철학을 접했다. 이 학교에서 그는 자유사상가와 교유하며 신 스콜라철학과 데카르트의 새로운 철학과도 접하게 되었다.

스피노자가 스물두 살이 되던 1654년 3월에 아버지가 세상을 떠났다. 그는 이복동생인 누이가 유산을 모두 상속받겠다고 요구하는 바람에 법정 다툼을 벌여야 했다. 그는 끈질긴 법정 다툼 끝에 승소했다. 하지만 승소한 뒤, 그는 거의 모든 재산을 이복동생에게 물려주었다. 어차피 그녀에게 재산을 넘겨줄 것이면서 그가 그렇게 끝까지 법정 다툼을 벌인 이유는 무엇일까? 그것은 자기에게 주어진 올바른 '권리'마저 그냥 넘겨주어서는 안 된다고 생각했기 때문이다. 그래서 그는 그의 권리를 철저하게 찾고자 했던 것이다.

1656년 반 덴 엔덴 학교에서 스피노자는 의사이자 자유사상가인 프라토드(Juan de Pradod)와 리베이라(Manuel Ribeira)와 함께 유대인 공동체가 신봉하는 신앙론에 대해 공공연하게 의심을 했다. 그는 《구약성경》은 모순투성이고 애매모호하며, 《구약성경》만이 진리가 아니라는 점을 과감하게 주장했다. 그리고 신이 육체가 없다는 점, 천사가 실제로 존재한다는 점, 영혼이 불멸한다는 점 등을 뒷받침할 근거가 《성경》 어디에도 없다고 주장했다.

당황한 유대인 공동체는 뇌물로 그를 매수하려 했다. 그러다 여의치 않자 이번에는 그를 암살할 계획을 세웠다. 그러나 그런 계획은 성공하지 못했다. 결국 유대인 공동체는 1656년 7월 27일에 그를 파문했다. 판결문의 저주는 앞에 소개한 대로다. 이때 스피노자의 나이는 겨우 스물세 살이었다. 그리고 아직 어떤 글도 발표하기 전이었다.

유대인 공동체로부터 추방된 후 스피노자는 암스테르담에 머물렀다. 이 시기에 그는 《성경》과 종교에 비판적인 자신의 견해를 옹호하기 위해 포괄적인 변호문을 작성했던 것으로 여겨진다. 스피노자의 이러한 견해는 나중에 《신학–정치학 논고(Tractatus Theologico-politicus)》의 토대가 되었다. 그는 자신의 신념으로 인해 같은 동족인 유대인 신앙 공

레인스뷔르흐에 있는
스피노자의 생가

동체에서 추방되었다. 유대인 공동체에서 추방된다는 것은 어떠한 보
호막이나 사회적 도움도 받을 수 없다는 것을 뜻한다. 왜냐하면 유대인
은 네덜란드 시민으로 인정받지 못했기에 유대인 공동체를 통해 서로
돕고 의지해 살아갔기 때문이다. 외톨이가 된 그는 렌즈를 만드는 기술
을 익혔고, 틈틈이 가정교사 노릇을 하며 생계를 유지해갔다.

유대인 공동체로부터 추방당한 후, 스피노자는 처음 얼마 동안은 암
스테르담 근처에서 머물렀다. 그러다가 자신의 생각을 정리하고 체계
화할 목적으로 1660년에 레이덴 근처에 있는 라인 강변의 조용한 마을
레인스뷔르흐로 거처를 옮겨 칩거에 들어갔다. 레인스뷔르흐에서 그는
헤르만 호만이라는 외과의사 집에서 하숙을 했다.

이곳에서 스피노자는 1662년 4월부터 《신, 인간, 그리고 인간의 행복
에 관한 소고(Korte Verhandeling van God, de Mensch en deszelfs
Welstand)》(1662년경, 초판 1852년)와 《지성 정화론(Tractatus de

Intellectus Emendatione)》(1677년)을 집필했다. 또한 그는 《데카르트의 철학의 원리(Renati des Cartes Principiorum Philospphiae)》(1663년)를 썼다. 이것은 생전에 그의 이름으로 발표된 유일한 책이다. 그는 이 책에서 데카르트의 철학 체계를 기하학적으로 규명하고, 그것이 지닌 결점을 이야기하면서 데카르트 사상과는 다른 독자적 견해를 드러내기 시작했다. 그리고 이 시기에 그는 《기하학적 방식으로 다룬 윤리학(Ethica in Ordine Geometrico Demonstrata)》(1662~1675년, 출판 1677년) 1권을 완성했다.

1670년에 그가 오랫동안 준비해온 《신학-정치학 논고》를 출간하자, 그것은 엄청난 반발을 불러일으키며 파장을 일으켰다. 그는 이 책에서 국가에 대한 교회의 지나친 간섭은 통제되어야 하며, 국가의 목적은 자유이므로 종교와 정치적 신념의 자유를 보장해주어야 한다고 주장했다. 이러한 주장은 정치와 종교 권력자들의 격분을 불러일으켰다. 《신학-정치학 논고》는 출판되자마자 신·구교 모두와 국가 당국은 물론 대학으로부터도 금지를 당했다. 네덜란드 총독이 이 책을 인쇄하는 자나 유포시키는 자에게는 가장 엄한 벌을 내리겠다고 선언할 정도였다.

스피노자가 《신학-정치학 논고》에서 주장한 것은 무엇일까? 무엇이기에 정부와 교회로부터 엄청난 반발을 산 것일까? 그것은 그가 시민의 자유로운 정신을 옹호했기 때문이다. 한마디로 요약하면, 시민의 자유로운 생각과 그런 생각을 표현할 수 있는 권리를 주장한 것이다. 그러나 당시 정치나 종교 권력자는 그러한 주장을 체제에 대한 심각한 도전으로 받아들였다. 그들에게 자유로운 사상이나 자유로운 정신의 소유는 기존 체제를 뒤흔드는 범죄나 악행이었기 때문이다. 그러나 스피노자는 그런 그들의 행위가 오히려 범죄라고 주장했다.

"인간이 범죄나 악행 때문이 아니라 단지 자유로운 정신의 소유자라는 이유 때문에 적으로 판정받고 사형을 받는다면, 이보다 더한 범죄가 있을 수 있겠는가?"

스피노자는 《신학-정치학 논고》에서 종교에 대한 맹신, 종교와 결탁한 정치권력에 대해 비판하고, 자연권 개념에 기초한 국가에 대해 서술한다. 모든 사람이 자신이 바라는 대로 생각할 자유와 자신이 생각하는 바를 말할 자유는 자연이 우리에게 준 권리다. 이 권리는 국가 전체에 대해 심각한 손상이 없다면 제한 없이 보장되어야 한다.

철학함의 자유

사상과 표현의 자유는 인간의 이성적 사유를 보장한다. 모든 사람의 이성적 사유에 기반한 국가는 민주적이고 자유로운 국가다. 이러한 국가의 법과 질서에 복종하는 것은 시민의 '자유'라고 할 수 있다. 왜냐하면 그것은 자신들의 자유의지에 기초한 것이기 때문이다. 이렇게 '시민'의 자유에 기초한 국가는 내적인 안정성과 평화를 얻을 수 있다. 종교는 이러한 정치에 종속되어야 한다. 스피노자는 이렇게 정치에 대한 기존 종교의 지배를 비판하고, 종교적 자유와 정치적 자유가 보장될 수 있는 민주정체를 옹호한다.

스피노자의 이러한 과감한 생각은 기존의 종교 권력자와 지배계층에게서 심한 반발을 불러왔다. 곧바로 《신학-정치학 논고》에 반대하는 책자들이 나타났다. 그 책자들에는 "《신학-정치학 논고》가 스피노자라는 유대인이 지옥의 악마와 결탁해 만들어낸 책"이라는 비난이 담겨 있었다. 스피노자는 《신학-정치학 논고》 때문에 강한 반발과 비난을 샀지만, 다른 한편으로 명성은 더욱 높아져갔다. 1673년에 그는 독일 팔츠 지역의 영주 카를 루트비히(Karl Ludwig)에게서 철학 교수 자리를 제안받았다. 카를 루트비히는 한 신학 교수를 통해 그러한 제안을 스피노자에게 전했다. 그러나 스피노자는 심사숙고한 끝에 이렇게 답장을 보낸다.

교수직을 맡는 것이 저의 소망이었다면, 저는 다른 자리가 아닌 팔츠의 영주 전하께서 당신을 통해 제게 제의한 바로 그 교수직을 맡았을 것입니다. 자비로운 영주께서 황송하게도 제게 허락해주신 철학의 자유 때문에라도 그렇습니다. 그렇지만 공적인 자리를 맡겠다는 생각은 한 번도 해본 적이 없기에 이 훌륭한 제의를 받아들이지 않기로 결심했습니다. 왜냐하면 저는 철학함의 자유가 어떠한 한계에 머물러야 하는지 알지 못하기 때문에 공인된 교회를 혼란시키려 든다는 인상을 불러일으키지 않기 위해서입니다. 불화란 종교에 대한 내적인 사랑에서 생기는 것보다는 오히려 인간 감정의 상이함, 또는 사람들이 모든 것을 왜곡하고 단죄하는―이렇게 얘기해도 된다면―대립의 정신에서 생겨 나옵니다. 저는 이미 저의 고독한 사생활을 통해서도 그것을 경험했습니다. 그런데 제가 그처럼 영광된 자리에 오를 경우에는 얼마나 더한 일들을 우려해야 하겠습니까? 따라서 진실로 존경하는 영주 전하, 제가 어떤 더 나은 삶에 대한 전망 때문에 거절하는 것이 아니고, 단지 방해받지 않는 생활에 대한 애정 때문에—그러한 생활을 어느 정도 유지할 수 있기 위해—제가 공식적인 강의를 거절했음을 이해해주시기 바랍니다.(PH 205~206)

스피노자는 하이델베르크 교수직을 거절하고, 철학함의 자유를 지키면서《신학-정치학 논고》이후 마무리 짓지 못한《윤리학(Ethica)》을 완성시키는 데 몰두했다.《윤리학》의 1, 2부는 이미《신학-정치학 논고》이전에 써두었던 것으로 보인다. 그는 나머지 부분들을 완성했지만 생전에는 발표할 수가 없었다.

《윤리학》은 기하학적 형식이며 5부로 되어 있다. 각 부는 〈신에 관하여〉, 〈자연과 정신의 기원에 관하여〉, 〈정념에 관하여〉, 〈인간의 부자유에 관하여〉, 〈지성의 힘 혹은 인간의 자유에 관하여〉라는 표제를 달고 있다. 스피노자의 철학 가운데 가장 독특한 점은 오직 하나의 실체만이 존재하는데, 그것은 무한한 신적인 실체이고 자연과 동일하다는 주장이다. 여기서 실체는 그 개념의 형성을 위해 다른 사물의 개념을 필요로 하지 않는 것이자 '자기 원인을 자체 내에' 가진 것이다. 달리 말해 실체는 자기가 존재하기 위해 다른 어떤 원인에 의존하지 않는다. 우리는 존재하기 위해 부모라는 원인이 있다. 부모가 존재하기 위해서는 조부모라는 원인이 있어야 한다. 그러나 신은 실체이기에 존재의 원인을 자기 안에 가지고 있다. 따라서 다른 원인이 필요하지 않다. 또한 신은 무한하고 그 자신 안에 어떠한 제한이나 부정을 포함하지 않는다. 그러므로 신은 분할 가능하지 않으며, 자신의 내부에 모든 실재를 포함하고 있다. 따라서 데카르트가 두 실체라고 본 정신과 물질은 신이라고 하는 실체의 두 속성에 불과하다.

그런데 스피노자는 이러한 신을 자연이라고 말한다. 신을 자연으로 본다는 것은 신을 질료적 물체인 자연으로 본다는 뜻이 아니다. 스피노자는 자연을 생산하는 자연(natura naturans)과 생산된 자연(natura naturata)으로 구분한다. 창조하는 자연과 창조된 자연은 같지 않다.

"신은 창조하는 자연이며, 존재하는 모든 것은 신에 의해 이루어졌고, 신에 의해 존재 안에 보존된다."

스피노자가 강조하는 신은 우리가 대하는 세계와 대자연의 내적 원인이다. 유대교나 기독교에서 볼 때, 신과 자연을 동격으로 보는 것은 창조주와 피조물을 동격으로 보는 것이다. 그리고 인격적인 신인 창조주 하느님을 부인하는 것이다. 그러나 스피노자는 신을 자연으로 설명하고, 신의 법칙을 인과론에 근거한 필연성으로 이해한다. 신은 우주의 뒤편에 앉아 세상사에 일일이 간섭하고 참견하는 늙은 노인네가 아니다. 그는 전통적 기독교 신이 행하는 기적과 같은 자의성이나 우연적 간섭을 배제한다. 그리고 그러한 것을 빙자한 종교의 횡포도 막고자 한다. 스피노자는 신에 대한 올바른 인식이 인간을 자유롭게 한다고 말한다. 인간의 이성은 자연, 즉 신의 변하지 않는 필연성을 통찰함에 따라 자신의 원인을 이해할 수 있다. 인간을 포함한 만물의 원인은 '신'이다. 다른 외부적인 원인이나 영향에 의해 움직이지 않고 자기 자신이 원인이 되어 움직일 때, 스피노자는 그것을 자유라고 부른다. 이제 신이 우리의 원인임을 인식하고 신의 법칙의 필연성에 따라 행위한다면, 그것은 우리를 자유하게 하는 것이다.

"인간은 모든 것의 근거가 필연적으로 신에 있다고 인식하며, 신이

카스파르 프리드리히, 〈리젠게비르게의 유적〉, 1815~1820년.
스피노자는 자연과 인간의 일체, 즉 합리주의적 범신론을 내세운다.

암스테르담에 있는 스피노자 동상.
스피노자의 망토에는 꽃 장식과 새가 달려 있어서 자연과 일체화된 모습을 보여준다.

규정하는 세계 진행에 자신을 내맡길 때 자유롭다."

    스피노자는 인격신을 부정하고 기계적 인과론에 기초해 필연적으로 진행되는 자연으로서의 신을 긍정했다. 당시 유대인들이나 기독교인들은 창조주이자 인격신을 부정하는 그의 철학에서 참을 수 없는 모욕을 느꼈고, 그가 죽고 나서도 증오감과 적개심을 거둘 수 없었다. 그는 서양 사상사에 분명 이단아였다. 그러나 그는 '신'에 대한 이해를 다르게 보여줌으로써 기독교적 '신' 관념이 지배하던 유럽의 세계관에 새로운 사고 지평과 세계관을 열었다. 레싱과 괴테, 헤르더와 슐라이어마허, 피히테와 셸링 등 스피노자 철학에 대해 동조하거나 새롭게 해석하는 사람들이 늘어나기 시작했다. 괴테는 스피노자에 대해 이렇게 말했다.

"분명 그의 정신이 나의 정신보다 더 심오하고 순수합니다. 그러나 나는 내가 그에게 매우 가까이 다가가는 것을 느꼈습니다."

스피노자의 '신'에 대한 이해를 재평가하려는 움직임도 생겨났다. 슐라이어마허(Friedrich Ernst Daniel Schleiermacher, 1768~1834년)는 신학자였지만 《종교론(Über die Religion)》에서 이렇게 그를 찬양했다.

"성스러웠지만 버림 받은 스피노자의 영혼에 경건한 마음으로 내 머리털을 제물로 바친다! 그는 신앙심으로 가득 차 있었고, 성령으로 충만해 있었다."

분명 스피노자는 무신론자는 아니었다. 그리고 그를 단순하게 범신론자라고 하기에는 신에 대한 그의 지적인 사랑을 충분하게 표현할 수 없다. '신'에 대한 지적인 사랑을 한평생 추구하며 렌즈를 갈았던 스피노자는 유리 가루 분진 때문에 진폐증에 걸려 1677년 2월 21일 마흔네 살의 나이로 세상을 떠났다. 그는 평생 고독하게 살면서 철학을 했지만, 세상과 유리되어 살지 않았다. 오히려 세상과 거리를 두고 세상의 문제를 바라보며 치열하게 고민한 철학자였다.

5

책을 빌려가면 화를 내는 도서관장

—

고트프리트 라이프니츠

Gottfried Wilhelm von Leibniz

오늘날 독일 중부 파더보른에 있는 하인츠 닉스도르프 컴퓨터 박물관에 가면 1673년에 발명된 계산기가 전시되어 있다. 이 계산기는 덧셈·뺄셈·곱셈·나눗셈, 네 가지를 할 수 있다고 한다. 또 이진법 체계를 사용한 것으로 오늘날 컴퓨터 운영 체제의 기본 원리를 보여준다. 컴퓨터의 효시라 할 이 계산기를 만든 사람은 다름 아닌 라이프니츠(Gottfried Wilhelm von Leibniz, 1646~1716년)다.

라이프니츠는 당시 파스칼이 발명한 계산기를 컴퓨터와 같은 이진법

고트프리트 라이프니츠

의 원리를 적용한 계산기로 개량해냈다. 이런 점에서 본다면 그는 컴퓨터의 창안자라고 할 만하다. 그는 계산기 이외에도 잠수함을 설계한 것으로 알려져 있다.

세계 평화를 실현시키려던 천재

라이프니츠는 교수나 연구자로서 평생 대학에 몸담지 않았지만, 거의 모든 분야의 지식을 섭렵했다. 수학에서는 뉴턴과 더불어 미적분을 발견한 사람으로 알려져 있다. 물론 미적분을 누가 먼저 발견했는가를 두고 뉴턴 및 그의 추종자들과 달갑지 않은 논쟁을 벌이기도 했지만, 지금은 두 사람이 각기 발견한 것으로 인정되고 있다. 그는 수학자이기 이전에 법학 박사 학위를 취득한 법학자였고, 중국의 문자를 분석하는 등 보편 언어에 관심을 기울인 언어학자였으며, 역사학자이기도 했다. 또한 지질학과 광물학, 경제학을 탐구한 학자였다. 프리드리히 대왕은 이런 그를 두고 "그가 바로 프러시아 전체 학술원"이라고 말할 정도였다. 라이프니츠는 엄청난 열정을 지닌 사람이었다. 그는 괴테의 파우스트 박사처럼 거의 모든 분야의 지식을 섭렵했다. 그러나 파우스트가 모든 지식을 섭렵한 후 인생의 회의에 빠졌다면, 라이프니츠는 죽을 때까지 결코 세계와 인생에 대해 낙관적인 견해를 버리지 않았다.

라이프니츠는 우리가 존재하는 세계는 신이 만든 최상의 가능한 세계라고 믿었다. 그러나 볼테르(Voltaire, 1694~1778년)는 그의 이런 낙관주의를 신랄하게 비판했다. 볼테르는 소설《캉디드(Candide)》에서 라이프니츠 철학을 풍자하는 팡그로스를 등장시켜 조소를 퍼부었다. 순진한 청년 캉디드는 스승인 낙천주의 철학자 팡그로스의 가르침대로 세상은 최선(最善)으로 이루어졌다고 믿었다. 그러나 참혹한 전쟁과 굶주림, 광신, 지진, 난파, 질병, 온갖 만행과 약탈 등 인간의 모든 불행을 경험하면서 팡그로스에게 이렇게 되묻는다.

좋습니다. 팡그로스 선생님. 교수형을 당하시고, 의사에게 칼로 배를 갈리시고, 그러고도 모자라 사정없이 몰매를 맞으시고, 또 갤리선에서 노예의 몸으로 노를 젓는 일을 당하셨으면서도, 여전히 모든 것은 최선의 세상을 위해 존재한다는 생각을 고집하시렵니까?

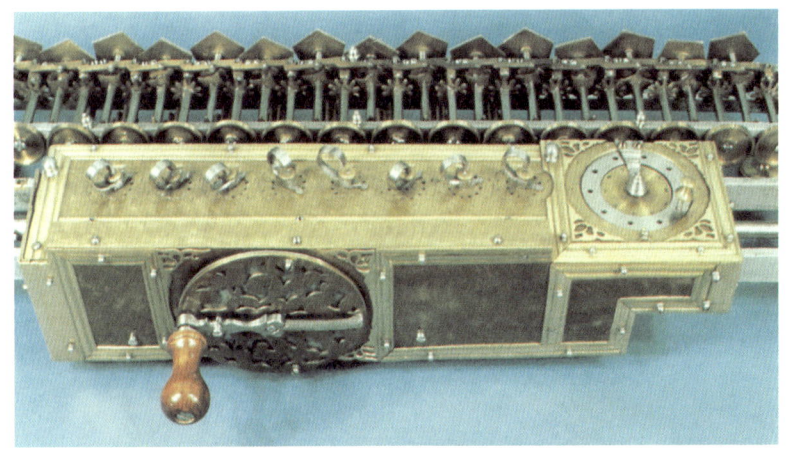

하노버의 니더작센 주립도서관에 있는 라이프니츠의 계산기

볼테르는 신의 섭리에 의한 막연한 낙관주의 대신에 인간의 의지와 노력을 강조한다. 그는 캉디드를 통해 "이제 우리가 우리의 뜰을 경작해야 할 때입니다."라고 말한다. 그러나 볼테르는 세계의 개선과 평화를 위한 라이프니츠의 엄청난 노력과 열정을 제대로 보지 못했다.

라이프니츠는 30년간에 걸친 종교전쟁으로 황폐해진 유럽 사회를 보면서 그 사회를 개선하고자 백방으로 노력한 사람이었다. 그는 '중국'으로 대표되는 동양과 서양의 만남을 통해 인류와 세계의 개선을 꿈꾼 사람이었다. 이러한 평화에 대한 자기의 염원을 실현시키기 위해 교수직 제의도 뿌리치고 외교관이라는 직업을 선택하기도 했다. 그가 외교관으로 파리에 가게 된 까닭은 루이 14세의 네덜란드 공격 계획을 막아 유럽의 평화를 지키고자 했기 때문이다. 1671년에 그는 '이집트 원정 계획(Consilium Aegyptiacum)'을 기획해 프랑스의 루이 14세에게 네딜란드를 공격하는 대신 터키와 이집트를 공격하라고 설득하고자 했다. 그러나 라이프니츠의 이런 외교적 목적은 달성되지 못했다. 100년이 훨씬 지난 후에 그 기획은 나폴레옹에 의해 현실화된다.

외교관으로서 파리에 체류한 목적은 실현되지 못했지만, 라이프니츠는 다른 한편으로 외교관 신분을 최대한 활용하여 자신의 지적 욕구를 채웠다. 그는 데카르트가 남긴 비밀문서를 찾아 필사본으로 남기기도 했고, 신학자인 앙투안 아르노(Antoine Arnauld, 1629~1695년)와 수학자 크리스티안 하위헌스(Christiaan Huygens, 1612~1694년)를 만나기도 했다. 이 시기에 그는 미적분을 발견하고, 최초의 계산기 모델을 제작했다. 1673년에는 찰스 2세를 만나기 위해 영국으로 여행을 떠났고, 1673년 4월 19일에 영국 왕립학회의 회원이 되기도 했다.

라이프니츠는 지치지 않고 평생 수많은 학자와 저명한 인사들을 만나 교류하고 서신 교환을 했다. 교류한 인물들 중에는 러시아의 표트르 대제부터 중국 강희 황제의 수학 가정교사였던 조아심 부베(Joachim Bouvet, 1654~1707년) 선교사까지 다양하고 광범위했다. 그가 이들과 교류하며 쓴 편지는 1만 5,000여 통이나 된다. 이 중에는 그가 말년에 쓴 중국의《주역》과 성리학에 대한 서한도 있다. 그가 이진법에 기초해 시도한《주역》에 대한 해석은 오늘날까지도 중요한 해석으로 평가받고 있다.

라이프니츠가 평생 이루고자 노력한 것은 신·구교의 화해를 통한 유럽의 평화였고, 러시아를 가교로 한 중국과 유럽의 문명적 교류를 통한 세계의 개선이었다. 이러한 목적을 위해 그는 신교도이면서 가톨릭교회와 가깝게 지내며 기독교 민족들의 조화와 평화를 열망했고, 러시아

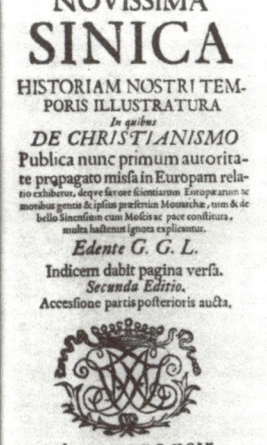

<강희제의 초상화>와
《노비시마 시니카》 표지

의 표트르 대제에게는 아시아와 유럽의 가교 역할을 하는 '러시아 학술
원'을 제안하기도 했다. 그는 세계 평화에 대한 염원을《노비시마 시니
카(Novissima Sinica)》(최신 중국 소식)에서 이렇게 언급하고 있다.

> 우리 대륙의 두 극단, 즉 유럽과 사람들이 흔히 그렇게 부르는 것
> 처럼 치나—중국은 동쪽의 유럽처럼 지구의 반대편을 빛내고 있
> 다—에서 인류가 이룩한 최상의 문화와 기술적 문명이 오늘날
> 거의 똑같을 정도로 축적되어 있는 것을 보고 나는 그것이 운명
> 이 행한 일이라고 하지 않을 수 없다. 아마도 최상의 섭리가 어떤
> 목적을 수행하려고 이러한 지리적 배치를 해놓은 것처럼 보인다.
> 이 (지리적 배치의) 목적은 가장 문명화되었지만 (서로) 가장 멀리
> 떨어져 있는 '유럽과 중국' 민족들이 그들의 팔을 서로에게 뻗침

으로써 이 두 대륙 사이에 있는 모든 민족을 점차로 합리적 생활 방식으로 이끌어가는 것이다. 내가 들은 바에 따르면, 러시아인들은 유럽과 중국을 연결하는 막대한 영토를 갖고 있으며, 얼어붙은 대양의 기슭을 따라 형성된 미개한 지역에 사는 북극 야만인들을 지배하고 있다고 한다. 또한 현재 러시아를 통치하는 지배자(표트르 대제)와 그의 자문에 답해주며 그를 지지하고 있는 대주교가 우리(유럽인)가 이룩한 업적들을 앞지르기 위해 엄청난 노력을 기울이고 있다고 한다. 나는 이 일들이 결코 우연히 일어난 것은 아니라고 생각한다.

이 글에서 보듯, 라이프니츠는 세계를 선한 목적으로 이끌어간다는 신의 섭리를 굳게 믿었다. 그러나 볼테르가 비판했듯이, 라이프니츠가 세계를 개선하고자 하는 의지 없이 그냥 신의 섭리를 기대한 것은 아니었다. 라이프니츠는 세계 개선을 위해 엄청난 의지를 가지고 활동하며 노력했다. 이러한 그의 활동과 노력을 보지 못하고 그의 철학을 평하는 것은 그의 철학을 제대로 보지 못하는 일일 것이다.

라이프니츠는 1646년 7월 1일 동독에 있는 라이프치히에서 태어났다. 그가 태어난 해는 30년 전쟁이 막 끝나가던 무렵이었다. 그는 어릴 때부터 천재적 기질을 나타냈다. 8세 때, 아무도 그에게 라틴어를 가르쳐주지 않으려 하자 혼자 힘으로 라틴어 철자 읽는 법을 익혔다. 그는 동판화로 장식된 리비우스의 책 표지에 있는 글자를 보고 그 낱말들의 뜻을 해독해냈다. 그리고 낱말 의미들을 하나하나 해독해 본문을 읽었다고 한다. 우리 식으로 말하면,《논어》나《맹자》에 나오는 어려운 한문을 가르침도 없이 스스로 터득한 셈이다.

1661년에 라이프니츠는 열다섯 살의 나이에 라이프치히 대학교에 입학했다. 그리고 그 대학에서 법학 박사 논문을 쓰고 법학 박사를 신청하지만 거절당했다. 이유는 법학 교수들이 그의 나이가 너무 어리다고 생각했기 때문이다. 1666년에 그는 뉘른베르크 교외의 작은 대학인 알트도르프 대학으로 옮겨 박사 학위를 취득했다. 대학에서 법학을 공부하면서도 아리스토텔레스 철학과 데카르트 철학에 많은 관심을 기울였다. 당시 철학은 목적 개념을 중심으로 한 전통적 학문인 아리스토텔레스와 기계론적 인과론에 기초한 신학문인 데카르트라는 두 입장을 놓고 공방을 벌이는 때였다. 그는 이때 이미 두 입장 중 하나를 선택하지 않고, 상반되는 기계론적 세계관과 목적론적인 우주를 조화시키려는 시도를 했다. 겉으로 볼 때 세계는 기계론적으로 설명 가능하지만, 좀 더 깊은 차원에서 보면 신이 이 세계를 만든 목적과 의도를 읽을 수 있다고 생각했다.

알트도르프 대학에서는 젊지만 그의 능력을 높이 평가해 교수직을 제의했다. 그러나 그의 관심은 대학에만 머물러 있기에는 너무 다양하고 넓었다. 대학을 졸업한 후 라이프니츠는 1667년 가을에 뉘른베르크를 떠나 프랑크푸르트를 거쳐 마인츠로 갔다. 그는 그곳에서 자신의 삶에 중요한 전기가 되는 요한 크리스티안 폰 보이네부르크(Johann Christian von Boineburg)를 만난다. 보이네부르크는 교황권 제한주의파의 가톨릭교도였지만, 개신교도이면서도 신·구교의 일치를 주장한 라이프니츠에게 상당한 영향을 주었다.

1671년에 라이프니츠는 이집트 원정 계획을 기획하고, 1672년에는 보이네부르크의 후원으로 파리로 여행을 떠났다. 여행 목적은 프랑스의 루이 14세에게 네덜란드를 공격하는 대신 터키와 이집트를 공격하라고 설득하는 것이었고, 이런 외교적 목적이 달성되지 못한 것에 대해서는 앞에서 언급했다. 라이프니츠 자신은 이 여행으로 다른 수확을 얻게 되는데, 그것은 당시에 대단한 발전을 이룩한 파리의 문화와 과학을 직접 접할 수 있었다는 점이다. 그러나 몇 년 뒤 후원자인 보이네부르크가 사망하자 그는 재정적 지원 없이 파리에 남게 된다. 그러던 중 그는 1676년 10월에 도서 책임자와 궁정 고문관으로 일하라는 하노버 공의 제안을 받아들여 파리를 떠난다. 그 후 런던과 암스테르담, 그리고 헤이그를 거쳐 새로운 임지인 하노버에 도착한다. 암스테르담에서는 스피노자를 만났다. 무신론자로 알려진 스피노자와 만난 사실이 오해를 불러일으킬 것을 염려해서 라이프니츠는 그와 나눈 대화를 공개하지 않았다.

1691년에 라이프니츠는 하노버의 볼펜뷔텔 궁정도서관의 관장으로 임명되었다. 일설에 따르면, 그는 특이한 도서관장이었다. 어떤 사람이 책을 빌려가려고 하면 몹시 화를 냈다고 한다. 어쩌면 도서관 관장보다는 도서관지기 역할에 충실했는지 모른다.

이 기간에 라이프니츠는 여러 가지 저술들을 했다. 특기할 만한 것은 1697년에 펴낸 《노비시마 시니카》다. 이 책은 중국에 관해 직접 쓴 글, 그동안 중국에 관해 예수회 신부와 교환한 서신들, 중국에 관한 자료들을 담은 책으로 그의 중국에 대한 관심을 보여준다. 그는 조아심 부베 신부가 보낸 강희제의 전기인 《중국 황제전》도 강희제의 초상화와 함께 이 책의 부록으로 실어놓았다.

볼팬뷔텔 궁정 도서관의 모습

1700년 3월 13일, 라이프니츠는 파리 학술원의 외국 회원으로 선출된다. 같은 해 7월, 그가 기획한 베를린 학술원이 브란덴부르크 영주 프리드리히 3세의 인정을 받아 출범한다. 그는 7월 12일에 이 단체의 회장으로 임명된다. 그리고 7월 15일에 브란덴부르크의 법률 담당 추밀 고문관이 된다. 1702년에는 《신정론(Essais de théodicée)》의 초고를 쓴다. 1712년에 표트르 대제는 그를 법률 담당 추밀 고문관으로 임명한다. 라이프니츠는 1712년에서 1714년까지 오스트리아 빈에 체류했는데, 그곳에서 오이겐 왕자와 자주 만났고, 결국 제국 궁정의 고문으로 임명되었다. 이 시기에 그는 오이겐 왕자를 위해 자신의 철학을 집약한 《모나드론(Principes de la Nature et de la Grâce fondés en Raison Monadologie)》을 썼다.

모나드는 그리스어로 단일성을 의미하는 모나스에서 온 말이다. 또한 모나드는 더 이상 나누어질 수 없는 가장 작은 단위의 단일성이다. 더 이상 나누어질 수 없기에 모나드는 연장을 가지지 않는다. 더 이상 나누어질 수 없다는 점에서 원자(Atom)와 같지만, 원자가 물질적이라면 모나드는 정신적이다. 이런 모나드는 하나가 아니라 무수히 많다. 스피노자가 하나의 실체를 주장했다면, 라이프니츠는 무수히 많은 실체를 주장했다. 모나드라는 실체는 가장 작은 단위로 자연을 구성하는 진정한 원자이자 사물의 원소다. 이 실체는 '생성'도 '파괴'도 되지 않는다. 그리고 어떠한 모나드도 다른 모나드와 동일하지 않다. 모나드는 자립적인 존재로서 서로 영향을 받거나 영향을 줄 수 없다. 그래서 모나드는 '창'이 없다.

완벽히 맞춘 시계는 정확히 울린다

그러면 개별적이고 자립적인 이 모나드들이 어떻게 사물을 구성하는 것일까? 모나드들은 서로 영향을 주고받지 않으면서도 이 조화로운 자연을 어떻게 이루고 있는 것일까? 라이프니츠는, 각 모나드는 어떠한 창도 갖고 있지 않지만 다른 모나드와 상호작용할 수 있도록 미리 프로그램화되어 있다고 주장한다.

그는 시계를 예로 들어 설명한다. 두 대의 시계가 각각 떨어져 있다 해도 미리 완벽하게 맞추어놓는다면 시계는 같은 시각에 매번 똑같이 종을 울릴 수 있다. 우리는 그것을 맞추기 위해 매번 노력할 필요가 없다. 이것이 이른바 예정조화설이다. 그에 따르면, 모든 모나드는 창조될 때 이미 신에 의해 서로 조화롭도록 설계되었다는 것이다.

세계는 겉으로 볼 때 기계론적으로 설명 가능하지만 그 배후에는 이런 신의 섭리가 작용한다. 그는 신의 섭리에 의해 만들어진 세계는 모든 가능한 세계들 중 최선의 세계라고 주장한다. 완전한 존재인 신은 세계를 만들 때 최선의 세계를 만들 수밖에 없기 때문이다.

이러한 라이프니츠의 세계관은, 앞에서 언급한 것처럼, 볼테르 등에게 신랄한 비판을 받았다. 볼테르가 물었듯이, 신이 만든 최선의 세계에서 왜 리스본의 대지진이 발생하고, 사람들이 악을 저지르는 것일까?

라이프니츠는《신정론》에서 이렇게 대답한다. 첫 번째 악은 모든 피조물의 불완전한 성질에서 비롯된다. 완벽하다면 그것은 신이고, 악할 수가 없다. 두 번째 악은 자연에서 발생하는 악이다. 신은 자연의 악을 꼭 원하지 않는다. 그러나 신은 죄에 대한 벌로서, 때로는 어떤 목적을 달성하기 위한 수단으로, 또는 더 큰 악을 저지하거나 좀 더 큰 선을 실현하기 위해 자연의 악을 원할 수 있다. 세 번째인 인간이 저지르는 도덕적 악은 인간의 자유의 결과다. 신은 가장 선한 것을 선택하도록 되어 있고, 이에 따라 인간을 자유로운 존재로 창조했다. 인간은 자유로운 존재이기에 '선'뿐만 아니라 '악'을 선택할 수 있다. 신은 '악'을 원하지 않지만 어쩔 수 없이 악을 허용하지 않을 수가 없었다.

라이프니츠의 철학에서는 독립된 개체의 자유와 다양성을 인정하려는 노력이 돋보인다. '악'은 그러한 개체의 자유와 다양성에서 빚어지는 결과다. 그러나 그는 '악'을 넘어서서 개체의 자유와 다양성이 빚어내는, 신이 예정한 조화로운 세계를 믿었다.

개인의 자유와 세계의 다양성을 인정하고, 다양한 개체들이 이루는 조화로운 세상을 믿었던 라이프니츠는 1716년 11월 4일에 세상을 떠났다. 그러나 신의 선한 세계를 믿었던 그는 임종 시에 고백성사를 거부당했다고 한다. 그가 생전에 교회에 자주 나가지 않았고, 교회 공동체와도 어울리지 않았기 때문이다. 그에 대한 세간의 인식은 아이러니하게도 그가 비신자라는 것이었다. 그래서 그의 장례를 집전하겠다고 나서는 성직자가 없었다. 모든 분야에서 눈부신 활약과 업적을 남긴 그의 장례식에는 비서만이 참석했다. 나중에 프랑스 학술원이 그를 추도하는 글을 발표한 것이 유일한 의식이었다.

6

지식에 이르는 길에
흩어진 쓰레기를 치우는 하급 노동자

—

존 로크

John Locke

권력자가 위임 받은 권력을 위임자의 뜻과 다르게 사용할 경우 어떻게 해야 하나? 이미 300년 전에 영국의 철학자 존 로크(John Locke, 1632~1704년)는 이러한 의문에 대해 단호하게 대답한다.

"그럴 경우 권력자는 소환되어야 하고, 권력은 백성에게 되돌려주어야 한다."

로크는 정부의 목적이 개인의 생명과 자유, 그리고 재산권의 보호에 있다고 주장한다. 정부가 만약 이러한 목적에 반하는 행위를 한다면,

권력의 위임자에 대한 소환을 포함한 시민의 저항은 정당하다. 그가 이러한 주장을 펼친 때는 서슬 퍼런 절대왕정이 지배하던 시기였다. 이런 시기에 그러한 주장을 펴는 것은 목숨을 건 행위와도 같았다.

실제로 로크는 생명의 위협을 느껴 네덜란드에서 도피 생활을 하기도 했다. 그래도 그는 자신의 신념을 굽히지 않고 봉건주의와 절대 군주 체제에 반대했다. 그는 왕권신수설에 반대하는 이론적 무기로 인민주권을 주장했다. 그리고 왕의 권력을 제한하기 위해 몽테스키외보다 앞서 권력분립과 소환권까지 주장했다. 그의 이러한 주장은 근대의 민주적 헌법국가로 발전하는 이론적 기초가 되었다. 그래서 역사에서는 그를 '인권과 시민권의 철학적 아버지'라고 부른다. 로크는 바쁜 정치적 삶에도 불구하고 철학에도 깊은 관심을 기울였다. 그는 경험론의 이론적 토대를 닦아 영국 근대 경험론의 아버지로 불린다.

로크는 1632년 8월 29일에 영국 남서부의 서머싯 주에 있는 링턴이라는 작은 마을에서 태어났다. 같은 해 대륙에서는 스피노자가 태어났다. 그의 가족은 신흥 시민계급에 속했다. 로크가 열 살이었을 때, 그의 아버지는 스튜어트 왕조 찰스 1세의 왕당파에 대항해 싸운 올리버 크롬웰의 의회군 장교로 가입했다. 의회파와 왕 사이의 전쟁은 외면적으로는 청교도들과 영국 국교 추종자들 간의 종교전쟁의 모습을 띠었지만, 실제로는 절대 군주의 요구에 대항하는 정치적 투쟁이었다.

이 전쟁에서 크롬웰의 청교도들이 승리를 했다. 승리의 결과로 1649년 1월 30일에 런던의 화이트홀 팰리스 야드에서 찰스 1세가 사형을 당했다. 로크는 그 당시 열일곱 살로 명문 웨스트민스터 학교의 학생이었다. 그는 학교 창문을 통해 왕의 처형 장면을 목격했을 것이다. 웨스트민스터 학교를 졸업한 그는, 1652년 옥스퍼드의 크라이스트처치 칼리지에 입학했다. 그는 대학에서 가르치는 낡은 스콜라철학 교과과정에 흥미를 느끼지 못했다. 오히려 실험과학이나 의학 등에 관심을 보였다.

왕권의 전복을 꿈꾼 혁명가

로크는 근대 화학의 선구자 로버트 보일을 만나 절친한 친구가 되었고, 그를 통해 자연과학에 대한 관심을 넓혀갔다. 옥스퍼드에서 잠시 강사 생활을 한 뒤, 1665년에 그는 영국 대사의 비서관으로서 당시 브란덴부르크의 클레베로 갔다. 영국으로 돌아온 후에는 저명한 의학자

토머스 시드넘과 의학에 대해 공동 연구를 했다. 그는 그때 이미 옥스 퍼드에서 의학사 학위를 받았고, 1675년에는 공식적인 의사 개업 면허를 얻었다. 의사로서의 경력은 이후 그의 활동에 중요한 바탕이 된다.

1666년 로크는 앤서니 애슐리−쿠퍼(Anthony Ashley-Cooper, 1621~1683년) 경을 만났다. 그는 간 종양 제거수술을 통해 애슐리 경의 생명을 구하면서 그의 주치의가 된다. 애슐리 경은 나중에 섀프츠베리 백작(Earl of Shaftesbury)이 되는 인물로 휘그당의 대표자였다. 섀프츠베리는 휘그당의 대표자로서 보수주의적 토리당에 반대해 왕권의 제한과 개신교적 자유교회의 권리를 옹호하는 입장을 보였다.

원래 '휘그'와 '토리'는 1679년에 요크 공작(후의 제임스 2세)을 왕위 계승권에서 배제하려는 왕위계승 배제법안을 둘러싸고 의회 내 찬성파와 반대파 간에 주고받은 경멸적인 말이었다. 휘그는 스코틀랜드 게일어에서 유래한 '말 도둑'을 나타내는 단어로 비국교도, 반란 등을 내포하기도 해 왕위계승권 배제파에게 적용되었다. 토리는 아일랜드어로 불법적인 가톨릭교도를 뜻했다. 로마 가톨릭교도인 제임스의 왕위계승권을 지지하는 사람들을 그렇게 불렀다.

로크는 섀프츠베리의 저택에 머물면서 새로운 정치 세계를 경험하게 된다. 섀프츠베리 백작을 만나기 전까지 그는 홉스의 주저인 《리바이어던》의 영향을 받았다. 홉스는 《리바이어던》에서 국가 이전의 '자연 상태'와 국가적으로 조직된 상태를 구분했다. 자연 상태는 계약이라는 합의를 통해 국가로 이행하는데, 이 합의는 자유와 평등의 토대 위에서 이루어진다. 로크는 홉스가 근대 철학에 도입한 계약 이론의 추종자였다. 계약 이론에 의해 뒷받침된 주장, 즉 정치적 지배의 정당성은 신의

로크가 네덜란드에 머물 당시의 풍경, 암스테르담, 17세기

의지가 아니라 인간의 의지에서 도출된다는 주장은 그의 신념을 구성하는 중요한 요소가 되었다. 그는 홉스와 마찬가지로 초기 에세이들에서 강력한 국가권력을 옹호했다. 이런 점에서 절대주의적 왕권의 편에서 있었다고 할 수 있다.

그러나 이러한 로크의 입장은 섀프츠베리 백작을 알게 되면서부터 변화한다. 섀프츠베리는 로크를 자신의 주치의로 삼았을 뿐만 아니라 그가 가장 신뢰하는 측근 가운데 한 사람으로 삼았다. 로크는 그를 통해 보수적인 토리당에서 자유주의적인 휘그당으로, 대학 강사에서 세상 물정에 밝은 사람, 그리고 뛰어난 철학자가 되었다.

섀프츠베리의 런던 저택에서는 영국의 최고 엘리트들이 정기적인 모임을 가졌다. 로크는 여기에서 학문적 실험을 수행했고, 정치적·철학적 토론에 참여했다. 그를 감싸고 있던 이러한 고무적인 지적 분위기가 없었다면 그의 저서 가운데 많은 내용들이 생겨나지 않았을 것이다.

샤프츠베리는 로크에게 정치적 직위와 학문적 영예를 얻을 수 있도록 주선해주었다. 로크는 샤프츠베리를 통해 영국 정치에 참여할 수 있었다. 또한 정책을 결정하는 과정도 경험했다. 그리고 그의 후원 아래 로크는 한때 국가 서기관으로 일을 했고, 국가 서기관으로서 영국의 식민지 건설에 관여하기도 했다. 이주자가 식민지에 처음 도착해서 정치적 제도를 성립시키고 헌법 가결을 할 때까지의 이런 과정은 새로운 국가의 성립과 비교할 수 있으며, 사회계약론에서 자연 상태에서 국가적 상태로의 이행과도 비교할 수 있다. 그는 캐롤라이나 정부를 위한 기본적 헌법을 기초하는 일에 관여하기도 했다. 샤프츠베리는 이런 로크를 왕립학회인 로열 소사이어티의 일원이 될 수 있도록 주선해주었다.

그러나 그 당시 영국의 정치적 상황은 로크에게 유리하게 전개되지 않았다. 1660년에 다시 왕정에 복귀한 스튜어트 왕조 찰스 2세는 영국 국교나 가톨릭주의에 추파를 보냈다. 그는 후손이 없었기 때문에 그의 형제인 가톨릭교도 제임스가 왕위를 계승했다. 샤프츠베리를 둘러싼 휘그당과 영국 대중 대부분은 이런 사태를 막고자 했다. 그들은 가톨릭과 교황에 반대하는 정치를 수행했다. 휘그당은 찰스 2세의 권력 정당성에 대해 문제를 제기했다. 로크는 휘그당의 견해를 이론화했고, 그에 대해 철학적인 기초를 제공했다. 이 시기에 그는 《관용론(A Letter concerning Toleration)》을 썼다. 이 책에서 그는 권력은 사회적 행복과 만인의 평화를 위한 목적을 지닌 것으로 왕에게 독점적으로 부여된 것이 아니라는 점을 강조한다. 또한 의회를 자의적으로 무력화하는 월권을 행사하는 가톨릭 왕은 공공의 평화를 파괴하고, 더 나아가 내전을 불러올 수 있다고 주장한다. 이런 이유로 그는 왕은 정당성을 결여했다고 주장한다.

토리당도 가만있지 않았다. 토리당은 이전에 로버트 필머(Robert Filmer, 1588~1653년)가 쓴 《족장론(Patriarcha)》이라는 책을 1680년에 발간했다. 필머의 저서는 토리당원들 사이에서 아주 높은 대중적 인기를 끌며 휘그당원들에 맞서는 이론적 무기로 사용되었다. 필머는 그 책에서 왕권은 《구약성경》에서 하느님이 아담에게 준 부계적 권력에서 그 정당성을 찾을 수 있다는 점을 증명하려 했다. 그에 따르면, 정치권력은 '가부장제'에 그 뿌리가 있다. 정치권력은 하느님의 선물이요 그것의 권한은 무제한이다. 아담은 정치권력을 그의 후손에게 넘겨주었다. 군주들은 바로 그들에게 속한다. 국가는 왕이 정점에 있는, 가족보다 더 큰 조직 형태다. 국가의 신하는 가족의 구성원이 아버지에게 하듯이 왕에게 충성을 해야 한다.

존 로크는 필머의 이론을 반박하기 위해 《통치론(Two Treatises of Government)》을 집필한다. 이 책은 필머에 대한 비판뿐만 아니라 혁명의 정당화도 포함한다. 그것은 정당하지 못한 왕권의 전복에 대한 철학적 근거를 제시하는 것이었다. 왕권 전복은 1682년에 섀프츠베리와 그의 추종자들에 의해 실제적으로 계획되었다. 그러나 쿠데타를 위한 계획이 발각되자 섀프츠베리는 개신교 목사로 위장하고 네덜란드로 도주

로크의 생가

해야만 했다. 그곳에서 그는 몇 달 후 죽었다.

　로크를 포함한 섀프츠베리의 추종자들도 왕의 복수를 두려워했다. 이러한 상황에서 《통치론》을 출간하기는 어려웠다. 신변에 불안을 느낀 로크는 1683년에 네덜란드의 로테르담으로 망명을 한다. 그가 망명을 하자, 1684년 찰스 2세는 크라이스트처치가 로크에게 주던 장학금을 중단시켰다. 다음 해 영국 정부는 유럽에 지명수배한 84명의 반역자 명단에 로크의 이름을 올렸다.

　1685년에는 제임스 2세가 드디어 왕위를 차지했다. 제임스 2세는 '왕정 의회'를 자신을 지지한 다수의 토리당원으로 채웠다. 그러나 가톨릭교도인 제임스 2세와 토리당원이 다수인 영국 의회는 심각한 갈등을 빚었다. 제임스 2세는 심사율을 무시하고 이른바 종교적 자유를 내세웠다. 심사율은 영국 국교회 신자가 아닌 사람은 공직에 임명될 수 없도록 해서 사실상 가톨릭교도의 공직 취임을 배제한 것이었다. 그러나 제임스 2세는 종교적 자유를 내세워 심사율을 유명무실화하고, 로마 가톨릭 신자들을 관리로 채용했다. 영국 의회는 심사율을 유명무실하게 만든 이러한 정책을 영국 국교회의 붕괴로 여겼다. 제임스 2세는 의회의 반대에도 불구하고 왕권을 강화하기 위해 많은 로마 가톨릭 교도를 포함한 상비군을 구성했다. 그리고 1688년에 제임스 2세는 영국의 모든 교회에서 양심의 자유 선언을 낭독하라는 칙령을 반포했다. 이것은 실제로 가톨릭교를 인정하라는 포고였다.

캔터베리 대주교 윌리엄 샌크로프트와 여섯 명의 주교가 이에 반대하다가 런던탑에 수감되었다. 1688년 4월, 제임스 2세의 아들이 태어났다. 개신교도인 딸 메리의 왕위 계승을 기대하던 영국의 개신교도들은 영국에 가톨릭 왕국이 세워질지도 모른다는 위기의식을 느꼈다. 이 때문에 서로 대립하던 토리당과 휘그당은 동맹을 맺고 국왕에 맞서게 된다. 이러한 제임스 2세의 전횡으로 인한 영국의 불안정한 상황은 네덜란드에 망명해 있던 로크에게는 정치적으로 재기할 좋은 기회였다. 그는 네덜란드 사람인 오렌지 공 윌리엄을 영국 왕으로 옹립하려는 거사에 참여했다. 영국의 의회는 윌리엄과 메리에게 몇 차례의 초청장을 보냈다.

1688년 11월 5일, 오렌지 공 윌리엄은 거사를 결심하고 '자유로운 의회와 신교 보호'란 구호 아래 런던으로 진격해 들어왔다. 런던에서 아무에게도 지지를 받지 못한 제임스 2세는 프랑스로 망명의 길을 떠났다. 유혈 사태 없이 정권이 바뀌었다. 이것이 영국인들이 자랑스럽게 내세우는 '명예혁명(Glorious Revolution)'이다. 1688년 명예혁명이 끝나고 이듬해 2월, 로크는 개인 비서의 자격으로 오라녜 공주인 메리를 수행했다. 메리 공주는 윌리엄 3세와 더불어 영국의 공동 왕으로 즉위했다.

네덜란드에서 보낸 약 5년간의 망명 생활이 로크에게는 외롭고 괴로운 고통의 시간이었을 것이다. 그러나 예술가나 사상가들에게 망명 기간은 오히려 집필에 몰두할 수 있는 기간이기도 했다. 단테의《신곡》이나 마키아벨리의《군주론》처럼, 로크는 이 시기에《관용론》과《통치론》, 그리고《인간오성론(Essay Concerning Human Understanding)》을 집필했다.

1690년에 출간된《인간오성론》에서 로크는 솔직하게 인간이 어디까지 알 수 있는지, 인간이 가진 정신 능력의 한계를 밝히고자 했다. 로크가 이러한 물음을 가진 것은 1671년에 대여섯 명의 친구들과 함께 철학적 토론을 벌인 후부터였다. 그는 인간의 지식 자체를 문제 삼지 않고, 지식이 어떻게 생기고 그 원천이 무엇인지 밝히고자 했다. 그는 인간의 지식은 오직 경험과 경험에 대한 반성을 통해서만 얻을 수 있다고 보았다.《인간오성론》1권에서 본유 관념에 대한 논의를 검토하고 그것의 무가치함을 보여준다. 그는 데카르트를 무척 존경했지만 그가 주장한 본유관념을 비판했다. 본유관념이란 태어날 때부터 인간이 마음속에 가지고 있다고 주장되는 관념이다.

얀 스테인, 〈소년과 소녀를 위한 학교〉, 1670년. 로크는 태어날 때 인간의 정신은 백지와 같아서
교육을 통해 발전할 수 있다고 믿었다.

인간이 가질 수 있는 것은 경험밖에 없다

이에 반해 로크는 태어날 때 모든 사람의 정신은 백지 상태(tabula rasa)라고 주장한다. 이러한 정신 상태에서 인간이 지식을 가질 수 있는 것은 경험밖에 없다. 백지 위에 정신적 내용들을 기록하는 것이 경험이다. 경험은 두 가지 원천을 가진다. 그것은 감각을 통한 외부 세계에 대한 경험과 내적인 자기 지각인 반성이다. 이러한 외부에 대한 경험과 내부에 대한 반성에서 '관념(idea)'이 형성된다. 《인간오성론》의 2권에서 그는 관념을 단순 관념과 복합 관념으로 구분한다. 관념은 직접적으로 의식에 나타나는 어떤 것으로, 더 이상 부분으로 나누어질 수 없는 관념은 단순 관념으로 간주한다.

로크에 따르면, 우리의 정신은 이 단순 관념들을 비교·분해·결합·추상화하는 능동적인 능력이 있으며, 이러한 단순 관념들을 조합해 복합 관념을 만든다. 복합 관념은 실체·양태·관계라는 세 종류가 있다. 실체 관념은 저 홀로 실존할 수 있는 사물에 대한 관념이고, 양태 관념은 스스로 존재하지 못하고 실체에 의지해 나타나는 관념이며, 관계는 비교라는 정신적 작용에 의해 얻어지는 것으로 원인과 결과 같은 관념이다. 이와 같이 로크는 《인간오성론》에서 경험이라는 지식의 원천에서 출발해 우리 인간이 어떻게 관념을 얻게 되고, 또한 그런 관념들을 어떻게 결합시켜 정신적 내용을 구성하게 되는지를 밝혔다. 그에 따르면, 인간은 외부 사물 세계의 대상 그 자체는 알 수 없지만, 그것에 대한 경험이 우리의 관념을 형성하며, 우리의 지식은 그런 관념과 관계한다는 것이다. 그러므로 인간의 지식은 결코 그 자신의 경험을 넘어 나갈 수 없다.

로크는 거대한 인식론을 구축하거나 세계상을 그리고자 하지 않았다. 그는 자신의 작업에 대해 겸손하게 이렇게 말하고 있다.

"지식의 기초를 어느 정도 밝히고, 지식에 이르는 길에 흩어져 있는 쓰레기를 약간 치우는 하급 노동자로서 일하는 것만도 나에게는 충분히 야심만만한 일이다."

그러나 '하급 노동자'로서 로크가 행한 작업은 상당한 영향을 끼쳤다. 로크의 경험론은 인간의 평등한 상태를 강조한다. 모든 사람이 백지 상태의 정신을 가지고 태어났다면 어느 누구도 다른 사람보다 더 우월하게 태어나지는 않을 것이기 때문이다. 로크의 이러한 논지를 따라가면, 인간의 정신은 태어나면서 결정되는 것이 아니라 후천적으로 어떤 교육을 받느냐에 따라 좌우된다. 이러한 그의 생각은 특히 프랑스에서 대중들이 교육을 통해 사회적 종속에서 해방된다는 믿음과 모두가 평등하다는 견해로 발전하는 계기가 되었다.

로크는 《인간오성론》을 출간한 해에 《통치론》도 출간했다. 이 《통치론》은 존 필머의 《족장론》을 반박한 1부와 자유주의·권력분립론·사회계약 등에 대한 자신의 정치철학을 담은 2부로 구성되었다. 이 책에 담긴 로크의 사상은 미국의 헌법과 자유주의 정신에 상당한 영향을 끼쳤다.

로크는 영국으로 돌아온 후 외교관 직책을 제의받았으나 건강상의 이유로 거절했다. 그는 결혼하지 않고 혼자 살았다. 그러나 그의 주변에는 그에게 호감을 가진 친구들과 그에게 사랑을 느낀 여자들도 많았다고 한다. 건강이 좋지 않았던 그는 1691년부터는 친구 프랜시스 경과 매섬 부인의 집인 '오츠'에 머무르며 이따금 런던에 들르곤 했다. 말년에 그는 이자·이자율·조폐·무역 등에 관한 소책자를 쓰고 출판하는 데 집중했다.

로크는 1704년 10월 28일에 죽은 뒤 하이레이버 교구 교회에 묻혔다. 그는 죽었지만 그가 남긴 근대의 정신적 유산은 엄청난 것이었다. 영국의 철학자 브라이언 메기는 로크의 정신을 다음과 같이 표현했다.

그 권위가 지적인 것이든, 정치적인 것이든, 종교적인 것이든, 생각 없이 권위를 따르지 마라. 그리고 생각 없이 전통이나 사회적 관습을 따르지 마라. 늘 자기 자신에 대해 생각하라. 사실을 통해 자신의 견해와 행동을 사물이 실제로 존재하는 방식에 기초하도록 하라.

7

흑인 노예를 산 철학자

—

조지 버클리

George Berkeley

조지 버클리(George Berkeley, 1685~1753년)는 로크, 흄과 더불어 영국 경험론의 3인방 중 한 사람이다. 그의 철학을 아는 사람은 많지 않으나 그의 이름은 의외로 잘 알려져 있다. 미국 캘리포니아에 있는 도시 버클리는 그의 이름을 딴 것이다. 또한 미국 예일 대학교에 있는 버클리라는 단과대학도 그의 이름에서 따온 것이다.

버클리가 이렇게 미국의 도시와 예일 대학교에 자신의 이름을 남기게 된 까닭은 그의 철학 때문이 아니라, 오히려 그의 선교 열정 때문이

존 스미버트, 〈조지 버클리의 초상화〉, 1730년

었다. 1728년에 버클리는 대법원장 포스터의 딸인 앤과 결혼하자마자 아메리카로 가서 로드아일랜드의 뉴포트에 정착했다. 그는 그곳에서 땅을 사서 화이트홀이라 이름 붙인 집을 짓고 본국에서 지원금이 오기를 기다렸다. 아메리카로 건너오기 전인 1724년에 젊은 아메리카 원주민들의 교육을 위해 버뮤다에 대학을 세우려는 계획을 발표한 적이 있었다. 그의 계획은 많은 대중의 호응을 얻었다. 왕은 대학지부 설립을 허가했으며, 캔터베리 대주교는 수탁자를 자임했다. 기부금이 쇄도했고, 의회도 2만 파운드에 달하는 임시 지원금을 인준했다. 버클리 자신도 아메리카 원주민 선교에 봉사하기 위해서, 당시 주교 직분이 보장하는 1,100파운드의 수입을 포기하고 수입이 100파운드에 불과한 아메리카 지역 선교사가 되어 미국으로 간 것이었다.

버클리는 본국의 지원을 기다리며 계획을 차근차근 실행에 옮기고자 했다. 우선 자신의 돈으로 흑인 노예들을 사서 세례를 주었다. 브리티시 박물관에서 발견된 노예문서를 보면, 그는 세 명의 노예, 즉 '필립과 안토니, 그리고 아그네스'라고 불리는 노예를 산 것으로 기록되어 있다. 그는 당시 신식민지인 아메리카에서 철학적인 주제보다는 주로 노예 주인들을 설득해 원주민들과 흑인 노예들을 기독교인으로 개종시키기 위한 설교를 했던 것으로 보인다. 1729년 10월, 뉴포트에서 행한 한 설교에서 버클리는 노예가 하느님을 두려워하고 섬길 때 주인에게 더욱 순종하게 되며 그것이 노예 주인들에게 이득이라고 설교한다.

"노예는 오직 기독교인이 될 때에만 좀 더 나은 노예가 될 수 있습니다."

신이 보아주시니 우리 또한 볼 수 있다

버클리는 노예제도에 대해 비판적이지 않고 당연하게 받아들인 것으로 보인다. 그의 주된 관심이 노예들에게 기독교를 전파하는 데 있다고 해도, 그것은 노예들의 자유나 해방보다는 주인에 대한 순종과 복종에 초점을 둔 것이었다. 본국의 지원을 기다리며 버클리는 이렇게 뉴포트와 인근 지역으로 설교를 하러 다녔다. 화이트홀에서 철학 연구 모임도 가졌다. 그는 예일 대학교를 포함해 미국의 여러 대학을 방문하기도 했다.

버클리가 이렇게 아메리카에서 자신의 계획을 실천하고 있었지만, 영국 정부는 약속한 지원금을 보내오지 않았다. 당시 총리였던 로버트 월폴은 영국 의회가 약속한 지원금이 그루지야 지방을 위한 지원비로 쓰자는 반대 의견에 부딪히자 지원금을 보류해버리고 말았다. 결국 버클리는 지원금이 오지 않을 것이라는 소식을 듣고 1731년에 다시 런던으로 돌아왔다. 그는 돌아올 때 자신의 장서를 예일 대학교의 도서관에 기증했다.

런던으로 돌아온 버클리는 1734년에 클로인의 주교로 임명되었다. 그는 다시 철학적 문제에 관심을 기울여 기독교 신앙을 옹호하고 자유 사상가들을 논박하는 《알치프론, 또는 세심한 철학자(Alciphron: or The Minute Philosopher)》를 출간했다. 사실 버클리는 미국으로 떠나기 전인 20대에 기독교 신앙을 옹호하기 위한 철학적 작업으로 이미 철학적인 명성을 얻은 사람이었다. 그는 스물네 살 때 《신시각론을 위한 시론(An Essay Towards a New Theory of Vision)》(1709년)을, 다음 해에는 《인간 지식의 원리에 관하여(Treatise Concerning the Principles of Human

Knowledge)》(1710년)를 출간해 철학자로서 명성을 얻었다. 스물여덟 살에는 자신의 사상을 정리한 책인 《힐라스와 필로누스의 대화(Dialogues between Hylas and Philonous)》(1713년)를 출간했다.

버클리의 이론을 보면, 경험론이라기보다 관념론에 가깝다. 실제로 버클리를 관념론자로 분류하기도 한다. 그는 유물론을 비판하기 위해 물질의 존재를 부정하는 데 철학적 노력을 경주했기 때문이다. 우리가 의식하는 것은 우리의 관념과 지각뿐이라고 주장한다. 그는 로크의 전제에 따라 외부 세계의 물질적 사물에서 받아들인 '감각 지각'인 관념을 받아들이지만, 로크와 다르게 우리 의식의 외부에 있는 물질적 사물의 존재를 받아들이지 않는다. 그러므로 그는 '유물론'에 반대하며 관념론을 주장한다. 우리가 대상 또는 사물이라고 하는 것은 '감각적으로 지각된 것'에 불과하다. 그래서 그는 이렇게 주장한다.

"지각되는 것만이 존재한다!(Esse est percipi!)"

어떤 사물이 존재한다고 하는 것은 그 사물을 내가 보고 느끼기 때문이다. 만약 내가 그 사물을 그렇게 지각하지 못한다면, 그 사물은 적어도 나에게는 존재하지 않는 것이다. 그러므로 버클리는, 사물은 그 사물을 지각하는 정신 또는 사유하는 존재자를 벗어나서 존재할 수 없다고 말한다. 그러나 내가 지각하지도 못하고 나의 정신과 독립적으로 존재하는 외적 실재의 존재가 없다고 한다면, 그것은 너무나 주관적인 것이 아닌가? 버클리는 우리의 정신과 독립적인 외적 실재의 존재를 인정한다. 그러한 외적 실재의 존재는 신의 무한한 정신에 의해 지각되어 존재한다고 한다.

"나의 정신과는 상관없이 존재하는 한 나무는 무한한 신의 정신에 의

존 스미버트, 〈조지 버클리 가족〉, 1728~1739년

해 지각된다."

버클리는 "내가 눈으로 보고 손으로 만지는 그 사물들이 실제로 있다는 것을 전혀 의심하지 않는다."고 말한다. 그가 의심하는 것은 유물론자들이 주장하는 물질 또는 물질적 실체라고 하는 추상적 관념이다. 그는, '물체'는 신이 지각하여 우리의 정신에 영향을 줌으로써 우리 내부에서 발생하는 관념의 복합체일 뿐이라고 생각한다. 실제로 버클리는, '물질'이라는 실체 개념은 '규정 없는 물체'라는 추상적 관념만 의미할

뿐이며, 이는 생각할 수도 없고 지각될 수도 없는 것이라고 주장한다. 다시 말해 물질 그 자체는 없고, 물질에 대한 우리의 지각만이 있을 뿐이다.

버클리는 자신의 철학을 다음과 같이 간단히 요약하고 있다.

> 나는 새로운 사상을 세우려고 하지는 않는다. 내가 하려는 것은 다만 지금까지 세상의 보통 사람들과 철학자들이 알고 있던 진리를 통일하고 이를 좀 더 밝은 빛 속에 드러내려 하는 것뿐이다. 이 진리의 첫 번째는 우리가 직접 지각하는 것들이 실재하는 것이요, 두 번째는 직접 지각된 것들은 관념이고 관념들은 오로지 마음속에만 존재한다는 것이다. 이 두 가지 생각을 합친 것이 결국 내가 내세우려는 주장의 핵심이다.

내 시신이 부패하기 전까지 장사를 지내지 마라

그런데 누군가가 버클리에게 "당신 부인은 지금 안 보이는데(지각되지 않는데), 존재하지 않는 겁니까?"라고 물었다. 한참 생각을 한 끝에 버클리가 대답했다.

"전능하신 하느님께서 지각해주시기 때문에 우리 집사람은 존재하고 있다오."

정말 주교다운 대답이었다.

그러나 버클리의 주장대로 한다면 우리는 이러한 반론도 가능할 것이다. 전능하신 신께서 지각하고 계시다면, 쥐라기 공원의 무시무시한 공룡도, 아담과 이브가 놀던 에덴동산도 어딘가에 존재하고 있다고 할 수 있을 것이다.

1752년에 버클리는 은퇴하여 크라이스트처치 칼리지에 입학한 아들을 보살피기 위해 옥스퍼드로 이사했다. 그가 이룩한 학문적 업적과 그가 가진 온화한 성격으로 인해 버클리는 말년에 옥스퍼드 교수들과 주민들에게 대단한 존경을 받았다. 1753년 1월 14일, 그는 아내가 읽어주는 《성경》 말씀을 들으며 숨을 거두었다. 그는 유언장에서 자신의 신체가 부패하는 징후가 나타나기 전까지는 절대 장사를 지내지 말 것을 당부했다.

8

나는 내가 흉측한 괴물일 거라고 상상했다

—

데이비드 흄

D a v i d   H u m e

당구를 치면서 철학적 문제를 생각할 수 있을까? 데이비드 흄(David Hume, 1711~1776년)이 살던 시대는 당구가 보급되어 인기를 끌고 있었다. 그 당시에 당구는 대단히 유행한 실내 스포츠였다. 예나 지금이나 당구에 빠지면 시간 가는 줄 모르는 법일까? 밥상 위에 올라온 콩자반도 당구공으로 보인다고 하지 않는가. 18세기 영국의 유명한 풍자화가 제임스 길레이는 당구 게임에 빠진 영국의 상류층 남자들의 모습을 희화화하여 그려놓았다.

제임스 길레이의 풍자화, 18세기. 흄은 사건의 인과성을 설명하려고 당구공의 충돌을 예로 들었다.

그림에서 벽에 걸린 두 개의 시계가 시간을 알려주고 있다. 그러나 남자들은 시간 가는 것에 아랑곳하지 않고 큐대와 당구알에 집중하고 있다. 눈알이 튀어나올 정도로! 그림 우측에 있는 한 남자는 점수를 매기는 알인지 주화인지를 손바닥에 놓고 오른쪽 엄지손가락을 쳐들고 있다. 당구를 그냥 재미로 하는 게 아니라 내기로 하고 있음을 암시해준다.

당구장에서 철학하기

흄도 당구를 무척 좋아했던 모양이다. 당구공의 충돌을 예로 들어 인과관계에 대한 문제를 제기할 정도였으니까. 흄 말고도 철학자 중에 당구를 좋아한 사람은 칸트였다. 기하학적 사유에 도움이 된다고 해서 주위에 당구를 권유했다고 하니까. 그런데 흄은 당구장에서 당구 게임보다는 철학적 회의에 더 몰두한 것 같다. 우리가 당구 큐대로 당구공 A를 때려(사건 A라고 하자) 당구공 B에 충돌하는 것(이것을 사건 B라고 하자)을 본다면, 우리는 사건 B의 원인이 사건 A라고 말할 것이다. 사건 A라는 원인 때문에 사건 B가 일어났다는 것이다. 그러나 그렇게 말하는 것은 타당한가? 이에 대해 흄은 이렇게 의문을 나타낸다.

> 우리는 관찰을 통해 사건 B가 사건 A 때문에 일어났다고 말할 수 있지요. 그러나 우리가 실제로 관찰한 사실은 사건 A가 있고 난 다음 사건 B가 일어났다는 것입니다. 우리는 두 사건을 연결해주는 인과관계는 관찰하지 못합니다.

흄의 말대로 인과관계를 관찰할 수 없다면, A와 B라는 두 사건은 각각 별개의 사건이다. 우리가 A가 B의 원인이라고 이야기하려면 A와 같은 사건이 일어날 때 틀림없이 B와 같은 사건이 일어나야 한다는 것이다. 그런데 인과관계가 아니면서도 A와 같은 사건이 일어날 때 반드시 B와 같은 사건이 일어나는 경우도 있다. 예를 들어 날마다 낮이 오고 그 다음에는 밤이 온다. 그러나 낮은 밤의 원인이 아니다. 낮과 밤은 지구가 자전하기 때문에 생기는 현상이다. 그렇다면 우리는 어떻게 이어서 일어나는 두 사건을 보고, 그것이 인과관계라고 말할 수 있을까?

흄이 당구를 예를 들어 제기한 문제는 칸트를 비롯한 여러 철학자를 당혹스럽게 만들었다. 그는 인과관계뿐만 아니라 당연히 전제되는 '자

앨런 램지, 〈데이비드 흄의 초상화〉, 1754
년

아'라는 실체도 의심했다. 당연히 우리와 독립해 존재할 것이라는 물질
의 실체도 부정했다. 우리가 주장하는 외부의 물질적 실체는 우리의 지
각에 의해 파악된 것뿐이라는 주장을 펼쳤다. 풀이 초록색을 띠지만 사
실 우리는 그것이 원래 초록색인지 모른다. 우리의 자아가 눈을 통해
그렇게 지각할 뿐이라고 그는 주장한다. 그러나 흄은 더 나아가 그렇게
지각하는 우리의 자아라는 '실체'도 '존재'하는지 문제를 제기한다. 버
클리는 그 점에 대해 의심을 하지 않았다. 과연 지각의 주체인 '나'는
있는 것인가? '나'라고 하는 것은 도대체 무엇인가? 실제로 우리가
'나'라고 말할 수 있는 것은 지각·사고·정서·기억 등 '나'가 경험한 내
용뿐이다. 우리는 이러한 경험을 진술할 수 있지만, 그러한 경험을 하는
'자아'라는 실체를 만날 수도 없고, 그에 대해 말할 수도 없다. 그래서

흄은 지각의 주체는 허구라고 말한다.

흄은 경험적 탐구 방법을 통해 철학이 오랫동안 아무런 근거 없이 믿었던 독단적인 신념을 '회의'에 빠뜨리고 철학을 전환했다. 그는 경험주의 방법의 토대 위에서 형이상학적 독단을 여지없이 깨부수었다. 미신적이고 인간의 지성으로 해결할 수 없는 허구적 궤변을 담은 반계몽주의적이고 형이상학적인 서적들은 불태워버려야 한다고 주장했다.

> 도서관의 책들을 한번 잘 살펴보자. 어떻게 도서관을 청소해야 할지! 예를 들어 신학 책이나 형이상학 책 한 권을 뽑아들고 물어보아야 하리라. 그 책은 수량에 관한 추상적인 연구를 포함하고 있는가? 아니다! 그 책은 사실과 존재에 대해 경험에 맞는 논의를 담고 있는가? 아니다! 그렇다면 그 책을 불 속에 던져버려라! 왜냐하면 그 책은 궤변적인 허구만 담고 있을 뿐이기 때문이다.(PH 256)

인간이 지성이 풀 수 없는 쓸데없는 문제에 계속 매달리는 것은 지성의 낭비일 뿐만 아니라 무모한 시도다. 흄은 "인간의 지성을 엄밀하게 조사 연구하고 이 지성의 힘과 능력을 정확하게 분석해" 인간의 지성이 수학 이외에 경험을 벗어난 형이상학적 대상을 다루기에 부적당하다는 사실을 보여주고자 했다.

> 인간 지성의 제한된 능력에 가장 알맞은 대상에 우리의 연구를 국한해야 한다. 인간의 상상은 본성적으로 커다란 비약이다. 인

간의 상상은 멀리 떨어져 있는 모든 것, 비정상적인 모든 것을 즐기며, 통제 없이 시간과 공간과는 가장 관계가 먼 부분까지 대강 훑어봄으로써 습관상 너무나 익숙해진 대상들을 회피한다. 그러나 올바른 판단 능력은 그것과 정반대의 절차를 밟으며, 온갖 멀리 놓여 있는 고도의 탐구를 한쪽으로 제쳐놓고, 익숙한 삶과 일상의 실천과 경험에 속하는 그러한 대상에 자신을 국한시킨다.(PH 257)

궤변적인 허구나 독단적인 지식은 물론 자명한 형이상학적 원리도 흄에 의해 '회의적인 것'이 되어버렸다. 이제 그를 거치지 않고서는 새로운 철학의 등장은 어렵게 되었다. 칸트는 흄을 이렇게 평가한다.

솔직히 고백하건대, 데이비드 흄에 대한 나의 기억은 내가 수년 동안 빠져 있었던 독단의 선잠에서 비로소 깨어나게 했고, 사변 철학 분야에서의 나의 연구에 완전히 다른 방향을 제시해주었다는 것이다.(PH 259)

흄은 이렇게 철학사에서 중요한 전환을 이루었지만, 그에 대한 평가는 빨리 이루어지지 않았다. 흄은 철학자로서보다 역사가로서 명성을 먼저 얻었다.

T. 홀로웨이, 〈흄과 루소〉, 1766년. 흄이
지팡이를 짚고 있는 루소를 만나고 있다.

철학으로 우울증을 극복하려던 사람

흄은 1711년 4월 26일에 스코틀랜드의 에든버러에서 태어났다. 그의
부모 모두 훌륭한 가문 출신이었다. 아버지는 법률가였다. 하지만 그가
두 살 때 사망했다. 어머니도 법률가 집안 출신이었다. 어머니는 흄이
법률가가 되어 안정된 삶을 살기 원했다. 1726년에 흄은 에든버러 대
학교에 입학하여 법학을 공부했지만 무미건조한 법학에 전혀 흥미를
느끼지 못했다. 그는 3년 만에 법학 공부를 중단하고 집으로 돌아갔다.
집으로 돌아와서는 철학적 문제에 집중하며 키케로와 같은 스토아 철
학자들의 책에 몰두했다. 그는 이때의 심정을 다음과 같이 진술했다.

많은 공부와 심사숙고를 거친 후 드디어 내게—이때 열여덟 살 가량이었다—전혀 새로운 사유의 세계가 열렸다. 나는 이때 이 일에서부터 그 어떠한 권위에 복종하기보다는 진리를 발견할 수 있는 새로운 길을 추구하는 데 여념이 없었다.(PH 252)

1729년에 흄은 심한 우울증을 앓게 된다. 그는 건강을 되찾기 위해 더욱 철학에 몰두했다. 그가 생각한 자가 치료는 날마다 억지로라도 두서너 시간씩 철학적 성찰에 몰입하는 것이었다. 건강이 회복되자 그는 브리스톨에 있는 한 설탕 상회에 상인 보조로 취직했다. 그러나 그 일에 만족할 수가 없었다. 몇 개월 만에 상점 주인과 다투고 상회를 나왔다. 상점 주인이 그가 주인의 편지를 그냥 받아 적지 않고 주제넘게 문법에 맞추어 문장을 고치고 문체에 손을 대어 정리하는 것을 못마땅하게 생각했기 때문이다.

흄은 앞으로 가야 할 자신의 진로에 대해 고민을 했다. 철학에 대한 꿈을 접고 다시 직장을 잡아 안정된 삶을 살 것인가, 아니면 철학자로서 그리고 문필가로서의 성공을 위해 배고픈 삶을 인내하며 자신의 재능을 키울 것인가? 흄은 후자의 길을 걷기로 결심했다. 1734년 그는 조용하게 철학적 문제에 몰두하기 위해 프랑스로 건너갔다. 처음에는 랭스에 머물렀는데 생활비가 비싸 다음 해 라 플레슈 지역으로 옮겨 갔다. 라 플레슈는 데카르트가 공부한 왕립예수회학교가 있었다.

흄은 가끔 그곳을 둘러보며 철학자의 꿈을 키웠다. 그는 3년 만에 다시 런던으로 돌아왔다. 프랑스에 있으면서 집필하기 시작한 《인성론(A Treatise of Human Nature)》을 영국에서 출판하고자 했다. 흄은 그 책으로 세계적인 인정을 받을 것이라고 확신했다. 1년 뒤에 간신히 책을 출간했지만, 반응은 차가웠다. 그는 의기소침해져서 자신의 철학으로 인해 사람들이 자신을 가까이 하지 않으려 하는 흉측한 괴물로 보는 것은 아닐까 스스로 의심했다.

"나는 나의 철학으로 인해 아무도 없는 적막감과 놀라움과 혼란에 빠진 나 자신을 보았다. 나는 내가 기이하고 흉측한 괴물일 것이라고 상상할 정도였다."(PH 253)

그러나 흄은 이후 좌절하지 않았다. 1741년에 《도덕과 정치에 관한 평론집(Essays Moral and Political)》으로 약간의 성공을 거두었고, 이름도 세상에 알렸다. 이에 고무된 흄은 1744년에 에든버러 대학교의 윤리학 및 정신철학 교수직에 지원했으나, 《인성론》이 자연신론과 무신론, 회의론을 담고 있다고 생각한 성직자들이 반대하여 좌절되었다. 1752년에도 그는 글래스고 대학교의 논리학 교수로 추천되었다. 그러나 또다시 흄의 무신론을 들먹이는 자들이 반대해 취임하지 못했다. 그는 그사이에 후작의 가정교사로, 장군의 비서로도 일을 했다. 이런 일들을 하면서도 그는 《인간 지성에 관한 탐구(An Enquiry concerning Human Understanding)》(1748년)와 《도덕 원리에 대한 탐구(An Enquiry Concerning the Principles of Morals)》(1751년) 같은 철학 작품을 썼다.

흄은 에든버러 변호사협회 부속 도서관 사서직을 맡게 되면서 경제적 안정을 찾았다. 그는 이 도서관의 장서를 바탕으로 기원전 55년의 카이사르에서부터 1688년 영국 혁명에 이르는 《영국사(The History of Great Britain)》를 집필하고자 했다. 그러나 여기서도 그를 싫어하는 사람들은 그가 '부도덕한 근대 문학'을 우선적으로 구입한다고 비난했

조지프 라이트, 〈철학자의 강의〉, 1766년

다. 흄은 이러한 비난 이후에 연 40파운드의 급료마저 거절한 채, 1757 년까지 사서로 일했다. 급료도 받지 않고 사서로 남아 있으려 했던 것 은 3만여 권에 달하는 이 도서관의 장서를 이용해 책을 집필하고자 했 기 때문이다. 결국 그는 도서관 장서의 도움으로 《영국사》를 집필해 출간했다.

마침내 흄은 이 《영국사》로 인해 유명해졌다. 이 책을 통해 그는 '영 국의 가장 위대한 저술가'라는 큰 명성을 얻었다. 또 이 책으로 1,000 파운드의 연봉까지 받게 되어 더 이상 돈벌이에 신경 쓰지 않아도 되 었다. 볼테르는 이 책에 대해 "아마도 언어로 쓰인 것 중에서 최고일 것"이라고 극찬했다. 이 《영국사》는 흄이 죽은 뒤에도 거의 100년간

베스트셀러이자 역사서로서 권위를 누렸다. 이런 업적으로 인해 오늘날에도 영국 도서관에서는 흄이 철학자가 아니라 역사학자로 분류되어 있다.

흄은 도서관 사서직에서 물러나 1763년에 파리 주재 공사관의 서기관으로 일을 한다. 이미 그는 파리 사회에 소문이 난 유명 인사였다. 뚱뚱하고 넓적하며 못생긴 스코틀랜드 사람이지만 그는 파리의 상류사회에서 곧 대단한 인기를 누렸다. 스트라취라는 사람은, "그는 공작들의 아첨과 세련된 숙녀들의 존경을 받았으며, 그 당시 프랑스의 계몽운동 철학자들에게 현인으로 우대받았다."라고 적고 있다.

흄은 본인이 스스로 평가한 대로 "온화한 성격과 자유로운 기질의 성품과 개방적이고 사교적이며 유쾌한 해학"을 지닌 인물이었다. 그래서 사람들은 그를 부담 없이 가까이 할 수 있었다.

1766년에 흄은 파리를 떠나 영국으로 갈 때 루소를 데리고 갔다. 그의 가까운 친구인 베르데린 부인이 그에게 데리고 가달라는 부탁을 한 것이었다. 루소는 그의 이단적인 종교적 견해 때문에 많은 적들에게 시달리고 있었다. 동병상련이라고 흄과 루소는 서로 좋아하고 또 존경했다. 흄은 루소와 살 만한 집을 찾아내어 함께 지내기로 했다. 그러나 루소는 피해망상증이 있었다. 월폴이라는 사람이 루소에 대해 풍자문을 썼는데, 루소는 그것을 흄의 탓이라고 믿었다. 루소는 자신을 비난하려는 음모에 흄과 철학자들이 가담한 것으로 굳게 믿었다. 그는 프랑스 친구들과 영국 신문에다 흄에 대한 신랄한 내용의 편지를 썼다. 흄은 루소에게 자신의 결백을 주장했지만 받아들여지지 않았다. 흄은 루소로 인해 더 이상 명예에 손상을 입지 않기 위해 달랑베르에게 사건의 전모를 적은 글을 써서 보내 출판하게 했다.

　1767년에 루소는 흄에게 한 마디 말도 없이 프랑스로 돌아갔다. 사람 좋은 흄도 피해망상증에 사로잡힌 루소를 어찌할 수 없었다. 흄은 이 일이 있고 난 후 영국 국무성의 요청으로 국무성 차관으로 2년 동안 일을 한 뒤 고향 에든버러로 돌아갔다. 그는 연간 1,000파운드가 넘는 넉넉한 수입으로 성 앤드루 광장 가까이에 있는 뉴타운에 집을 지어 여생을 보내기도 했다. 그의 집이 있는 이 거리는 지금도 그의 이름을 딴 '성 데이비드의 거리'라고 불린다. 그는 마지막으로 《자연종교에 관한 대화(Dialogues concerning Natural Religion)》라는 책을 개정했다. 그는 자연신론, 무신론이라는 비난을 걱정해 그것을 생전에 출판하지 않았다. 그 책은 나중에 그의 조카가 출판을 했다. 흄은 예순다섯 살의 나이로 1776년 8월 25일에 고통 없이 운명했다.

　흄이 철학에 미친 영향은 대단했다. 인간의 인식 능력과 관련된 흄의 회의론은 섣부른 자만에 빠질 수 있는 철학과 인간 이성에 대한 문제제기다. 칸트가 평가한 대로 흄은 "철학이라는 배를 안전한 곳으로 끌고 오기 위해 그의 배를 해변(회의주의)에 정박시켜놓았다." 흄은 사상적으로뿐만 아니라 글쓰기로도 철학자들에게 영향을 주었다. 그는 깊고 어려운 철학적 문제들에 대해 명확성과 위트를 가지고 글을 쓰는 일이 가능하다는 사실을 보여주었다. 쇼펜하우어를 비롯한 러셀이나 에이어 같은 사람들이 흄의 글쓰기를 본보기로 삼았다. 애덤 스미스는 《국부론(The Wealth of Nations)》에서 데이비드 흄을 "현 시대의 가장 뛰어난 철학자"라고 말했다. 그러나 그는 친구인 사람 좋은 회의주의 철학자 흄의 품성을 더욱 높게 평가하고 있다.

"나는 그의 생시에도 그리고 그의 사후에도 항상 그는 완벽할 만큼 현명하고 유덕한 사람이며, 또 어쩌면 인간의 단점까지도 용납할 사람으로 생각했다."

9

이성적인 인간은 타락한 동물이다

—

장 자크 루소

Jean-Jacques Rousseau

보통 철학사에서 영국 경험론 다음에 등장하는 철학 사조는 칸트에서 시작되는 독일 관념론이다. 그러나 독일 관념론으로 넘어가기 전에 꼭 언급해야 할 철학의 흐름이 있는데 바로 18세기 프랑스의 계몽주의다. 그런데 18세기 프랑스 계몽주의자들 중에서도 프랑스 혁명의 이론적 아버지로서 칸트, 헤겔 같은 독일 관념론 철학자와 이후의 정치 철학자들에게 상당한 영향을 끼친 인물이 바로 장 자크 루소(Jean-Jacques Rousseau, 1712~1778년)다. 평생 시계처럼 시간을 지켜 산책을 한 칸트

모리스 캉탱 드 라투르,
〈장 자크 루소의 초상화〉, 1753년

는 루소의 책을 읽다가 그만 산책 시간을 잊어버렸다. 헤겔도 청년 시절에 루소에 대해 공부하며 루소가 남긴 문제들을 두고 평생 진지하게 고민했다.

프랑스 혁명의 이론적 아버지

루소가 활동한 18세기 프랑스는 영국에서 불어온 변화의 바람에 지적으로 요동치던 사회였다. 볼테르와 몽테스키외 등 18세기 프랑스 지식인들은 변화된 영국 사회와 뉴턴의 과학, 그리고 로크의 철학에 상당한 충격과 영향을 받았다. 종교적으로는 자유로운 사상가들이, 정치적으로는 급진적인 사람들이 등장해 새로운 지식인층을 형성했다. 새로운 지식인층은 교회와 절대왕정의 폭압에 투쟁했고, 종교적 미신이나 관습, 그리고 불합리한 전통으로부터 사람들을 계몽하고자 노력했다. 볼테르는 거침없는 풍자와 조소로 전통적인 종교적 신념들과 불합리한 정치 이론을 우습게 만들어버렸다. 디드로(Denis Diderot, 1713~1784년)는 전 35권의 《백과전서》를 편찬해 기존의 '상식적인 사유 방식'을 뒤엎어버렸으며, 합리주의와 새로운 과학, 인도주의를 소개했다. 몽테스키외는 영국 사회를 모범으로 삼아 프랑스 절대왕정을 비판하며 로크의 이론을 발전시켜 삼권분립을 주장했다.

루소도 이런 분위기를 함께 호흡하며 새로운 시대의 흐름에 앞장섰다. 그는 《사회계약론(Du Contrat social ou principes du droit politique)》에서 "인간은 자유롭게 태어났으나 모든 곳에서 사슬에 매여 있다."는 유명한 문장으로 시작해 "인간은 사슬에 묶여 있을 필요가 없다."는 주장으로 나아갔다. 전제정치에 반대하는 루소를 비롯한 프랑스 계몽주의자들의 노력은 마침내 1789년에 프랑스 대혁명으로 이어졌다. 절대왕정은 무너졌다. 그리고 인간의 자유에 관한 기본적인 헌정인 인권선언이 다음과 같이 선포되었다.

"모든 인간은 자유롭고 평등한 권리를 가지고 태어났다."

인권선언문에 나오는 이 구절은 루소에게서 나온 것이라고 할 수 있다. 루소는 프랑스 계몽주의자들과 더불어 프랑스 혁명의 사상적 이론을 제공했다. 그는 백과전서파 사람들과 가까이 지내면서 《백과전서》에 기고하기도 했다. 그러나 루소는 계몽주의에 대해 비판적이었다. 그는 자유를 확립하기 위한 계몽주의의 이론을 첨예화했지만, 다른 한편으로는 계몽주의에 항거하는 낭만주의의 길을 마련해놓았다. 그는 계

루소가 오페라 〈마을의 점쟁이〉를 올려
놓고 《사회계약론》은 발아래에 놓는다.

몽주의가 신봉한 이성과 합리성에 대해 비판적인 태도를 취했다.

   루소는 인간의 자유로운 자연 상태를 전제하고, 인간은 자연적인 질서 속에서 완전히 자신의 '감정'을 신뢰할 수 있다고 보았다. 이와 반대로 문명화된 사회 속에서 성장한 인간은 자신의 참된 감정을 억누르고, 사회적 합리성이라는 이름으로 인위적인 사고 범주들을 자신의 정서에 강제로 주입하도록 교육 받는다. 루소는 "반성의 상태는 자연에 반하는 것이며 생각에 골몰해 있는 사람은 타락한 동물이다."라고 주장한다.

   루소는 《신 엘로이즈(Julie ou la Nouvelle Héloïse)》라는 소설을 통해 이성과 자제보다 감성과 정서를 찬양한다. 그는 이러한 자신의 이론에 기초한 교육서 《에밀(Émile)》도 집필한다. 이 책에서 그는 "어린이가 가진 원래 선한 본성을 믿고 북돋워주어야 하며, 그들이 사회로부터 나쁜 영향을 받지 않도록 해야 한다."고 주장한다. 그는 그들에게 어떠한 강요나 도덕적 규정도 강제하지 말아야 한다고 말한다. 대신 그들이 "자연의 본성에 따라 경험을 통해 스스로 배우도록" 하라고 주장한다.

어쩌면 루소가 《에밀》에서 주장한 교육적 이상은 자신의 경험을 반영한 것인지도 모른다. 사실 그는 다른 철학자들과 달리 정규 교육을 거의 받지 못했다. 1712년에 어머니가 루소를 낳다가 죽자, 가난한 시계공이던 아버지가 그를 길렀다. 루소는 가난한 집안 형편과 아버지의 폭력으로 어릴 적에 집을 떠나 여러 직업을 전전하며 스스로 배워 나갔다. 작가 지망생, 수공업자, 신부의 조수, 음악 교사, 시종, 비서, 교사, 유랑 악단, 토지 등기소 직원 등 안 해본 직업이 거의 없었다.

열아홉 살이 되던 해, 루소는 우연히 바랑 남작 부인을 알게 되어 후원을 받게 된다. 이 부인은 그에게 거처를 제공하고 철학자, 문인, 음악가가 되기 위한 공부를 후원한다. 또 이 부인은 루소의 어머니이자 애인 역할을 한다. 몇 년간 행복한 시간을 보낸 루소는 남작 부인의 바람기에 실망을 해서 스물여섯 살 때 그녀를 떠난다.

루소는 리옹에서 가정교사 생활을 하다 서른 살 때 음악을 통해 명성을 얻을 목적으로 파리로 간다. 그곳에서 그는 문필가로서 야망을 지닌 디드로를 운 좋게 만난다. 디드로는 그때 《백과전서》의 편집자였다. 루소는 디드로와 더불어 '백과전서파'로 불리는 '철학자들' 사이에서 중심 역할을 한다. 급진적이고 반(反)교권적인 견해를 발표하는 주요 수단이던 《백과전서》 기고자들은 대개 철학자이자 개혁가이며 자유사상가였다. 루소는 주로 음악에 관한 기고문을 실는다. 그는 오페라 〈마을의 점쟁이(Le Devin du village)〉(1752년)를 작곡하여 왕과 왕실로부터 인정을 받고 대성공을 거둔다. 그러나 그의 명성은 음악보다 오히려 사상과 산문 부문에서 더 크게 성공을 거두었고, 더 오래 지속되었다.

충격적인 영감에 눈이 멀다

서른일곱 살 때 루소는 반종교적 성향의 글로 구속된 디드로를 만나기 위해 뱅센으로 가고 있었다. 훗날 《고백록(Les Confessions)》에서 밝혔듯이, 그때 그는 어떤 영감에 사로잡혀 빛에 눈이 멀어버리는 것과 같은 충격적인 경험을 하게 된다.

> 일찍이 어떤 돌발적인 영감이 떠올랐는데, 나를 사로잡은 이 충격이 바로 그것이다. 갑자기 나는 빛에 쌓여 눈이 멀어버리는 것처럼 느꼈다. 무수히 많은 생각이 엄청난 힘으로 단번에 몰려와 나는 형언할 수 없는 혼란에 빠졌다. 취기가 머리끝까지 오른 듯한 혼란에 빠졌다고 느꼈다. 가슴을 죄는 불안감이 엄습해서 숨쉬기조차 힘들었고, 더 이상 걸어갈 수가 없어서 나무 밑에 주저앉았다. 거기서 30분 동안 그렇게 흥분한 상태로 있었는데, 일어섰을 때 내 윗저고리가 눈물로 축축하게 젖어 있다는 것을 발견했다. 나는 눈물을 흘리고 있다는 것도 느끼지 못했던 것이다.
> 오! 언젠가 이 나무 아래에서 보고 느낀 것을 단지 찰나의 한 부분만이라도 묘사할 수 있다면! 그렇게만 된다면 얼마나 분명하게 우리 사회 질서의 그 모든 모순을 드러내 보일 수 있을까? 어떠

한 힘으로 우리 제도의 모든 악습을 설명할 수 있고, 얼마나 분명하게 인간이 천성적으로 선하지만 제도로 말미암아 악하게 되었다는 것을 증명할 수 있을까? 이 나무 아래에서 깨달은 그 많은 위대한 진리 가운데 내 기억 속에 남아 나의 저서에 기술할 수 있었던 것은, 그때 나를 감동시킨 그것의 희미한 여운에 불과하다.(PH 241~242)

루소가 사로잡혔던 이 사상적 충격은 이후 그의 사상을 결정지었다. 그가 사로잡힌 충격은 어떤 것이었을까? 루소가 디드로를 만나기 위해 뱅센으로 가는 도중에 얻은 깨달음은 나중에 디종 아카데미 현상논문으로 나타났다. 루소는 〈학문과 예술에 관한 논문(Discours sur les sciences et les arts)〉(1750년)을 작성했다. 디종 학술원은 "예술과 학문의 진보가 도덕의 향상에 기여했는가?"라는 물음에 대한 현상논문을 모집했다. 디종 학술원 회원들은 전적으로 계몽주의 정신에 입각해 문화적 업적의 진보성에 대한 찬가를 기대하고 있었다. 그러나 루소는 〈학문과 예술에 관한 논문〉에서 그런 기대를 뒤엎고 진보를 부정했다. 그에게 학문과 예술의 발전이란 인간적인 것의 타락에 지나지 않았다.

"인간은 본래 선하지만 사회와 문명 때문에 타락했다."

루소가 제출한 논문의 문제의식은 다음과 같은 디종 학술원의 두 번째 현상논문의 주제가 되었다.

"인간의 불평등이 발생한 원인은 무엇이며 그것은 자연법적 근거를 지닌 것인가?"

루소는 이 물음에 대한 대답으로 《인간 불평등 기원론(Discours sur

l'origine et les fondements de l'inégalité parmi les hommes)》을 썼다. 이 논문에서도 그는 앞의 논문과 같은 기조를 유지했다. 우선 그는 인간이 자유로운 자연 상태에서 어떻게 자유를 잃어버렸는가를 설명한다. 그에 따르면, 모두에게 속했던 자연 상태의 토지를 인간들이 분할 소유해 각자의 재산으로 할 때부터 이미 인간은 자유를 잃어버리기 시작한다. 토지를 분할해 각기 소유한 뒤부터 재산을 늘리는 것은 다른 사람의 희생을 강요하지 않고는 불가능하다. 이렇게 해서 부자와 빈자가 생겨나고, 마침내 주인과 노예가 생겨난다. 부자들은 뭉쳐서 약자를 보호한다는 명분으로 국가와 법령을 만들자고 순진한 사람들을 꼬드겨 지배자와 피지배자의 불평등한 제도를 영구화시켜버린다.

그렇게 인간들은 주인과 노예를 제도적으로 만들어버렸다. 인간은 자유로운 자연 상태를 벗어나 예속과 복종의 상태로 떨어진 것이다. 루소는 이러한 불평등의 원인을 막을 수 있었다면 지금 겪고 있는 인류의 고통을 예방할 수 있었을 것이라고 한탄한다.

> 어떤 한 사람이 어떤 토지에 막대기를 꽂고 "이것은 내 땅이다."라고 주장하는 것을 생각해내고, 그것을 주위 사람들로 하여금 단순하게 믿게 만들었다면, 그렇게 한 최초의 인물이 부르주아 사회의 본래 창시자다. 그런데 여기서 누군가가 그 꽂힌 막대기를 뽑아내거나 제멋대로 파헤쳐진 도랑을 메우고는, 이웃 사람들에게 "이 사기꾼을 믿지 마라. 그대들이 만일 여기서 자라는 모든 열매는 우리 모두의 것이며 단 한 조각의 토지도 어떤 개인의 것이 아니라는 사실을 잊어버린다면 그대들은 스스로 무덤을 파는

꼴이 되리라."고 외쳤더라면 그 사람이야말로 인류가 겪은 얼마나 많은 범죄와 전쟁, 살인, 빈곤, 그리고 갖가지 불의를 예방할 수 있었겠는가.

루소의 이러한 주장에 대해 많은 사람들이 공감을 했다. 그러나 자연 상태로 돌아가자는 주장에 대해 비판적인 사람도 있었다. 볼테르는 이 《인간 불평등 기원론》을 읽고 루소에게 다음과 같은 글을 보냈다고 한다.

나는 인류 자체를 거역하는 당신의 새 책을 입수했습니다. ……
아마도 우리 인간을 동물의 상태로 떨어뜨리는 데 있어서 당신
이상으로 기지를 발휘한 사람은 없을 것입니다. 나는 당신의 책
을 읽으면서 마치 나 자신이 네 발로 기어 다니는 것이 아닌가 하
고 착각할 정도였습니다. 그러나 그렇게 걸은 지 이미 60년이나
지난 나로서는 더 이상 그런 문제를 놓고 고심할 마음의 여유가
없습니다.

볼테르는 이성과 진보를 신봉하는 입장에서 자연의 상태로 돌아가고자 하는 루소를 비판했다. 루소는 볼테르를 비롯한 사람들의 비난에도 불구하고 《인간 불평등 기원론》 이후의 작업에 몰두했다. 그는 인간이 어떻게 자유를 되찾을 수 있는가 하는 문제를 두고 고심했다. 루소는 《사회계약론》에서 《인간 불평등 기원론》과 다른 처방을 내린다. 시민사회나 국가가 정당한 사회계약에 기초한다면, 인간은 자연 상태의 독립

프랑스 혁명의 시대에 루소를 기리고자 그려진 상징화.
루소의 초상화 밑에 지켜보는 눈이 있고, 고대 로마 집정관 최고 권위를 상징하는 속간부월에는
상스퀼로트 운동 때에 썼던 빨간 모자가 걸려 있다. 그 아래에는 힘, 진리, 정의, 공동체를 추구하는
표어가 붙어 있다.

을 희생한 대가로 더 나은 정치적 자유를 얻을 수 있다고 주장한다.

국가나 사회의 정당한 지배권을 가능하게 하는 유일한 기초는 오직 전체의 합의, 즉 자유로운 동의에 있다. 이 합의가 바로 사회계약이다. 이제 각 개인은 자기의 인격과 자기가 소유한 일체의 권력을 공동재산으로 간주하고 이를 일반의지에 종속시킨다. 각자는 일반의지에 복종함으로써 각자의 자유와 모든 이의 평등을 보증한다. 일반의지는 개인의지에 따라 이루어진 것이기에 일반의지에 복종하는 것은 각 개인의 자유와 자신의 법칙에 복종하는 것이다. 그러나 사람들은 루소에게 "일반의지가 나의 의사에 위배되거나 자유를 구속한다면 어떻게 되는가?"라는 질문을 할 수 있을 것이다.

루소는 이 물음에 대해 이렇게 답을 한다.

> 그런 질문은 잘못된 것이다. 왜냐하면 그와 같은 경우에 시민은 일체의 법률을 그것이 자기 의사에 위배되거나 그 중 어느 한 가지에 저촉되어 자기가 형벌을 받을 수도 있는 그런 법률이라도 받아들여야 할 것이기 때문이다.

여기서 루소는 법률은 나의 의지를 포함한 전체의 의지가 반영된 것이기 때문에 그것에 따라 처벌당하는 것이 오히려 나의 자유를 따르는 것이라고 본다. 그는 일반의지에 복종할 때, 자연인이 아니라 시민이 될 수 있으며 정치적 자유를 갖게 된다고 주장한다.

"모든 국가 구성원의 항구적 의지가 곧 전체의지다. 이것을 바탕으로 비로소 국가의 모든 구성원은 시민일 수 있고, 동시에 자유로울 수 있다."

《사회계약론》은 박해 때문에 프랑스가 아닌 네덜란드 암스테르담에서 출간되었다. 그러나 사람들은 프랑스 국내로 몰래 반입해 그 책을 읽었다. 《사회계약론》은 프랑스 혁명에 불을 붙이는 도화선이 되었다. 루소는 뱅센으로 가던 길에 깨달은 생각을 사회·정치적인 면에서뿐만 아니라 교육에서도 관철시키고자 했다. 그는 교육소설 《에밀》을 통해서도 그러한 주장을 했다.

루소는 《사회계약론》과 《에밀》, 《신 엘로이즈》 등 일련의 저술을 통해 대단한 명성을 얻었다. 그러나 그는 사회 부패와 불의한 권력을 고발하는 자신의 저술로 인해 비난과 박해를 받았다. 그가 1762년에 《에밀》을 출판했을 때, 프랑스 의회의 독실한 얀센주의자들이 분노했다. 얀센주의자들은 이 책을 불태우고, 저자를 체포하도록 했다. 파리의 고등법원은 이 책을 압수할 것을 결정했고, 루소는 체포를 면하기 위해 황급히 몽모랑시를 떠나야 했다.

루소는 파리와 제네바 당국의 박해를 피하기 위해 도피 생활을 했다. 도피 생활 중에도 유명한 그를 만나기 위해 찾아오는 사람이 많았다. 그러나 그는 사람들과 어울리는 것을 피곤해했다. 그래서 찾아오는 사람들을 피해 일부러 고독한 은둔 생활을 하기도 했다. 어쩌면 적들과의 논쟁이나 동료들과의 설전에 지친 탓이었는지 모른다.

말년에 루소는 일종의 피해망상증에 사로잡혀 우울한 생활을 했다. 1766년에 철학자 데이비드 흄이 그를 영국으로 데리고 가 도우려 했지만, 성공하지 못했다. 그는 영국 지식인들이 자신을 조롱하고 있고 흄도 자신을 몰래 비난한다고 의심했다. 결국 사람 좋은 흄도 루소를 포

루소의 가정생활. 루소는
천진난만한 유년 시절을 보냈다고
강조했지만, 실제로는 아버지가
집을 나간 열 살 이후로 불행한
시간을 보냈다. 나중에 그는 자녀
다섯을 모두 고아원에 보냈다.

기할 수밖에 없었다. 루소는 이름을 숨긴 채 다시 프랑스로 돌아갔다.
이후 그는 복장을 아르메니아 식으로 하고 머리에는 털가죽 모자를 쓰
는 등 기이한 모습을 하고 다녔다.

루소는 23년의 동거 끝에 하녀 테레즈가 자신이 의지할 수 있는 유일
한 사람이라고 확신하고 1768년 쉰여섯 살 때 그녀와 결혼했다. 루소
는 교육 이론가이면서도 테레즈와의 사이에서 낳은 다섯 명의 아이들
을 모두 고아원에 보내 비난을 받았다. 그가 아이들을 모두 고아원에
보내버린 것은 자식들이 너무나 소란스럽고 양육비가 많이 들기 때문
이라는 것이었다.

"그가 프랑스를 망쳤다"

루소는 생애 마지막 10년 동안 주로 적들의 비난에 대해 자신을 정당화하는 자서전적인 글을 썼다. 《고백록》과 《루소는 장 자크를 심판한다(Rousseau juge de Jean-Jacques)》, 《고독한 산책자의 몽상(Les rêveries du promeneur solitaire)》이 그것이다. 그는 말년에 정신적 안정을 되찾았고, 1789년에 프랑스 대귀족 콩티 공과 지라르댕 후작의 영지로 피신했다가 죽었다. 죽은 후 그의 명성은 엄청났다. 프랑스 혁명 기간 동안 사람들은 루소의 시신을 팡테옹으로 이장했다. 프랑스 사람들은 루소를 혁명의 이론적 아버지로 기리기 시작했다.

루이 16세는 감옥에서 볼테르와 루소의 저서를 읽어보고, "바로 이 두 사나이가 프랑스를 망쳐놓았다."라고 불평했다. 루이 16세가 불평한 것처럼, 루소는 프랑스 전제군주 제도를 망쳐놓은 인물이었고, 새로운 시대와 사회를 연 인물이었다. 프랑스 공화국 헌법은 《사회계약론》을 본떠 만들어졌고, 자유·평등·박애라는 혁명 구호 역시 루소 사상에서 나온 것이다.

10

삶을 즐기는 유쾌한 세속인 철학자

—

이마누엘 칸트

Immanuel Kant

"남의 철학을 배우지 말고, 스스로 철학하는 것을 배워라!"

이마누엘 칸트(Immanuel Kant, 1724~1804년)가 강의시간에 학생들에게 자주했던 유명한 말이다. 칸트는 아침 5시에 일어나 강의 준비를 하고, 오전 7시에서 10시 사이에 강의를 했다. 그는 이런 일정을 지키며 평생 동안 규칙적인 생활을 했다. 칸트가 매일 일정한 시간에 산책을 한 일화는 유명하다. 점심식사 후에 매일 거르지 않고 목적지인 프리드리히스베르크 성을 향해 산책을 했다. 산책을 하는 그를 보고 사람

작자 미상, 〈이마누엘 칸트의 초상화〉,
18세기경

들이 시계를 맞추었다고 하는 이야기도 있지만, 신빙성은 별로 없어 보인다. 왜냐하면 칸트의 점심시간이 일정하지 않았기 때문이다. 칸트는 친구들이나 교분이 있는 사람들과 점심을 함께 나누는 것을 즐겼다. 카드놀이와 당구도 즐겨 했다. 그렇게 점심식사가 진행될 때에는 저녁 6시까지 점심시간이 이어졌다.

쾨니히스베르크의 작은 거인

칸트는 동료 철학자 요한 하만이 걱정할 정도로, 사교적 모임에 빠지지 않고 참석했다. 하만이 전해주는 칸트의 생활은 고지식한 도덕 철학자의 모습보다 삶을 즐기는 유쾌한 세속인의 모습에 가깝다.

"여성들 사이에서 세상에서 가장 사교적인 인물로 통했으며, 사랑의 사도가 입는 가장자리가 접힌 옷을 입었고, 모든 사교 모임에 참석했다."

칸트는 해박한 상식으로 사교 모임을 주도하며 즐겼지만, 엄격하고 절제된 생활 규칙을 가진 사람이었다. 한 친구는 칸트의 일과에 대해 이렇게 기록해놓았다.

> 칸트는 여름이나 겨울이나 매일 아침 정각 5시에 일어난다. 하인이 정확히 4시 45분에 칸트의 침대에 가서 그를 깨우는데 주인이 일어나기 전에는 침대를 떠나지 않았다. 칸트가 잠이 덜 깬 얼마 동안은 하인에게 자기를 좀 조용히 놓아두라고 부탁했다. 그러나 이 하인은, 칸트가 아무리 그런 부탁을 하더라도 자신을 더 오랫동안 침대에 머물러 있게 해서는 안 된다는 단호한 명령을 받았다. 때문에 하인은 그가 시간에 맞추어 일어날 수 있도록 계속 흔들어 깨웠다.(PH 262)

칸트를 깨운 하인은 퇴역 군인이었다. 그는 고지식하게 칸트의 명령을 지켰던 것 같다. 하인의 도움이 있었지만, 칸트는 규칙적인 생활이 흐트러지는 것을 무척 싫어했다. 언젠가 한 귀족이 칸트를 시골을 두루 가로지르는 마차 산책에 초대한 적이 있었다. 마차 산책이 너무 길어지자 칸트는 무척 불안해하며 안절부절못했다. 불만에 가득 차서 집에 돌아오자마자, 칸트는 자신의 생활 규칙을 하나 더 만들었다.

"어느 누구의 마차 산책에도 절대 따라가지 말 것."

이렇게 생활의 규칙을 엄격하게 지키려 한 칸트가 매번 나가던 산책을 나가지 않은 일이 두 번 있었다. 한번은 루소의 책을 읽다가 산책 시간을 놓쳐버린 것이고, 다른 한번은 프랑스에서 혁명이 발발했다는 소식을 듣고 놀라서 나가지 않은 것이다. 이 두 이야기는 널리 알려져 있지만, 칸트가 진짜 그랬는지는 알 수가 없다. 다만 칸트가 루소의 책을 읽고 엄청난 충격과 영향을 받은 것은 사실이다. 칸트는 공부방에 루소의 초상화만 걸어놓고, 산책길에 루소의 《에밀》을 들고 다녔다.

또한 칸트가 프랑스 혁명의 과정을 예의 주시한 것도 사실이다. 칸트는 프랑스 시민혁명의 이상(理想)과 같이했다. 그러나 그가 살던 프러시아는 그런 이상을 받아들이기에는 아직 너무나 완고한 봉건적 절대주의가 지배하는 국가였다. 그래서 칸트는 현실적 혁명 대신 철학을 통해 철저한 혁명을 꿈꾸었다. 그가 철학을 통해 이루고자 했던 혁명은 무엇일까?

칸트는 1724년 4월 22일에 동프로이센 쾨니히스베르크에서 태어났다. '왕의 산'이라는 뜻의 쾨니히스베르크는 이름만 보면 동독의 어느 도시처럼 생각된다. 그러나 쾨니히스베르크는 폴란드를 넘어 발트 해에 접해 있다. 이 도시는 현재 러시아의 연방도시가 되어 칼리닌그라드라고 불린다. 지금은 작은 도시지만, 칸트가 살았을 당시에는 프리드리히 1세가 1701년 수도를 베를린으로 옮기기 전까지 프로이센의 수도였다. 칸트는 죽을 때까지 이 도시를 벗어나지 않고 살았던 것으로 유명하다.

칼리닌그라드는 칸트 때문에 많은 이들에게는 아직도 쾨니히스베르크로 기억된다. 칸트의 아버지는 말의 안장을 만드는 마구상인이었다. 부모 모두 루터교 경건주의의 독실한 신자였다. 칸트는 어머니에게서

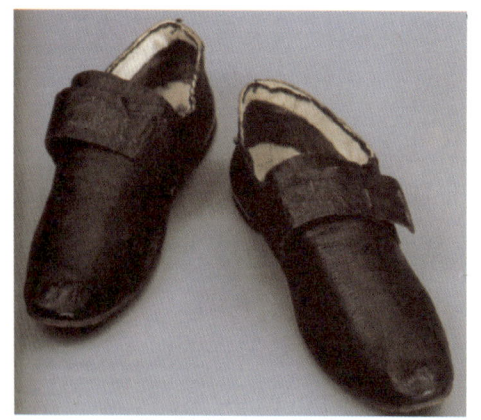

1800년경 칸트가 신었던 구두, 드레스덴 국립예술박물관 소장(왼쪽)
칸트의 일상을 보여주는 물건들(오른쪽)
- 쾨니히스베르크 시 발행 팸플릿을 촬영, 쾨니히스베르크 그래픽 연구소 소장

많은 것을 배웠다고 회상했다. 그의 어머니는 당시 여성으로서는 상당한 교육을 받은 것으로 보인다. 그는 노년에 어머니에 대해 이렇게 추억한다.

나는 어머니를 결코 잊을 수 없다. 무엇보다 그분은 선(善)에 대한 첫 번째 씨앗을 나에게 심어주셨고, 가꾸어주셨다. 또 그분은 나의 가슴을 자연에 대한 감명으로 열어주셨다. 나의 이해력을 깨워주셨고, 내가 계속 발전할 수 있도록 방법을 가르쳐주셨다.

칸트는 어머니를 따라 쾨니히스베르크 교회를 다녔다. 그 교회의 담임목사는 슐츠라는 사람이었다. 슐츠는 나중에 프리드리히 빌헬름 1세의 총애를 받아 신학 교수, 프리데리치아눔의 교장 등 중요한 모든 관직을 섭렵한다. 그는 교회에서 수줍은 어린 소년 칸트를 맘에 들어했고, 그 소년을 프리데리치아눔 김나지움 학교에 보내주었다. 그리고 무료로 땔감을 주는 등 어려운 칸트 집안에 많은 도움을 주었다. 칸트는 경건주의 학교에서 8년 동안이나 공부했지만, 경건주의에 별로 관심이 없었다. 그는 김나지움을 졸업하고 열여섯 살이 되던 1740년에 쾨니히스베르크 대학에 입학했다. 그가 신학부에 입학했다고 하지만, 신학을 공부했는지는 확실하지 않다. 대학 시절에 그가 가장 영향을 받은 인물은 크누첸(Martin Knutzen) 교수였다. 그의 영향으로 수학과 물리학에 흥미를 느꼈으며, 독일의 계몽주의 철학자 크리스티안 볼프(Christian Wolff)에게 관심을 가졌다.

1744년 칸트는 최초의 책을 썼는데, 주제는 운동력에 관한 것이었다. 당시 그는 학자의 길을 택하기로 마음먹었다. 그러나 대학에서 일자리를 얻는 데 실패했고, 대신 가정교사직을 구해 9년 동안 일했다. 1755년에 친구의 도움으로 대학에서 학위를 마치고 대학 강사가 되었다. 그는 대학 강사로서 15년 동안 지냈다. 이 시기에 그는 대학과 쾨니히스베르크 시에서 강사와 저술가로서 점점 큰 명성을 얻게 되었다. 그러나 그가 소원한 교수직은 쉽게 얻을 수 없었다. 크누첸 교수가 죽은 뒤에 자리가 빈 철학 원외 교수직을 얻으려 했지만, 성사되지 못했다. 1764년 프로이센 정부는 칸트에게 시학 교수 자리를 제의했지만, 그는 그것을 거절했다. 왕의 대관식이나 생일을 위한 축가를 짓는 일은 자기가 할 일이 아니라고 판단했기 때문이다.

사유의 코페르니쿠스적 혁명

1770년에 칸트는 마침내 소원하던 교수직을 얻을 기회가 생긴다. 새롭게 수학 교수 자리가 마련되어 그 자리를 이제까지 논리학과 형이상학을 담당하던 교수가 맡게 되고, 철학 교수 자리가 비게 된 것이다. 그는 마흔여섯 살이 되어서야 비로소 철학 교수가 되었다. 이제 그는 철학의 혁명을 이루기 위한 작업에 몰두한다.

칸트 철학의 혁명을 알리는 첫 번째 신호탄은 《순수 이성 비판(Kritik der reinen Vernunft)》이었다. 그는 쉰일곱 살에 《순수 이성 비판》을 내놓아 세상을 놀라게 했다. 당시에는 대개 라틴어로 저술을 했지만, 그는 이 책을 라틴어가 아닌 독일어로 썼다.

칸트는 《순수 이성 비판》을 통해 인식의 코페르니쿠스적 혁명을 불러왔다. 그는 이렇게 주장한다.

"인식이 대상을 향해 있는 것이 아니라, 대상이 인식을 향해 있다."

우리는 보통 대상에 따라 인식을 한다고 생각했다. 그러나 칸트는 우리가 대상을 인식하는 것이 아니라 대상이 우리의 인식의 조건에 따라 인식된다고 주장한다. 그는 우선 우리가 세계를 지각할 때 함께하는 '인식의 조건'에 시간과 공간을 포함시킨다. 상식적으로 시간과 공간은 객관적으로 존재한다고 생각해왔다. 그러나 칸트는 시간과 공간은 '객관적'인 것이 아니라 오히려 '주관적'이라고 생각한다. 시간과 공간은 우리가 사물들을 바라볼 때 수반하게 되는 것이다. 더 나아가 그는 인식 과정에 있어 대상의 파악은 인식 주관에 달려 있다고 본다. 우리가 지닌 인식의 안경이 파랗다면 비록 대상이 수많은 색을 지니고 있어도 우리에게는 파란색을 지닌 대상으로 보일 수밖에 없다. 만약 우리 눈이 파란색 이외의 색을 볼 수 없다면 그 대상이 아무리 많은 다른 색을 지녔다 해도 우리는 그 많은 다른 색을 알 수가 없는 것이다. 칸트의 이러한 주장은 당시 사람들에게 충격이었다. 시인 하인리히 폰 클라이스트(Heinrich von Kleist)는 1801년 3월에 쓴 편지에서 전통적 진리관이 허물어지는 느낌을 다음과 같이 적고 있다.

> 모든 인간이 눈 대신 파란 안경을 가졌다면 그들은 그들이 그런 파란 안경을 통해 바라볼 수밖에 없는 대상을 파랗게 존재한다고 판단할 수밖에 없을 것이다. 그리고 그들은 그들의 눈이 사물을 있는 그대로 보여주고 있는지, 아니면 사물들이 가지고 있는 것이 아니라 그들 눈이 가지고 있는 어떤 것을 사물들에게 부가했는지 결코 결정할 수 없을 것이다. 우리는 우리가 진리라고 부르는 것이 정말로 진리인지, 아니면 그것이 우리에게만 그렇게 보이는 것인지 결정할 수 없다. 후자라고 한다면 우리가 여기서 축적하는 진리는 죽음 이후에는 더 이상 존재하지 않는다. 그리고 결국 무덤으로 귀결되는 재산을 얻으려고 하는 모든 노력은 헛된 것이다. …… 나의 유일한 최상의 목적은 꺾여버리고 말았다. 나는 더 이상 어떤 것도 …… 가지고 있지 않다.

칸트는 인과관계도 우리의 인식과 떨어져 객관적으로 존재하는 법칙이 아니라고 본다. 그는 법칙이 필연성을 지니려면 그것은 후천적인 경험에서 얻어질 수 없다고 본다. 왜냐하면 경험에서 얻어지는 원리는 개연적일 뿐이기 때문이다. 이미 흄은 경험론의 입장에서 인과법칙에 대한 회의를 나타낸 적이 있었다.

흄은 인과법칙의 필연성을 회의하고, 그것은 별개의 사건을 서로 연결시키려는 일종의 연상 습관이라고 보았다. 흄은 감각 자료 사이에 어떠한 인과관계도 직접 관찰할 수 없으며, 오직 두 사건이 자주 일정하게 연접, 즉 잇달아 발생할 뿐이라고 지적한다. 이 연접의 관찰을 통해 마음속에는 한 사건의 인상 또는 관념에서 다른 사건의 관념으로 이행하려는 연상 습관이 자리 잡는다. 칸트는 흄과 같이 필연성은 경험에서 찾을 수 없다고 보았다. 필연성이 없다면 우리는 법칙이나 원리를 이야기할 수 없을 것이다. 그렇다면 필연성과 보편성을 내세우는 학문은 존재할 수 없다.

칸트는 '선천적인 종합판단은 어떻게 가능한가?'라는 물음을 통해 후천적으로 경험에 의존하지 않고서도 우리의 인식의 확장을 가져오며, 인식의 확실성, 즉 보편성과 필연성을 보장해줄 수 있는 판단의 근거를 찾고자 했다. 분석판단은 경험에 의존하지 않으며, 보편적이고 필연적이나 우리의 인식의 확장을 가져오지 못한다. 예를 들어 '총각은 자식이 없다.'는 판단은 경험에 의존하지 않고서도 필연적이고 보편적인 것을 알 수 있다. 이미 총각이라는 개념 속에는 '자식이 없다.'는 개념이 들어가 있기 때문이다. 그런데 분석판단은 '총각' 이외에 새로운 지식을 주지 못하며, 따라서 우리의 인식을 하나도 확장시켜주지 못한다는 점이다. 이에 반해 종합판단은 새로운 지식을 알려주고 우리의 인식을 확장시켜준다. 예를 들어 '총각은 처녀를 좋아한다.'라는 종합판단에는 '총각'이라는 개념 속에 '처녀를 좋아한다.'라는 내용이 들어 있지 않다. '총각'이 '처녀'를 좋아한다는 것은 경험을 통해 알 수밖에 없다. 따라서 이 종합판단은 경험을 통해서 후천적으로 얻어진 것이개. 따라서 '총각이 처녀를 좋아한다.'는 판단은 보편성이나 필연성을 갖지 못한다.

그렇다면 종합판단이면서도 보편성과 필연성을 가질 수 있는 그러한 인식은 불가능한 것인가? 다시 말해 '선천적 종합판단은 불가능한 것인가?' 흄이 주장한대로, 어떤 결과에는 그것에 선행하는 원인이 있어야 한다는 식의 일반적 명제는 영영 불가능한 것인가? 앞의 개념이 뒤의 개념을 포함하지 않으면서도 항상 보편적이고 필연적인 경우는 없는가? 다시 말해 선천적 종합판단은 가능한가? 칸트는 선천적 종합판단이 가능하다고 본다. 그는 선천적인 종합판단의 예로서 '7+5=12'를 든다. 선행하는 개념 '7'에도 '5'에도 나중의 개념 '12'가 포함되어 있지 않기 때문이다. 한마디로 이 판단이 종합적이지만 보편적이고 필연적이라고 말을 한다. 칸트는 이러한 선천적 종합판단의 원리로부터 '어떻게 순수 자연이 가능한가?', '어떻게 순수 수학이 가능한가?', '어떻게 형이상학이 가능한가?'의 문제들을 차례대로 처리해 나갔다.

칸트의 인식 이론의 핵심은 '세계'가 우리의 눈앞에 있는 모든 것을 그대로 받아들여 성립하는 것이 아니라 우리의 인식이 적극적으로 관여해 생긴 것이라는 것이다. 다시 말해 인식의 세계는 우리가 외부 세계에서 받아들이는 인상들이라는 측면과 인간이 자신의 인식 도구의 도움을 받아 이러한 인상들에 부여하는 질서라고 하는 다른 측면이 합쳐지는 과정이다. 이러한 두 측면 중 어떤 한 측면만으로 인식이 산출될 수 없다. 그래서 칸트는 "개념 없는 직관은 맹목이고, 직관 없는 개넘은 공허하다."라고 말한다.

이러한 두 가지 측면의 합주 속에서만 우리의 인식 세계가 생겨난다. 우리는 이러한 인식에 대해 확신할 수가 있다. 왜냐하면 우리가 이 세계 자체의 산출에 관여하고 있기 때문이다. 칸트가 《순수 이성 비판》을 쓰게 된 동기는 원래 우리의 인식의 한계가 어디까지인가 하는 것을 규명하고자 하는 문제에서 출발했다. 칸트는 형이상학자들이 인간이 어디까지 인식할 수 있는지 묻지도 않고, 인간의 인식을 넘어선 대상인 '신'이나 '영혼 불멸' 등에 대해 이야기하는 것에 대해 비판의 메스를 가했다. 누군가가 우리의 인식의 한계를 넘어서는 것에 대해 언급한다면 그것은 난센스거나 사기일 것이다. 《순수 이성 비판》에 따르면, 우리가 알 수 있는 것은 현상계일 수밖에 없다. 시인 하인리히 폰 클라이스트가 탄식했듯이, 우리의 눈이 파란 안경이라면 사물 그 자체가 어떤 색을 가졌는지 우리는 알 수 없다. 우리의 안경을 통해 들어오는 사물의 색을 알 수 있을 뿐이다. 다시 말해 사물 자체의 세계는 알 수가 없다. 칸트에 따르면, 인간은 현상 세계 너머의 물자체의 세계를 인식할 수 없다.

그렇다면 현상의 배후에 있는 '신'이나 '영혼 불멸'을 우리는 인식할 수 없는 것인가? 칸트는 이러한 문제를 《실천 이성 비판(Kritik der praktischen Vernunft)》을 통해 규명하고자 했다. 칸트는 '신'이나 '영혼 불멸' 등의 문제는 인식할 수 없지만 사유할 수 있다고 주장했다. 그는 신이나 영혼 불멸, 더 나아가 자유와 같은 이념은 인식의 대상으로서보다 우리의 도덕적 행위를 규제하기 위해 반드시 있어야 하는 이념으로 요청했다. 특히 신은 《순수 이성 비판》에서 인식 불가능한 대상이었으

쾨니히스베르크의 칸트 박물관.
칸트의 《순수 이성 비판》과 《실천 이성 비판》,
《판단력 비판》이 맨 위에 전시되어 있고,
중간에는 칸트의 사유 과정의 편린들이,
하단에는 칸트의 사유의 토대를 이룬
저작들이 전시되어 있다.

나 《실천 이성 비판》에서는 도덕의 근거로 요청됐다. 이러한 칸트에 대해 하이네는 "칸트는 문 앞에서 신을 쫓아내고, 다시 뒷문으로 신을 불러들였다."라고 풍자했다.

칸트는 《도덕 형이상학의 정초(Grundlegung zur Metaphysik der Sitten)》와 《실천 이성 비판》에서 인간은 자연현상계의 법칙뿐만 아니라 도덕적 세계의 법칙에 속한다는 것을 보여주었다. 무생물에서 동물, 인간까지 모두 현상계의 법칙의 지배를 받는다. 그런 점에서 동물과 인간의 차이는 없다. 그러나 인간이 다른 존재와 다른 것은 도덕적 세계에 속한다는 점이다. 동물은 현상계의 법칙에 따라 행동하지만, 인간은 자신이 만든 이성법칙에 따라 행위한다. 이 이성법칙에 따라 행위하는 동

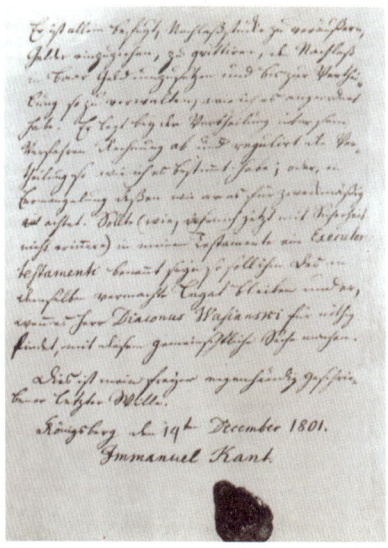

칸트의 유언장 마지막 면, 1801년 12월 14일 작성

쾨니히스베르크에 있는 칸트의 묘비.
"내 머리 위에는 별이 빛나는 하늘, 내 안에는
도덕법칙." 이라고 새겨져 있다.

안 인간은 자유하다. 왜냐하면 자신이 만든 법을 따르는 것이니까. 칸트는 이 이성법칙을 우리가 무조건 지켜야 하는 명령인 정언명령으로 다음과 같이 제시한다.

"네가 그에 따라서 행할 수 있는 의지의 준칙이 동시에 마치 보편적 법칙이 되는 것처럼 그렇게 행위하라."

인간에 대한 예의

칸트는 《순수 이성 비판》에서는 '자연'의 문제를, 《실천 이성 비판》

에서는 '자유'의 문제를, 그리고《판단력 비판(Kritik der Urteilskraft)》에서는 이 양자의 매개 문제를 가지고 고민했다. 그의 묘비명에서도 우리는 그러한 그의 노력을 발견할 수 있다. 칸트의 묘비명에는 이러한 말이 새겨져 있다.

"내 머리 위에는 별이 빛나는 하늘, 내 안에는 도덕법칙."

칸트는 1804년 2월 12일에 죽었다. 그가 죽기 전에 그의 철학과 성품에 대해 보여주는 일화가 있다. 그는 이미 기력이 소진해 병상에 누워 있었다. 의사가 들어서자, 그는 병상에서 힘겹게 일어나 의사를 맞이했다. 그렇게 인사를 나누고도 여전히 서 있었다. 의사는 그에게 앉도록 권했다. 그러자 칸트는 당황해서 불안해하며 머뭇거렸다. 의사는 왜 칸트가 남은 기력을 모두 소진할 정도로 힘이 들게 서 있는지 잘 몰랐다.

칸트를 돌보던 친구 바지안스키(Andreas Christoph Wasianski)가 의사에게 먼저 자리에 앉으라고 권했다. 바지안스키는 의사에게 내방객인 그가 먼저 자리에 앉으면 칸트가 곧 뒤따라 앉을 것이라고 말해주었다. 의사는 이 설명을 곧이들으려 하지 않았다. 그러자 이내 칸트가 온 힘을 모아 힘겹게 의사에게 말했다.

"나로 하여금 인간에 대한 예의를 갖추게 해주십시오."

의사는 칸트의 이 말을 듣자 바지안스키가 한 말이 진실임을 깨닫고 눈물을 글썽였다. 이 일이 있은 후 칸트는 나흘 후에 죽었다. 칸트가 마지막으로 남긴 말은 이것이었다.

"좋다!"

경계에 선 철학

—

자유를 탐하다

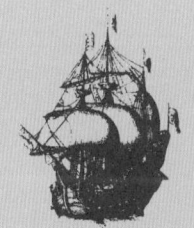

11

나는 진리에 고용당했다

—

요한 고틀리프 피히테

Johann Gottlieb Fichte

어느 날 칸트는 한 남루한 청년의 방문을 받았다. 이 청년은 어려운 경제적 상황에도 불구하고 칸트를 매우 존경하여 바르샤바를 떠나 쾨니히스베르크의 칸트를 방문했다. 그런데 대화를 나누던 칸트가 이 청년이 하는 말을 더 이상 참지 못하고 화를 냈다. 조용한 성품의 칸트를 화내게 한 이 청년은 앞뒤 가리지 않고 자기가 생각하는 것을 그대로 말하는 매우 열정적인 성품의 소유자였다. 그는 바로 요한 고틀리프 피히테(Johann Gottlieb Fichte, 1762~1814년)였다. 피히테는 독일 관념론

의 정초자였다.

피히테는 1762년 작센 주 라메나우에서 끈 만드는 가난한 직공의 아들로 태어났다. 예나 대학교 신학과에 입학했고, 그 후 라이프치히 대학교로 전학했다. 졸업 후 가정교사 시절에 저술한 《종교와 이신론(理神論)에 관한 아포리즘》(1790년)은 스피노자의 결정론의 영향을 받았다. 그러다 그는 가정교사 생활 도중 칸트를 알게 되었다. 칸트를 만나기 전 가정교사 생활을 전전하며 경제적으로 어려운 생활을 하던 그는 칸트 철학을 행복이자 삶의 위안으로 삼았다.

피히테는 라이프치히에 사는 한 학생이 칸트 철학을 가르쳐달라고 부탁해 연구하게 되었다. 그렇게 그는 칸트를 알게 되었고, 칸트에게서 엄청난 감동을 받았다.

> 나는 아주 원대한 계획을 품고 취리히를 떠났다. …… 그러나 짧은 기간에 그 모든 희망은 좌절되었고, 나는 거의 자포자기에 빠져들었다. 나는 절망 속에 칸트 철학에 몰두했다. …… 그의 철학은 마음을 고양시키는가 하면 지독한 두통거리이기도 했다. 나는 칸트 철학에서 마음과 몸 모두를 가득 채우는 작업을 발견한 셈이었다. 나의 광포한, 길길이 뛰던 정신은 잠잠해졌다. 그것은 내가 지금까지 체험해온 나의 삶 가운데 가장 행복한 나날이었다. 빵을 얻기 위해 매일같이 뛰어다녀야 했지만, 그 당시 나는 이 넓은 세상에서 가장 행복한 사람이었을 것이다.(PH 284~285)

피히테는 자신의 삶의 전기를 마련해준 칸트를 만나기로 결심했다. 그래서 가정교사로 돈을 모은 다음 쾨니히스베르크로 떠났다. 쾨니히스베르크에서 어렵게 칸트를 만났지만, 그의 열정적인 성품으로 인해 칸트에게 그다지 호의적인 환대를 받지 못한 것 같다. 그는 칸트의 환대도 받지 못하고 돈까지 떨어져 곧 궁핍한 처지가 되었다. 하지만 궁핍한 처지에도 여관에 틀어박혀 35일간 떠나지 않고 칸트 철학의 원리에 충실한 종교철학에 관한 포괄적인 논문인 〈모든 계시에 대한 비판

시도(Versuch einer Kritik aller Offenbarung)〉를 저술해 칸트에게 보냈다. 칸트는 피히테와의 만남을 기억하고 그 원고를 출판할 수 있도록 출판업자를 소개해주었다. 그런데 이 출판업자는 이 원고를 출판하면서 실수로 저자의 이름을 빼놓았다. 익명으로 이 책이 출판되자 사람들은 노년의 칸트가 그 책을 썼다고 생각했다. 사람들은 칸트의 네 번째 비판서인 것으로 오해하고 갈채를 보냈다.

칸트가 자신이 저자가 아니라는 것을 해명하면서 저자가 피히테라는 것이 밝혀지자, 사람들은 피히테를 칸트와 같은 철학자로 대우하기 시작했다. 초라한 무명의 철학자가 일약 스타가 된 것이다. 피히테는 예나 대학교의 교수로 전격 초빙되었다. 예나 대학교에서 그는 열광적인 환영을 받았고, 학생들은 그의 강의를 듣기 위해 몰려들었다.

1793년 예나 대학교에 철학 교수로 취직한 피히테는 강의 이외에도 이 시기에 아주 중요한 철학 저작들을 내놓기 시작했다. 이 시기에 출판된 저작으로는 강의록인 《학자의 사명에 관한 몇 가지 강의(Einige Vorlesungen über die Bestimmung des Gelehrten)》(1794년)와 평생 동안 끊임없이 수정하고 가다듬은 지식학에 관한 저작인 《지식학의 원리에 따른 자연법의 기초(Grundlage des Naturrechts nach Principien der Wissenschaftslehre)》(1796년), 그리고 의무 개념에 기초한 도덕철학 저작인 《지식학의 원리에 따른 인륜 이론의 체계(Das System der Sittenlehre nach den Principien der Wissenschaftslehre)》(1798년) 등이 있다.

예나 대학교에서 활동하던 시기에 피히테에게 영향을 미친 사건은 프랑스 혁명이었다. 그는 프랑스 혁명에 감격한 나머지 프랑스 시민권을 얻으려고까지 했다. 결국 그렇게 하지는 못했지만, 대신 그는 1793

년에 두 개의 논문을 발표했다. 하나는 〈프랑스 혁명에 관한 공공의 판단 교정을 위한 기고문(Beitrag zur Berichtigung der Urteile des Publikums über die französische Revolution)〉이고, 다른 하나는 〈유럽의 영주들에게 그들이 이제까지 탄압한 사상의 자유에 대한 반환을 청구하다(Zurückforderung der Denkfreiheit von den Fürsten Europas, die sie bisher unterdrückten)〉이다. 이 논문들을 통해 피히테는 더 이상 철학이 '자기 자신의 내면'만 파고들 것이 아니라 '자기 자신의 외부에 존재하는 사물들', 즉 사회적 변혁에도 관심을 기울여야 한다고 주장했다. 이 논문들 속에서 피히테는 그의 신념을 다음과 같이 나타내고 있다.

"기존의 사회질서가 민중에 불만족한 것이라면 민중은 그것을 폭력적으로 변혁할 권리를 가지고 있다. 그리고 민중은 가능성뿐만 아니라 더 나아가 혁명을 초래할 의무조차 가지고 있다."

예나 대학교에서 피히테는 중요한 저작과 논문들을 저술하는 한편 열정적으로 강의도 했다. 그러나 그의 불같은 성격으로 인해 학생들과 불화가 잦았다. 그는 눈꼴사납게 방자한 학생 단체를 강력하게 비판했다. 오늘날과 다르게 당시 학생들은 귀족이나 돈 많은 가문의 자제가 많았다. 그들은 자신들이 내는 돈으로 먹고사는 교수를 우습게 보았다. 피히테는 이런 학생들에 대해 "그들은 뛰어난 검투사로서의 공적 이외에는 아무런 공적도 없다."고 신랄하게 비판했다. 학생들은 피히테의 비판에 반발해서 강의시간에 소동을 피우기도 하고, 피히테의 부인을 대로상에서 모욕하기도 했다. 돌멩이를 던져 피히테 교수실의 창문을 박살내기도 했다. 동료 교수들은 학생들의 무례함을 탓하기보다 피히테가 학생들에게 잘못했다고 비방했다. 그는 학생들의 무례함과 동료들의 비방에 분노해 교수직을 그만둘 생각을 했다. 그러나 그가 정작 예나 대학교를 떠나게 된 사건은 다른 데서 시작되었다. 이른바 무신론 논쟁이라는 사건이었다.

1798년 피히테의 제자이자 지인인 젊은 철학자 F. K. 포르베르크가 피히테에게 종교 관념의 발전에 관한 글을 한 편 보냈다. 이 글을 인쇄하기 전 피히테는 오해를 방지하기 위해 〈신의 세계 통치에 대한 우리 믿음의 근거에 관하여〉라는 짧은 서문을 썼다. 이 서문에서 그는 신은 세계의 도덕적 질서이며 모든 인간 존재의 기초인 영원한 정의 법칙이라고 정의했다. 그러나 이 책에 대해 무신론이라는 비난이 쏟아졌다. 프로이센을 제외한 독일의 모든 주가 추종하는 작센의 선제후 정부는 피히테가 공동 편집자로 있는 '철학 잡지'의 출판을 금지했고, 그의 추방을 요구했다. 피히테는 오히려 두 개의 변호문을 출판한 후 징계가 내릴 경우 사직하겠다고 작센 지방의 교육부를 압박했다. 그러나 교육부는 그 압박을 사직하겠다는 제의로 받아들여 그를 예나 대학교에서 추방했다.

무신론 논쟁의 와중에 피히테는 1799년 7월 1일에 별안간 예나를 떠나 베를린으로 갔다. 그가 도착하자 프러시아 정부 최고 내각인 추밀원은 왕이 돌아올 때까지 그를 감시했다. 프러시아 왕은 작센의 영주보다 그를 관대하게 대했다. 왕은 신하들에게 "자비로운 하느님이 그와 대화할 수 있도록" 하자면서 피히테에게 "성직자들의 파문과 신자들의 돌팔매질에서 몇 년 동안 보호하여 조용하게, 대중의 소란과 그 대중에 대한 그의 구역질이 다 지나갈 때까지 지낼 수 있는 조용한 은신처"를 제공해주었다.

아르튀르 캄프, 〈피히테가 독일 국민에게 연설하다〉, 1913년경

피히테는 특유의 열정과 출중한 웅변 실력으로 베를린에서 강의를 했다. 사람들은 그의 열정적이고도 확고한 철학 강의에 매료되었다. 학생들뿐만 아니라 지도적인 정치인과 지식인도 그의 강의를 들으러 왔다. 그의 강의를 들은 사람 중에는 오스트리아 특명 전권대사 메테르니히도 있었다. 피히테를 따르는 친구들도 생겨났다. 그들 중에는 독일 낭만주의의 중심인물인 슐레겔 형제와 신학자 프리드리히 슐라이어마허, 시인 티크 등도 있었다.

베를린에서 머무는 동안 피히테는 자신의 철학을 종합한 몇 권의 책을 썼다. 우선 그는 일반 독자들을 상대로 짧고 명료하게 자신의 철학을 알리는 책인 《인간의 사명(Die Bestimmung des Menschen)》(1800년)을 저술했다. 이 책은 예나에서 그가 행한 철학이 무엇인지, 그리고 이른바 자신의 철학이 무신론 논쟁에 부당하게 취급당한 것을 변론했다.

피히테가 같은 해에 쓴 《폐쇄적 상업국가(Der geschlossene

Handelsstaat)》(1800년)도 초기 사회주의적인 성격을 지닌 글로서 보호관세 무역제도를 찬성하는 글이었다. 이 밖에도 그는 《지식학(Wissenschaftslehre)》에 관한 글을 새롭게 썼다. 1805년 그는 프러시아에 속한 에를랑겐 대학의 철학 교수로 부름을 받았다. 1806년에 나폴레옹의 프랑스가 프로이센을 꺾고 승리하자, 피히테는 국왕을 따라 베를린에서 쾨니히스베르크로 갔다. 그러나 피히테는 코펜하겐을 거쳐 다시 1807년 8월에 프랑스 군에 점령당한 베를린으로 되돌아왔다. 그는 그해 12월부터 그 유명한 《독일 국민에게 고함(Reden an die deutsche Nation)》이라는 연설을 다음 해까지 베를린에서 계속 했다. 그는 프랑스 정보원이 감시하는 가운데서도 나폴레옹을 비판했다. 사실 피히테는 프랑스 혁명을 옹호하고 환호하는 글을 발표한 적이 있었다. 그러나 그는 이러한 프랑스 혁명의 정신이 스스로 왕관을 쓰고 유럽 정복을 꾀하는 나폴레옹에 의해 완전히 변질되었다고 보았다.

> 그의 정신에 도덕적 의무감이 조금이라도 있었다면 그는 인류의 구원자며 해방자가 될 수도 있었을 것이다. 그러나 지금 그는 신의 손에 쥐어진 채찍 노릇을 하고 있다. 우리는 신 앞의 제단인양 우리의 벌거벗은 등을 채찍 앞에 내놓고 핏자국이 맺혀서 "주여! 주여!" 하며 구원을 청할 것이 아니라 오히려 그 채찍을 꺾어버려야 한다.

피히테는 이 연설에서 나폴레옹에 대한 비판 말고도 독일 국민 전체가 하나 되어 도덕적 부흥을 이룩해야 한다고 역설했다. 1809년에 그는 새롭게 설립된 베를린 대학교 철학과의 학장이 되었고, 1810년에는 초대 총장에 선출되었다.

전쟁이 발발했을 때 피히테는 학생들에게 전쟁에 나가도록 종용했다. 그 자신도 정훈장교로 종군하려 했으나 왕은 "피히테의 웅변술이 승리를 위해 더 필요하다."며 그의 청원을 거절했다. 피히테는 전쟁에 참여하지 못했고, 평화 조약 체결도 보지 못했다. 간호사인 아내가 야전병원에서 얻은 장질부사에 전염되었기 때문이다. 그의 아내는 회복되었지만 그는 1814년에 쉰두 살의 나이로 죽었다.

피히테는 스스로를 진리의 사제로 자처했다. 철학은 '진리'를 설파하는 학문이다. 피히테는 《학자의 사명에 관하여》에서 철학에 종사하는 철학자는 '진리의 사제'여야 한다고 주장한다.

"나는 진리의 사제다. 나는 진리에 고용당했다. 나는 진리를 위해 모든 것을 행하고, 과감히 시도하고, 견뎌내야 할 의무가 있다."

행위하도록 운명 지워진 인간

피히테는 철학을 '지식학(Wissenschaftslehre)'으로 규정했다. 철학은 다른 학문처럼 대상을 다루는 것이 아니라 지식 자체를 다루는 학문이라 생각했기 때문이다. 그는 '지식론'을 통해 한 가지 원리로부터 수미일관하면서도 설득력 있게 지식을 도출하고자 했다.

피히테는 칸트 철학이 이러한 일에 성공하지 못했다고 본다. 칸트는 인식의 능동성과 자발성을 분명하게 주장하지만 동시에 인식은 외부의 대상에 의존한다는 것을 인정하여 인식의 한계를 분명하게 했다. 그에 따르면, 인식은 현상들의 한계를 넘어설 수 없다. 칸트는 현상들의 배후에는 우리에게 작용을 가해오는 '물자체(Ding an sich)'의 세계가 있다고 주장했다. 그런데 만약 이성이 '물자체'의 세계로 들어가고자 한다면 이성은 자기의 능력으로 알 수 없는 세계를 알려고 하는 모순, 즉 이율배반에 빠질 수밖에 없다.

> '물자체'의 세계는 우리가 알 수 없는 세계다. 그런데 우리가 알수 없는 '물자체'에 우리의 인식이 의존한다면, 우리의 인식의 능동성과 자발성은 어떻게 설명해야 하는가? 또한 '물자체'의 세계를 우리의 인식이 알 수 없다면 우리의 인식이 '물자체'에 의존해 있다는 것은 어떻게 알 수 있는가?

여기서 피히테는 철학이란 독단론과 관념론 두 가지밖에 없다고 말을 한다. 독단론은 초월적인 물자체를 인정하고, 그 물자체로부터 우리의 표상을 도출한다. 이러한 입장을 견지하는 경험론이나 유물론은 독단론이다. 피히테는 이러한 입장을 용납할 수 없었다. 그가 볼 때 '나'는 외부 세계의 영향을 받아 표상을 하는 단순히 수동적인 존재가 아니라 자유로운 존재이기 때문이다. 피히테는 '현상계'와 '물자체'의 괴리를 해결하기 위해 인식 주체인 자아의 능동성을 주장한다. 그는 이 점에서 독특한 개념인 '사행(Tathandlung)'이라는 용어를 사용한다. 사행이라는 개념은 결과로서의 사실뿐만 아니라 과정의 행위까지도 나타내는 용어다.

피히테는 지식학을 통해 '자아'를 인식의 대상으로 삼는 것이 불가능하다는 것을 주장했다. 인식의 대상으로서의 '자아'를 우리는 경험할 수 없다. 그러나 그는 자아는 '인식적 존재'가 아니라 '인식의 행위자'라고 본다. 우리는 행위를 통해서 그 자신의 자아를 경험한다. 우리가 마주 대하는 세계는 결코 우리와 동떨어진 세계가 아니라, 자아의 행위의 결과물이다. 그러므로 피히테가 강조하는 주체인 자아는 인식하는 자아일 뿐만 아니라 행위하는 자아다. 그에 따르면, 인식 대상이 되는 객관적 세계란 것은 이 자아가 창조한 세계다. 그것은 자아가 자체 내에서 산출한 '비아'인 것이다.

피히테는 자아가 비아를 산출하고, 또 자아와 비아가 서로 영향을 받으며 규정하는 것을 변증법적 원리인 정반합으로 다음과 같이 나타낸다.

"자아는 근원적이며 직접적으로 그 자신의 존재를 정립한다."

"자아에는 바로 비아(非我)가 대립한다."

"자아와 비아는 전체적 자아 안에서 서로를 한정하고 규정한다."

예를 들어 우리는 금을 인식할 때 우선 그것을 금이라고 정립하고 그 다음에 금 아닌 것, 즉 동이나 은 등과 구별을 하며 인식한다. 그 다음에 이 모든 것을 금속이라고 하는 더 높은 종합 속에서 보면 금과 동, 그리고 은은 금속에 속해 있지만 서로 한정하고 규정하면서 서로를 인식할 수 있게 한다. 피히테는 이런 지식학을 바탕으로 도덕 이론을 전개했다. 그에게 지식학은 애당초 '행위'와 연관되어 있기에 도덕학으로 전개된다.

"우리는 인식을 위해서 존재하는 것이 아니라, 행위를 하도록 운명 지워져 있다."

그는 《윤리 이론의 체계》에서 어떤 행위가 자아의 절대적 자립성에 따라 외부 세계에 대한 자아의 모든 의존성을 극복하는 것을 기초로 삼는다면 그 행위는 윤리적이라고 보았다. 철학자 피히테에게 외부 세계는 자아의 활동과 자기실현에 대한 저항이자 극복해야 할 장애물이다. 피히테는 칸트의 인식의 주체를 행위의 주체로 더욱 분명하게 바꾸어 버렸다.

"언제나 너의 의무가 최선이라고 확신하는 데 따라 행위하라."

그러나 우리의 행위에는 여러 가지 제약이 따른다. 우리 앞에 놓여 있는 세계는 바로 그러한 실제적인 제약이다. 피히테는 이 세계에 대해 어떻게 대처할 것인가는 전적으로 우리에게 달려 있다고 본다. 우리는 외부의 사물이 나를 규정하게 내버려두어 외부 세계에 종속될 수도 있고, 외부 세계의 영향으로부터 벗어나 내적 자유를 추구할 수도 있다. 피히테는 외부 세계에 대한 종속은 '인간에게 가해지는 최악의 상태'다. 왜냐하면 외부 세계는 자아의 활동의 결과물이므로 자아가 비아인 세계에 의존하거나 제약을 당해서는 안 되기 때문이다. 물론 일체의 외적인 것으로부터 인간이 완전히 자유로울 수 있기 위해서는 무한의 노력을 기울여야 한다. 바로 그러한 완전한 자유를 추구하는 것이 인간의 사명이다.

피히테의 철학은 무한한 인간의 자유를 옹호한다. 피히테의 생애를 보면, 그는 자신이 추구한 철학에 따라 살려고 노력했다. 자신이 왜 그런 철학을 선택했는지에 대해 이렇게 말한 적이 있다,

"한 사람이 어떤 철학을 선택하는가는 그 사람이 어떤 종류의 사람인가에 달려 있다."

12

버림 받은 자만이 삶의 깊이를 인식한다

—

프리드리히 셸링

Friedrich Wilhelm Joseph von Schelling

1790년 10월 18일 열다섯 살 먹은 어린 학생이 튀빙겐 대학교 신학부에 입학했다. 원래 법률적으로 대학 교육은 열여덟 살 때부터 받을 수 있었다. 그러나 이 소년은 특별한 허가를 받고 이 대학에 입학했다. 그것도 장학금까지 받고서! 이 소년은 열한 살 때 이미 전 과목을 통달해 더 가르칠 것이 없다고 해서 학교에서 집으로 돌려보내질 정도로 천재였다. 튀빙겐 대학교에 입학하기 전에 이 소년은 이미 여러 가지 언어에 능통했다. 라틴어, 그리스어, 히브리어 또는 아라비아어로 시를

쓸 줄 알았다. 그가 쓴 시는 어설픈 것이 아니라 잡지의 편집장이 욕심
을 내어 실을 만큼 뛰어난 것이었다. 이 조숙한 천재는 바로 프리드리
히 셸링(Friedrich Wilhelm Joseph von Schelling, 1775~1854년)이었다.

셸링은 튀빙겐 대학교에 입학해서도 빛을 냈다. 스무 살이 되기 전에
이미 철학 저서들을 저술했다. 이 시기에 튀빙겐 대학교에는 독일 낭만
주의의 대표적 시인인 횔덜린(Friedrich Hölderlin, 1770~1843년)과 철학
자 헤겔이 다니고 있었다. 이 두 사람은 셸링과 한방을 쓰게 되었다. 이
들은 셸링보다 몇 년 더 선배였지만 서로 철학적 문제들을 공유하며 토
론을 했다. 셸링은 이들보다 나이는 어렸지만 이미 철학자로서 이름을
알리며 이들보다 훨씬 앞서 두각을 나타내기 시작했다.

셸링은 당시 최신 철학인 칸트와 피히테의 철학에 영향을 받았다. 그는 열여섯 살 때 이미 요한 슐츠(Johann Schultz, 1739~1805년)의 《칸트의 순수 이성 비판 해제(Erläuterungen zu Kants Kritik der reinen Vernunft)》(1784년)를 연구했다. 튀빙겐 대학교에 들어와서 카를 이마누엘 디츠(Karl Immanuel Diez, 1766~1796년)를 통해 칸트 철학과 더욱 친숙해질 수 있었다. 그러는 사이에 피히테가 등장했다. 피히테는 새로운 철학의 바람을 몰고 왔다. 셸링은 피히테 철학을 우상화하고 신봉할 정도로 영향을 받았다. 모든 정황으로 미루어볼 때 셸링은 1793년 6월에 이미 피히테를 알았던 것 같다. 그때 피히테는 취리히로 떠나는 여행 도중에 튀빙겐에 잠시 머무른 적이 있었다. 철학의 개혁자이자 그때까지는 아직 칸트의 충실한 제자이며 추종자였던 피히테는 그곳에서 큰 환영을 받았다.

그러나 피히테와 셸링의 결정적인 만남이 이루어진 때는 1794년 5월이었다. 교수 취임을 하기 위해 피히테는 취리히에서 예나로 가던 중 튀빙겐에 들렀다. 그는 청강자들에게 자신이 새롭게 창출한 철학적 체계의 요강과 전망들에 대해서 강의했다. 이것은 뒤에 《전체 지식론의 기초(Grundlage der gesammten Wissenschaftslehre)》라는 책으로 출간되었다. 셸링은 이 책의 영향을 받아 《철학 일반의 한 가지 형식의 가능성에 관하여(Über die Möglichkeit einer Form der Philosophie überhaupt)》라는 책을 썼다. 이때 그의 나이가 열아홉 살이었다. 그는 이 저작을 피히테에게 보냈다. 셸링이 피히테 철학에 얼마나 감격했는지는 그가 이 시기에 헤겔에게 보낸 편지를 보면 알 수 있다.

피히테는 철학을 정점으로 올릴 것이며 그 앞에서 이때까지의 칸
트주의자들 대부분은 현기증마저 느끼게 될 것이다. …… 내가
새로운 영웅, 피히테를 진리의 땅에서 환영하는 최초의 사람들
중 하나라 해도 …… 충분히 행복하다.

헤겔 또한 피히테 철학에 감격했고, 셸링의 또 다른 친구인 시인 횔
덜린도 마찬가지였다. 횔덜린은 피히테를 "인류를 위해 싸웠던 타이탄
족"이라고 언급할 정도였다. 그들에게 피히테는 프랑스 혁명의 정신을
구현하는 새로운 철학처럼 보였다.

피히테는 프랑스 혁명에 영향을 받아 1793년에 이미 〈프랑스 혁명에
관한 공공의 판단 교정을 위한 기고문〉이라는 논문과 〈유럽의 영주들
에게 그들이 이제까지 탄압한 사상의 자유에 대한 반환을 청구하다〉라
는 논문을 쓴 적이 있었다. 그들은 피히테 철학보다 먼저 이웃 나라인
프랑스 혁명 소식을 들었다. 튀빙겐은 프랑스와 맞닿은 국경지대에 있
어서 프랑스 혁명의 소식을 빨리 접할 수 있었다. 프랑스에서 정권에
분노한 시민들은 전제주의를 전복시켰다. 권력은 시민의 손으로 넘어
왔다. 셸링과 헤겔을 비롯한 독일 청년들의 마음에는 이미 자유의 삼색
기가 펄럭이고 있었다.

혁명 군대가 독일에 진입했을 때, 사람들은 환호성을 지르며 환영했
다. 그들은 열망해 마지않던 혁명을 몰고 왔다. 헤겔은 만년에 그가 젊
은 시절에 받은 커다란 인상을 회고하면서 이 혁명을 '찬란한 일출'이

라고 불렀다. 당시 튀빙겐 신학교 출신이던 카를 라인하르트(Karl Reinhard, 1761~1837년)는 슈바벤 지역 신문에 소상하게 바스티유 함락에 관한 기사를 실었다. 그는 프랑스 혁명 이념에 동조해 프랑스로 가서 거기서 프랑스 시민권을 얻었다. 나중에 그는 혁명 대사가 되었고, 한때는 공화국의 외무장관이 되기도 했다.

전해오는 유명한 전설에 따르면, 셸링과 헤겔은 프랑스의 혁명 소식을 듣고 튀빙겐의 한 초지에다 자유의 나무를 심었다고 한다. 이 전설적인 이야기가 과장되었다고 생각하는 사람들이 많다. 셸링의 아들도 이 이야기에 대해 의혹을 나타냈다.

셸링과 헤겔이 자유의 나무를 심었든지 아니면 심지 않았든지 간에, 중요한 것은 그들이 프랑스 혁명 이념에 동조했다는 것이다. 셸링은 프랑스 혁명가인 마르세유의 노래를 독일어로 번역한 사람으로 추정된다. 셸링과 헤겔은 튀빙겐 대학교 내에 정치적 클럽을 결성해 금서를 읽고, 정치적 뉴스를 이야기하며, 종교와 혁명, 그리고 인류의 운명에 대해 논쟁적인 대화를 나누었다. 그리고 술을 마시며 셸링이 번역한 마르세유의 노래를 불렀다.

이 정치적 클럽은 한 밀고자에 의해 해산이 되었다. 슈투트가르트의 국립 주요 기록보관서에서 발견된 문서에는 당시 정치적 클럽의 리더였던 셸링과 그의 친구 아우구스트 베첼(August Wetzel)을 탄핵하는, 대공 앞으로 보내진 서한이 있다. 이 서한에 따르면, 이 학생 그룹은 "프랑스인이 향유하고 있는 것과 같은 자유와 평등을 이 지역 안에 들여오고자 하는 전체적인 의도를 가지고 운영되어왔다."고 한다. 이 정치적 학생 그룹은 내부 밀고자의 협박에 못 이겨 해산을 하고 만다. 셸링과

셸링과 헤겔, 횔덜린이 생활했던 튀빙겐 신학교 기숙사

베첼 두 사람은 내부 밀고자 때문에 충격을 받았다. 두 사람은 밀고자를 만나 제발 불행한 일을 만들지 말라고 부탁을 했다. 그리고 그에게 모임 전체를 해체해서 없애버리겠으며 그러한 모임을 영원히 갖지 않을 것을 엄숙하게 서약했다. 그러나 밀고자는 그런 약속을 깨고 대공에게 밀고를 해버렸다.

　대공은 밀고를 받았지만, 크게 문제 삼지는 않았다. 대학을 방문해 셸링을 비롯한 학생들을 공개적으로 책망하는 것으로 일을 마무리했다. 1795년에 셸링은 튀빙겐 대학교를 졸업했다. 졸업 후 어린 남작의 가정교사 생활을 하면서 라이프치히에 머물 수 있었다. 그리고 그곳에서 빠르게 발전하고 있는 당대의 자연과학 이론을 접할 수 있었다. 화학과 전기학, 생물학, 의학에 관한 새로운 지식을 흡수하면서 셸링은 피히테 철학과 멀어지기 시작했다.

셸링은 《자연철학의 이념(Ideen zu einer Philosophie der Natur)》(1797년)과 《세계혼(Von der Weltseele)》(1798년)에 대한 책을 썼다. 이 저술들을 통해 그는 피히테의 '자아' 개념이 충분히 다루지 못한 '자연' 개념을 다루었다. 셸링은 이 두 저술 덕에 스물세 살의 나이로 예나 대학교의 원외 교수로 초빙을 받았다.

셸링을 추천한 사람은 다름 아닌 거장 괴테였다. 괴테는 셸링의 《세계혼》을 읽고 매우 매혹되었다. 그는 예나에 있는 실러(Johann Christoph Friedrich von Schiller, 1759~1805년)의 집에서 우연히 셸링과 만나 대화하며 젊은 철학자의 가능성에 대해 더욱 확신을 갖게 되었다.

낭만주의 서클을 해체시킨 셸링 스캔들

셸링은 스물세 살 약관의 나이로 대학 강단에 섰다. 예나 대학교에 머물면서 셸링은 《자연철학 체계를 위한 제1 초고》(1798/1799년), 《선험적 관념론의 체계》(1800년), 그리고 미완성인 《나의 체계의 전체적 서술》(1801년), 《학문연구 방법에 관한 강의》(1802년)를 썼다. 자연에 대한 연구를 반영하는 셸링의 이 저술들은 피히테 철학과의 차이를 보여준다.

이 시기에 셸링의 근본 문제는 주체와 객체, 정신과 자연 사이의 대립을 '통일'하는 것이었다. 그는 우리 안에 있는 정신과 우리 밖에 있는 자연의 동일성을 어떻게 확보해야 하는가 하는 문제를 두고 고심했다.

피히테가 우리 바깥에 있는 자연을 '자아'에 의한 '비아'로 설정했다면, 셸링은 '자연'을 주체로 내세웠다. '스피노자'처럼, 셸링은 자연을 두 가지로 파악한다. 주체로서 자연은 절대적 '생산성'이다. 대상으로서의 자연은 그렇게 생산된 단순한 '생산물'에 불과하다. 자연은 '장애'라고 하는 일종의 반작용을 일으켜 스스로 대립 작용을 하면서 끊임없이 대상물을 '생산'한다. 이 생산적인 자연이 전체 자연에 생명을 불어넣는 힘이다. 이 시기 셸링은 초창기에 가졌던 기계론적인 자연관에서 벗어나 유기적인 생명체의 입장에서 자연을 파악한다. 그는 비유기적인 죽은 물질도 아직도 깨어나지 않은 잠자는 생명으로 파악한다. 그리고 자연은 저차의 형태에서 고차의 형태로 수용되면서 진화가 일어난다고 본다.

예나에서 셸링이 행한 자연철학에 대한 강의는 큰 주목을 받았다. 슐레겔 형제를 비롯하여 티크, 노발리스 같은 낭만주의 시인 및 사상가들이 셸링과 밀접한 관계를 가졌다. 낭만주의자들에게 자연은 그들의 혼돈한 상상력의 탄생지가 아니라 절대적 실재였다. 낭만주의자들의 자연 숭배는 곧바로 셸링을 주목하게 만들었다. 자연은 복종되어야 할 대상이 아니라 경배의 대상이었다. 시와 예술은 자연과의 근원적 조화를 파괴하지 않고 자연의 비밀을 천명하는 수단이었다. 시인과 진정한 자연철학자는 동일한 언어, 자연 자체의 언어를 말한다고 생각했다.

셸링은 낭만주의자들과 교유하면서 자기보다 12년이나 연상인 카롤리네(Caroline Schelling, 1763~1809년)와 결혼했다. 카롤리네는 처음에 뵈머라는 의사와 결혼했다가 사별하고, 아우구스트 빌헬름 슐레겔의 부인이 되었다가, 다시 셸링의 부인이 되었다. 그녀는 여류 문인으로서 프랑스 혁명을 지지해 감옥에 갇힐 정도로 당시로서는 진보적인 여성이었다. 슐레겔은 감옥에서 나와 어려운 처지에 빠진 카롤리네를 도와주었다. 이전에 그녀는 슐레겔의 구애를 거절한 적이 있었지만 이번에는 자신을 도와준 고마움으로 마지못해 그와 결혼을 했다. 그러다가 그녀는 낭만주의자들 모임에서 셸링을 만났다. 셸링은 슐레겔의 집에 거주했다. 그 인연으로 두 사람은 가까워졌고, 카롤리네가 셸링에게 훨씬 더 적극적으로 구애를 했다. 유부녀와 젊은 철학자의 교제는 좁은 지역인 예나에서 커다란 스캔들이었다. 셸링과 낭만주의 서클의 리더인 슐레겔 사이에 금이 갔고, 이로 인해 낭만주의 서클은 해체되었다.

1800년 5월에 셸링은 카롤리네와 함께 잠시 예나를 떠나 밤베르크에서 의학을 공부하고 다시 예나로 돌아왔다. 돌아온 후 셸링은 더욱 철학에 몰두했다. 그는 철학을 새롭게 혁신할 생각이었다. 그래서 이 일을 함께할 동지가 필요했다. 그는 스위스 베른에서 가정교사 생활을 하는 친구 헤겔을 불러들였다. 헤겔은 어린 친구 셸링이 승승장구하는 동안 가정교사 생활에 만족하지 못하고 우울증에 걸릴 정도로 실의에 빠져 있었다. 1801년에 헤겔이 예나로 왔다. 유럽의 정신적 세계를 호령할 두 젊은 철학자는 철학의 혁신을 목표로 공동 작업을 진행했다. 두 사람은 공동으로 〈비판적 철학 잡지(Kritischer Journal der Philosophie)〉를 발간했다. 그러나 두 사람의 공동 작업에 새로운 조짐이 싹트기 시작했다.

헤겔은 학위 논문으로 〈피히테와 셸링 철학 체계의 차이(Unterschied der Philosophischen Systeme Fichtes und Schellings)〉를 썼다. 이 논저에

서 헤겔은 셸링과 피히테가 공동으로 작업하는 것 같지만, 이미 서로 다른 길을 가고 있음을 예리하게 분석해 보여주었다. 그리고 두 사람의 철학을 비판하면서 자신의 새로운 철학을 조심스럽게 내비쳤다.

1803년 셸링은 카롤리네와 결혼을 했다. 그리고 뷔르츠부르크 대학의 정교수로 초빙을 받아 갔다. 1806년에는 뮌헨의 과학 아카데미의 회원이 되었다. 이때부터 1820년까지 그는 교수 활동은 하지 않았으나 저술 활동은 계속해 나갔다. 특히 1806년에 그는 피히테 철학을 개선할 요량으로 쓴 《개선된 피히테 철학과 자연철학의 진정한 관계에 대한 서술》을 발간했다. 이 책은 피히테 철학을 개선하는 것처럼 되어 있지만, 실상은 피히테 철학에 대한 비판이었고, 그 비판을 통해 셸링 철학의 독자적인 모습을 보여주는 내용이었다. 이 책으로 인해 피히테와 셸링 간의 관계는 완전히 단절되었다. 셸링은 강의는 하지 않았지만 학문적 저술 활동을 활발하게 했다.

그러다 셸링이 실의에 빠지는 사건이 발생했다. 그의 부인 카롤리네가 1809년 9월 7일 꽃다운 나이에 갑자기 죽은 것이다. 여러 남자에게 구애를 받았던 카롤리네는 낭만주의를 상징하는 여성이었다. 그녀는 그렇게 아름답지는 않았지만 불가사의할 정도로 여성적이고 마력을 자아내는 여인이었다. 실러는 그런 그녀를 '마담 루치퍼'라고 혹평했다. 그러나 프리드리히 슐레겔은 《루친데》 속에서 그녀를 이렇게 묘사했다.

"그녀의 존재 안에는 여성에게 고유한 것일 수 있는 모든 고귀, 모든 우아, 모든 거룩함과 모든 무례함이 있다. 그러나 (그녀에게 있어) 모든 것은 섬세하고 교양이 있으며 여성적이다."

셸링은 카롤리네를 잃은 아픔에도 불구하고 그 해에 《인간 자유의 본

새뮤얼 파머, 〈마법의 사과
나무〉, 1830년. 파머의
회화에 나타난 것처럼,
셸링은 인간 정신과 자연이
하나임을 주장했다.

질에 관한 철학적 탐구(Philosophische Untersuchungen über das Wesen der menschlichen Freiheit)》를 펴냈고,《세계 시대(Weltalter)》와 같은 책을 집필하기 시작했다. 1820년에 그는 에를랑겐 대학교 정교수로 다시 교수 활동을 시작했다. 1827년에는 뮌헨 대학교의 정교수로 다시 초빙을 받아 그곳에서 1841년까지 머물렀다. 이 시기에 셸링은 '자연철학'의 영역을 떠나 신비적이고 종교적인 경향을 담은 신화학의 철학과 계시 철학에 대해 강의를 했다. 이 강의록은《철학 입문, 신화학의 철학, 그리고 계시의 철학(Philosophie der Mythologie, Philosophie der

셸링의 부인, 카롤리네

Offenbarung)》이라는 이름으로 발간되었다.

헤겔과 맞대결하다

1841년에 셸링은 뮌헨을 떠나 베를린 대학교로 다시 한 번 옮겨 간다. 프리드리히 빌헬름 4세는 셸링을 초빙해 당시 커다란 영향력을 행사하던 헤겔 철학을 견제하고자 했다. 셸링도 왕의 의도를 따르고자 했다. 그러나 왕의 의도와 달리 헤겔 철학을 견제하기에 셸링은 역부족이었다. 그는 상심한 채로 대학 강단을 떠나, 1854년 휴양지 라가츠에서 죽었다. 셸링은 말년에 헤겔 철학과의 대결에서 실패했다. 그러나 헤겔은 젊은 시절에 셸링의 사상에서 많은 영향을 받았다. 헤겔은 피히테와 셸링의 사상을 그야말로 변증법적으로 종합했다. 셸링은 피히테와 다르게 객체로서의 '자연'을 강조했지만, 그의 근본 문제는 주체와 객체, 정신과 자연, 이상적인 것과 현실적인 것 사이의 대립을 '통일'하는 것이었다. 그는 정신과 자연의 동일성을 주장했다.

"자연은 가시적인 정신이어야 하며, 정신은 비가시적 자연이어야 한다."

셸링은 '동일철학(Identitätsphilosophie)'을 통해 정신과 자연의 동일성을 이루는 근본 원리가 무엇인지 탐구했다. 그는 "존재하는 모든 것은 그 자체 하나"인 '절대적 일자'에서 나오는 것이라고 주장했다. 이 절대적 동일성 속에 모든 대립은 무차별적으로 나타난다. 그러나 헤겔은 이 절대적 동일성을 "모든 젖소를 검게 보이게 하는 밤"과 같은 것으로 비판했다. 하지만 헤겔은 셸링의 동일 철학의 사상을 받아들여 자신의 철학의 문제점으로 삼고 그것을 해결하는 방식으로 철학을 했다. 그렇게 해서 나온 것이 《정신현상학(Phänomenologie des Geistes)》이라는 책이다.

셸링은 헤겔과 달리 끈질기게 한 문제를 가지고 붙들고 늘어지며 천착하는 스타일의 사상가가 아니었다. 천재적 영감과 재기 발랄함으로 철학적 주제를 만들고 그것을 풀어 나가는 사람이었다. 말년에는 신과 세계의 신비 속에 묻혀 지냈다. 그는 세계의 심층으로서의 신을 더욱 알기 위해 몰두했다. 그러나 그러한 작업은 책으로 출간되지 못했다. 그가 세계와 세계의 본질로서의 절대자를 향한 추구를 멈출 수 없었던 것은 자기 자신의 근거에 도달하고자 했기 때문이다.

한번 길을 떠난 적이 있는 사람, 모든 것에서 버림을 받은 적이 있는 사람만이, 그에게 모든 것이 가라앉아버려 무한자와 더불어 자신만을 바라본 적이 있는 그 사람만이 자기 자신의 근거에 도달하며 삶의 깊이를 인식한다.(PH 308)

13

세계정신을 목격한 미네르바

게오르크 헤겔

Georg Wilhelm Friedrich Hegel

"헤겔을 알지 못하는 사람과 더불어 이야기를 나눌 수 없을 것이다!"

톨스토이가 한 말이다. 톨스토이는 헤겔을 알지 못하는 사람은 근대 유럽의 정신적 삶을 결코 이해하지 못할 것이고, 따라서 그런 사람과 함께 이야기를 나눌 수 없다고 생각했던 것 같다.

게오르크 헤겔(Georg Wilhelm Friedrich Hegel, 1770~1831년)은 모든 지식을 포괄하는 철학을 구상한 사람이었다. 그는 자신의 철학 속에 역사·정신·자연·예술 등 인류의 정신사를 통째로 넣으려 했다. 이렇게

청년 게오르크 헤겔

큰 스케일을 가진 그의 철학이 열매를 맺기에는 오랜 시간이 필요했다.

셸링은 일찌감치 천재성을 드러내며 철학 무대에서 빛나는 활약을 했지만, 헤겔은 오랫동안 무명에 가까운 철학자로 살아야 했다. 그러나 헤겔 철학이 서서히 모습을 드러내자 온 유럽이 주목하기 시작했다. 헤겔이 죽고 나서도 그 영향력이 얼마나 컸는지는 프리드리히 빌헬름 4세가 셸링을 초빙해 헤겔 철학을 견제하고자 했던 데서도 알 수 있다. 그러나 셸링도 헤겔 철학의 영향력을 막지는 못했다. 헤겔을 극복하는 일은 그 당시의 과제였지만 쉽지 않았다. 당시에 헤겔은 철학뿐만 아니라 법학·종교학·신학·미학·역사 등 모든 분야에서 절대적인 영향력을 행사했다. 이렇게 학문에서 절대적 영향력을 행사한 철학자 헤겔은 도대체 어떤 인물이었을까?

헤겔의 집안은 고조부, 할아버지 모두 개신교 목사인 전통적인 기독교 집안이었다. 실러에게 세례를 준 사람이 헤겔의 할아버지였다. 그러나 헤겔의 아버지는 목사가 아니라 뷔르템베르크 공국의 회계 책임자였다. 헤겔은 1770년에 슈투트가르트에서 태어났다.

어린 시절 헤겔이 즐겨 읽은 책은 브레슬라우의 신학 교수 헤르메스(Johann Thimotheus Hermes)가 쓴 《소피엔이 메멜에서 작센으로 떠난 여행(Sophiens Reise von Memel nach Sachen)》(1769~1773년)이라는 책이었다. 통속문학으로 너무나 평범하고 지루하기까지 한 이 소설은 영국의 가족소설을 모범으로 삼아 7년 전쟁의 시기에 동프러시아 시민의 삶의 모습을 그려낸 것이다. 쇼펜하우어는 어린 시절 이 책을 즐겨 읽은 헤겔에 대해 이렇게 비아냥거렸다.

"내가 즐겨 읽은 책은 호메로스의 작품이었다. 헤겔이 즐겨 읽은 책은 《소피엔이 메멜에서 작센으로 떠난 여행》이었다."

그러나 헤겔은 통속적인 책에서 진지한 책까지 가리지 않고 읽는 아주 부지런한 독서가였다. 그는 시민들에게 개방된 궁정도서관을 즐겨 찾았다. 오늘날까지 남아 있는 궁정도서관의 대출 기록을 보면, 헤겔은 주로 진지한 책을 좋아했던 것 같다. 그는 자신이 읽은 책의 내용을 발췌해 기록해놓는 자신만의 독서법을 가지고 있었다. 아직도 남아 있는 헤겔의 발췌록을 보면, 그가 학생 시절에 어떤 책을 읽었는지 알 수 있다. 그가 읽은 책은 문헌학과 인상학, 미학, 수학, 기하학, 심리학, 역사, 신학, 그리고 철학 등이었다. 그는 자신의 발췌록에 제목을 달아 순서대로 정리했고, 언제든지 쉽게 찾을 수 있도록 서류철에 이름표를 달아 분류했다. 그는 이 서류철을 평생 지니고 다녔다.

헤겔은 김나지움 시절에 이미 고대 그리스의 작품들을 번역할 정도로 고대 그리스의 정신에 심취해 있었다. 그는 근대 문학보다 고대 그리스 문헌을 애독했다. 헤겔의 그리스 문헌에 대한 지식은 김나지움의 마지막 해에 쓴 그의 논문 〈고대 시인의 몇 가지 특징적 구분들에 관하여(Über einige charakteristische Unterschiede der alten Dichter)〉에도 잘 나타나 있다.

헤겔의 누나 크리스티아네에 따르면, 김나지움 시절 헤겔은 복장이 항상 단정하지 못하고 여성과의 교제에도 서툴렀다. 어렸을 때 일찍 어머니를 여의어 어머니의 자상하고도 세심한 보살핌을 받지 못했기 때문이다. 슈투트가르트의 김나지움에 다닐 때, 그는 사교춤 교습을 받았다. 그렇지만 춤보다는 그곳에 오는 소녀들을 몰래 바라보는 것을 더 좋아했다. 그는 너무 수줍음이 많아 소녀들과 직접 사귀질 못했다. 헤겔은 튀빙겐 신학교 시절에도 젊은 여자들에게 인기가 별로 없었다. 그의 복장이 문제였다. 칠칠맞다고 할 정도로 옷차림에 무관심했던 그를 보자마자 젊은 여자들은 눈살을 찌푸렸기 때문이다. 그렇지만 그녀들은 사교적이고도 유쾌한 성격을 지닌 그를 '왕따'시키지 않고 놀이에 끼워주었다. 헤겔이 즐겨 주선한 놀이는 카드놀이였다. 그 놀이를 통해 젊은 여자들의 키스를 받을 수 있었기 때문이다. 일종의 내기 놀이인 카드놀이에서 지면 소녀들은 벌금을 무는 대신 키스를 해야만 했다.

김나지움을 졸업한 후, 헤겔은 아버지의 뜻에 따라 1788년에 튀빙겐 신학교에 입학했다. 이때 횔덜린도 함께 입학했다. 셸링은 나중에 입학했다. 천재는 천재를 알아보는 법이던가. 이내 세 사람은 친구로 함께 학문적 관심사를 공유했다. 셸링과 헤겔은 철학사에서, 횔덜린은 문학

헤겔이 청년 학자로서의 삶을 시작한 예나 전경. 당시 예나는 독일 지성의 중심지였다.

에서, 이 세 사람은 독일뿐만 아니라 인류의 정신사에도 빛을 발하는
걸출한 인물들이 되었다.

　이러한 뛰어난 세 사람의 인물을 한꺼번에 배출한 튀빙겐 신학교에
는 학생들의 소질을 개발하는 데 특출난 교육 방법이나 교육 조건을 갖
고 있었을까? 튀빙겐 신학교는 튀빙겐이라는 전원적인, 다시 말해 시
골 촌구석에 있는 교육기관이었다. 대부분 고리타분한 중세적 관습들
과 교수법에 따라 교육을 행하는 일종의 수도원에 가까운 학교였다. 신
학생들은 어둠이 내리면 자러 가야 했고, 동트기 전에 기상을 해야 했
다. 그들은 흰 깃이 달린 가볍고도 검은 예복을 항상 단정하게 입고 다
녀야 했다. 튀빙겐 사람들은 검은 예복을 단정하게 차려 입고 다니는

그들을 보고 까마귀, 즉 우리말로 옮기면 제비라고 불렀다.

신학생들은 단정한 옷차림으로 기도와 공동 식사, 의무적인 강의에 참석해야 했고, 산책은 엄격하게 금지되었다. 흡연은 물론이고 점심시간에 약간의 포도주를 마시는 것도 금지되었다. 포도주를 마시다 걸리면 퇴사를 당하거나 학생감옥에 갇히기도 했다. 물론 춤도 금지되었으며, 술집에 가는 것도 금지되었다.

이러한 규정들을 위반하면 처벌을 받았으며, 심한 경우에는 종종 '파비안-세바스티안'이라 불리는 학생감옥에 갇히기도 했다. 이러한 엄격한 규율과 학생감옥은 신학교 선생님들에게는 학생들을 통제하고 제재하는 효과적인 수단이었지만, 학생들에게는 불평과 저항을 불러일으켰다. 그래도 학생들은 숨어서 할 짓은 다했다. 그들은 몰래 기숙사를 빠져나와 술집에 가서 밤늦도록 술을 마시기도 했고, 담배를 피웠으며, 카드놀이를 하면서 소란을 피우기도 했다. 헤겔도 이런 일에 빠지지 않았다. 그는 튀빙겐의 주점 '고겐비르트쉐프틀레'에 자주 나타나는 술친구 중 하나였다. 그는 신학 수업을 준비하는 대신 그곳에서 열리는 철학 모임에 참여하는 것을 더 좋아했다.

신이여, 이 노인네와 함께 하소서

헤겔은 담배를 많이 피웠으며, 카드놀이를 즐겨 했다. 무뚝뚝하지만 사려 깊은 위트를 통해 친구들의 배꼽을 잡게 하기도 했다. 그는 술집에서 늦게까지 있다가 아슬아슬하게 기숙사로 돌아오곤 했다. 한번은 헤겔이 만취해서 늦게 기숙사로 돌아온 적이 있었다. 그것을 보고 같은 방에 사는 가장 나이 많은 선배가 기가 차서 그에게, "오 헤겔, 그나마 조금 남아 있는 정신마저 몽땅 마셔버렸구나!"라고 말했다. 헤겔은 또 다시 술에 만취되어 수업시간 가까이 되어서야 돌아왔다. 만취한 그가 학교 감시관에게 발각되어 심한 처벌을 받지 않게 하기 위해 친구들은 수업시간 전에 급히 그를 숨겨주어야만 했다.

항상 행동이 노인처럼 굼뜨고 느긋했던 헤겔에게 친구들은 '노인네'라는 우스운 별명을 붙여주었다. 팔로트라는 친구는 헤겔의 기념첩에다 지팡이를 짚고 있는 등이 굽은 노인으로 헤겔을 묘사한 그림을 그렸다. 그리고 그 옆에다 이렇게 써넣었다.

"신이여, 이 노인네와 함께 하소서."

이런 친구의 소망과 달리 신께서 헤겔과 함께 하지 못한 때가 딱 두 번 있었다. 튀빙겐 신학교 시절, 헤겔은 두 번이나 학생감옥에 갇힌 적이 있었다. 1790년에 첫 번째로 학생감옥에 갇혔는데, 처벌의 이유는 "학과를 게을리 하고, 늦게 기상하며, 기도를 잘 하지 않는다."였다. 같은 해 2월 12일에도 심각한 경고를 받았지만 학생감옥에 갇히지는 않았다. 그로부터 1년 뒤에 헤겔은 또다시 학생감옥에 갇혔다. 휴가 갔다가 늦게 돌아온 죄로 두 시간가량 갇혀 있어야 했다. 헤겔의 변명은 "말이 오는 도중에 못 쓰게 되는 바람"에 늦었다는 것이었다. 그러나 신학교 감독관은 그 말을 믿지 않았다. 감독관은 헤겔의 가장 친한 친구인 핑케와 팔로트가 허락도 없이 그를 마중하러 나갔다는 사실을 알고 있었기 때문이다. 이들이 도중에 헤겔과 만나서 무엇을 했는지는 대충 짐작이 갈 것이다. 헤겔을 비롯한 학생들은 튀빙겐 신학교의 엄격한 생활뿐만 아니라 강의에도 불만이 많았다. 그들은 고리타분한 중세적 방법에 의해 교육을 받았다. 그리고 교수진들은 대부분 보수적이거나 시대에 뒤떨어져 있었다.

셸링 아버지의 친구이자 셸링과 가까운 친척인 동양학자 슈누러(Ch. Fr. Schnurrer)만이 유럽 전역에 이름이 알려져 있었고, 루소와 친분을 나눌 정도로 국제적 감각이 있는 인물이었다. 도덕과 신약을 강의한 플라트(Johann Fr. Flatt)와 조직신학을 강의한 스토르(Gottlob Storr)가 특출난 정도였다.

철학을 가르치는 아벨 교수와 벡크 교수는 보수적이었고, 당시 출간되어 독일 전체의 정신적 풍토를 뒤흔들기 시작한 칸트의 철학에 대해서는 알지 못했다. 튀빙겐의 학생들은 교수들을 신뢰하지 않았고, 스스로 모임을 만들어 칸트의《순수 이성 비판》을 읽었다. 그들은 읽고 나서 서로의 견해를 교환하며, 토론을 했다. 이 모임에 셸링은 적극적이었지만, 헤겔은 참여하지 않았다. 이 시기에 헤겔은 칸트에 별로 흥미를 느끼지 못하고, 루소에 훨씬 매료되어 있었다. 헤겔과 같은 시기에 공부한 로이트바인은 슈베글러에게 보낸 서신에서 다음과 같이 말한다.

사실 나는 …… 헤겔의 만년이 정말로 그를 변화시켰는지, 그리고 어느 정도로 변화시켰는지 알지 못한다. 그러나 나는 그 사실에 대해 의심하지 않는다. 어쨌든 우리가 좀 더 가까이 지냈던 4년 동안에 형이상학은 헤겔의 특별한 관심사가 아니었다. 그의 영웅은 루소, 그는 루소의《에밀》과《사회계약론》, 그리고《고백록》을 계속해서 읽었다.

제배르스, 〈서재에 앉아 있는 헤겔〉,
1828년

　헤겔은 형이상학보다는 정치적 사건과 현실에 훨씬 더 관심을 보였
다. 이 시기에 헤겔의 생애에서 가장 중요한 사건인 프랑스 혁명이 일
어난다. 1789년 7월 14일, 성난 파리의 시민이 바스티유 감옥을 점령하
고, 프랑스 전제주의 왕정을 무너뜨린다. 헤겔은 만년에 그가 젊은 시
절에 받은 커다란 인상을 회고하면서 이 혁명을 '찬란한 일출'이라고
부를 정도로 프랑스 혁명에 대한 감동을 평생 지니고 살았다. 튀빙겐
신학교는 프랑스 국경과 가까운 거리에 있었기 때문에 학생들은 누구
보다 빨리 사건의 소식을 접할 수 있었다. 사람들은 프랑스어 신문을
읽었으며, 프랑스의 시민법과 인권선언에 따라 유럽이 윤리적으로 재

쿠글러, 〈강의하는 헤겔〉, 1828년

생되기를 희망했다.

혁명을 찬양하다

튀빙겐 대학교에서는 정치 클럽이 생겨났다. 헤겔과 셸링도 이 정치 클럽의 회원들과 가까이 지냈다. 헤겔이 적극적으로 참여한 정치 클럽은 한 약사의 밀고로 탄로가 났다. 카를 오이겐 대공은 화가 나서 진상을 조사하러 신학교로 왔지만, 이 사건의 주모자인 베첼은 재빨리 스트라스부르크로 도망을 갔다. 베첼은 1792년 4월에 야코비 그룹의 일원으로 스트라스부르크에 체재했다. 이 시기에 헤겔의 기념첩을 보면 혁명적 글귀들이 눈에 띈다.

"독재 타도! 무뢰한에게 죽음을!", "사람들의 가슴에까지 절대적 권

력을 요구하는 끔찍한 정치를 끝장내자!", "자유 만세! 장 자크 (루소)
만세!"

헤겔은 혁명 기운에 휩싸여 지냈던 튀빙겐 신학교를 졸업하자 혁명
보다는 현실 문제를 우선 해결해야 했다. 그는 스위스 베른의 명문귀족
가문인 스타이거 집안에서 가정교사 생활을 시작했다. 그러나 그는 가
정교사 생활에 만족하지 못했다. 스타이거 집안에는 헤겔 말고도 세 명
의 가정교사가 더 있었다. 헤겔은 아이들의 교육도 전적으로 맡지 못하
는 자신의 처지가 한심스러웠다. 스위스 베른의 가정교사 생활을 하면
서 베른의 귀족정치를 가까이에서 관찰할 수 있었지만, 귀족정치와 귀
족 생활에 대한 혐오와 가정교사로서의 자신의 초라함을 더 느꼈다. 이
시기에 헤겔은 종교에 관한 여러 편의 글을 썼다. 이 글들은 외면적으
로 종교를 다루는 것처럼 보이지만 사회제도와 경직화된 기독교에 대
한 비판을 담고 있다.

헤겔이 베른에서 쓴 글들은 사회적으로 어떠한 반향도 불러일으키지
못했다. 그는 낙담한 채 자신이 스위스 촌구석에 틀어박혀 세상과 고립
되어 있다고 느꼈고, 결국 우울증까지 앓게 되었다. 헤겔과 자주 편지
를 교환하던 셸링은 헤겔에게서 "결정을 내리지 못한 채 우울증에 빠져
있는 상태"를 느꼈다. 횔덜린도 노인네처럼 느렸지만 항상 유쾌하고 명
랑했던 헤겔에게서 그런 성격이 없어졌다는 것을 느꼈다. 두 친구는 헤
겔을 그런 상태에서 끄집어내기 위해 노력했다. 횔덜린은 헤겔을 위한
새로운 가정교사 자리를 마련했다.

횔덜린은 자신이 가정교사로 있던 집안의 친척인 프랑크푸르트의 상
점 주인이자 포도주 상인의 집에 헤겔을 소개해주었다. 헤겔은 이 집에

서의 가정교사 생활에 만족해했고, 다시 명랑한 성격을 되찾았다. 이 시절에 그는 누이의 친구인 나네테 엔델에 대해 매우 깊은 호감을 가지고 사귀기도 했다. 그러나 그녀는 독실한 가톨릭 신자였고 헤겔은 철저한 루터교 신자였기에 둘의 결합은 이루어지지 않았다. 그녀와의 관계는 헤겔이 프랑크푸르트를 떠나면서 끊어지게 된다.

헤겔은 셸링의 도움으로 프랑크푸르트의 가정교사 생활을 청산하고 대학에서 교수 생활을 목표로 예나로 온다. 예나에서 그는 〈행성궤도론(Dissertatio philosophica de Orbitis Planetarum)〉이라는 교수 자격 취득 논문을 쓰고, 시간강사 생활을 시작한다.

예나에서 교수 생활을 하는 동안 헤겔에게 여러 가지 사건이 일어났다. 《정신현상학(Phänomenologie des Geistes)》을 탈고할 무렵 그는 나폴레옹을 직접 목격한다. 나폴레옹은 1806년 10월 13일에 예나를 점령했다. 그는 말을 타고 지나가는 나폴레옹을 보고 친구 니이트하머에게 편지를 써서 다음과 같이 소감을 나타냈다.

> 낮에 예나가 프랑스 사람들에게 점령당했기 때문에 나폴레옹 황제는 그가 점령한 성벽 안에 나타났다. 나는 정찰을 위해서 말을 타고 도시를 지나가는 황제―이 세계혼(Weltseele)을 보았다. 그러한 개인을 본다는 것은 놀라운 기분이다. 그 개인은 한 곳을 집중하며, 마상에 앉아서 세계를 쥐고 그것을 지배한다. …… 목요일부터 월요일까지 사태의 진전은 오로지 이 비상한 사람에게만 가능한 일이고, 이러한 사람에 대해 놀라워하지 않는 것은 불가능하다.

헤겔을 비롯하여 당시 독일의 지성인들은 독일을 침공한 나폴레옹을 오히려 경탄의 눈길로 바라보았다. 괴테도 나폴레옹에 대해 감탄을 했다. 괴테는 나폴레옹을 직접 알현했고, 나폴레옹을 '나의 황제'라고 부르기까지 했다. 음악가 베토벤은, 나중에 취소했지만, 나폴레옹을 위한 교향곡을 작곡하기도 했다.

왜 독일의 지성인들은 자신의 나라와 민족을 침공한 이웃 나라의 황제에게 열광하며 감탄한 것일까? 헤겔을 비롯한 독일의 지성인들에게 나폴레옹은 독일의 구체제를 타파하고 '개인의 자유와 소유권의 불가침성'을 기초로 한 근대적 시민법전을 전파해준 위인으로 비쳤다. 1800년대의 독일은 조그만 영주 국가들로 나누어져 봉건적 전제주의가 지배하는 나라였다.

독일 제국은 오스트리아와 프로이센, 다수의 선제후들, 94개의 교회 및 세속 영주들, 그리고 51개의 자유시들로 구성되어 있었다. 전부 합하면 근 300개의 영지로 구성되어 있었다. 독일에서 농노제는 아직도 널리 행해지고 있었고, 일부 영주들은 신민들을 용병으로 외국에 대여하거나 팔아치우기까지 했다. 나폴레옹은 이런 독일의 구체제를 타파하고 프랑스 혁명의 이념과 그것에 기초한 나폴레옹 법전을 전파했다. 실제로 나폴레옹의 통치 기간인 1806년에서 1814년까지 낙후된 독일은 개혁의 시기를 맞이했다. 라인란트 합병, 베스트팔렌 왕국 설립, 바바리아 같은 친프랑스적 독일 연방에서 프랑스의 영향을 받아 개혁이 행해졌고, 프랑스 혁명이 선언한 원리가 채택되었다.

헤겔은 이렇게 나폴레옹에 감탄했지만 그의 개인적 야심에는 결코 찬동한 적이 없었다. 그는 나폴레옹의 야심을 통해 자신을 실현해가고 있는 세계정신에 감탄했을 뿐이다. 세계정신은 나폴레옹의 야심을 이용해 프랑스 혁명의 이념과 '만인의 자유'에 기초한 시민법을 유럽에 전파했다. 1814년 4월에 파리가 함락되고 나폴레옹이 퇴위해 엘바 섬에 유배되었을 때, 헤겔은 이 세계사적 개인의 역할이 끝났다고 생각했다. 그래서 헤겔은 나폴레옹이 엘바 섬에서 돌아왔을 때 그에게 아무런 희망도 걸지 않았다.

헤겔은 나폴레옹 군이 쏘는 대포 소리를 들으면서 《정신현상학》을 탈고했다. 그리고 그는 이 도시에서 뜻밖에 첫아들을 얻었다. 1807년 2월 5일에 헤겔의 첫아들이 태어난 것이다. 이 아이는 당시 헤겔이 하숙하던 집주인의 부인에게서 태어났다. 그 여자는 피셔라는 처녀적 성을 가진 크리스티아네 샬로테 부르크하르트였다.

헤겔의 첫아들은 이 불쌍한 여인이 낳은 세 번째 사생아였다. 아이의 이름은 루트비히로 정해졌다. 그 아이의 세례식 때는 헤겔의 아우 게오르크 루트비히 헤겔과 서적상 프리드리히 프롬만이 참석했다. 그러나 앞날이 창창한 젊은 학자가 결혼도 하지 않은 채, 그것도 남의 부인에게서 아들을 낳은 것은 자랑할 만한 일이 아니었다. 헤겔은 소문을 잠재우기 위해 부인의 남편이 죽어 미망인이 되면 그때 결혼을 하겠다고 약속했다. 그러나 이 약속은 헤겔이 예나를 떠나면서 잊혔다. 나중에 크리스티아네는 실제로 미망인이 되었지만 그녀는 헤겔과 결혼할 생각이 없었다.

몇 년 뒤 헤겔은 뉘른베르크의 김나지움의 교장으로 재직하면서 스무 살 연하의 아리따운 여성 마리 폰 투허(Marie von Tucher)와 1811년 9월 16일에 결혼했다. 그는 기뻐서 "이로써 나는 세속적인 목적을 모두

달성했다. 이 세상에 일자리가 있고 사랑스런 아내가 있다는 것 말고 더 바랄 것이 있는가!"라고 기록해놓았다.

마리는 항상 헤겔을 존경과 사랑의 마음으로 바라보았다. 마리의 이러한 태도는 헤겔이 첫아들을 다른 여자에게서 낳았다는 사실을 알고 나서도 변하지 않았다. 그들 사이에서 태어난 첫 아이는 여자 아이였으나 출생 후 곧 사망했다. 큰 아들 카를은 여든다섯 살까지 살았고, 작은 아들 이마누엘은 일흔일곱 살까지 살았다. 헤겔은 결혼 생활에 만족하고 행복해했다. 그렇지만 신혼 생활이 헤겔의 철학적 작업까지는 방해하지 못했다. 헤겔은 신혼 생활 동안에 자신의 중요한 철학적 저작인 《대논리학(Wissenschaft der Logik)》을 완성했다. 헤겔 스스로도 자부심에 차서, "결혼하고 난 후 첫 학기 안에 가장 추상적인 내용의 책을 480쪽이나 쓴다는 것은 결코 쉬운 일이 아니다."라고 말하고 있다.

저작이 점점 알려지면서 헤겔은 하이델베르크 대학교의 교수로, 그리고 베를린 대학교의 교수로 초빙을 받았다. 이제 유럽의 정신사에 거대한 별이 빛을 발하기 시작한 것이다.

철학은 그 시대의 아들이다

헤겔은 "철학은 그 시대의 아들이다."라는 유명한 말을 했다. 헤겔의 철학은 어떤 시대를 그 아버지로 가지고 있었을까? 헤겔의 시대는 세계사적으로 중요한 사건들이 일어난 해였다. 사상사적으로도 유례가 드물 정도로 많은 인물들이 출현한 시기기도 했다. 헤겔보다 스물한 살이나 더 많은 괴테는 자신의 시대를 다음과 같이 술회한 적이 있었다.

나는 가장 위대한 세계적 사건들이 일상사처럼 일어나 나의 긴 생애 동안 계속되던 시대에 태어났다는 커다란 장점을 가졌다. 그래서 나는 7년 전쟁, 그 후 영국으로부터 미국의 독립, 더 나아가 프랑스 혁명과 끝으로는 전체 나폴레옹 시대에서 영웅의 몰락까지, 그리고 그 후의 사건들의 생생한 목격자가 될 수 있었다.

비록 나이는 괴테보다 어렸지만 7년 전쟁만 빼면 헤겔도 앞에서 괴테가 언급한 사건들을 모두 목격했다. 헤겔의 생애에 벌어졌던 이런 세계사적 사건들, 특히 프랑스 혁명은 당시 유럽에 있어 산업과 정치의 후진국이던 독일의 지성인들에게 상당한 영향을 미쳤다. 그러나 헤겔 당시의 독일은 봉건적 전제주의에 대항해서 시민혁명을 주도할 만한 정치적 소양을 가진 강력한 중산계급이 없었다. 헤겔을 비롯한 독일의 지성인들은 프랑스 혁명의 이념에 공감했지만, 여건상 프랑스와 같이 현실적 혁명으로 나아가지는 못했다. 그 대신 그들이 선택할 수 있는 유일한 길은 '정신' 속에서 '혁명'을 이룩하는 것이었다. 허버트 마르쿠제 (Herbert Marcuse, 1898~1979년)는 《이성과 혁명(Reason and Revolution)》 에서 이 점에 대해 다음과 같이 언급했다.

> 독일 관념론은 프랑스 혁명의 이론이라고 불리어왔다. 이 말은 칸트와 피히테, 셸링, 헤겔이 프랑스 혁명에 대한 이론적 해석을 제공했다는 뜻이 아니라, 그들의 철학이 대체로 프랑스로부터의 도전에 대한 응답으로서 국가와 사회를 합리적 기초 위에 재구성 하여 사회적, 정치적 제도들을 개인의 자유 및 이익과 조화시키 고자 하는 목적에서 쓰였다는 사실을 의미한다.

헤겔은 프랑스 혁명을 평생 기념하며 살았다. 그는 《역사철학 강의 (Vorlesungen über die Geschichte der Philosophie)》에서 프랑스 혁명을 "찬란한 동 터오름"에 비유했다. 그리고 프랑스 혁명을 이성과 합리성 에 기초해서 사회가 새롭게 구성되는 세계사적 사건으로 특징짓기도 했다. 그는 인간이 걸어온 역사를 되돌아보면서 역사는 단순한 전쟁과 살육의 싸움터가 아니라 이성이 자기를 실현하는 과정이었다고 해석한 다. 그 과정은 한 사람의 자유로부터 만인의 자유로 나아가는 과정이기도 하다.

헤겔은 거대한 철학 체계를 통해 이러한 신념을 더욱 확고하게 뒷받침했다. 그가 하이델베르크 대학교 교수 시절에 쓴 《철학 강요(Enzyklopädie der philosophischen Wissenschaften)》(1817년)는 절대정신이 세계와 우주 속에서 자기 자신을 인식하는 과정을 그리고 있다. 헤겔은 정신의 자기 인식에 따라 《철학 강요》를 논리학과 자연철학, 정신철학의 세 부분으로 나누어 집필했다.

논리학은 사유법칙에 관한 형식적 이론이 아니라 순수 이념을 다룬 학문이다. 헤겔은 논리학이 자연과 유한한 인간 정신의 창조 이전에 신의 영원한 본질에 관한 서술이라고 말했다.

자연철학은 순수이념이 시공간 속으로 전개된 것을 다룬다. 자연은 정신에 의해 창조되고 그 창조자의 표지를 지니고 있다. 그러나 정신은 아직 자연 속에 함몰되어 자기 자신이 자연의 본질이라는 것을 모르고 있다. 자연철학의 과제는 자연에 외화되어 있는 정신이 자기 자신을 알아가는 과정이다. 인간 안에서 자연은 자기의식으로 성장한다.

정신철학은 타자 존재인 자연과 외부세계로부터 자신에게로 회구하는 정신의 이념을 다룬다. 헤겔은 거대한 철학 체계를 통해 역사와 자연을 포함해 삼라만상이 어떠한 방향으로 진행되는지 그려놓았다. 한마디로 말하면, 그것은 정신의 자기 인식이자 자기 회복 과정이다. 자연이나 역사는 정신에 의해 산출된 것이다. 그러나 정신은 자연과 역사에서 자신이 주인인 줄 모르고 소외되어 있다. 헤겔은 정신이 자연과 세계 속에서 자기 자신이 주인이라는 것을 인식하고, 그러한 세계를 되찾아가는 과정을 세계사라고 본다. 정신의 담지자인 모든 사람이 자기 자유를 되찾았고, 모두의 자유를 법으로 명문화한 프랑스 혁명은 헤겔의 세계사에서는 필연적인 사건일 수밖에 없다. 헤겔은 세계사에 대해, "이성이 세계를 지배한다. 그러니까 세계사는 이성적으로 진행된다." 라고 말한다.

1818년 헤겔은 피히테가 죽은 뒤 비어 있던 베를린 대학교 철학과 교수직을 이어받았다. 베를린에서 그는 철학 체계의 부분들에 대해 상세한 설명을 곁들인 강의를 했다. 객관정신에 해당하는 '법철학'에 대해 상세한 주를 곁들여 강의한 다음, 그는 《법철학 강요(Grundlinien der Philosophie des Rechts)》(1821년)를 펴냈다.

《법철학 강요》를 출판한 뒤 헤겔은 더욱 강의에 진력했다. 미학과 종교철학, 역사철학, 철학사에 관해 강의를 했다. 그의 강의록은 제자들에 의해 책으로 편집, 출판되었다. 1823에서 1827년까지 그의 활동은 최고조에 달했다. 이 시기에 수백 명의 수강자들이 독일 전역과 외국에서 몰려들었다. 그의 명성은 열성적인 제자들에 의해 해외로 퍼져 나갔다. 그의 명성이 얼마나 대단했는지는 1826년 8월 27일에 있었던 그의 56회 생일 축하 에피소드가 말해준다. 생일 기념식은 베를린에서 헤겔의 영향력과 명성에 걸맞게 성대하게 치러졌다. 헤겔은 성대한 생일 축하를 전혀 예상하지 못했지만, 헤겔의 제자들과 친구들이 그를 위해 '생일축하준비위원회'를 구성해 생일을 성대하게 치르기로 결의했다. 학생들과 친구들은 그의 생일을 축하하기 위해 고마운 마음을 새겨 넣은 은잔을 그에게 선물했다. 그리고 밤새도록 생일을 축하하기 위해 학생들은 나팔을 불었다. 다음 날은 괴테의 생일로 이어지는 날이기도 했다. 헤겔과 괴테를 축하하는 성대한 생일잔치를 그 지역의 신문이 기사

화했다.

헤겔의 적대자들은 왕에게 그러한 기사에 대해 보고했다. 왕은 시인과 학자가 그렇게 성대하게 축하를 받는다면 왕의 명성이 가려질 수도 있다고 생각했다. 이 기사를 본 왕은 신문에 대한 검열을 강화해 앞으로는 왕의 가족이나 정부 인사가 아닌 개인의 생일축하 기사 같은 것은 싣지 못하도록 했다.

헤겔의 학문적 노력에 대한 보상은 그날의 생일잔치로 끝나지 않았다. 1829년에 헤겔은 베를린 대학교의 총장에 선출되었다. 그리고 그의 60회 생일에 제자들은 그에게 기념주화를 선물했다. 주화의 앞면에는 헤겔의 프로필, 뒷면에는 상징적 그림이 새겨져 있었다. 즉 그림의 중앙에는 남자 정령이 서 있고, 오른쪽에는 신앙을 상징하는 십자가를 든 여성의 모습이, 왼쪽에는 앉아서 책을 보고 있는 학자와 그 학자 머리 위에 지혜의 상징인 올빼미가 함께 새겨져 있었다. 사람들은 신앙과 지혜를 연결하는 상징이라고 생각했다.

헤겔은 국가로부터도 훈장을 받았다. 학문에 대한 공헌과 대학총장으로서의 행정 업무에 대한 보상이었다. 이제 헤겔은 학문적으로뿐만 아니라 인생의 절정기에 올라 있었다. 그러나 그 누구도 절정기에 있던 헤겔에게 종말이 그렇게 빨리 다가오리라고는 생각하지 못했다.

미네르바의 올빼미는 잠들지 않는다

헤겔은 1831년 11월 14일에 급작스럽게 사망했다. 그는 밤새도록 앓고 난 다음 날 오후 3시에 사망한 것이다. 그가 사망한 날은 115년 전

카를 슐뢰서, 〈베토벤 작곡〉, 1890년. 헤겔은 철학이 시대정신을 반영하는 것이라고 말했다.
헤겔과 동시대인이었던 베토벤은 음악으로 시대정신을 표현했다.

라이프니츠가 사망한 날이기도 했다. 그가 죽은 원인에 대해서는 두 가지 설이 엇갈린다. 공식적인 원인은 아시아의 콜레라로 보고되었다. 그러나 헤겔의 죽음에 대한 다른 설도 있다. 헤겔 부인은 그가 콜레라로 죽은 것에 대해 의심하는 글을 남겼다.

> 당신도 이 모든 것이 콜레라의 징후라고만 여겨지는지 말해보십시오. 의사들, 의료고문 바레츠, 그리고 추밀 고문관 호른 등은 콜레라로 생각했습니다. …… 그가 콜레라에 걸린 것으로 위원회에 보고되었지만 우리 친구들 중 그 누구도 겁을 내거나, 우리 친구들 중 가장 겁쟁이들조차 두려워하지 않았습니다. 저는 저의 거실에 사랑하는 사람의 시신이 있어야만 한다고 요구했습니다. 위원회는 저의 거실을 폐쇄한 다음 모든 것을 연기에 쏘이고 소독을 했습니다.

헤겔의 또 다른 사망 원인으로 추정되는 것은 그의 만성적 위병이었다. 그의 만성적 위병이 갑자기 악화된 원인은 헤겔의 제자 에두아르트 간스(Eduard Gans, 1798~1839년) 때문이라는 보고가 있다. 학교에 출근했을 때 헤겔은 간스가 학생들에게 공지문을 붙인 것을 보았다. 간스는 공지문을 통해 학생들에게 자신의 강의보다 헤겔의 강의를 들으라고 권했다.

헤겔은 몇 년 전부터 '법철학'에 대해 강의하지 않고 그것을 간스에게 넘겨주었다. 그러나 교육부의 고위 관료는 "간스 교수가 모든 학생을 공화주의자로 만든다."는 불만을 표시하고 강의를 다시 헤겔이 맡도록 했다. 헤겔은 간스와 나란히 강의를 개설했지만 강의에는 25명의 학생만 신청을 했다. 헤겔은 건강상의 이유로 그 강의를 취소했다. 1831년에 헤겔은 겨울 학기에 '법철학' 강의를 다시 예고했다. 간스는 지난 학기와 같은 일이 일어날까봐 학생들에게 스승 헤겔의 강의를 듣도록 권유했다. 그러나 헤겔은 이러한 간스의 행위에 대해 심한 모욕을 느꼈다. 헤겔은 자신이 간스를 시켜 그러한 공지문을 붙이게 한 것처럼 오해받을 수 있다는 점을 지적하며 제자 간스에게 신중할 것을 촉구했다. 편지는 1831년 11월 12일에 쓰였고, 다음 날 헤겔은 사망했다. 간스의 호의적인 행위를 오히려 모욕으로 받아들인 헤겔은 치민 화 때문에 지병인 위병이 급작스레 악화되어 죽었다는 것이다.

사망 원인이 어떻든 간에, 헤겔의 죽음은 사상계에 커다란 충격이었다. 헤겔은 사망한 후 평소 존경하는 피히테의 무덤 옆에 묻혔다. 그가 탄 장례마차 뒤를 대학총장과 학생들이 뒤따랐다. 불타는 횃불을 들고 영송하는 것이 허용되지 않았기 때문에, 학생들은 불을 피우지 않은 횃불에다 검은 천을 감아서 들어 죽은 스승에 대한 존경과 예의를 표했다.

헤겔이 갑자기 죽고 난 뒤에도 헤겔 철학의 영향은 쉽게 사라지지 않았다. 거대한 철학 체계와 그 속에 들어 있는 다양한 주제들, 그리고 변증법적 방법은 관념론과 무신론, 유물론에 이르기까지 넓은 해석의 여지를 남겨놓있다. 그가 죽고 나서 헤겔 철학은 좌우파로 갈라졌다. 헤겔 좌파의 세례를 받은 마르크스는 헤겔의 변증법을 가져다 사회 · 경제 · 역사를 설명하는 방법으로 사용했다. 키르케고르는 헤겔 철학과의 대결을 통해 자신의 철학적 세계를 이끌어내기도 했다.

현대에 들어서도 헤겔은 수많은 철학자들에게 영감의 원천이거나, 아니면 극복되어야 할 대상이기도 하다. 헤겔은 죽은 뒤에도 지금까지 영향을 발휘하고 있다. 그는 철학은 역사가 종료되고 난 뒤에 해석할 수 있을 뿐이라고 생각했다. 법철학의 서문에서 헤겔은 '철학의 지혜'를 '미네르바의 올빼미'로 상징했다. 그것은 헤겔 자신이기도 했다. 그는 자신의 시대에 역사가 종말을 고했다고 생각했다. 그는 미래를 예측하지는 않았다. 어둠이 내리는 역사 속에서 그는 역사의 의미와 철학의 지혜가 어디에 있는지만 보여주고자 했다. 그러나 그는 그 누구보다 미래에 커다란 영향을 끼쳤다. 그러므로 우리는 그에 대해 이렇게 말할 수 있을 것이다.

"어둠이 내린 뒤에야 미네르바의 올빼미는 날갯짓을 한다."

14

부처의 비통함을 이해하다

아르투르 쇼펜하우어

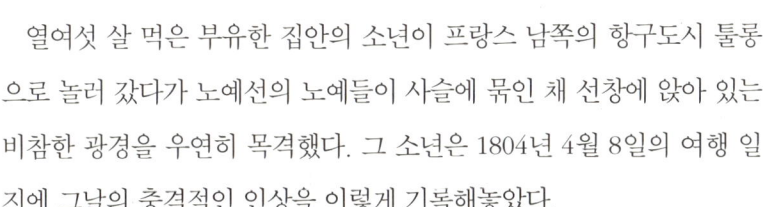

A r t h u r   S c h o p e n h a u e r

열여섯 살 먹은 부유한 집안의 소년이 프랑스 남쪽의 항구도시 툴롱
으로 놀러 갔다가 노예선의 노예들이 사슬에 묶인 채 선창에 앉아 있는
비참한 광경을 우연히 목격했다. 그 소년은 1804년 4월 8일의 여행 일
지에 그날의 충격적인 인상을 이렇게 기록해놓았다.

"병기 공장 안에는 노예선의 노예들이 아주 힘겨운 노동을 하고 있었
고, 이 광경은 이방인들의 주의를 몹시 끄는 것이었다. …… 이런 불행
한 노예들의 운명은 사형선고를 받은 것보다 훨씬 참혹하게 여겨진다."

청년 아르투르 쇼펜하우어

이날 소년이 받은 충격을 비교하면, 소년 싯다르타가 왕궁을 나와 생로병사의 현상을 보고 충격을 받은 것과 같다. 싯다르타가 인간이 겪게 되는 생로병사에 대해 고뇌했듯이, 이 소년도 인간은 노예선의 노예와 같이 혼자이며 육체와 그로 인한 병, 고통과 죽음에 묶여 있다고 생각했다.

이 소년은 이보다 몇 년 전에 함께 놀던 친한 소꿉동무의 죽음도 이미 겪었다. 친구의 죽음은 그가 늙은 뒤에도 꿈속에서 자주 나타나 그를 짓누르는 사건이었다. 어렸을 적부터 인간이 겪게 되는 운명에 대해 고뇌했던 이 소년은 싯다르타처럼 출가해 부처가 되지는 않았지만 나중에 유명한 철학자가 되었다. 이 소년의 이름은 아르투르 쇼펜하우어(Arthur Schopenhauer, 1788~1860년)였다. 쇼펜하우어 자신도 나중에 청소년기에 겪었던 이런 경험을 부처의 경험과 비교하기도 했다.

"17년의 생애 동안 …… 나는 부처가 그의 소년 시절에 이미 병, 늙음, 고통, 죽음을 직시한 것처럼 삶의 비통함을 깨달았다."

이렇게 어린 시절부터 싯다르타처럼 인생에 대해 심각한 고뇌를 한 쇼펜하우어는 성향에 맞지 않게 상인 수업을 받으며 자랐다. 쇼펜하우어는 부유한 상인 하인리히 플로리스 쇼펜하우어와 나중에 소설과 수필, 기행문 등을 써서 유명해진 요하나의 아들로 1782년에 오늘날 폴란드에 있는 단치히에서 태어났다. 1793년에 단치히가 프로이센의 지배 아래로 들어가자 그는 가족을 따라 자유도시 함부르크로 이주했다.

아들은 아버지에게 김나지움에 보내달라고 요청했지만, 아버지 쇼펜하우어는 아들에게 상인교육을 시키고 싶었다. 아버지는 아들이 앞으로 잘 살려면 김나지움 교육보다는 상인교육이 더 효과적이라고 보았다. 그래서 열한 살짜리 아들에게 교양을 위한 수년간의 유럽 여행을 시켜주겠다고 제안했다. 어린 쇼펜하우어는 그 제안에 따라 아버지와 함께 유럽을 다녔다. 여행을 마친 후 그는 함부르크의 상인학교에 입학했다. 그러나 그는 상인이 되고 싶지 않았다.

1805년 4월, 아버지가 갑자기 죽자 쇼펜하우어의 삶은 결정적인 변화를 맞았다. 이제 아버지의 영향에서 벗어나 자기가 하고 싶은 일을 할 수 있게 된 것이다. 이 점은 어머니와 누이도 마찬가지였다. 어머니는 문화계 인사들이 모여 있는 바이마르로 이사했다. 어머니는 그곳에서 시인 괴테와 독일의 볼테르라 불린 크리스토프 마르틴 빌란트(Christoph Martin Wieland)의 사교 모임에 들어갔다. 어머니는 이미 그곳에서 성공한 여류작가로서 사교 모임의 중심인물이 되었다.

어머니를 경멸하고, 여자를 비하하다

쇼펜하우어는 혼자 1년 남짓 함부르크에 남아 앞으로 무엇을 할지 고민하다가 바이마르로 떠났다. 바이마르에 머무는 동안 그는 어머니와 자주 충돌했다. 말년의 아버지에 대한 어머니의 태도 때문에 그는 함부르크에서부터 어머니에 대해 불만이 있었다.

선량한 나의 아버지가 쇠약해져 가련하게 병상에 누워 있을 때, 어느 늙은 하인이 애정 어린 의무를 다하지 않았더라면 아버지는 매우 쓸쓸했을 것이다. 아버지가 고독감 속에서 나날을 보내는 동안 어머니는 파티를 열었고, 아버지가 쓰디쓴 고통에 시달리는 동안 어머니는 즐기기만 했다.

쇼펜하우어는 어머니를 경멸했다. 어머니는 아들의 비상한 특징들을 감지했지만 인정하지 않았다. 오히려 아들의 비뚤어진 성품을 한탄했다. 어쩌면 어머니와의 관계가 좋지 않았기 때문에 쇼펜하우어가 여성을 혐오하게 되었는지 모른다. 쇼펜하우어는 여성들을 이렇게 비하했다.

성적 충동으로 이성이 흐려진 남자들만이 키가 작고 어깨가 좁으며 엉덩이가 크고 다리가 짧은 이 여자라는 존재를 아름답다고 한다. 당연히 여자라는 족속은 속된 존재라고 불러야 한다. 여자들은 음악에 대해서도, 시에 대해서도, 조형 미술에 대해서도 아무런 참된 감정이나 이해력이 없다.

결국 쇼펜하우어는 1814년에 사교적인 어머니의 생활방식을 못 견디고 헤어졌다. 결별하게 된 계기는 이러했다. 그는 1813년에 〈충족이유율의 네 가지 근거(Über die vierfache Wurzel des Satzes vom zureichenden Grunde)〉라는 논문으로 예나 대학교에서 철학 박사 학위를 받았다. 쇼펜하우어는 어머니에게 이 논문을 기쁜 마음으로 보여주었다. 그러나 어머니는 아들의 박사 학위 논문을 종이만 버렸다고 폄하했다. 쇼펜하우어가 쓴 학위 논문은 괴테가 높이 평가할 정도로 우수했다.

1813년에서 1814년까지 쇼펜하우어는 바이마르에서 지내면서 어머니를 통해 괴테와 알게 되었다. 그는 괴테와 여러 가지 철학적 주제를

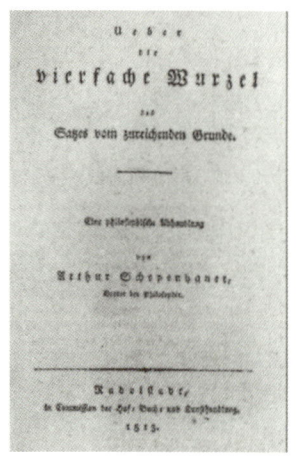

아르투르 쇼펜하우어의 어머니 요하나　　　　쇼펜하우어의 〈충족이유율의 네 가지 근거〉,
　　　　　　　　　　　　　　　　　　　　　예나 대학교 박사 학위 논문

놓고 토론했다. 괴테의 영향을 받은 그는 아이작 뉴턴에 반대하고 괴테를 지지하는 논문인 〈시각과 색에 관하여(Über das Sehen und die Farben)〉(1816년)를 쓰기도 했다. 같은 시기에 요한 고트프리트 헤르더(Johann Gottfried Herder, 1744~1803년)의 제자인 동양학자 프리드리히 마이어(Friedlich Meyer)는 그에게 고대 인도의 가르침인 베단타 철학과 베다의 신비주의에 관해 알려주었다. 뒷날 쇼펜하우어는 베다 경전인 《우파니샤드》와 플라톤 및 칸트의 철학을 자신의 철학의 중요한 기초로 삼았다.

　쇼펜하우어는 자신의 주저가 되는 책인 《의지와 표상으로서의 세계(Die Welt als Wille und Vorstellung)》(1819년)를 저술했다. 그는 장기간의 이탈리아 여행을 마치고 신생 베를린 대학교에서 교수 생활을 시작하고 싶었다. 당시 베를린 대학교의 대철학자 헤겔과 대결할 생각이었기 때문이다. 그는 자신의 강의시간을 헤겔의 강의시간과 똑같이 잡았다. 하지만 헤겔의 강의시간에는 점점 더 많은 수강생들로 넘쳐났지만, 쇼펜하우어의 강의에는 학생들을 찾기 어려웠다. 그는 헤겔의 철학에 대해 "절대적으로 허풍스런 헛소리에 불과한 철학"이고, "사이비 지혜"이며 "정신병자의 수다"라고 독설을 퍼부었다. 그렇게 독설을 퍼부었지만 헤겔 철학의 영향력은 줄지 않고 점점 더 커져만 갔다.

반면에 그가 학계에 엄청난 충격을 줄 것이라고 생각했던 그의 주저 《의지와 표상으로서의 세계》는 거의 팔리지 않았다. 1년 반이 지나는 동안 100권만이 팔리고 나머지는 파기해야 했다. 게다가 쇼펜하우어는 이 책 때문에 커다란 상업적 손해를 감수해야 하는 출판업자와 인세 때문에 사이가 틀어져버렸다. 그의 주저는 철학의 새로운 전환을 알리는 주요한 작품이지만 그렇게 주목을 받지는 못했다. 결국 그는 교수직을 포기하고 재야의 철학자로 남는다.

쇼펜하우어는 앞으로 교수들이나 학자들에게 굽실거리기 위해 글을 쓰지 않겠다고 다짐했다. 대신 고독하게 독립적으로 생각하고 할 말을 다하는 글을 쓸 것이며, 자신을 이해하는 미래의 독자들을 위해 글을 쓰자고 결심했다. 그는 자신의 주저가 거의 팔리지 않았지만 그것이 철학 체계의 전환점이 되는 글이라는 것을 확신했다. 이러한 확신은 1818년에 출판사 편집자 브록하우스에게 보낸 글에서도 확인된다.

나의 작품은 새로운 철학 체계다. 말 그대로 완전한 의미에서의 새로운 것이다. 이것은 단지 기존에 있던 것에 대한 새로운 서술이 아니라, 지금까지 그 어떤 사람의 두뇌에서도 나온 적이 없는 최고 수준으로 서로 결합한 사상의 배열이다.

1818년 쇼펜하우어는 소네트로 자신의 철학이 가져올 미래에 대해 다음과 같이 썼다.

오랜 겨울밤은 끝나려 하지 않는다.
제발 겨울밤이 끝나고, 햇빛이 머물 수 있다면
폭풍이 올빼미와 함께 경쟁하듯 울고
허물어진 벽 가에서 무기들이 철그렁거린다.
무덤이 열리며 자신들의 유령들을 보낸다.
이들은 내게로 와 원을 돌리고 하고
내 영혼은 치유될 수 없음에 깜짝 놀란다.
그러나 나는 이것에 시선을 돌리지 않겠다.
낮, 낮을 나는 크게 알리고자 한다!
밤과 유령들은 한낮 앞에 달아날 것이다.
이미 새벽 별은 낮을 알린다.
곧 밝아질 것이다. 아주 깊은 근원으로부터!
세상은 광채와 색으로 덮일 것이다.
깊은 푸르름이 무한하게 먼 곳까지.

여기서 겨울밤, 무덤에서 나온 유령은 쇼펜하우어 이전의 철학자들을 은유한다. 새벽별은 쇼펜하우어 자신의 철학이다. 그런데 그 새벽별은 어떠한 광채와 빛을 발휘하고 있는 걸까?

'새벽별'로서 '유령들'을 몰아내고 '낮'을 알리고자 했던 쇼펜하우어의 염원은 곧바로 이루어지지 못했다. 쇼펜하우어의 철학은 기존의 학계에서 환영받지 못했기 때문이다. 헤겔 철학이 지배하던 철학계에서 그의 철학은 비주류였다. 기존의 학자들을 신랄하게 비판하며, 남의 말을 듣지 않고 고집스럽게 자신만의 철학을 추구하는 그의 성격도 기존 학계와 맞지 않았다. 그러나 그는 기존의 주류 학계가 보지 못한 새롭고도 깊은 차원의 철학을 보여준다. 그가 헤겔을 '정신병자'로, 그의 철학을 '허풍'이라고 비난할 때, 근거 없이 그냥 퍼붓는 욕이 아니었다. 철저하게 합리주의와 이성주의를 신봉한 헤겔 철학을 쇼펜하우어는 못마땅해했다. 그는 헤겔과 달리 인간의 본질을 사유·의식·이성에서 찾지 않았다. 인간의 이성을 움직이는 것은 의지다. 의식은 우리의 본질을 싸고 있는 표피에 지나지 않는다. 그는 이렇게 주장했다.

> 우리는 우리들 자신의 신비로운 내면세계 속에 바로 자기 자신을 움직이는 '의지'가 우리의 지력(이성 및 판단력)을 발동시키고 있다는 데 주목해야 한다. 의지란 마치 시력은 제대로 갖추고 있으나 몸이 불구자인 사람을 어깨에 짊어지고 있는 체력이 강한 맹인과 같다. 외관상으로 인간은 마치 앞에서 자기를 이끌어 나가는 힘에 의존하고 있는 듯이 보일 수도 있으나, 실제로는 오히려 뒤에서 자기를 밀어주는 어떤 힘에 의존하고 있다.

막스 클링거,
〈'죽음에 관하여' 연작, 작품 8번〉,
1898~1909년

    이 '힘'인 의지는 삶의 맹목적 의지다. 이 삶의 맹목적 의지를 쇼펜하우어는 칸트의 물자체로 설명한다. 쇼펜하우어는 《의지와 표상으로서의 세계》에서 칸트를 따라 '세계는 나의 표상'이라고 말한다. 나의 표상이라는 의미는 사물 그 자체가 인식되는 것이 아니라, 사물에 대한 나의 표상만이 인식될 수 있다는 의미다. 돌에 대한 인식은 돌에 대한 나의 표상에 대한 인식이다. 그렇다면 사물 그 자체는 알 수 없는 것인가? 칸트는 알 수 없다고 한다. 그러나 쇼펜하우어는 칸트가 알 수 없다고 했던 세계의 내적 본질인 물자체의 세계를 탐구하고자 한다.

    이 세계의 내적 본질은 주체의 자기 체험에서 드러난다. 쇼펜하우어에 따르면, 우리는 육체를 완전히 다른 두 가지 방식, 즉 객체(표상)와

의지로서 경험한다. 의학처럼 육체의 행태와 기능들을 외부에서 관찰하고 기록함으로써 우리는 객체와 표상으로서 육체를 경험할 수 있다. 그러나 우리는 육체를 욕구를 통해 직접적으로 경험할 수 있다. 배고픔, 목마름, 성적 욕구와 아픔 속에서 의지는 자신을 우리에게 알린다. 이러한 의지가 신체적 표현으로 객관화되는 것이다. 쇼펜하우어는 이러한 나의 의지로부터 유추해서 다른 사람의 의지를 추론할 수 있다고 본다.

이렇게 할 때 쇼펜하우어는 모든 것을 의지라고 하는 하나의 유일한 원초적 힘으로 환원시키는 보편적 힘과 만나게 된다고 말한다. 우리가 우리 자신에게서 경험할 수 있는 개별적 의지와 유사하게 이 보편적 힘을 '의지(Wille)'라고 명명한다. 막스 클링거(Max Klinger, 1857~1920년)는 진정한 사물의 근거로서 삶의 의지와 자연을 그림 아래에 누워 있는 여인의 모습으로 표현하기도 했다.

의지는 자연의 가장 낮은 단계에서는 물리적·화학적인 힘으로 나타나며, 유기체의 단계에서는 생명 충동, 자기 보존 충동, 성 충동 등으로 나타난다. 끝으로 인간에게는 스스로 무의식적인 의지가 자신의 도구로서 이성을 출현시킨다.

인생의 고통을 씻어주는 황홀경을 찾다

쇼펜하우어는 이성이 세계와 인간을 지배하는 것이 아니라 의지가 그들을 지배한다고 보았다. '의지'가 어떤 것인지 알아야 세계와 삶에 대한 해법도 나온다. 이런 점에서 볼 때 이성으로 세계와 인간을 설명하려 했던 헤겔 철학은 사이비 철학이다. 쇼펜하우어에 따르면, 의지는 만족과 성취를 끊임없이 추구한다. 그러나 의지는 쉽사리 만족되지 않는다. 여기서 고통이 생겨난다. 왜냐하면 인간의 의지는 무한하고 그것이 충족되는 데는 많은 제약이 따르기 때문이다. 설령 충족된다 하더라도 곧 다시 새로운 욕망이 나타난다. 계속해서 욕구가 충족되면 인간은 또 권태를 느낀다. 그러기에 의지의 지배를 받는 인간의 삶은 그야말로 고통이며, 쾌락이나 행복은 다만 소극적인 것, 즉 고통의 부재에 불과할 뿐이다. 의지가 인간에게 얼마나 불가항력적으로 교묘하게 작용하는지 쇼펜하우어는 성애의 형이상학을 통해 설명한다.

> 생의 의지는 이성(異性)의 두 개인을 불가항력적 힘에 의하여 끌어당기게 하는 힘이다. 정욕은 원래 종의 보존을 위해 가치가 있다. 종의 보존이라는 목적이 실현되고 나면 정욕은 일종의 망상에 지나지 않는다는 것을 안다. 자연은 그 목적 실현의 가장 중요한 예술품인 여성미도 생식 활동이 끝나고 나면 곧 사라지게 한다. 그리고 개인은 자기가 종의 의지에 속았다는 것을 알아차린다.

쇼펜하우어가 볼 때 인생은 괴로움 그 자체다. 이러한 괴로움에서 벗어나려면 의지의 지배로부터 탈출해야 한다. 그렇다면 이러한 의지에서 어떻게 탈출할 수 있는가? 의지의 예속에서 벗어나는 때는 음악과 같은 예술을 감상할 때다. 그러나 그것은 짧은 휴식이자 위안에 지나지 않는다. 삶의 고뇌를 벗어나는 길은 의지를 '부정'하는 길이다. 쇼펜하우어는 의지를 부정하기 위해 힌두교와 불교 같은 해결 방법을 제시한다. 그것은 의지의 발동을 막기 위한 금욕이다. 금욕의 목적은 의지에서 완전히 벗어난 무아경, 황홀경, 신으로의 자아의 승화다.

> 우리들 자신의 욕구와 속박을 벗어나 세상을 극복한 거기로 눈길을 돌리면 …… 거기에는 어쩔 수 없는 충동과 욕정 대신에 …… 또한 일상적인 의욕을 안고 살아가는 인간의 생활 영역을 이루고 있는, 충족되는 일도 없고 사라지는 일도 없는 대신에 평화가 나타난다. 그것은 모든 이성보다도 고귀한 평화다. 망망대해와 같은 심정의 고요다. 그 깊은 안식은 라파엘로와 코레조가 묘사한 얼굴의 하얀 광채처럼 부동의 신념이요, 명랑함이며 온전하고 확실한 복음이다.

쇼펜하우어는 자신의 철학을 다시 다듬어 1844년에 《의지와 표상으로서의 세계》의 재판을 냈지만 그가 부르는 '멍청한 세상 사람들의 저항'을 이겨낼 수 없었다. 그런데 정작 그를 유명하게 만든 작품은 1851년에 그리스어로 부록과 첨가를 뜻하는 《파레르가와 파랄리포메나(Parerga und Paralipomena)》였다. 이 책에는 유명한 《생활의 지혜를 위한 격언》이 실려 있었다. 이 책이 유명해지면서 쇼펜하우어의 주저가 주목을 받기 시작했다. 청년 시절에 썼던 천재적 작품이 노년에 가서야 비로소 평가받게 된 것이다.

쇼펜하우어는 진작부터 얻었어야 할 명성을 노년에 가서야 누리게된다. 사람들이 그를 '프랑크푸르트의 부처'라고 불렀다. 그러나 그 부

빌헬름 부슈, 푸들과 함께 있는
쇼펜하우어 캐리커처, 연대 미상

처는 푸들 강아지 한 마리와 살면서 사람들과 접촉하는 것을 극히 싫어
한 괴팍한 부처였다. 그는 푸들의 이름을 《우파니샤드》에 나오는 개념
인 '아트만'이라고 지었다.

1860년 9월 21일, 쇼펜하우어는 심장발작으로 집에서 안락의자에 앉
은 채 죽었다. 그의 나이 일흔두 살 때였다. 그는 죽어서 그 영향력을
더욱 발휘했다. 쇼펜하우어의 작품은 프리드리히 니체에게 철학적 충
격을 주었다. 프랑스 철학자 앙리 베르그송(Henri Bergson, 1859~1941
년)을 중심으로 한 생철학 역시 쇼펜하우어를 빼놓고 생각할 수 없다.
프로이트(Sigmund Freud, 1856~1939년)는 쇼펜하우어의 의지 이론에서 커다란 영향을 받았다. 프로이트는 쇼펜하우어를 자신의 이론의 선구자라고 말했다. 의지의 주요한 현상으로서 성에 대한 쇼펜하우어의 발견은 프로이트에게서 그대로 발견된다. 쇼펜하우어는 예술가들에게 폭넓은 영향을 끼쳤다. 토마스 만과 같은 저술가뿐만 아니라 리하르트 바그너 같은 음악가나 막스 베크만 같은 미술가도 그의 영향을 받았다.

15

나는 십자가에 못 박힌 디오니소스다

—

프리드리히 니체

Friedrich Nietzsche

카를로 알베르토 광장에 있는 마차 대기소에서 마부가 말을 때리고 있었다. 그 광경을 본 마른 체구의 한 남자가 외마디 비명을 지르며 광장을 가로질러 달려가 그 말의 목을 껴안고 울부짖었다. 그리고는 고통받는 말을 껴안은 채 곧 정신을 잃고 광장에서 쓰러졌다. 그가 쓰러지자 사람들이 몰려들었다. 그 광경을 보러 나온 사람들 중에 그를 알아보고 깜짝 놀란 사람이 있었다. 하숙집 주인이었다. 하숙집 주인은 그를 집으로 데려갔다. 그는 오랫동안 의식을 차리지 못했다. 하숙집 주

한스 올데, 〈프리드리히 니체〉, 1899년

인은 그가 의식을 찾게 의사를 불러왔다. 의식에서 깨어난 이 남자는 처음에는 노래를 부르고, 고함을 치고, 갑자기 피아노를 쾅쾅 두드려댔다. 하숙집 주인이 경찰을 부르겠다고 하자 겨우 조용해졌다. 조용해진 그는 친구들에게 '자신이 디오니소스이자 십자가에 못 박힌 자로서 왔음을 알리는' 편지를 쓰기 시작했다.

친구인 브란데스에게 그는 이렇게 편지를 보냈다.

"자네가 나를 처음 찾아온 이후로 나를 찾는 것은 어려운 일이 아니었네. 지금 어려운 일은 나를 잃어버리는 것이네. …… 십자가에 못 박힌 자가."

그리고 가까운 친구인 오버베크에게도 이런 편지를 보냈다.

"지금까지 자네는 내가 돈을 갚을 능력이 없다고 생각해왔지만, 나는 빚은 갚는 사람이라는 것을 증명해 보이고 싶었네. 예를 들면 자네에게 …… 나는 방금 반유대주의자들을 사살해버렸다네. …… 디오니소스."

정신착란 상태이기는 하지만 자신을 디오니소스이자 십자가에 못 박힌 자로 부르는 이 사람은 누구인가? 바로 철학자 프리드리히 니체(Friedrich Wilhelm Nietzsche, 1844~1900년)다. 그는 말년에 정신병을 앓아 혼란스러운 의식을 가진 상태였다. 하지만 '디오니소스'의 정신을 그리고 십자가에 못 박힌 자의 정신을 가장 잘 구현한 것이 자신이라고 보았던 것 같다.

바그너는 단지 내가 앓았던 병들 중에 하나다

니체는 프로이센의 작센 주 레켄에서 1844년에 목사의 아들로 태어났다. 그의 집안은 루터의 경건주의를 신봉했다. 아버지는 니체가 여섯 살이 되기 전에 죽었다. 니체는 어머니 프란치스카와 누이 엘리자베트, 할머니, 두 하녀 사이에서 어린 시절을 보냈다. 1850년에 잘레 강변의 나움부르크로 옮겨 돔 김나지움을 다녔고, 1858년에는 프로테스탄트교 학교인 슐포르타에서 고전교육을 받았다.

졸업 후 니체는 본 대학교로 진학했다. 그는 대학에서 철학을 전공하지 않고 신학과 그리스 고전문헌학을 공부했다. 그리스 고전문헌학에 천재적 소양이 있어 스무 살 중반의 젊은 나이에 바젤 대학교의 전임교수가 되었다. 그러나 그는 고전문헌 학자라기보다 이미 철학자에 가까운 모습을 보였다. 그가 스물일곱 살에 저술한 《비극의 탄생(Die Geburt der Tragödie)》은 고전문헌학의 입장에서 그리스 비극을 해석한 것이다.

독일 애니메이션,
〈교회와 국가에 속박된 자유〉, 1895년

이 책에서 그는 그리스 문화의 원초적 힘이 아폴론적인 것과 디오니소스적인 것의 조화로운 융합에 있으며, 이것이 그리스 비극에서 종합되어 나타난다고 썼다. 여기서 아폴론적인 것은 적절한 질서를 갖춘 이성적이고 합리적인 것, 디오니소스적인 것은 감성적이고 도취적이며 열광적인 것을 뜻한다. 그런데 언제부터 이 비극의 몰락은 시작된 것일까?

니체는 소크라테스에 의해 구체화된 그리스 이성철학이 등장하면서 유럽의 정신은 아폴론적인 것이 지배하고, 디오니스적인 것은 사라졌다고 본다. 그러므로 그리스 비극에 나타난 조화로운 융합도, 그로부터 나오는 원초적인 힘도 찾아볼 수 없게 되었다고 한다. 《비극의 탄생》 12절을 보면, 니체가 주장하듯이 에우리피데스도 이미 소크라테스를 그런 사람으로 평가했다.

"그를 통해 이야기되는 신성이란 디오니소스도 아폴론도 아닌, 소크라테스라고 불리는 완전히 새로 태어난 악마다."

니체는 아폴론적인 것이 지배하는 이성철학이 쌓아올린 벽을 망치로 때려 부수려 했다. 그래서 그는 자신을 망치를 든 철학자로 묘사했다. 젊은 니체의 반이성적인 성향은 그를 쉽게 쇼펜하우어 철학으로 이끌었다. 그가 쇼펜하우어의 철학에 영향을 받게 된 것은 바그너의 역할도 크다. 젊은 니체는 바젤로 옮기 전부터 바그너의 열렬한 팬이었다. 그는 바젤 대학교의 교수로 와서 시간이 날 때마다 자주 바그너를 방문했다. 니체가 바그너에 더욱 애착을 갖게 된 것은 바그너도 쇼펜하우어에 애착을 느끼고 있었기 때문이다. 그들은 쇼펜하우어가 '예술'에서 구원을 찾는 것에도 감탄했다. 니체가 쇼펜하우어를 알기 전부터 바그너는 쇼펜하우어의 영향을 받고 있었다. 바그너와 니체는 나이 차가 컸지만 곧 친구 사이가 되었다. 니체는 바그너를 만나고 와서 기쁨에 가득 차 친구 게르스도르프에게 이런 편지를 보냈다.

"나는 쇼펜하우어가 말한 '천재'의 상을 그대로 체현하는 사람을 발견했네. 더욱이 그는 놀랍도록 강렬한 철학, 즉 쇼펜하우어의 철학에 푹 빠져 있네. 그는 바로 리하르트 바그너일세."

니체는 여러 면에서 쇼펜하우어의 주장에 동의했다. 우리의 삶은 고달프고 무의미한 것이며, 우리가 의지라고 부르는 비합리적인 힘에 따라 움직인다는 주장에도 동의했다. 그러나 니체는 이 세계를 거부하고 외면하며 떠나야 한다는 쇼펜하우어의 결론은 거부했다. 오히려 그는 이 세계를, 우리의 삶을 그 자체로 충실하게 할 수 있는 모든 것을 하면서 살아야 한다고 생각했다. 그리고 니체는 세계를 외면하면서도 자신은 그렇게 살지 않았던 쇼펜하우어를 비웃었다. 니체는 쇼펜하우어를 비판하는 동시에 바그너와도 결별했다. 그가 바그너와 결별하게 된 계기는 복합적인 것이었다. '자유사상'에 마음이 사로잡힌 당시의 니체는 바그너의 음악이 그리는 튜턴적이고 신화적인 '바이로이트 이념'에서, 그리고 지배적이 되어가는 바그너의 영향력에서 벗어나고 싶어했다. 그는 바그너에 반대하는 《바그너의 경우(Der Fall Wagner)》와 《니체 대 바그너(Nietzsche contra Wagner)》라는 두 권의 책을 썼다. 《바그너의 경우》 서문에서 그는 이렇게 쓰고 있다.

"바그너는 다만 내가 앓았던 병들 중에 하나였다. 이 병에 감사하고 싶지 않은 것은 아니다. …… 철학자는 바그너 없이 지낼 수 있다."

이제 바그너와 쇼펜하우어에서 독립한 철학자 니체의 손에는 여전히 망치가 들려 있었다. 니체는 기존의 도덕과 가치를 향해 가차 없이 그 망치를 휘둘렀다. 그는 망치로 기존의 인습적 가치를 허물고 그 자리에 새로운 가치와 이상을 수립하고자 했다.

"선한 일이건 악한 일이건 새로운 창조자가 되려는 자는 누구나 일체의 가치를 그 뿌리로부터 뒤흔들어놓을 수 있는 파괴자라야 한다."

기독교가 희망하는 세상은 결코 존재하지 않는다

니체는 기존의 가치와 인습이 뿌리에서부터 붕괴되면 모든 것이 무(無)가 되는 허무주의가 도래할 것이라고 예견했다. 그는 허무주의의 도래가 당대 유럽의 운명이라고 진단한다. 니체는 유럽 문화가 가진 기

존의 가치와 인습이 망치를 휘두르기 전에 이미 내부에서부터 붕괴하고 있었고, 몰락의 시그널을 보내고 있었다고 진단한다. 그러나 이러한 허무주의는 새로운 창조를 위해 거쳐야 하는 과정이었다. 그러기에 니체는 이러한 유럽의 운명을 끝까지 견뎌내야 하는 것이 자신의 임무라고 보았다. 그는 스스로를 "유럽 최초의 완전한 허무주의자!"라고 불렀다.

니체는 망치를 휘둘러 내부에서부터 붕괴되어가는 시대의 몰락을 재촉하고, 이제까지 유럽 문화를 지탱해온 가치가 얼마나 허무한가를 철저하게 보여주고자 했다. 그는 망치로 진리에 대한 기존의 믿음을 허물어버린다. 고대로부터 인간은 절대적 진리를 파악할 수 있다고 믿었다. 그러나 인간은 과연 그러한 절대적 진리를 파악할 수 있는 것인가? 여태까지 그런 절대적 진리를 파악한 자가 있는가? 니체는 말한다. 있다면, 앞으로 나와 보라고. 그는 "모든 믿음, 모든 의견이 필연적으로 거짓"이라고 절대적 진리에 대한 믿음을 허물어버린다. 그는 도덕에 대해서도 망치를 휘두른다. 니체는 말한다. 모든 사람이 지켜야 할 보편타당한 도덕적 원리가 있는가? 확실하게 말할 수 있는 자, 앞으로 나와보라. 니체는 칸트와 달리, 그러한 도덕적 원리는 불확실하다고 본다. 니체는 이렇게 묻는다. 그러한 도덕적 원리는 우리가 스스로 만든 가치가 아니었던가. 그것에 우리 스스로가 구속하고 복종하는 것이 아니었던가. 니체는 최후로 유럽의 정신적 문화와 가치가 의존하고 있는 종교에 대해서도 망치를 휘두른다. 니체가 봤을 때 기독교적 가치는 인간을 나약하게 만들고 저 세상의 가치만 강조한다. 기독교는 저 세상에 희망을 걸지만, 저 세상은 존재하지도 않고 동시대인들조차 그런 가치를 더 이상 믿지 않았다고 그는 기독교를 비판한다.

니체는 기독교적 가치는 사람들로 하여금 이 세상을 긍정하지 못하게 만들고 자신의 삶을 부정하게 만들었다고 본다. 그가 볼 때 기독교적 가치는 기독교인들조차 지키기 어려운 가치다. 그래서 그는 기독교인들은 자신이 믿고 있다고 내세우는 바에 따라서 살지 않는 위선자들이라고 말한다.

니체가 볼 때 기독교라는 종교는 인간의 생산물, 인간의 작품이다. 그런데 인간은 그것에 복종하며 스스로를 소외시키고 있다. 결국 니체는 《즐거운 학문》에서 신의 죽음을 선언한다.

"신은 죽었다. 신은 죽은 채로 있다. 그리고 우리가 그를 죽였다."

니체가 여기서 말하는 신은 초월적인 신에 대한 믿음, 그리고 그러한

구스타프 클림트, 〈키스〉, 1906~1909년. 기존의 도덕과 가치에 반기를 들었던 니체의 영향을 받은 클림트는 당시 오스트리아 빈의 가식적인 도덕과 예술적 관습에 도전하는 작품을 그렸다.

신에 기초한 그 모든 전통적인 가치와 규범을 뜻한다. 신의 죽음은 "연속적인 붕괴, 파멸, 멸망, 전복"을 뜻하며 모든 가치의 전복을 뜻한다. 그렇게 니체는 기독교가 내세우는 모든 전통적인 종교와 도덕, 가치와 결별한다. 이렇게 해서 유럽에는 허무주의가 도래한다. 그러나 그는 이 허무주의를 견뎌야 하고, 통과해야 한다고 본다. 이 허무주의를 넘어서 새로운 가치를 창조해야 하기 때문이다. 니체는 《차라투스트라는 이렇게 말했다(Also sprach Zarathustra)》를 통해 새로운 시대와 초인을 설파한다.

왜 나는 이렇게 영리한가

초인은 파괴를 두려워하지 않고 새로운 가치를 정립하는 정신이다. 니체는 《차라투스트라는 이렇게 말했다》에서 정신의 세 단계를 이렇게 비유한다.

처음에 정신은 인내하며 옛 도덕의 짐을 짊어지고 가는 낙타가 되고, 그 다음에 이와 같은 가치를 상징하는 용에 대항하여 싸우는 사자가 된다. 마침내 정신은 창조의 유희를 하는 아이가 된다. 여기서 용은 낡은 가치와 전통적인 도덕과 의무를 뜻하며, 사자는 이러한 용과 투쟁하는 자유정신을 뜻한다. 아이는 바닷가에 모래성을 쌓은 것처럼 다가올 파괴를 두려워하지 않고 새로운 가치를 정립하는 초인적인 정신을 뜻한다. 니체는 초인을 이렇게 특징한다.

"전통적 가치에 대항하는 완전한 자유가 초인의 특징이다."

"초인의 행위는 지상(이 세상)의 척도를 따른다."

"초인은 강력함과 생명력과 힘을 추구한다."

"초인은 만들어진 신의 독재에 복종하고, 약자와 연민의 도덕을 섬기는 군중과 대립한다."

니체는 이제 모든 가치가 붕괴되어버린 세계에서 삶의 어떠한 방향도 최종적이고 절대적인 목표와 목적을 가지고 있지 않다고 본다. 인간 앞에 놓여 있는 이 끔찍한 세계의 본질은 무이고 허무다. 그리고 이러한 세계와 삶은 무한히 반복된다. 니체는 《즐거운 학문》에서 영원회귀에 대해 이렇게 설명한다.

"이러한 삶을 …… 너는 또 한 번 그리고 또 셀 수 없이 많이 살아야만 할 것이다. …… 현존재의 영원한 모래시계는 늘 뒤집힘을 반복한다."

니체가 말하는 초인은 무일지라도 이 세계와 자신의 운명을 긍정해야 하고, 똑같은 삶의 영원한 회귀를 감내하는 능력을 가진 존재다. 그리고 초인은 힘에의 의지를 따른다. 니체가 볼 때 이 세계는 시작도 끝도 없이 엄청난 힘을 가지고 있으며, 도처에서 인간을 지배하고 있다. 힘에의 의지는 자기 보존, 삶의 감정과 능력의 증대, 강함과 힘의 획득이라는 목적을 가지고 있다. 이 힘에의 의지를 따르는 것을 니체는 선이라고 본다.

"무엇이 좋은 것인가? 힘의 감정을, 힘에의 의지를, 인간 안에 있는 힘 자체를 고조시키는 모든 것은 좋은 것이다."

이 힘에의 의지는 인간이 자신을 넘어서게 만드는 힘이다. 이것은 인간만이 아니라 모든 생명의 근본 특징이다. 니체는 《차라투스트라는 이렇게 말했다》에서 이렇게 말한다.

"나, 너희에게 초인을 가르치노라. 인간은 스스로를 극복해야 할 그 무엇이다."

니체는 기독교를 바탕으로 한 전통적 가치와 규범을 때려 부수면서 자신의 새로운 사상을 내세웠다. 그는 말년에 정신병적 증세와 두통 발작을 일으키면서도 격정적인 글을 담은 여러 책을 썼다. 《반 그리스도(Der Antichrist)》나 《이 사람을 보라(Ecce Homo)》 같은 책에서 더욱 기독교를 공격하고, '왜 나는 이렇게 영리한가?' 등 자신에 대한 과대망상적인 글을 쓰기도 했다.

니체는 마흔다섯 살의 나이에 튜린에서 발작을 일으킨 후 줄곧 정신착란 상태에 빠졌다. 의사들은 정신착란 증세의 원인을 매독 때문으로 보았다. 발작 이후 11년이라는 긴 세월을 니체는 어머니와 누이의 간호를 받으며 살다가 1900년에 세상을 떠났다. 니체가 정신병에 시달릴 때부터 이미 그의 철학은 유럽에 퍼져 영향을 끼치기 시작했다. 그는 하이데거 등 실존주의 철학자들뿐만 아니라 현대의 포스트모던 사상가들에게까지 철학적 영감과 자극을 불러일으키며 영향을 끼치고 있다.

16

신의 스파이

—

쇠렌 키르케고르

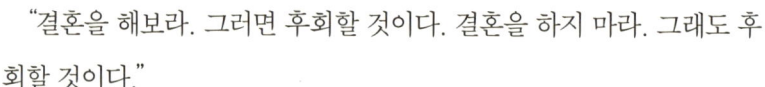

Søren Kierkegaard

"결혼을 해보라. 그러면 후회할 것이다. 결혼을 하지 마라. 그래도 후회할 것이다."

결혼에 대해 쇠렌 키르케고르(Søren Aabye Kierkegaard, 1813~1855년)가 한 말로 자주 인용되는 구절이다. 이 말을 진짜로 그가 했는지 모른다. 그러나 그가 결혼에 대해 심각한 고민을 한 것은 사실이다. 키르케고르는 스물네 살 때 자기보다 열 살이나 어린 레기나 올센(Regine Olsen, 1822~1904년)을 보고 첫눈에 사랑에 빠져버렸다. 3년 뒤에 두

쇠렌 키르케고르의 사촌이 그린 초상, 1840년

사람은 약혼을 했다. 그러나 그는 결혼을 앞두고 자신이 도대체 한 여자를 자기에게 묶어놓을 수 있는 권한이 있는지 고민하기 시작했다. 그는 결혼이란 두 사람이 서로에게 절대적으로 진실해야 한다고 생각했다. 그러나 그렇게 하기란 불가능한 일이었다.

코펜하겐의 바람둥이

키르케고르에게는 감추고 싶은 부끄러운 일이 있었다. 사창가에 간 일이었다. 그러나 거기서 무슨 문제가 있었던 것은 아니다. 그는 그곳에 있는 여자와 은밀한 관계도 맺지 못하고, 오히려 조롱만 샀다. 그러나 그는 과오를 솔직하게 고백하지 못하고 심각하게 고민했다. 결국 그는 약혼녀를 다시 자유롭게 해주기 위해 의도적으로 약혼을 파기할 결심을 했다. 바람둥이처럼 타락한 행위를 해서 레기네가 약혼을 파기하게 만들 생각이었다.

"그녀를 다시 자유롭게 해주기 위해서 못된 놈으로, 그것도 가능한 한 최고로 못된 놈으로 행세하는 것이 내가 할 수 있는 유일한 길이다."

그러나 레기네는 속지 않았다. 그녀는 그의 진심을 알고 견딜 수 없이 괴로워했다. 13개월 후에 결국 그녀는 파혼에 동의했다. 파혼 후 그는 도망치다시피 코펜하겐에서 베를린으로 갔다.

베를린에 도착한 키르케고르는 젠다르멘 마르크트 가까이에 방 하나를 구해 은거했다. 베를린은 그 당시 헤겔 철학이 지배하고 있었다. 프리드리히 빌헬름 4세는 헤겔 철학을 견제하기 위해 셸링을 베를린으로 초빙해 강의하게 했다. 셸링은 헤겔 철학을 비판하는 강의를 했다. 키르케고르는 베를린에 머물면서 극장을 가거나 셸링의 강의를 수강했다. 당시 셸링은 신화와 계시에 대해 철학 강의를 했다. 그는 이 강의를 통해 헤겔의 철학 체계에 대한 비판에 흥미를 가지게 되었다.

1842년 3월, 키르케고르는 레기네가 아프다는 말을 듣고 코펜하겐으로 서둘러 돌아갔다. 그 후, 그는 베를린에서부터 집필하던 작품들을 포함해서 여러 작품을 신들린 듯 몰두해 집필했다. 물론 이런 집필에는 레기네가 영감의 원천으로 작용하고 있었다. 이때 나온 대표적인 작품이 익명으로 출판된《이것이냐, 저것이냐(Entweder-Oder)》(1843년)다.

이 작품은 철학적 논문이 아니라 일기나 편지, 에세이, 그리고 격언으로 구성된 두꺼운 에세이집이라는 느낌이 든다. 오늘날의 포스트모던적 소설가도 따라갈 수 없을 정도로 이 작품은 소설적으로도 훌륭하

카라바조, 〈이삭의 희생〉, 1603년. 아브라함이 이삭의 목에 칼을 들이대자 천사가 급히 날아와서
이를 말리고 있다. 키르케고르는 《죽음에 이르는 병》에서 아브라함의 심리를 잘 묘사했다.

게 구성되어 있다.

키르케고르는 니체 못지않게 문학적인 필치로 철학 작품들을 썼다.
니체가 남성적이고 선이 굵은 선언적인 글을 썼다면, 키르케고르는 여
성적이며 가늘고도 섬세한 내면적인 글을 썼다. 그런데 키르케고르는
왜 이런 문학적 형식의 틀로 철학을 하려 한 것일까?

키르케고르는 추상적이고 보편적인 진리에 불신의 눈길을 보내면서
진리를 주체인 '나 자신의 실존' 속에서 파악하고자 했다. 그는 당시 유
행하던 독일 관념론 철학에 대해 불신의 눈길을 보냈다. 아무리 훌륭한
객관적이고 보편적인 진리라도 그것을 주체인 개인이 받아들이지 않으

면 어떻게 되는가? 아무리 헤겔 철학과 같이 역사와 자연을 아우르는 거대한 체계라 할지라도 그것이 개인에게 아무런 변화를 주지 않는다면 의미가 없는 것이 아닐까? 진리가 존재한다 해도 중요한 것은 그런 진리를 자신의 것으로 삼아서 자신의 실존 속에서 구현시키는 것이다. 진리는 그것을 자기의 것으로 하는 그런 사람에게만 생생하게 존재한다.

"나에게 진리가 될 수 있는 그런 진리를 발견해야 하며, 내가 그것을 위해 살고 죽을 수 있는 그런 이념을 발견해야 한다."(PH 347)

그는 이 주장과 더불어 "주체성이야말로 진리다."라는 입장을 취한다. 이런 점에서 키르케고르는 철저하게 자기의 실존과 관련해 진리를 탐구하고 파헤치고자 했다. 무엇보다 그의 철학의 대상은 자신의 '실존'이었다. 그는 자신의 실존에 대한 진지한 관찰과 반성을 담은 책들을 펴냈다. 그래서 그의 책들은 오히려 문학작품의 형식을 띠고 있다. 그는 독자에게 자기의 생각의 결과를 전달해주고자 했다. 그러나 그가 말하고자 하는 것은 이론적으로 가르칠 수 없거나 배울 수가 없다. 그것을 받아들이고 선택하는 것은 독자의 몫이다. 그래서 그는 '문학적인' 철학 형식을 선택한 것이다. 키르케고르는 기존의 철학 책처럼 진리를 논증하지 않았다. 문학이라는 비간접적인 방식을 통해 진리를 전달하고자 했다. 그는 이 진리 전달 방법을 '실존의 고지(告知)'라고 표현했다. '실존의 고지'는 독자로 하여금 자신의 삶의 문제에 대해 여러 가지로 생각하고 결단하게 한다. 그는 노련한 극작가처럼 여러 가지 삶의 입장과 여러 가지 역할을 나누어 보여주며 독자에게 결단의 근거를 제시한다.

《이것이냐, 저것이냐》라는 책은 인간 실존의 세 단계를 보여준다. 그 것은 심미적·윤리적·종교적 단계다. 심미적인 단계의 인간은 주어진 대로 외적인 현실에 만족하고, 감각적으로 즐기며 살아가는 것을 목표 로 한다. 이러한 단계의 대표적 인물이 돈 후안이다. 그러나 그러한 삶 은 오래 지탱할 수 없다. 여건이 따라주지 않으면, 그러한 삶에 대해 절 망하게 된다. 윤리적 단계의 인간은 심미적 단계를 벗어나 자신의 삶을 의식한다. 그는 외적인 것에서 영향을 받지 않는 독립적인 인간이 되고 자 한다. 또한 진지하고도 정직한 삶을 계속해서 유지하고자 한다. 그 러나 이 윤리적 단계에서도 인간은 절망을 느낀다. 왜냐하면 인간은 본 성상 그런 윤리적인 이상적 삶을 살 수 없기 때문이다. 종교에서는 이 것을 원죄라고 표현한다. 윤리적 인간은 이런 것을 깨닫고 세 번째 단 계인 종교적 단계로 도약한다. 종교적 단계에서 인간은 자신을 죄인으 로 인식한다. 자신의 힘만으로 죄에서 해방될 수 없고, 또 진리에 도달 할 수 없다는 사실을 깨닫는다. 종교적 단계의 인간은 신앙 안에서 무 조건적으로 신에게 의지한다.

키르케고르는 이런 실존 단계들을 제시하면서 각 개인에게 어떤 삶 을 살 것인지 스스로 선택하라고 촉구한다. 그런데 키르케고르 자신은 어떤 삶을 선택해 살았을까? 키르케고르는 1813년에 엄격한 개신교도 집안의 막내아들로 태어났다. 아버지 미카엘 페데르센 키르케고르 (Michael Pedersen Kierkegaard, 1756~1838년)는 가난한 농부에서 부유 한 코펜하겐의 시민이자 상인으로 성공한 사람이었다. 그는 자식 모두

렘브란트, 〈예레미야〉, 1630년.
조국 이스라엘을 걱정하며
고민에 빠진 예레미야.

가 훌륭한 교육을 받을 수 있게 해주었다. 그러나 그는 평생 신에 대한
죄의식에 시달리면서 살았다. 기혼자이면서 하녀와 관계를 가졌던 것
이다. 물론 아내가 죽자 그는 이 하녀를 합법적인 부인으로 삼았다. 그
런 부인에게서 난 자식이 바로 키르케고르였다. 그러나 키르케고르의
아버지가 이 일보다 더 평생 죄의식에서 벗어나지 못하게 한 사건이 있
었다. 소년이었을 때 가난에 절망한 나머지 유틀란트 초원에서 신을 저
주한 일이었다.

키르케고르는 이 일에 대해 일지에 이렇게 적고 있다.

한 남자에게 일어난 끔찍한 사건, 그 남자는 어린 시절 유틀란트의 황야에서 양떼를 지키면서 많은 어려움을 참아내야만 했고, 굶주리고 있었으며, 비참했다. 그는 언덕 위에 올라가서 신을 저주했다. 이 남자는 그가 여든두 살이 되어서도 이 일을 잊을 수가 없었다.

가난의 고통 때문에 신을 저주했지만, 키르케고르의 아버지는 얼마 지나지 않아 경제적으로 성공을 한다. 신을 저주한 사건 이후, 그는 코펜하겐에서 목재상을 하는 삼촌을 찾아갔다. 그때부터 돈을 벌기 시작해 죽을 때는 수도 코펜하겐에 다섯 채의 집을 소유한 부자가 되었다. 1838년에 아버지가 죽자, 키르케고르는 상당한 재산을 물려받았다. 그 덕분에 돈 문제에 방해받지 않으면서 저술 활동에 매진할 수 있었다.

그러나 키르케고르의 아버지는 신에 대한 저주의 죗값을 치러야만 한다는 죄의식을 가지고 있었다. 그는 자식들도 죗값을 치러야 한다고 생각했다. 그래서 죄의 일부라도 씻어내기 위해 뛰어난 재능을 가진 막내아들이 신학교육을 받게 했다. 키르케고르는 아버지에게서 죄의식과 우울함, 그리고 진지하게 사색하는 경향을 물려받았다. 그는 아버지가 신을 저주한 사건 때문에 가족과 그에게 벗어던질 수 없는 저주가 시작되었다고 믿었다. 키르케고르 자신을 제외한 육 남매가 모두 일찍 죽었기 때문이다.

키르케고르는 아버지의 도덕적, 정신적 유산에서 벗어나기 위해 여러 가지 노력을 했다. 열일곱 살이 되던 해에 그는 아버지의 죄의식과 우울증에서 벗어나기 위해 신학보다 철학에 관심을 기울였다. 다른 한

편으로 코펜하겐의 환락적인 사교장에도 출입했다. 옷을 잘 빼입고 카페나 극장을 열심히 드나들었으며, 코펜하겐의 거리를 빈둥거리며 쏘다니기도 했다. 앞에서 언급한 것처럼, 이 시기에 그가 홍등가를 방문했던 것 같다. 청년 키르케고르는 도시에서 유명한 한량과 부랑아가 되려고 했다. 그러나 1838년에 아버지가 죽자 키르케고르는 다시 정신을 차리고 신학 공부를 계속했다. 그는 신학 석사 학위를 받고 레기네 올센이라는 어린 소녀와 결혼할 생각이었다. 그는 1841년에 박사 학위 논문 〈소크라테스와의 지속적 관계를 통해 본 아이러니의 개념(Über den Begriff der Ironie in stetem Hinblick auf Sokrates)〉(1841년)을 제출하고 레기네 올센과 약혼을 했다.

그러나 앞에서 언급한 것처럼 깊게 뿌리 내린 우울한 감정과 죄의식이 그를 사로잡았다. 키르케고르는 자신이 과연 결혼해서 상대방을 책임질 능력이 있는지 의심했다. 결국 1841년 10월에 약혼을 파기하고 베를린으로 떠났다.

약혼녀 레기네와의 이별은 키르케고르에게 평생 가슴 아픈 일로 남았다. 그는 이러한 아픔을 지속적인 창작의 원동력으로 삼았다. 이 시기부터 키르케고르는 신이 자신에게 특별한 역할을 부여했다는 의식을 갖는다. 다시 말해 '신의 스파이'로서 진정한 기독교의 정신에 다시 귀기울이는 것이었다.

"나는 마치 가장 높은 분을 위해 봉사하는 스파이와 같다."(PH 352)

키르케고르는 이 일을 위해 '조롱 받는 순교자'가 되고 싶어했다. 그는 작품 속에서 수많은 사람들과 논쟁을 벌여 수많은 반대자를 갖고 있었다. 그는 자신에 대한 공개적인 비웃음을 받아들일 준비를 하고 국외자로서 사회적 관계와 출세를 포기한다. '신의 스파이'로서 그는 신과의 진지한 대면에 몰두한다. 그가 항상 가졌던 물음은 '실존하는 주체로서의 나는 신과 어떤 관계를 맺어야 하는가?'였다.

조롱 받는 순교자, 신 앞에 홀로 서다

키르케고르가 볼 때 신 앞에서 우리는 단독자다. 우리는 윤리라는 보편적 가치, 대중적 통념 등을 배제한 채 오직 자기 자신만으로 신 앞에 설 수 있다.

"한 인간이 완전히 자기 자신, 한 개별적인 인간, 이 특정의 개별 인간이 되는 것을 감행하는 것은 극히 중요하다. 이 모든 엄청난 긴장과 책임을 떠맡고 홀로, 신 앞에 홀로 서는 것 말이다."(PH 349)

신 앞에 홀로 선다는 것은 인간이 자기 자신이 무엇인지 알고, 자기 자신이 된다는 것을 뜻한다. 사람들은 익명으로 '무리'나 '대중'의 한 부분으로 살아간다. 그는 신 앞에서 인간들이 자기 자신이 되려고 하지 않는 것을 '죄'라고 부른다. 그러면 인간은 어떻게 자기 자신이 될까? 키르케고르가 볼 때, 인간은 무한과 유한, 자유와 필연의 종합이자 그 둘 사이의 관계다. 여기서 '종합'은 신과 나와의 종합이며, 관계는 신과 나 사이의 관계를 말한다. 신과의 '종합'과 '관계'를 통해 인간은 비로소 자신의 참다운 자아를 획득하게 된다. 신과의 관계 속에서 우리는 '단독자'로서 온전하게 자기 자신일 수 있는 것이다. 키르케고르는 인간이 자기 자신이 된다는 것은 단순하게 주어진 과제가 아니라, 자신의 자유에 따라 실현할 수 있는 과제라고 본다. 인간은 신과의 잘못된 관계에 놓일 수 있고, 따라서 자신을 상실할 가능성을 가지고 있다. 그것을 그는 '절망'이라고 부르며, 《죽음에 이르는 병(Die Krankheit zum Tode)》(1849년)에서 그러한 것을 기술했다.

키르케고르는 지칠 줄 모르고 동시대의 사람들에게 단독자가 되라고 요구했다. 또한 그는 기독교의 참모습을 알리는 대신 세속사회에서 안락을 추구하는 성직자들과 교회에 대해서도 날카로운 비판을 가했다. 그는 기독교의 진지함과 참된 진리를 배반한 덴마크 국교회의 수치스런 상황을 폭로하는 임무를 신에게 명령받았다고 생각했다. 1855년 그는 많은 양의 소책자와 팸플릿과 〈순간(Der Augenblick)〉이라는 잡지를 발간해 덴마크 국교회를 비판했다.

덴마크 국교회를 비판하는 일에 몰두한 나머지 그는 건강이 몹시 나빠졌다. 교회 비판 운동을 한 지 2년여가 지날 무렵 그는 쓰러져 병원에 입원한 후 한 달이 지난 뒤 죽었다. 그 무렵에는 그의 재산도 거의 남아 있지 않았다. 그는 소유하고 있던 몇 안 되는 귀중품을 평생 사랑했던 여인 레기네 올센에게 남겨주었다. 당시에 그녀는 다른 사람과 결혼하여 덴마크령 서인도제도에서 살고 있었다.

키르케고르는 죽을 때까지 자신의 실존에 대한 탐구를 멈추지 않았다. 자신에 대한 관찰을 토대로 그는 많은 작품을 남겼다. 그가 쓴 대부분의 저서들은 개인적인 문제와 체험을 바탕으로 삼아 객관화한 것이기 때문에 자기 고백서라고 볼 수 있다. 저서들로는 《이것이냐 저것이냐》,《인생의 여정》,《철학적 단편》,《불안의 개념》,《공포와 전율》,《죽음에 이르는 병》,《그리스도교 입문》 등이 있다. 이 저서들 속에서 키르케고르는 단독자로서 끊임없이 신과 자신과의 관계를 집요하게 탐색했다. 신과의 관계에 대한 의식은 그에게 고뇌였으며, 그가 사는 동안 사람들 속으로 묻혀 들어갈 수 없게끔 했다.

　나의 삶은 다른 사람은 알지도 못하고, 이해할 수도 없는 하나의 끔찍한 고뇌다. 모든 것이 자만과 오만으로 차 있는 것처럼 보이지만 실상은 그렇지 않다. 나는 나의 살 속에 가시를 가지고 있었다. 그처럼 걸리는 무엇이 있었던 것이다. 그렇기 때문에 결혼하지 않았고, 어떤 직장도 가질 수 없었다. 그 대신 나는 예외자로 남았다.(PH 349)

17

소름 끼치는 자유사상가

—

루트비히 포이어바흐

L u d w i g   F e u e r b a c h

카를 마르크스는 《헤겔 법철학 비판(Zur Kritik der Hegelschen Rechtsphilosophie)》(1844년)에서 독일에서 종교 비판은 본질적으로 끝이 났다고 선언했다. 이때 그는 루트비히 포이어바흐(Ludwig Andreas Feuebach, 1804~1872년)의 종교 비판을 염두에 두고 있었다. 종교는 인민의 아편이라는 그의 말도 포이어바흐의 종교 비판에 의지한 것이었다. 1841년에 포이어바흐는 《기독교의 본질(Das Wesen des Christentums)》이라는 책을 펴냈다. 이 책은 기독교를 정면으로 비판하

루트비히 포이어바흐

는 내용을 담고 있었다. 그에 따르면, 신은 인간 오성의 투영물이다. 다시 말해 신은 인간의 의식이 투영해 만들어놓은 대상이다. 그는 이렇게 말한다.

"신의 의식은 인간의 자기의식이고, 신의 인식은 인간의 자기인식이다."

이 책을 통해 포이어바흐는 종교가 지배하는 보수적인 독일 사회에 충격을 던지며, 유명한 인사이자 이단아가 되었다.

《기독교의 본질》로 종교와 신학을 완전히 전복시키려 한 포이어바흐는 원래 신학을 전공한 사람이었다. 그는 1804년에 부유한 법률가 파울 요한 안젤름 리터 폰 포이어바흐(Paul Johann Anselm Ritter von Feuerbach, 1775~1833년)의 아들로 뉘른베르크에서 태어났다.

아버지는 근대 독일의 형법을 정초한 사람으로 그 시대에 가장 중요한 법률가 가운데 한 사람이었다. 그는 다섯 명의 아들과 세 명의 딸을 낳았다. 자식들은 각기 뛰어난 재능들을 가졌다. 예를 들어 포이어바흐의 맏형 요셉 안젤름은 음악적으로 뛰어난 재능을 보였고,《바티칸의 아폴로(Der vatikanische Apollo)》라는 책으로 유명했다. 둘째 형은 스물두 살 때 수학적 발견으로 박사 학위를 받았다. 큰형의 아들 안젤름 포이어바흐(Anselm Feuerbach)는 유명한 화가가 되어 포이어바흐 가문을 더 유명하게 만들었다.

포이어바흐는 넉넉한 집안의 후원을 받으며 하이델베르크에서 신학을 공부했다. 김나지움 시절부터 그는 신학에 관심이 깊었다. 그러나 그는 신학에 실망하고 전공을 철학으로 바꾸기로 결심한다. 그는 신학에 실망해 이렇게 쓰고 있다.

"자유와 예속, 이성과 믿음에 대한 신학의 헛소리는 나의 진리, 즉 통일성과 단호함, 무조건성을 죽을 때까지 요구하는 영혼에 위배되기 때문이다."(PH 354)

술 취한 철학에 불을 지르다

아버지의 반대에도 불구하고, 포이어바흐는 철학을 공부하기 위해 베를린으로 가서 2년 정도 헤겔 강의를 들었다. 논리학 강의는 두 번이나 들었을 정도다. 나중에 그는 헤겔 철학을 정면으로 반대하게 되지만, 이 때에는 그냥 얌전하고 충실한 헤겔 학도였다. 그는 유명한 술집 '루터와 베그너'에서 헤겔을 만났지만, 너무 수줍어서 말 한 마디 못했다.

1828년에 포이어바흐는 에를랑겐 대학교에서 박사 학위를 받고, 교수 자격 취득 논문을 쓴 다음 강사 생활을 시작했다. 가난하고 고독했지만 학문에 몰두하는 소박한 생활에 만족했다. 1830년에는 《죽음과 불멸에 대한 사상(Gedanken über Tod und Unsterblichkeit)》이라는 책을 익명으로 출판했다. 이 책이 나온 시기는 파리 7월 혁명 여파로 전 독일이 2년 동안이나 들끓게 된 소요가 끝나가던 시점이었다. 익명으로 쓴 책이지만 포이어바흐가 저자라는 사실이 곧 밝혀졌다. 하지만 책에 담긴 종교 비판 때문에 그 책은 곧바로 금서가 되었다. 포이어바흐도 경찰에 고발당했다. 그는 강의를 중단할 수밖에 없었다. 이 시기에 그는 누이에게 이렇게 심정을 토로했다.

"나는 소름 끼치는 자유사상가, 무신론자, 그것만으로 부족해서 반그리스도의 화신이라는 소문 속에 휩싸여 있습니다."(PH 355)

1835년에서 1836년 사이에 포이어바흐는 다시 강의를 시작했다. 그러나 더 이상 교수직을 얻을 가망이 없다는 것을 알고 대학과 완전히 결별했다. 그는 스스로를 "철학자이기 때문에 철학 교수로는 적당하지 않다."라고 위로했다.

철학자의 자부심을 지키고자 했지만 생계 문제는 어쩔 수 없었다. 포이어바흐는 여러 직업을 구하려 노력했다. 다시 대학에 서류를 내보기도 했으나 모두 여의치 않았다. 그는 실망과 좌절 속에서 철학을 위로 삼아 겨우 살아갔다. 그런데 이런 상황에서 그를 구해주는 사건이 일어났다. 성주이자 도자기 제조업자의 딸인 베르타 뢰브(Berta Löw)를 만난 것이다. 그는 그녀에게 사랑을 고백했고, 그녀도 그의 잘생긴 외모와 지적인 성격에 반했다. 두 사람은 결혼을 했고, 그는 재정적으로 든

든한 후원자를 가지게 되었다. 아내는 도자기 공장과 양어장, 과수원과 정원, 숲에서 상당한 수입을 벌어들이고 있었다. 그는 그렇게 바라던 철학에 몰두할 시간과 공간을 갖게 되었다. 성의 탑 꼭대기 방에서 그는 자신이 구상하던 책을 쓸 수 있었다. 이때 나온 책이 그의 명성을 높여준 《기독교의 본질》이다. 이 책은 기독교의 본질을 까발려 기독교를 정면에서 비판하고 있다.

《기독교의 본질》에서 포이어바흐는 기독교에서 말하는 신에 대해 '신인동형동성론(anthropomorphism)'의 입장에서 비판한다. 그는 기독교에서 말하는 신은 완전한 존재라고 하면서 불완전한 인간의 모습을 지니고 있다고 비판한다. 그는 어떻게 완전한 존재가 인간처럼 화를 내고 기뻐하면서 모든 불완전한 인간의 성격을 지니고 있는지를 묻는다. 그가 볼 때 신은 인간이 그려놓은 자기 모습에 불과하다. 만약 개미가 사람들이었다면 개미는 신의 모습을 개미로 그려놓지 않았겠느냐고 묻는다. 이런 비판은 일찍이 크세노파네스도 한 적이 있었다.

> 소들, 말들, 그리고 사자들이 손을 갖는다면, 또 손으로 그림을 그리고 사람이 만드는 것과 같은 작품을 만들어낼 수 있다면 말들은 말들과, 소들은 소들과 유사한 신의 모습을 그릴 것이고, 각기 자신들이 가지고 있는 것과 같은 형체를 만들 것이다.

신은 인간이 자기의 모습과 의식을 그대로 투영한 산물이다. 그런데 인간은 왜 그러한 존재를 만들어내는 것일까? 인간은 불완전하고 죽어야만 하는 존재이며 항상 비참한 상황에 놓여 있기 때문에 반대의 것을

팸플릿, 〈십자가를 둘러싼 투쟁〉, 1842년.
당시 기독교를 둘러싸고 찬성과 반대로 투쟁하는 사람들의 모습을 동물에 비유해서 그렸다.

희구한다. 인간이 더욱더 힘들고 비참한 상황에 놓여 있으면 반대의 것에 대해 더욱더 희구하게 된다. 인간은 자신이 유한하고 불완전한 존재란 사실과 자신의 비참한 처지를 잊고 싶어한다. 그래서 어떤 한 존재에다 완전성과 불멸성과 그에 따른 성질들을 부여해놓고 그것에서 위로를 받는다. 다시 말해, 신은 인간이 이루지 못한 바람의 투영물이다. 인간이 신에게 더 많이 긍정적인 성질을 부여하면, 신은 더욱더 신적이고 이상적이 된다. 반대로 인간은 더욱더 가난한 처지에 있게 되는 것이다.

"신을 풍부하게 하려면 인간은 더욱더 가난해져야 한다."

포이어바흐는, 신은 인간의 자기의식이 투영된 것이기에 신학이 감추고 있는 비밀을 까발리면 '인간'이 나온다고 말한다. 그는 신학의 대상은 신이 아니라 인간이라고 주장한다. 그의 저서는 기독교와 기독교를 추종하는 사람들에게는 망치로 내리치는 듯한 충격이었다. 그러나 보수적인 종교의 지배와 독선에 염증을 느끼던 많은 사람들은 그의 저서에 열광했고, 그를 만나러 먼 곳에서 찾아오기도 했다. 오지 못하는 사람들은 편지를 보내왔다. 카를 마르크스도 그런 사람들 가운데 하나였다.

포이어바흐는 철학자로서 성공을 거두었다. 그는 이제 종교 비판에서 철학 비판 쪽으로 시선을 돌렸다. 《기독교의 본질》의 초판 작업을 끝낸 후, 그는 헤겔 좌파 기관지인 〈할레연보〉를 펴낸 아르놀트 루게(Arnold Ruge, 1802~1880년)에게 이렇게 썼다.

"종교철학과 신학은 이제 끝이 났고, 철학에도 곧 불을 지를 수 있기를 희망하오."

포이어바흐는 철학의 비판에로 향한다. 그는 《철학 개혁을 위한 잠정적 테제들(Vorläufigen Thesen zur Reformation der Philosophie)》을 쓴다. 이 책은 1842년에 완성되었지만 검열에 의한 집필 금지로 1843년에 출간되었다. 이 책에서 그는 사변적-관념론적 철학에 대해 비판을 가한다. 그리고 이듬해에 출간된 《미래 철학의 원리들(Grundsätze der Philosophie der Zukunft)》에서 헤겔의 사변철학에 대한 비판을 체계적으로 전개한다.

포이어바흐는 젊은 시절 헤겔의 관념론적 철학에 사로잡혀 보낸 시절이 있었다. 그러나 그는 헤겔 철학과 결별한다. 그가 볼 때 모든 세계의 실재를 지배하는 헤겔의 절대정신이란 것도 역시 본질적인 의미에서는 신의 정신이기 때문이다. 그는 전통적인 철학과 신학이 본래적인 세계라고 주장하는 내세, 절대 세계, 이데아의 세계, 신의 세계가 "환상적인 허깨비"라고 주장한다. 그는 그러한 세계를 추구하는 사변철학을 "술 취한 철학"에 불과하다고 보았다. 그는 헤겔류의 사변철학과 모든 초감각적인 것을 뒤집어버리고자 한다. 뒤집어서 구체적이고 개별적이며 감각적인 것에서 '새로운 철학'을 출발시키고자 한다. "새로운 철학"은 이제 신이 아니라 인간에게서 출발해야 한다. 그 인간은 이성만 가진 인간이 아니라 '머리'와 '심장'을 가진 전체로서의 인간이다. 포이어바흐는 인간의 본질을 이성이 아니라 구체적인 사물을 느끼고 감각하는 감성에서 찾는다. 이성은 실재를 뛰어넘어 지나치게 사변으로 빠지는 경향이 있기 때문이다. 그에 반해 감성은 감각 지각을 통해 대상을 인식하고 현실을 매개해준다. 그러므로 그는 "진리, 현실, 감각은 동일하다."라고 말한다.

그러나 감각은 주관적이고, 많은 경우 착각을 일으키지 않는가? 포이어바흐는 그런 물음에 대해 이렇게 대답한다.

"인간에게는 감각적으로 경험할 수 있는 것이 '상대방'과 더불어 주어지기 때문에—그 상대방에게서 인간은 대화를 통해 자신의 지각을 검증할 수 있다—감각적인 것의 현실성을 확신할 수 있다고 주장한다."

포이어바흐는 종교 비판을 통해 신에게서 인간으로, 철학 비판을 통해 초감성적인 것에서 감성적인 것으로 나아간다. 모든 초감성적인 것의 포기는 그를 무신론자로, 감성적인 것의 추구는 그를 유물론자로 만들었다. 그는 유물론을 통해 헤겔 철학을 완전히 뒤집어버렸다. 이러한 포이어바흐의 유물론은 급진적인 청년 사상가들인 마르크스나 엥겔스

고트프리트 켈러, 〈호팅거 산에서 림마 계곡을 향해 본 광경〉, 1842년.
켈러는 포이어바흐의 영향을 받아 유물론적 입장을 취했으며, 자연과 감성을 강조했다.

에게 큰 영향을 끼쳤다. 그들은 철학을 하려면 포이어바흐의 이름을 은유한 '불의 시내'를 건너야 하다고 떠들고 다닐 정도였다.

포이어바흐가 이렇게 대담하게 기존의 종교와 철학에 대항해서 자신의 철학을 전개하던 때는 혁명의 시기였다. 1789년에 시작된 프랑스혁명의 분위기는 그때까지도 지속되고 있었다. 1848년 2월, 다시 파리에서 시작된 혁명은 독일에까지 급속하게 영향을 미쳤다.

1848년, 혁명은 오스트리아 빈 회의의 결정에 반대하는 전 유럽적인 반항운동이었다. 독일은 그해 3월에 혁명이 일어났다. 3월 혁명은 독일에 더 많은 자유와 35개 소국가의 통일에 대한 요구였다. 포이어바흐는 처음에는 이 혁명에 동조하지 않았다. 그는 이것이 몰지각한 자들이 벌인 실현 불가능한 거사라고 생각했다. 그러나 혁명의 여파가 커지고, 그 의미가 분명하게 드러나자 이러한 혁명에 적극 동조했다.

> 국가의 용무를 특권계층이나 특권계급의 사람들이 아니라 모든 사람의 문제, 민족의 문제로 만들려는 정신은 승리할 것이며 반드시 승리해야만 한다. 왜냐하면 오직 그의 승리와 더불어 인류의 과제가 실현되기 때문이다.(PH 358)

시대가 변하자 하이델베르크 대학생들은 '새로운 시대정신'을 대변하는 한 사람으로서 포이어바흐를 강의에 초빙했다. 그러나 대학 당국은 무신론자인 포이어바흐에 반대해 강의실을 내주지 않았다. 우여곡절 끝에 그는 시청에서 학생과 노동자를 상대로 '종교의 본질'에 대해 강의했다. 포이어바흐의 강의 방식은 서툴렀지만 사람들은 그의 철학적 메시지를 받아들였다.

사람들의 환호와 요구에도 불구하고, 포이어바흐는 대중 앞에 나서 강연하는 것을 불편하게 생각했다. 그는 교수 생활에도 별로 미련을 갖지 않았다. 그는 다시 조용하게 연구를 진행하고 싶었다. 그러나 그러한 바람은 이루어지지 않았다. 1848년에 독일 시민혁명이 실패로 돌아가자, 포이어바흐는 좌절과 실망감을 안고 부르크베르크 성으로 돌아왔다. 그는 미국으로 이민을 가려고 계획을 세우기도 했다. 그러나 미국으로 이주하기에는 돈이 충분치 않아 포기하고 말았다. 혁명 반대 세력들이 활개를 치고, 포이어바흐가 쓴 문장까지 도용당해 조롱을 당했다. 포이어바흐는 "인간이란 다른 게 아니라 바로 그가 먹는 것"이라고 쓴 적이 있었다. 그것을 몰레스호트는 《백성을 위한 음식의 이론(Lehre der Nahrungsmittel für das Volk)》이라는 책에서 희롱의 대상으로 삼았다.

정치적 상황 탓도 있지만 포이어바흐의 생활도 점차 궁핍해갔다. 도자기 공장의 수입이 떨어져 1859년에 결국 파산을 선고하고 문을 닫을 수밖에 없었다. 공장에 돈을 투자한 포이어바흐는 재산을 모두 잃었고, 거처로 쓰던 성도 처분한 채 '소음의 시궁창'이라 할 뉘른베르크 근교의 조그만 집으로 옮겨야만 했다. 그는 밖에서 떠드는 어린아이들의 소리, 개 짖는 소리, 거리에서 나는 소리에 시달려 제대로 연구를 할 수가 없었다. 그런 가운데서도 그는 중요한 논문인 〈특히 자유의지와 관련해서 본 유심론과 유물론(Über Spiritualismus und Materialismus, besonders in Beziehung auf die Willensfreiheit)〉을 집필하기도 했다. 1862년부터 그는 실러 재단에서 주는 정기적 지원금과 친구들의 도움으로 생계를 유지해갔다.

다시 많은 친구들과 동지들이 포이어바흐를 방문했다. 이제 그는 1866년에 벌어진 프러시아와 오스트리아 간의 독일 전쟁으로 정치적 사건에 깊은 관심을 갖게 되었다. 그는 비스마르크의 독일 통일정책에는 동조하지 않았다. 비스마르크의 통일정책이 폭력에 의지한 것이고,

또 어떠한 자유도 가져다주지 않을 것이라고 보았기 때문이다. 1866년에 그는 마르크스가 쓴 《자본론》 1권을 연구했고, 그해에 미국에서 벌어진 여성운동에 매우 고무되었다.

1867년, 포이어바흐는 가벼운 뇌졸중 발작을 일으켰다. 그러나 그러면 그럴수록 정치적 활동에 더욱 적극적이었다. 1869년에는 빌헬름 리프크네히트(Wilhelm Liebknecht, 1826~1900년)와 아우구스트 베벨(Ferdinand August Bebel, 1840~1913년)이 만든 사회 민주당(Sozialdemokratische Arbeiterpartei, SDAP)에 가입했다. 그러나 그의 활동을 가로막은 것은 그의 궁핍한 생활과 건강이었다. 사회민주당 계열의 한 신문이 궁핍한 철학자 포이어바흐를 위한 모금에 나섰고, 다른 신문들도 그런 기사를 보고 독자들에게 모금에 동참할 것을 호소했다. 모금은 포이어바흐가 걱정했던 부인과 딸이 검소하게만 산다면 평생 걱정 없이 살 수 있도록 충분하게 걷혔다.

포이어바흐는 이후 여러 차례 뇌졸중 발작을 일으켜 거의 식물인간 상태가 되었다. 그는 1872년 9월 13일에 세상을 떠났다. 그는 뉘른베르크 요하니스 묘지에 안장되었고, 수많은 사람들과 시민단체들, 그리고 사회민주당 인사들이 그의 장례식에 함께했다.

포이어바흐의 철학은 한마디로 피가 흐르고 세상을 느낄 수 있는 살아 있는 현실의 구체적 인간을 대상으로 했다. 인간을 추상화하고 현실을 호도하는 종교와 철학을 포기할 때 비로소 인간이 보인다고 그는 주장했다.

"인간이 기독교를 포기할 때, 비로소 그는 인간이 된다."(PH 363)

18

이념의 황소 대가리가 되리라

—

카를 마르크스

Karl Marx

내 가슴 저 깊숙한 곳에 / 네 영혼의 눈은 갈수록 맑아지네.
내 어렴풋이 그려오던 것 / 마침내 당신에게서 찾았구려.
저 거친 삶의 가시밭길 속에서 / 내 끝내 다스리지 못했던 것.
당신의 황홀한 눈길과 함께 / 까닭 없이 내게로 다가왔네.

누가 이 달콤하고도 낭만적인 시를 쓴 사람을 공산주의 혁명가이자
철학자 카를 마르크스(Karl Heinrich Marx, 1818~1883년)라고 생각할 수

카를 마르크스

있을까? 이 시는 마르크스가 젊었을 때, 자기 누나의 친구이자 자기보다 몇 살 연상인 약혼녀 예니 폰 베스트팔렌(Jenny von Westphalen, 1814~1881년)에게 바친 시다.

마르크스는 원래 시인이 될 생각을 가지고 있었다. 그러나 그는 시인이 되지 않고 세계사에 누구보다 커다란 영향을 끼친 철학자이자 경제학자가 되었다. 철학사를 보면, 시인이 되려고 하다가 방향을 틀어 위대한 철학자가 된 또 다른 한 사람이 있다. 바로 플라톤이다. 플라톤이 그랬듯이, 마르크스도 시인적 재능과 문학적 열정을 그가 쓴 여러 책속에 날카로운 비유와 풍자로 녹여 넣었다.

'종교를 인민의 아편'이라고 주장한 무신론자 마르크스는 아이러니하게도 유명한 랍비 집안에서 태어났다. 어머니 쪽도 랍비였다. 그는 당시 프로이센의 라인 주에 속하는 주교 도시 트리어에서 1818년에 태어났다. 아버지 하인리히 마르크스(Heinrich Marx, 1777~1838년)는 유대인이지만 종교에 대해 자유로운 생각을 가지고 있었다. 그는 카를 마르크스가 태어나기 직전에 유대교를 포기하고 루터 신앙을 받아들였다. 그가 유대교에서 개신교로 개종한 이유는 당시 독일에서 유대인들에게 가해진 갖가지 불이익과 차별 때문이었다. 아버지 마르크스는 계몽주의의 영향을 받을 정도로 정치적으로 진보적인 신념을 가진 사람이었다. 그는 1834년 1월 18일 라인 주 의회 의원들의 한 향연에 참석해 대의제를 지지하는 연설을 행한 후로 프러시아 경찰의 감시를 받기도 했다.

인류에 혁명의 불을 훔쳐다 준 프로메테우스

마르크스의 집안은 유대 사회에서 중요한 역할을 한 랍비 집안이었다. 랍비들은 집중적인 텍스트 해석을 받고 논리적 훈련을 받는다. 카를 마르크스의 타고난 논리적 날카로움은 이런 집안 전통과도 무관하지 않다. 또 다른 한편으로 인류가 어느 날 고난의 상태에서 구원을 받을 것이라고 하는 메시아적 사상도 그의 철학 속에 '공산주의'의 모습으로 나타나고 있다. 그의 아버지는 셋째 아들 카를 마르크스에게 상당한 희망과 기대를 가졌다. 아버지는 아들에 대한 기대를 이렇게 표현했다.

"신의 뜻이 허락하는 한, 너 자신과 너의 가족들을 위해, 그리고 만일 내 추측이 들어맞는다면, 인류의 이익을 위해 네가 살아가야 할 날은 전도양양하다."

아버지는 '인류의 이익을 위해' 마르크스를 유능한 법학자로 교육시키고자 했다. 그래서 아들을 본 대학교로 보냈다. 1835년에 마르크스는 본 대학교에 입학해 처음에는 아버지의 기대에 부응해서 법학 공부에 열정을 쏟았다. 아버지가 걱정할 정도로 공부에 열심이었다. 그러나 문학과 철학 등 다양한 학문 세계에 대한 관심으로 법학 공부에 만족할 수 없었다. 그는 그리스·로마 신화와 호메로스, 그리고 현대예술사 등의 강의를 들었다. 그리고 시우회에 가입해 문학에 대한 열정을 불태웠다. 본 대학교에서 마르크스의 생활은 모범생과는 거리가 멀었다. 마르크스는 넘치는 열정으로 여러 방면의 공부를 하고, 학생 활동에도 열심이었기 때문이다. 그는 결투를 벌이다가 부상을 당하기도 했고, '고성방가와 음주 및 야간 안면방해'로 학생감옥에 갇히기도 했다.

아버지는 마르크스를 당시 법학에서 권위가 높았던 베를린 대학교로 보내고자 했다. 마르크스는 그런 아버지의 조언에 따라 1836년에 베를린 대학교에서 공부하기로 결심했다. 그는 베를린으로 떠나기 전에 여름방학을 트리어에 있는 집에서 보내기로 했다. 그가 트리어로 온 것은 어릴 적 친구인 예니 폰 베스트팔렌 때문이었다. 예니는 추밀 고문관 루트비히 폰 베스트팔렌(Johann Ludwig von Westphalen, 1770~1842년)의 딸로 귀족 집안 출신이었다. 그녀는 아름다운 외모로 무도회에서 가장 인기가 높은데다가 뛰어난 두뇌와 덕성을 지니고 있었다. 실제로 그녀는 마르크스가 쓴 많은 글들을 읽고 교정을 할 정도였고, 마르크스의 대책 없는 궁핍한 경제생활의 버팀목이 되기도 했다.

1836년, 두 사람은 장래를 함께하기로 하고 약혼을 했다. 그러나 이 결혼에 대한 약속을 지키는 것은 그리 순탄하지 않았다. 예니의 집안에

한스 모차니, 〈1844년, 프랑스 노동자들과 대화하는 마르크스〉, 1964년

서 평민이자 무일푼의 청년에게 딸을 맡기는 것을 탐탁하게 여기지 않았다. 그리고 마르크스의 아버지도 공부가 끝나지 않은 상태에서 그가 "시적인 감흥으로 사랑에 흥분하고 도취해서" 약혼하려는 것을 나무랐다. 그러나 두 사람은 약혼을 했고, 7년간의 기다림 끝에 결혼을 했다.

마르크스는 그사이에 베를린 대학교 법과대학에 입학했다. 그가 훗날 아버지에게 보낸 편지를 보면 이때 새롭게 각오를 다지고 법학 공부에 몰두했던 것 같다.

베를린에 도착한 이후부터 저는 지금까지 맺고 있던 모든 관계를 끊어버렸습니다. 여간해서는 남을 방문하지도 않았고, 한다고 해야 마지못한 방문이 고작이었습니다. 그리고 학문과 예술에 제온몸을 투신하고자 했습니다.

마르크스는 강의를 열심히 들었다. 특히 헤겔의 제자인 에두아르트 간스 교수의 법률학 강의를 선택해 들었고, 이 교수에게서 '매우 부지런한' 학생으로 인정받기도 했다. 그는 강의를 듣고 공부하는 틈틈이 예니에게 바치는 세 권의 소네트와 풍자시·연애시·정치시 등 여러 편의 시를 썼다. 다른 한편으로 그는 법철학에 관한 논문을 준비하고 있었다. 하지만 법철학에 대한 논문을 준비하면서 그는 철학과 역사학에 대해 더욱 깊은 관심을 가지게 되었다. 그는 점점 더 법률학과 멀어지고 철학을 전공하고 싶은 생각을 가지게 된다.

마르크스는 베를린에서 청년 헤겔학파를 알게 되었고, 종교적·철학적 도그마에 대한 과감한 비판과 정치적 신념, 양심과 출판의 자유 등에 대한 생각을 공유했다. 이제 마르크스는 청년 헤겔학도의 모임인 '박사 클럽'의 주요한 회원이 되어 그곳에서 밤낮없이 토론을 하며 주도적인 인물이 되어갔다. 동료들은 해박한 지식으로 토론에 열정적인 그를 '사상의 창고', '이념의 황소 대가리'라고 불렀다. 아버지는 이런 그의 모습을 못마땅해했다. 아버지는 실망에 차서 이런 편지를 보내 아들을 나무랐다.

무질서하고 학문의 모든 분야를 어정쩡하게 이리저리 기웃하면서 침침한 석유 등잔 아래서 모호한 야심을 품고, 맥주 때문이 아니라 학자 차림으로 망나니짓을 하는, 예의라고는 손톱만큼도 모르는 녀석.(PH 369)

아버지의 비난에도 불구하고, 결국 마르크스는 법률학을 포기하고 철학을 선택했다. 그는 아버지에게 베를린에서 자신이 하고 있는 공부를 폭넓게 설명하면서 전공을 법학에서 철학으로 바꾼 이유를 납득시키려 했다. 칸트 이래 독일 철학에서 자기를 가장 괴롭힌 문제가 존재(Sein)와 당위(Sollen), 즉 현실과 이상 간의 대립이라고 썼다. 그러나 그는 헤겔 철학을 알게 되면서부터 현실 그 자체에서 이념을 파악하게 되었다고 1837년 11월 10일에 아버지에게 보낸 편지에서 고백했다.

> 마침내 장막이 걷혔고, 저의 지성소는 갈가리 찢겨 나갔으며, 새로운 신이 그것을 대치했습니다. 저는 문득 칸트 철학과 피히테 철학을 비교해 강화한 관념론, 즉 헤겔 철학을 통해 현실 자체 안에서 이념을 탐구하는 쪽으로 방향을 바꾸었습니다. 지금까지 신들이 지상보다 높은 곳에 살았다고 한다면, 이제 그들은 지상의 중심이 되었습니다.

청년 마르크스는 확실히 헤겔의 철학에 매력을 느꼈다. 헤겔의 철학이 칸트 철학이 남겨놓은 이분법을 극복할 수 있다고 생각했다. 그러나 그는 헤겔 철학 속에는 여전히 이론적·내적 모순이 존재한다고 생각했다. 1841년 마르크스는 학위 논문 제출이 까다로운 베를린 대학교를 피해 예나 대학교에 박사 학위 논문을 제출했다. 예나 대학교는 마르크스 본인이 참석하지 않았지만 그에게 박사 학위를 수여했다. 박사 학위 논문은 〈데모크리토스와 에피쿠로스의 자연철학의 차이(Differenz der demokritischen und epikureischen Naturphilosophie)〉였다.

마르크스는 박사 학위를 받았지만, 교수직을 얻는 것을 포기한다. 루트비히 포이어바흐, 브루노 바우어(Brunoi Bauer, 1809~1882년)처럼 헤겔 좌파의 철학자들이 프러시아의 보수적인 정권에 막혀 거의 모두 교수 자리를 얻지 못한 것을 보았기 때문이다. 교수직을 포기한 대신 그는 민주주의적 자유를 위해 정치적 투사의 길을 걷기로 결심한다. 그는 프러시아의 검열에 대한 비판적인 글을 쓰기 시작한다. 그리고 프러시아의 정치 체제를 공격한다. 그는 1842년 초에 아르놀트 루게의 원고 청탁을 받고 헤겔의《법철학(Rechtsphilosophie)》에 대한 비판적인 글을 썼다. 그는 헤겔의《법철학》이 프러시아의 입헌 군주정을 옹호한다고 생각하고, 그것에 대한 비판을 중요한 과업으로 여겼다.

마르크스가 볼 때 입헌 군주정은 "내적 모순에 가득 차 있는 혼혈 잡종이며 틀림없이 자멸할" 정치 체제였다. 그는 헤겔의《법철학》에 대해 집중적으로 비판을 가하면서 중요한 구절마다 주석을 가했다. 그러나 이 작업은 그가 쾰른에서 발행되는〈라인 신문〉의 편집 일을 맡으면서 미루어진다. 이 신문은 자유주의적 경향을 가져 정치적 탄압을 받고 폐간의 길을 걷게 된다. 프로이센 왕이 이 신문을 '라인 강의 창녀'라고 부르고 폐간시켜버렸기 때문이다.

폐간 후 마르크스는 1843년에 오랫동안 기다려온 약혼녀 예니와 크로이츠나흐 바울 교회에서 결혼식을 올렸다. 결혼 후 그는 크로이츠나흐라는 소도시에 칩거했다. 그러나 그곳에서 헤겔의《법철학》에 대한 치밀한 비판적 작업을 해《헤겔 법철학 비판》이라는 원고를 완성했다. 이것은 헤겔《법철학》의 261절에서 313절에 대한 주석과 비판적 논평이었다. 초고로 볼 때 그는 이 원고를 출판할 의도로 쓴 것 같지는 않다. 그는 다만 헤겔의 《법철학》을 읽으면서 비판적인 노트를 해갔던 것으로 보인다.

헤겔의 《법철학》에 대한 마르크스의 비판은 그사이에 출간된 포이어바흐의 《철학의 개혁을 위한 잠정적 명제들》에 많은 영향을 받았다. 마르크스는 포이어바흐가 "자연에 너무 치중해 정치를 경시했다."는 점을 빼고는 그의 방법을 수용했고, 그것을 정치적인 측면에서 헤겔 철학의 비판에 응용했다. 이해에 마르크스는 예니와 함께 파리로 갔다. 거기서 그는 아르놀트 루게와 함께 〈독일－프랑스 연보(Deutsch-Französischen-Jahrbücher)〉를 발간한다. 그러나 잡지에 대한 호평에도 불구하고 〈독일－프랑스 연보〉는 1집을 끝으로 단명하고 만다. 루게와 마르크스의 정치적 입장 차이 때문이었다. 루게는 노동자계급에 동조하지 않았고, 마르크스의 공산주의적 입장에도 동조하지 않았다.

우리는 너의 수의를 짠다

루게와 결별한 후 마르크스는 프랑스에 망명 중인 여러 혁명가와 사회운동가들을 만나 교유한다. 그중에서도 마르크스가 절친하게 지낸 사람으로는 시인 하인리히 하이네(Christian Johann Heinrich Heine, 1797~1856년)를 들 수 있다. 하이네는 우리에게 낭만적 서정 시인으로 알려져 있다. 잘 알려져 있는 하이네의 낭만적 시를 하나 인용해보자.

아름다운 5월에／꽃봉오리들이 모두 피어났을 때／나의 마음속에도／사랑의 꽃이 피어났네.

아름다운 5월에 / 새들이 모두 노래할 때 / 나도 그 사람에게 고백했네 / 그리운 마음과 소원을……

로베르트 슈만(Robert Schumann, 1810~1856년)은 시인의 사랑을 통해 그의 서정적 시를 가곡으로 만들어 널리 알렸다. 그래서 하이네는 낭만적이고 서정적인 시인으로 알려져 있다. 그러나 하이네가 정치적·혁명적 시인이라는 것은 잘 알려져 있지 않다. 하이네 역시 마르크스처럼 독일에서의 탄압을 피해 프랑스로 정치적 망명을 와 있었다. 하이네는 독일 민중의 처참한 생활상을 시로 고발했다. 그가 쓴 정치시 〈슐레지엔의 직조공들(Die schlesischen Weber)〉을 읽어보면 민중의 처참한 삶과 고통에 대해 증언하는 시대의 증인으로서의 그의 모습을 볼 수 있다.

침침한 눈에 눈물도 말랐다 / 그들은 베틀에 앉아 이를 간다 / 독일이여, 우리는 너의 수의를 짠다 / 우리는 그 속에 세 겹의 저주를 짜 넣는다 / 우리는 덜거덕거리며 옷감을 짠다 / 우리는 덜거덕거리며 옷감을 짠다!

첫 번째 저주는 하느님에게 / 우리는 추운 겨울에도 굶주리면서 그에게 기도했건만 / 우리는 헛되이 기구하고 기다려왔다 / 그는 우리를 원숭이처럼 놀리고 조롱하고 바보로 만들었다 / 우리는 덜거덕거리며 옷감을 짠다 / 우리는 덜거덕거리며 옷감을 짠다!

두 번째 저주는 임금님에게, 부자들을 위한 임금님에게 / 우리의 비참한 삶을 본 체도 않고 / 그는 우리의 마지막 몇 푼까지 착취해간다 / 그러고는 우리를 개새끼처럼 쏴죽이라 한다 / 우리는 덜거덕거리며 옷감을 짠다 / 우리는 덜거덕거리며 옷감을 짠다!

세 번째 저주는 그릇된 조국에게 / 이 나라에는 오욕과 수치만이 판을 치고 / 꽃이란 꽃은 피기도 전에 꺾이며 / 모든 것이 썩어 문드러져 구더기만 득시글거린다 / 우리는 덜거덕거리며 옷감을 짠다 / 우리는 덜거덕거리며 옷감을 짠다!

북(紡錘)은 나는 듯이 움직이고, 베틀은 삐거덕거리며 / 우리는 밤낮으로 부지런히 옷감을 짠다 / 늙어빠진 독일이여, 우리는 너의 수의를 짠다 / 우리는 그 속에 세 겹의 저주를 짜 넣는다 / 우리는 덜거덕거리며 옷감을 짠다 / 우리는 덜거덕거리며 옷감을 짠다!

1844년 6월, 독일 슐레지엔 지역의 직조공들이 견딜 수 없는 착취와 극심한 저임금에 항거해 봉기했다. 하이네는 이 봉기를 민중들의 편에 서서 노래했다. 마르크스는 이런 하이네를 가장 가까운 친구로 사귀었다. 하이네는 시인으로서뿐만 아니라 독일 관념론에 대한 책을 쓸 정도로 아주 박식한 사람이었다. 마르크스는 하이네와 친교를 하면서 많은 것을 배웠다. 그는 파리를 떠나면서 하이네에게 이런 글을 쓰기도 했다. "하이네, 내가 이곳에 남겨두고 가야 하는 것들 중에서 당신과 헤어

빈센트 반 고흐, 〈베틀과 직조공〉, 1884년. 하이네가 묘사한 직조공의 삶은 노예와 같은 고된 삶이었다.

지는 것만큼 고통스런 것은 없을 것이오. 당신이 나와 함께 갈 수 있다면 얼마나 좋을까."

하이네는 죽는 날까지 마르크스를 과학자로서, 혁명가로서 깊이 존경했다. 그러나 두 사람에게 차이점도 있었다. 마르크스는 역사의 종말론적인 입장에서 공산주의라는 약속된 승리를 확약하고 투쟁을 독려했다면, 하이네는 승리에 대한 비전이나 약속 없이도 그것이 불의하기 때문에 그러한 불의에 맞서 끝없는 투쟁을 해야 한다고 역설했다. 약속된 승리 없이도 싸워야만 하기 때문에 싸워야 하는!

마르크스는 파리에서 철학적인 관심에서 경제학적인 관심으로 옮겨간다. 그는 1844년 4월에서 8월까지 《경제학 · 철학 초고(Ökonomischphilosophischen Manuskripte)》를 작성한다. 이 책은 청년 마르크스의 휴머니즘적 사상을 엿볼 수 있는 중요한 저작이다. 이 저작의 중요한 개념은 소외된 노동이다. 마르크스는 프로이센 정부의 압력으로 파리에서도 추방당해 브뤼셀에 잠시 머문다. 그는 브뤼셀에서 1차 세계 공산당(회원 17명)을 창당한다. 벨기에 당국은 혁명적 망명가인 마르크스에게 망명처를 제공하는 것을 꺼리며, 골칫거리로 여겼다.

1845년 3월 22일, 마르크스는 경찰당국에 소환돼 벨기에서는 현실정치에 관한 저서를 일절 출판하지 않겠다는 서약서에 서명해야 했다. 이 모든 압력의 배후에는 프러시아 당국이 있었다. 그해 12월, 마르크스는 프러시아 당국의 간섭을 더 이상 받지 않기 위해 프러시아 시민권을 포기했다. 벨기에 머물면서 마르크스는 파리에서부터 쓰기 시작한 《포이어바흐에 관한 테제(Thesen über Feuerbach)》를 마무리한다. 1845년에 그는 《포이어바흐에 관한 테제》를 통해 포이어바흐를 비판하고 자기 철학의 입장을 좀 더 분명하게 밝힌다.

"철학자들은 단지 여러 가지로 세계를 '해석'해왔을 뿐이지만, 중요한 것은 세계를 '변혁'하는 일이다."

죽음을 지켜보며 불행한 말년을 보낸 철학자

마르크스는 이전에 쾰른에서 만난 적이 있는 프리드리히 엥겔스(Friedrich Engels, 1820~1895년)를 브뤼셀에서 다시 만났다. 그는 엥겔스와 함께 공동으로 《독일 이데올로기(Die deutsche Ideologie)》를 집필했다. 이 책은 엥겔스와 공저로 되어 있으나, 사실상 마르크스의 사상으로 가득 차 있다. 마르크스는 이 책에서 청년 헤겔주의자와 결별을 선언하고, 인간 사회에 대한 새로운 역사적 인식 방법인 유물사관에 대해 최초로 체계적으로 서술했다. 그리고 자본주의가 사회주의 혁명이 발발할 수밖에 없는 조건을 자체 내에 잉태하고 있다고 썼다.

《독일 이데올로기》를 함께 작업한 이후, 엥겔스는 마르크스의 삶에서 빼놓을 수 없는 인물이 되었다. 엥겔스는 마르크스의 가장 가까운 친구이자 이론적 동지이며 후원자로 평생을 살았다. 엥겔스는 아버지가 공장주인 부유한 집안에서 태어났다. 그가 마르크스를 처음 만난 것은 1842년 제대 후 아버지가 관계하던 공장에 입사하기 위하여 맨체스터로 가던 도중에 쾰른의 〈라인 신문〉 편집소에서였다. 엥겔스는 아버지의 사업을 위해 영국에 체재했다. 그러나 그는 사업보다 자본주의 분석 연구에 훨씬 더 관심을 가졌다. 1844년 마르크스와 루게가 발간하는 〈독일 – 프랑스 연보〉에 〈영국의 상황(Die Lage Englands)〉과 〈국민 경제학 비판 개요(Umrisse zu einer Kritik der Nationalökonomie)〉를 기고했다. 마르크스는 과학적 사회주의에 대한 초기 해석과 자유주의 경제 이론의 모순점을 제시한 엥겔스를 높게 평가했다.

같은 해에 파리에서 두 사람은 다시 만나 가까운 친구가 되었다. 두 사람은 마르크스주의의 철학적 기초를 확립하고자 노력했다. 동시에 1846년 초에 공산주의 통신위원회를 창립해 혁명적 공산주의자와 노동자들을 위한, 다시 말해 노동당의 교육을 위한 지반을 마련하고자 했다. 마르크스는 1847년에 공산주의의 동맹이 결성되자 엥겔스와 함께 공산주의 동맹에 가입했다. 그는 루이 오귀스트 블랑키(Louis Auguste Blanqui, 1805~1881년)가 큰 영향을 미치고 있던 빌헬름 바이틀링

(Wilhelm Christian Weitling, 1808~1871년)의 '의인동맹(Bund der Gerechten)'이라는 단체에 가입해 있었다. '의인동맹'은 독일에서 망명한 직인들의 조합인 '추방자 동맹'을 바이틀링의 제안에 따라 '만인은 형제다'라는 기치 아래 개편한 조직이었다. 마르크스는 급진적이며 행동주의적 성격을 강하게 지니고 있던 이 비밀 결사 단체를 공개 조직인 공산주의자 동맹으로 전환시키고자 했다.

1847년 6월, 런던에서 있었던 의인동맹 1차 대회에서 이 동맹은 공산주의자 동맹으로 개편되었다. 마르크스는 '만인은 형제다'를 '만국의 노동자여, 단결하라'로 기치를 변경할 것을 제안해 1847년 11월에 있었던 2차 대회에서 통과시켰다. 마르크스는 공산주의자 동맹의 강령인 《공산당 선언(Kommunistisches Manifest)》을 쓴다. 그것은 1848년 2월에 발표되었다. 《공산당 선언》의 본문은 "이제까지의 모든 역사는 계급투쟁의 역사다."라는 문장으로 시작한다.

《공산당 선언》이 발표된 시기인 1848년 2월에 파리에서 혁명이 시작되었다. 혁명의 영향은 벨기에와 이탈리아, 오스트리아 등 유럽 전역에 전파되었다. 마르크스는 브뤼셀에서 혁명이 시작되자 체포되어 추방되었다. 그러나 그는 파리와 쾰른 등지로 가서 혁명에 참가했다. 혁명이 실패로 돌아가고 각국에서 마르크스에게 추방령을 내리자, 결국 그는 런던으로 망명할 수밖에 없었다. 그는 《1848년에서 1850년까지의 프랑스에서의 계급투쟁(Klassenkämpfe in Frankreich 1848 bis 1850)》을 1850년에, 《루이 보나파르트의 브뤼메르 18일(Der achtzehnte Brumaire des Louis Bonaparte)》을 1852년에 차례로 발표했다. 이 저서들은 마르크스가 유럽에서 일어난 혁명을 체험하고 쓴 것들이었다. 이 두 작품은 유물사관으로 역사적 사건을 분석한 최초의 시도로 평가된다. 프롤레타리아와 농민의 상호 관계, 국가에 대한 프롤레타리아의 태도 문제를 밝히고 프롤레타리아 독재의 국가 형태론을 발전시켰다.

마르크스는 1852년부터 런던에서 〈뉴욕 트리뷴〉 지의 유럽 통신원으로 일했다. 그러나 마르크스의 런던 생활은 정신적 고통과 물질적인 빈곤의 연속이었다. 그는 생활의 대부분을 후원금에 의지해 살아갔다. 특히 맨체스터에서 아버지의 방적공장에 근무하고 있던 엥겔스의 재정적 원조로 생계를 유지했다. 마르크스는 경제 이론에는 대가였지만 집안 경제에는 거의 무능력했다. 집안 살림은 예니가 꾸려갔다. 그러나 수입이 없는 상황에서 더 이상 어떻게 해볼 수가 없었다. 가구를 저당 잡히는 것으로 모자라 옷을 저당 잡히기도 해 외출을 못하는 때도 있었다. 마르크스는 빚으로 압박을 받아 파산선고를 하려다 엥겔스가 막아준 적도 있었다. 아이들이 가난으로 죽기도 했다. 예니는 비참한 생활에 절망하곤 했다. 그사이에 마르크스는 예니의 하녀와 연애 소동을 일으켰다. 하녀와의 사이에서 태어난 자식의 이름은 프레데릭이었다. 엥겔스가 아이의 아버지를 자처해 소동은 일단락되었다.

마르크스는 재정적 궁핍과 여러 가지 악조건 속에서도 경제학 연구에 몰두했다. 그는 날마다 대영박물관으로 출근해 경제학 이론에 대한 최초의 저서 《경제학 비판(Zur Kritik der politischen Ökonomie)》(1859년)을 집필했다. 마르크스는 1862년부터 자본주의를 분석한 총체적인 저서를 구상했다. 이 책은 1867년에 《자본론(Das Kapital)》이라는 이름으로 함부르크에서 출판되었다. 그러나 1권만 출판되고, 2권과 3권은 마르크스의 사후에 엥겔스가 1885년과 1894년에 각각 출판했다. 그리고 처음에 4권으로 구상되었던 부분은 카를 카우츠키가 1905년에서 1910년 사이에 《잉여가치 학설사(Theorien über den Mehrwert)》라는 이름의 독립된 형태로 출판했다. 마르크스는 《자본론》에서 잉여가치 법칙이 자본주의의 운동법칙이며 자본주의적 생산의 절대적 법칙이라는 것을 밝혔다.

마르크스는 《자본론》을 위한 연구를 하면서도 실천적인 활동에 계속 참여했다. 1864년에 제1인터내셔널이 창설되자 마르크스는 이에 참여했다. 제1인터내셔널이 해체되고 난 후에도 마르크스는 유럽과 미국의 노동운동에 관여했고, 노동운동 지도자들의 중요한 물음에 자문을 해주었다.

열정적인 삶과 혁명적·이론적 활동에도 불구하고 마르크스의 말년 삶은 불행했다. 그는 마지막 10년 동안 피부병에 시달리며 만성적인 정신적 침체에 빠져 지냈다. 죽기 직전의 수년 동안은 많은 시간을 휴양지에서 보냈다. 1881년 12월에는 아내의 죽음으로, 1883년 1월에는 장녀의 죽음으로 충격을 받은 그는 그해 3월 14일 런던 자택에서 평생의 친구이자 협력자인 엥겔스가 지켜보는 가운데 예순네 살로 일생을 마쳤다.

마르크스의 삶은 혁명과 이론에 바쳐진 삶이었다. 그는 자신을 인류에게 불을 훔쳐다 준 죄로 독수리에게 간을 쪼아 먹히며 고통을 당하는 프로메테우스에 비교한 바 있다. 그렇다면 이 프로메테우스는 인간에게 어떤 불을 훔쳐다 주려 한 것일까?

죽은 개 헤겔을 거꾸로 다시 세우다

레닌(Vladimir Ilyich Lenin, 1870~1924년)은 마르크스 사상의 세 가지 원천에 대해 다음과 같이 밝히고 있다.

"마르크스는 고전적인 독일 철학, 고전적인 영국 정치경제학, 프랑스 사회주의와 같은 19세기의 정신적 주류를 발전시킨 선구자다."

레닌이 마르크스의 사상을 형성한 세 가지 원천을 이야기하지만, 마르크스 사상은 '헤겔주의'에 기초하고 있다. 마르크스는 헤겔에게서 변증법의 원리와 역동적이고 발전적인 사고를 이어받았다. 《자본론》에서 마르크스는 헤겔이 '죽은 개'처럼 취급받던 세태에 대항해서 헤겔 변증법의 합리적 알맹이를 파악하고자 했다. 그러자면 거꾸로 서 있는 헤겔의 변증법을 바로 세워야 한다고 생각했다. 길지만 《자본론》 2판 후기에서 마르크스가 직접 쓴 글을 인용해보자.

> 나는 약 30년 전 헤겔 변증법이 아직 유행하고 있던 그 당시에 헤겔 변증법의 신비화된 측면을 비판했다. 그러나 내가 《자본론》 1권을 저술하고 있던 때에는, 독일의 지식인들 사이에서 활개 치는 불평 많고 거만하며 또 형편없는 아류배가, 일찍이 레싱 시대에 용감한 모제스 멘델스존이 스피노자를 대하듯이, 헤겔을 바로 '죽은 개'로 취급하는 것을 기쁨으로 삼기 시작했다.
>
> 그러나 나는 자신을 이 위대한 사상가의 제자라고 공언하고 가치론에 관한 장에서는 군데군데 헤겔의 특유한 표현 방식을 흉내 내기까지 했다. 변증법이 헤겔의 수중에서 신비화되기는 했지만

다름 아닌 헤겔이 처음으로 변증법의 일반적 운동 형태를 포괄적으로 또 의식적으로 서술했던 것이다. 헤겔에게 있어서는 변증법이 거꾸로 서 있다. 신비한 껍질 속에 들어 있는 합리적인 알맹이를 찾아내기 위해서는 그것을 바로 세워야 한다.

마르크스는 헤겔 역사철학을 뒤집어 역사적 유물론을 정초했다. 역사적 유물론에서는 경제적 요소가 이론의 기초를 형성한다. 그는 경제 이론의 도움을 받아 헤겔의 역사관을 뒤집어 인간의 역사를 재해석한다. 그는 헤겔이 주장한 철학·종교·문화와 같은 상부구조가 하부구조를 결정하는 것이 아니라, 하위인 물질이 인간의 존재를 결정한다고 보았다.

"인간의 의식이 인간의 존재를 규정하는 것이 아니라, 그 반대로 인간의 사회적 존재가 인간의 의식을 규정한다."

그러나 마르크스는 천박한 유물론과 다르게 역사적 유물론에서 인간의 의지와 실천을 부정하지 않는다. 오히려 역사적 유물론에서는 인간의 실천적 의지가 강조된다. 관조나 해석이 아니라 세계의 변혁을 문제 삼는 인간의 의지가 중요하다. 마르크스는 인간 역사의 중요한 동인을 헤겔과 다르게 생각한다. 역사의 중요한 동인은 '인간의 의식'이 아니라, '물질'을 둘러싼 계급 간의 대립과 투쟁이다. 그는 《공산당 선언》에서 인간의 역사를 계급투쟁의 역사로 묘사한 적이 있다.

마르크스는 생산관계와 생산력 사이의 모순이 증대되면 사회적 혁명의 시대가 들어선다고 주장한다. 여기서 생산관계는 사유재산권과 같은 인간의 물질적 관계의 총체성을 의미하며, 생산력은 물질 생산을 위

1918년 러시아의 포스터. 차르, 성직자, 부자 등이 노동자가 끄는 인력거를 타고 가는 모습을 통해서 자본가의 억압을 드러내고 있다.

한 인간의 능력과 경험, 그리고 생산수단을 말한다. 그는 계급투쟁은 각 시대마다 경제관계에 있어 억압하는 자와 억압받는 자 사이의 투쟁이었으며, 이러한 투쟁은 매번 사회 전체의 혁명적 변혁으로 끝이 났다고 주장한다. 이러한 투쟁의 결과로 나타난 것이 원시사회, 고대 노예제사회, 봉건사회, 근대 시민적 자본주의사회라는 새로운 사회 구성체다. 그는 역사적 유물론에 따라 공산주의의 필연적 발전을 강조한다.

마르크스는 유토피아적 사회주의가 아니라 과학적 사회주의를 주장했다. 유토피아적 사회주의는 현실을 파악하지 못하고 있으며 미래도 파악할 수 없다. 그러나 역사적 유물론은 현실을 과학적으로 파악해 다가올 미래를 예측한다. 그는 도래할 사회를 예측하기 위해서 자본주의

사회의 분석에 몰두한다. 그렇게 해서 나온 것이 《자본론》이라는 저서였다. 그는 자본주의의 내적 토대에 의해서 공산주의사회로의 발전이 필연적이라는 것을 증명하고자 했다. 자본주의의 발전에 따라 자본이 점점 더 적은 수의 자본가에 집중하게 된다. 그러므로 점점 더 적은 수의 자본가에 자본이 축적되며, 노동자는 점점 더 가난해진다.

그러나 자본가와 노동자 사이의 모순이 격화되면 사회의 다수인 노동자에 의해 노동자 혁명이 일어나게 된다. 왜냐하면 노동자는 더 이상 그러한 모순을 견딜 수 없기 때문이다. 그들에게 남은 것은 자신을 얽어매는 '쇠사슬'과 '빈곤'밖에 없기 때문이다. 마르크스는 이미 《공산당선언》에서 전 세계 노동자들의 단결을 이렇게 촉구한 적이 있었다.

"프롤레타리아가 혁명에서 잃을 것은 '쇠사슬'뿐이요, 얻을 것은 세계 전체다. 전 세계의 노동자여, 단결하라."

마르크스는 노동자 혁명에 의해 자본주의사회가 종말을 고하고 또 다른 사회인 공산주의로 넘어갈 것이라고 예견하며 다음과 같이 말했다.

"이 마지막 계급투쟁에서 노동자계급은 스스로를 관철할 것이다."

노동자 혁명과 더불어 생산수단은 사회화되고, 노동은 집단화된다. 마침내 혁명 후에 계급은 지양되어 계급 없는 사회가 도래한다. 그리고 국가까지도 지양된다. 마르크스는 공산주의를 인간과 자연 또는 인간과 인간 사이의 갈등의 진정한 해소이자 역사의 수수께끼에 대한 해답으로 보았다. 마르크스는 자본주의 분석을 통해 자본주의에서 공산주의사회로의 이행을 필연적인 것으로 입증하고자 했다. 그러나 마르크스의 주장과는 달리 공산주의 혁명은 유럽에서 자본주의가 가장 발달하지 못한 러시아에서 일어났다. 그는 공산주의로 사회가 발전하기 위한 전제로 우선 자본주의가 발전해야 한다고 주장했다. 공산주의는 바로 자본주의의 변증법적 지양이기 때문이다.

그러나 마르크스는 1882년에 《공산당 선언》의 러시아 판에서 러시아에서의 혁명이 "서구에서의 프롤레타리아 혁명의 신호"가 되어 이로 인해 세계 혁명이 점화될 가능성이 있다고 언급했다. 그는 러시아와 같은 나라에서 자본주의의 급속한 신장과 프롤레타리아의 급격한 출현이 동시에 발생해 이중적인 압력이 강해지면 그 사회는 그런 압력을 더 이상 견디지 못할 것이라고 지적했다.

마르크스의 지적에도 불구하고, 충분히 성숙한 산업화와 자본주의적 변혁을 겪지 않은 나라에서 사회주의로 이행할 수 있는가 하는 물음에 대해 마르크스의 역사적 유물론은 충분한 대답을 내리지 못하고 있다. 마르크스의 예측과 달리 실제 역사에서도 공산주의는 자본주의가 발달하지 못한 러시아와 중국에서만 일어났다. 마르크스가 과학적 사회주의를 통해 필연적으로 도래할 것으로 기대했던 공산주의사회는 실제 역사에서 실패로 끝이 났다. 그러나 마르크스가 《독일 이데올로기 (Deutsche Ideologie)》에서 꿈꾸었던 세상은 인류가 아직 풀어야 할 숙제로 남아 있다.

> 각 개인은 자신이 하고 싶은 대로 오늘은 이 일을, 내일은 저 일을, 즉 아침에는 사냥하고, 오후에는 낚시하고, 저녁때는 소를 몰며, 저녁식사 후에는 비평을 하면서, 그러면서도 사냥꾼으로도, 어부로도, 목동으로도, 비평가로도 되지 않는 일이 가능하게 된다.

현대 철학

—

불온함을 꿈꾸다

19

나는 제조된 인간이었다

—

존 스튜어트 밀

John Stuart Mill

일곱 살짜리 아이가 플라톤의 책을 읽고 이해할 수 있을까? 그것도 원어로. 그런데 그런 아이가 있었다. 어렸을 때부터 특출난 재능을 보인 이 아이는 훗날 《자유론(On Liberty)》의 저자이자 공리주의자로 유명한 존 스튜어트 밀(John Stuart Mill, 1806~1873년)이다. 밀은 그때 일을 이렇게 회상한다.

"나는 1813년에 플라톤의 《대화편》 중 맨 처음 여섯 편, 즉 〈에위튀프론〉에서 〈테아이테토스〉까지 읽었다. 이 중 맨 마지막 《대화편》은 도

저히 이해할 수 없었기 때문에 차라리 읽지 않는 것이 좋겠다고 생각
했다."

아버지의 바지폭에서 탄생한 천재 소년

어떻게 일곱 살짜리 꼬마가 플라톤의 책을 원어로 읽고 이해하는 일
이 가능했을까? 물론 아이의 타고난 재능도 있었지만, 아버지 제임스
밀(James Mill, 1773~1836년)의 엄청난 정성과 교육열이 없었다면 불가
능했을 것이다. 아버지 밀은 세 살 난 아들에게 그리스어를 가르쳤다.
손수 단어집을 만들어 외우게 했다. 그는 아들에게 그리스어뿐만 아니라 라틴어도 가르쳤다. 여덟 살 무렵부터 아들 밀은 그리스어와 라틴어를 습득해 베르길리우스(Publius Vergilius Maro, 기원전 70~19년)의 《전원시(Eklogen)》와 《아이네이스(Aeneas)》를 읽었다. 그리고 그리스 원전으로 《일리아스》와 《오디세이아》를 통독하고, 소포클레스와 에우리피데스, 아리스토파네스의 희곡을 읽었다. 아들 밀에게는 원어로 된 고전이 장난감이었다. 아들 밀은 아버지에게서 열두 살 때 수학을, 열세 살때에는 경제학을 배웠다.

아들 밀이 훌륭한 철학자이자 경제학자로 성장할 수 있었던 것은 아버지 밀 덕택이었다. 아버지 제임스 밀은 1773년에 스코틀랜드의 가난한 농부의 아들로 태어났다. 재능이 뛰어났던 그는 교회 복지가의 도움을 받아 에든버러 대학교에 진학을 했다. 그는 전도사의 자격을 부여받고 졸업했지만, 교회에서는 일하지 않았다. 왜냐하면 교회 교리를 더이상 믿을 수 없다고 생각했기 때문이다. 그는 가정교사 생활을 전전하다, 런던으로 가서 저술 작업에 몰두했다. 그는 아홉 명의 자녀를 낳았는데, 1819년 동인도회사에 취직할 때까지 오로지 정기 간행물에 글을 쓰는 일만으로 대가족을 먹여살렸다. 그러나 생계를 위해 자신의 신념에 위배되는 글을 쓰지는 않았다. 그는 생활비를 아끼기 위해 극도로 검소한 생활을 해야 했고, 자식들의 교육을 직접 맡아서 해야 했다. 그렇게 생활하면서 《영국령 인도사(History of British India)》를 집필했다. 처음에는 3년 정도 걸릴 것이라고 예상했지만, 완성할 때까지 모두 10년 정도의 시간이 걸렸다. 이 책은 발간되자마자 세인의 주목을 받았다. 이 책으로 '인도'에 관한 전문성이 인정되어 아버지 밀은 동인도 회사의 심의관에 임명되었다.

존 스튜어트 밀은 1806년 5월 20일에 런던에서 제임스 밀의 장남으로 태어났다. 아버지의 열성 덕분에 그는 자신의 재능을 계발할 수 있었다. 그러나 아들 밀은 항상 자신이 아버지의 기대에 못 미친다는 생각을 갖고 있었다. 그리고 자신이 특출난 재능과 지식을 소유하고 있는 것도 몰랐다. 자기가 가진 지식이 또래의 모든 아이가 갖고 있는 지식인 것으로 생각했다. 나중에 가서야 밀은 아버지의 말을 듣고 자신이 그렇게 된 것이 다 아버지의 공이라는 것을 알았다. 아버지는 밀에게 이렇게 말했다.

"네가 남보다 무엇을 더 알고 있다 해서 그것이 너 자신의 공은 아니다. 너를 가르칠 수 있었고 거기에 필요한 수고와 시간을 바치는 데 인색하지 않았던 아버지를 가진 너의 행운이란다."

밀은 아버지의 친구들로부터도 많은 영향을 받았다. 아버지의 가까운 친구들은 경제학자 데이비드 리카도(David Ricardo, 1772~1823년)와 철학자 제러미 벤담(Jeremy Bentham, 1748~1832년)이었다. 그는 리카도가 쓴 경제학 저서들을 읽었고, 벤담의 공리주의 책들도 읽었다.

벤담은 '철학적 급진파'를 이끌며, 감옥과 검열, 교육, 성, 공적 제도의 부패 등을 척결하고 개혁하고자 주장했다. 그는 자유주의 개혁운동의 선구자로서 '최대 다수의 최대 행복'이라고 하는 공리주의 원리를 내세웠다. 이 공리주의 원리는 그가 내세운 유용성의 원리가 바탕이 되어 있다. 그는 《도덕과 입법 원리 입문(An Introduction to the Principles of Morals and Legislation)》(1789년)에서 유용성의 원리를 이렇게 설명한다.

"모든 행동을 그 행동이 관계자들의 행복을 증진하는 경향을 가졌느냐 감소하는 경향을 가졌느냐에 따라서 시인하고 또는 비난하는 원리."

아들 밀은 1821년 프랑스에서 1년간 체류하다 돌아오는 길에 아버지에게서 뒤몽(G. É. Dumont)이 번역한 벤담의 법체계 소개서인 《입법론(Traité de Legislation)》을 소개 받았다. 이 책을 통해 그는 처음으로 '유용성의 원리(the principle of utility)'를 배웠고, 그것을 사물을 이해하는 원리로 사용하고자 했다. 밀은 아버지를 따라 종종 벤담을 만났다. 그는 열여섯 살 때 벤담의 《판례의 합리적 근거》의 원고를 수정하는 일을 돕기도 했다. 벤담은 밀을 인정해 그 책의 편찬자로 이름을 올렸다. 아들 밀은 아버지와 아버지 친구들로부터 받은 교육에 대해 항상 감사했다. 그러나 그는 또래의 아이들이 가져야 할 정서적 교육을 받지 못한 것을 아쉬워했다. 그는 스스로를 '제조된 인간'이라고 불렀다.

"나는 결코 소년이 아니었으며, 크리켓 놀이를 할 수 없었다. 본성에 따라 행동하도록 내버려두는 것이 더 좋은 일이다."

밀은 아버지에게 교육을 다 받고, 아버지의 손에 이끌려 1823년에 동인도 회사 서기로 취직했다. 밀은 나이가 들면서 자신의 삶을 강력하게 지배하고 있는 아버지 때문에 깊은 우울증에 시달렸다. 그는 스무 살이던 1826년에 심각한 정신적 위기를 맞았다. 그는 인류의 이익을 위해 사회개혁가가 되겠다는 인생의 목표를 위해서 일을 해야 한다고 생각했다. 그러나 생활에서 다른 기쁨과 행복을 느낄 수 없었다. 아버지의 이성 제일주의 교육이 그에게 합리적이고 비판적인 분석 능력은 키워줬지만 다른 한편으로 감성을 희생시켰기 때문이다. 그는 이런 상태라면 설령 인생의 목표에 도달하더라도 기쁨과 행복을 얻을 수 없을 거라고 생각했다. 그는 낙담한 채, 시야에서 인생의 목표도 잃어버리고 무기력한 생애를 보냈다.

그렇게 실의에 빠져 몇 년을 보낸 뒤, 밀은 우연히 마르몽텔이 쓴 《회상록》을 읽고 죽은 줄 알았던 감정이 살아 있는 것을 발견했다. 그는 서서히 감정이 회복되는 것을 느꼈고, 주변의 소소한 것들에서부터 기쁨과 행복을 느끼기 시작했다. 그는 이성 못지않게 인간의 감성이 중요하며 시와 예술이 인간의 교양을 넓히는 데 필수적이라는 생각을 갖기 시작했다. 밀은 이때부터 워즈워스나 콜리지, 괴테 등의 시 작품을 읽으며 예술에 관심을 갖기 시작했다. 그는 정신적 위기를 겪고 나서 아버지의 정신적 그늘에서 벗어나기 시작했다.

그녀와 다른 생각을 갖는 것조차 두렵다

그러나 아버지 못지않게 밀의 삶과 생각에 영향을 준 또 다른 한 사람이 등장한다. 그 사람은 그보다 두 살 적은 해리어 테일러(Harrier Taylor)라는 여인이다. 그는 그녀를 "내 생애의 영광이며 축복"이라고 예찬했다. 그러나 그녀는 유감스럽게도 두 아이를 둔 유부녀였다. 테일러의 남편은 훌륭한 교육을 받은 자유주의자였다. 그러나 그녀는 남편에게서 이미 권태감을 느끼고 있었다. 밀과 테일러 두 사람이 본격적인 사랑을 시작한 것은 1831년 무렵으로 추정된다. 총각과 유부녀의 만남에 세상이 조용할 수 없었다. 그러나 그들은 그런 것에 별로 신경 쓰지 않았다. 그들은 영혼의 친구로서, 플라토닉한 사랑을 나누며 순수한 만남을 지속했다.

밀은 1838년에 최초의 주요 저서인 《논리학의 체계(A System of Logic)》를 써서, 1843년에 두 권의 책으로 출간했다. 이 책은 기대를 뛰

스코틀랜드 뉴래너크의 유토피아. 벤담과 밀의 공리주의는 공상적 사회주의자인 로버트 오언에게도 영향을 끼쳐서 노동자의 환경 개선에 큰 관심을 갖게 했다.

어넘는 성공을 거두었다. 1845년에는 주요 저서인 《정치경제학의 원리 (The Principles of Political Economy)》를 쓰기 시작했는데, 이 작업은 테일러와 공동으로 진행했다. 1848년에 이 책 역시 대단한 성공을 거두었다. 1849년 테일러의 남편이 암으로 사망하고 나서, 밀은 곧바로 그녀와 결혼하지 않고 2년을 더 기다려 1851년에 했다. 20여 년의 세월을 기다려 이루어진 것이다.

밀은 테일러를 너무 사랑한 나머지 그녀와 다른 생각을 갖는 것조차 두려워했다. 그는 그녀를 부인이라기보다 사상의 동반자라고 생각했다. 그녀는 급진적 좌파 지성인으로서 여성의 권익과 해방운동에 앞장섰다. 그는 그런 테일러를 자신보다 더 뛰어난 사상가로 회상했다.

"칼라일보다 더 훌륭한 시인이요, 나보다 더 뛰어난 사상가. 내 생애의 영광이며 으뜸가는 축복. 나에게 하나의 종교이고, 가치의 근본이며, 내 생활을 이끌어 나가는 표준과도 같은 사람……"

밀은 테일러와 여러 작업을 함께했다. 그러나 밀의 행복한 결혼 생활은 오래가지 못했다. 두 사람이 남부 프랑스를 여행하는 도중인 1858년 11월 3일에 테일러가 폐충혈에 걸려 세상을 떠났기 때문이다. 그때 그는 테일러와 함께 《자유론》을 집필하고 있었다. 밀은 '함께했던 사랑스럽고 아름다운 추억, 그리고 그 비통했던 순간'을 그리며 원고를 더 이상 진행시키지 않았다.

밀은 테일러를 잊지 못해 그녀가 묻혀 있는 곳을 내려다볼 수 있는 곳에 오두막을 지었다. 그리고 그곳에서 한참을 산 뒤 영국으로 돌아왔다. 영국으로 돌아온 뒤 그는 출판사에 《자유론》 원고를 '미완성' 상태로 넘겼다. 밀의 《자유론》은 1859년에 출간되었다. 그는 그 책에서 테일러에 대해 이렇게 썼다.

> 지난 오랜 세월 동안 내가 저술한 다른 글과 마찬가지로, 이 책 역시 그녀와 내가 같이 쓴 것이나 다름없다. 그러나 불행하게도 이 책은 그녀가 수정을 하지 못했다. 특히 가장 중요한 몇몇 부분은 그녀의 세심한 재검토를 받기 위해 일부러 남겨놓았는데, 그만 뜻하지 않은 그녀의 죽음 때문에 이 모든 기대를 접을 수밖에

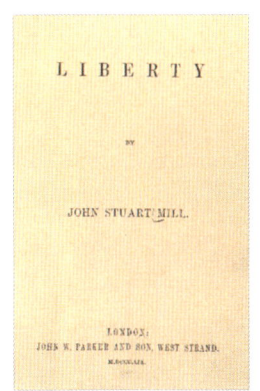

해리어 테일러.
밀은 유부녀인 해리어 테일러와 사랑에 빠졌고,
그녀는 그의 가장 가까운 비판자이자 상담자가
되었다.

《자유론》표지.
밀의 저작 중 가장 인기 있었던 《자유론》은
해리어의 도움으로 쓸 수 있었다.

없었다. 그 무엇과 비교할 수 없을 만큼 소중한 기회를 놓쳐버리
고 만 것이다.

밀이 인생의 동반자이자 사상의 반려자였던 부인과 함께 작업한 이
《자유론》은 어떠한 내용을 담고 있을까? 《자유론》의 머리말에서 밀은
이렇게 말한다.

"이 책은 시민의 자유 또는 사회적 자유를 중심 주제로 삼고 있다. 나
는 이 책에서 사회가 개인을 상대로 정당하게 행사할 수 있는 권력의
성질과 한계를 살펴보고자 한다."

그렇다면 사회가 개인에 대해 정당하게 간섭할 수 있는 때는 언제인
가? 그것은 개인의 행위가 다른 사람들에게 해를 끼치게 되리라고 예

측되는 경우뿐이다. 그렇다면 개인의 자유는 어디까지 허용되어야 하는가? 개인의 행위가 다른 사람들에게 해를 끼치지 않는다면 개인의 자유는 무조건 허용되어야 한다. 물론 그런 자유에 수반되는 책임은 개인이 져야 한다.

밀은 인간의 기본적인 자유로 세 가지를 든다. 그것은 사상과 감정의 자유, 취미와 직업의 자유, 결사의 자유다. 그는 이 세 가지 기본적 자유가 보장되어야 자유로운 사회라고 보았다. 만약 이 세 가지 기본적 자유가 존중되지 않는 사회라면, 그 사회는 어떤 종류의 사회건 자유로운 사회가 아니다.

또한 밀은 사상과 의사 표현의 자유를 주장한다. 만일 한 사람을 제외한 모든 인류가 같은 의견이라고 하더라도 그 한 사람의 의견을 침묵하게 하는 것은 부당하다. 왜냐하면 그와 같은 행위는 창조적인 소수의 의견을 말살할 수 있기 때문이다. 밀은 누구의 의견이 옳은지 그른지는 토론을 통해 그 진리성을 검토해보아야 한다고 주장한다. 이러한 밀의 주장에는 다수결의 원칙이 항상 좋은 것이 아니라는 뜻도 담겨 있다. 그는 사상의 자유를 억압하는 것에 대해서도 이렇게 경고한다.

"어떤 사상의 자유를 억압하는 행위를 저지르는 것은 현 세대뿐만 아니라 미래 세대의 인류에게까지 강도질하는 것과 같은 악을 저지르는 것이다."

밀은 사상과 의사 표현의 자유가 억압되면 인간의 지적 발달과 그를 통한 도덕 생활에 치명적인 타격을 입게 되기 때문이라고 말한다. 그는 사상과 의사 표현의 자유가 인간의 개성을 존중하고 발전시킨다고 생각한다. 그것은 인간 개개인의 행복을 위해 중요한 것이다. 개성은 자유와 자유가 빚어내는 다양한 상황과 결합될 때 독창성이 된다. 천재는 자유라는 분위기 속에서만 자유로이 호흡할 수 있기 때문에 독창성을 지닌 천재들을 확보하기 위한 토양 마련을 위해서라도 자유가 필요하다. 천재들은 다른 사람들보다 더욱더 많은 개성을 지니고 있다. 자유가 없다면 천재는 개성을 발휘할 수가 없다. 천재가 사회에 기여하는 바를 생각한다면 사회 전체의 행복을 위해서라도 자유는 절실히 필요한 것이다. 그러므로 독창성은 인간 사회에서 하나의 귀중한 요소임을 지적한다.

밀은 개인의 행복뿐만 아니라 사회 전체의 행복을 위해 그런 자유가 필요하다고 해도 사회 구성원 개개인의 무조건적인 자유를 허용할 수는 없다고 본다. 아주 단순하게 생각하더라도 다른 사람의 자유를 침해할 수 있는 자유는 엄청난 사회적 혼란을 야기하기 때문에 최소한의 제약이 필요하다. 사람들은 우선 서로의 이해를 침해하지 않아야 하고, 다음으로 사람들은 사회와 사회 구성원들을 외부의 위험이나 간섭으로부터 방어하기 위해 자기 몫의 일을 해야 하며, 자기 몫만큼의 희생을 감수해야 한다.

밀은 개인에 대한 사회의 권위와 한계를 설명한다. 개인의 자유를 옹호하지만, 또한 개인은 사회 안에 살고 있다는 사실을 망각하지 말아야 한다고 주장한다. 사회 안에 살고 있다는 사실이 불가피하게 행위의 원칙을 준수하게 만든다. 첫째는 상호 간의 이익을 해치지 않는 행위이고, 둘째는 사회의 존립을 위해 필요한 노동과 희생을 각자가 자기의 몫만큼 부담하는 행위다. 사회는 이것 말고도 개인의 행위가 법으로 정해진 다른 사람의 권리를 침해한다면 그 사람의 자유에 제한을 가할 수

마차를 타고 여성참정권을
주장하는 캠페인 광경.
1866년에 밀은 의회에
최초로 여성참정권 청원서를
제출했다.

있다. 그러나 이런 경우가 아니라면 사회나 사회 구성원들은 다른 사회
구성원들을 억압하거나 탄압해서는 안 된다.

나는 내 일을 모두 끝마쳤다

밀은 부인을 잃은 슬픔 속에 《자유론》을 출간한 뒤 다시 저술에 집중
했다. 1861년에 그는 《대의제 정부에 대한 고찰(Considerations on
Representative Government)》를 출간했다. 그는 이 책에서 가장 이상적
인 정부 형태로 민주주의를 전제하면서도, 대중 민주정치의 문제점을
날카롭게 파헤쳐 비판했다. 1863년에는 《공리주의(Utilitarianism)》를 출
간했다. 이 책에서 그는 벤담과 아버지 밀이 옹호한 공리주의 철학에
대해 비판적으로 다시 검토한다.

벤담은 행복을 쾌락과 동일시한다. 그는 인간은 고통과 쾌락 두 개의
원리에 지배된다고 주장한다. 인간은 고통을 회피하고 쾌락을 추구한

다. 쾌락, 즉 행복을 증진시키는 일은 유용하며, 윤리적으로 올바르다. 그는 쾌락의 질을 따지지 않고, 쾌락을 모두 양으로 환원시킬 수 있고 계산할 수 있다고 주장한다. 그런데 벤담의 이론에는 약점이 있었다. 인간이 쾌락을 추구한다면, 고통을 불러올 수도 있을 남의 행복이나 사회의 행복, 즉 공익을 위해 행동할 수 있을까 하는 점이다. 아버지 제임스 밀은 이 약점을 보완하기 위해 심리설을 끌어들였다. 인간은 원래 자기의 쾌락을 추구하지만, 관념연합의 법칙에 따라 남의 쾌락까지도 자기의 쾌락처럼 느끼게 되어 그렇게 행동할 수 있다는 것이다. 제임스 밀의 설명은 어딘가 궁색해 보인다. 아들 밀은 이러한 공리주의의 약점을 더욱 세련되게 보완하며 발전시켰다.

밀은 쾌락에 질을 도입한다. 그는 인간이 돼지나 개처럼 되는 것을 바라지 않는 것은, 양적으로 많은 쾌락이 아니라 질적으로 높은 쾌락을 추구하기 때문이라고 한다. 그래서 그는 자신의 책《공리주의》에서 이렇게 말한다.

"만족한 돼지가 되기보다는 차라리 불만족한 인간이 되는 편이 낫다. 돼지로서 만족하기보다는 소크라테스로서 불만족함이 낫다."

밀의 주장에 따르면, 인간이 남의 쾌락이나 사회의 행복을 위해 행동하는 것은 질적으로 더 높은 쾌락을 추구하기 때문이다. 남의 행복이 나에게 질적으로 높은 만족감을 제공할 수 있다. 따라서 인간은 쾌락을 추구하지만 이기적이지 않을 수 있으며 공중의 행복을 바랄 수 있다는 것이다.

1865년에 밀은 하원의원에 출마했다. 웨스트민스터의 유권자들이 그에게 출마를 권유했다. 그는 정치가보다는 문필가로 남기를 원했다.

그의 출마를 강력하게 희망하는 사람들에게 밀은 자신의 생각을 담은 공개장을 보냈다. 공개장에는 자신은 의원이 되려는 개인적 의향이 없고, 후보자로서 선거운동에 돈을 쓸 수 없으며, 설령 당선이 되어도 지역구 이익을 위해 일을 할 수 없고, 여성도 남성과 똑같은 권리를 가져야 한다는 내용이 담겨 있었다. 일종의 출마 조건이었다. 이를 본 어떤 유명한 문인은 이런 정강을 가지고는 전지전능한 신이라도 당선될 수 없을 것이라고 비꼬았다. 그러나 밀은 대중 집회에 나가 같은 주장을 되풀이했다. 그의 솔직함에 호감을 느낀 유권자들은 그에게 신뢰감을 느꼈다. 개표 결과 밀은 보수당 후보를 몇백 표차로 누르고 선거에서 승리했다. 밀은 의회에 진출한 후 자신의 원칙에 따라 의정 활동을 펼쳤다. 그러나 1868년 2차 선거에서는 낙선했다. '금권' 선거가 판치던 때라 두 번 다시 '기적'은 일어나지 않았다. 여러 지방 선거구에서 출마해달라고 요구했으나 물리치고 정계에서 은퇴했다.

밀은 부인이 묻힌 아비뇽의 별장에서 다시 집필과 식물 연구에 힘을 쏟았다. 그는 여성의 평등을 주장한 《여성의 종속(The Subjection of Women)》(1869년)을 펴냈다. 이 책에서 그는 남성에 대한 여성의 종속이 인간 사회의 발전을 가로막는 중대한 장애물이라고 주장했다. 왜냐하면 단지 여성이라는 이유로 능력이 뛰어난 사람에게 발휘할 기회를 주지 않고 차단해버리는 것은 사회적으로 커다란 손실이기 때문이다. 그가 볼 때 남녀 차별은 도덕적으로도 부당하며 정의에 부합하지 않는다. 이런 이유에서 그는 불평등한 사회적 관계는 남성과 여성의 완전한 평등원리로 대체되어야 한다고 주장한다. 이러한 평등원리로 대체되기 위해서는 여성도 남성과 마찬가지로 자기 인생의 주인이 되어야 한다고 그는 역설한다.《여성의 종속》이후 그는 사회주의에 관해 집필했지만 완성하지 못했다. 이 책은 그의 사후《사회주의론(Chapter on Socialism)》이라는 이름으로 1879년에 출간되었다.

밀은 1873년에 의붓딸 헬렌이 지켜보는 가운데 세상을 떠났다. 그는 소원한 대로 그토록 사랑했던 부인의 묘에 나란히 함께 묻혔다. 그가 남긴 마지막 말은 "나는 내 일을 모두 끝마쳤다."였다.

20

인류 평화를 위해 철학을 노예로 삼다

—

버트런드 러셀

B e r t r a n d   R u s s e l l

 청중 가운데 누군가가 여성의 선거권과 여성해방을 열심히 주장하는 한 젊은 지식인에게 썩은 계란과 쥐를 던졌다.

 "여성이 무슨 정치인가, 집에서 밥이나 하고 아이나 잘 키우면 되지."

 보수적인 영국 사람들, 특히 남성들은 여성들이 정치에 참여하는 것보다 집안일을 더 잘하는 것을 여성의 본분이라고 생각했다. 그러나 여성의 참정권에 대한 요구는 그칠 줄 몰랐다. 이미 1869년에 존 스튜어

버트런드 러셀

트 밀은 《여성의 종속》에서 여성 참정권 운동의 이론적 근거를 제시했다. 그해 의회 선거에서 여성 납세자에게도 처음으로 선거권이 인정되었다. 그러나 아직 여성의 보편적인 선거권이나 피선거권이 인정된 것은 아니었다. 영국에서는 1918년 인민대표법에 의해 30세 이상의 여성에게 선거권과 피선거권이 인정되었고, 1928년에 가서야 남녀평등 보통선거가 실현되었다. 여성에 대한 편견과 무지가 지배하던 시절에 썩은 달걀과 쥐 세례를 받은 이 젊은 지식인은 바로 버트런드 러셀 (Bertrand Arthur Willam Russell, 1872~1970년)이었다.

러셀은 당시에 케임브리지 대학교 강사였다. 1907년에 그는 여성의 참정권을 옹호하며 하원의원에 도전하지만 성공하지 못했다. 러셀이 여성 해방에 열심인 것은 존 스튜어트 밀의 영향이 컸다. 사실 존 스튜어트 밀은 러셀의 아버지 존 러셀 경(John Russell, 1842~1876년)의 친구였다. 존 스튜어트 밀은 러셀의 정신적 대부였다. 그러나 러셀은 여성의 참정권만 주장한 것이 아니라, 결혼 제도에 반대하고 자유연애를 옹호했다. 그는 《결혼과 윤리(Marriage and Morals)》(1929년)라는 책에서 다음과 같이 주장한다.

> 계약 결혼과 혼전 동거는 옳다. 사랑은 자유롭고 자발적일 때 성장하며 의무라고 생각하면 죽는다. 따라서 법률로 옭아매는 결혼은 실패하며 도덕이 엄격할수록 성매매는 성행하므로 남녀 간 자유연애만이 답이다.

러셀은 결혼 제도를 반대하고 '자유연애'를 옹호해 많은 반발을 불러일으켰다. 미국 뉴욕 대학교의 교수로 취임 초청을 받았으나 보수적인 기독교인과 정치가들은 무신론자인 그의 종교관과 특히 그의 비도덕성을 문제 삼았다. 그들은 특히 《결혼과 윤리》를 비판했다. 러셀은 끝내 교수 자리를 얻지 못했다. 법원에서 무신론자에게 교수 자리는 적합하지 않다는 판결을 내렸기 때문이다. 법정에서 고발 대리인은 그를 이렇게 비난했다.

"방탕하고 음탕하며 호색적이고 음란하고 에로틱하며 색정적이고 위엄이 없고 편협하고 허위이고 도덕의 흔적이라고는 찾아볼 수 없다."

자유연애만이 답이다

그러나 이러한 비난에도 불구하고 러셀은 자신의 신념을 굽히지 않았다. 그는 자유연애를 주장했지만 사실 결혼 제도의 혜택을 가장 많이 본 사람이기도 했다. 그는 평생 네 번 결혼했다. 그가 이렇게 네 번씩 결혼하게 된 것은 사랑에 대한 갈구 때문이었다고 한다.

> 나는 사랑을 구하려고 애쓴다. 첫째, 사랑은 황홀감을 불러일으키기 때문이다. 종종 이 몇 시간의 충일감을 위해 나의 전 생애, 아니 앞으로 내 앞에 펼쳐질 생애까지도 포기할 정도로 강렬한 황홀감을 만끽하게 해주는 것이다. 또 다른 이유에서 나는 사랑을 구하려고 노력한다. 사랑은 고독으로부터 건져내주기 때문이다.(PH 421~422)

러셀은 첫 번째 부인을 열일곱 살 때 알게 되었다. 앨리스 피어설 스미스(Alys Pearsall Smith)라는 그 여성은 당시에는 드물게 해방된 여성이자 자유연애 지지자였다. 러셀은 그녀와 오랫동안 순결한 약혼 기간을 지낸 후에 결혼한다. 하지만 그는 몇 년 후 자전거 여행 도중에 그녀에 대한 자신의 사랑이 식어버렸음을 깨닫고서 헤어진다. 그 후 그는 오토네라는 유부녀 등 여러 여자들과 교제한다. 콜레트라는 여자에게도 호감을 가졌으나 결혼하지는 않는다. 러셀은 마흔아홉 살이 되던 해에 앨리스와 정식으로 이혼하고 도라 블랙(Dora Black)이라는 여성과 두 번째 결혼을 한다. 그는 도라에게서 아들과 딸을 얻는다.

러셀은 1927년에 도라와 함께 베이컨 힐 실험학교를 설립한다. 온건한 반정부적 정신을 바탕으로 한 이 학교를 통해 학생들을 체제로부터 자유롭게 길러내고자 했던 러셀의 교육적 시도는 영국 사회에 충격과 관심을 불러일으켰다. 그리고 새로운 적들도 만들어냈다. 러셀은 두 번째 부인인 도라 블랙과의 결혼 생활도 끝까지 유지하지 못한다. 그는 예순세 살 때 도라 블랙과 이혼하고, 자신의 조수인 패트리샤 스펜스(Patricia Spence)라는 여성과 결혼한다. 이 여성에게서 그는 아들 한 명을 얻는다. 일흔일곱 살 되던 해 그는 패트리샤 스펜스와도 이혼을 한다. 러셀은 이때 심정을 이렇게 털어놓는다.

"1949년 아내가 내게 싫증이 난다고 심증을 털어놓았을 때 우리의 결혼은 끝이 났다."(PH 423)

러셀은 여든 살이 될 무렵에 다시 한 번 결혼을 한다. 그의 네 번째 부인은 매력적인 모습의 에디스 핀치(Edith Finch)였다. 그때 에디스는 쉰 살이었다. 그는 긴 생애 동안 그가 추구한 사랑에 대한 갈망이 그녀를 찾기 위한 것이었다고 고백한다.

여러 여성과 교제하고 네 차례의 결혼을 하면서 러셀이 이렇게 평생 사랑을 갈구하게 된 까닭은 일찍이 부모를 여읜 탓도 있을 것이다. 그는 영국의 유명한 귀족 집안의 아들로 태어났다. 할아버지 존 러셀 경은 빅토리아 시대 때 두 번이나 수상을 지낸 유명한 정치가이자 자유사상가였다. 그러나 그는 두 살 때 어머니 루이자를 잃고, 세 살 때 아버지 존 러셀 경마저 잃게 되었다. 조부는 그가 여섯 살 때 사망했다. 그는 형과 함께 독실한 청교도인 할머니 밑에서 자랐다. 그는 정규 교육을 받지 않는 대신 집에서 가정교사들에게 교육을 받았다. 그는 내성적인 성격에다 비사교적인 성격을 지녔으나 호기심은 매우 왕성했다. 특히 수학에 재능을 보였다. 수학은 러셀에게 최초의 정신적 사랑이었다. 그는 열한 살 때 유클리드 기하학을 읽고 받은 충격을 후에 이렇게 토로한다.

"첫사랑처럼 숨이 막히는 듯한 내 인생의 가장 큰 사건 가운데 하나였다."

러셀은 열한 살의 나이에 수학과 사랑에 빠져버렸다. 그는 자서전에서 수학에 대한 사랑을 이런 말로 표현했다.

"수학은 진리만이 아니라 조각품처럼 냉철하고 엄격한 아름다움도 가지고 있다."

"그때부터 내 나이 서른여덟 살에 화이트헤드와 내가 《수학의 원리(Principia Mathematica)》를 마칠 때까지 수학은 나의 주요 관심사이고, 행복의 주된 원천이었다."

러셀은 수학이 행복의 주된 원천이라고 말했지만, 이 《수학의 원리》를 저술하는 동안 엄청난 정신적 스트레스도 받았다. 정신적 스트레스가 하도 커서 자살까지 생각했을 정도다. 매일 열 시간 내지 열두 시간 이상을 이 책을 쓰기 위해 매달렸다. 《수학의 원리》를 통해 논리적 개념과 명제를 기반으로 수학의 기초를 세우고자 했다. 《수학의 원리》는 현대 수학의 근본 원리를 밝힌 책으로 평가된다.

1900년 7월, 파리에서 개최된 국제철학회에서 러셀은 주세페 페아노 (Giuseppe Peano, 1858~1932년)라는 이탈리아 논리학자와 만나게 된다. 페아노는 그때 수리논리학에 관한 독자적인 기호 체계를 발전시켜 놓았다. 러셀은 페아노의 기초 체계 덕분에 수학을 논리학으로 환원시

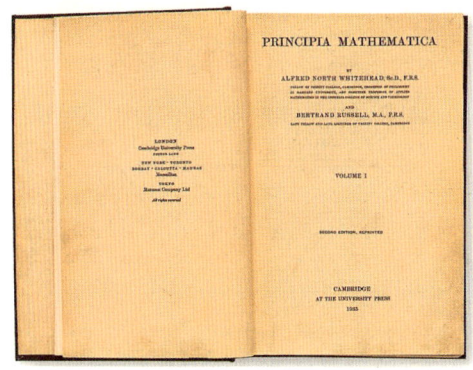

키는 일이 기술적으로 가능하다는 것을 알았다. 그는 페아노의 방법을 받아들여 수학의 원리를 위한 초석을 정초하기 위해 수학의 기초 개념을 분석한다. 그는 《수학의 원리》에서 "수학과 논리학은 동일한 것"이라는 근본 테제를 견지한다.

러셀은 이 테제를 증명하기 위해 《수학의 원리》에 더욱 몰두한다. 그는 이 작업을 위해 옛 지도교수인 화이트헤드에게 도움을 받는다. 러셀이 1902년에서 1913년에 걸쳐 써낸 《수학의 원리》는 'Principia Mathematica'라는 라틴어 제목을 달고 세 권의 책으로 출간되었다. 세 권으로 된 이 책을 사람들은 논리학 분야에서 아리스토텔레스 이후 최고의 위대한 업적이라고 찬양했다. 이 책을 쓰는 동안 그는 스승이자 동료인 화이트헤드의 집에서 아예 거주하기도 했다.

러셀은 화이트헤드의 집에 거주하면서 《수학의 원리》를 집필하는 것 이외에도 그의 인생을 바꾸어놓은 중요한 내적 체험을 하게 된다. 그것은 평소 잘 따랐던 화이트헤드 부인의 죽음이었다. 그는 화이트헤드의 부인이 병상에서 고통스러워하는 모습을 보며 신비한 경험을 한다. 누구나 인생의 결정적인 한순간이 있게 마련이다. 이 경험으로 러셀은 평생의 신념인 평화주의자로 변신한다.

> 그녀는 고통 때문에 모든 사람과 모든 것으로부터 차단된 듯 보였는데 바로 그때, 인간의 영혼은 모두 고독하다는 느낌이 느닷없이 나를 사로잡았다. …… 갑자기 발밑에서 땅이 무너지는가 싶더니 완전히 다른 영역에 들어서 있는 나를 발견했다. 그 5분의 시간에 나를 스친 생각은 이러했다. 인간 영혼의 외로움은 견디기 힘들다. 종교적 스승들이 설파한 것과 같은 지고의 강렬한 사랑 외에는 어떤 것도 그 외로움을 간파할 수 없다. 이 동기에서 나오지 않는 것들은 모두 해로우며 잘해본들 무용하다. 따라서 전쟁은 잘못된 것이고, 사립학교 교육은 옳지 않으며, 폭력에는 반대해야 한다. 인간관계에 있어서는 각 개인이 가진 외로움의 응어리 속으로 파고들어 가 호소해야 한다.

인류에게 미래는 있는가

평화주의자로서 러셀은 왕성한 사회적·정치적 활동을 계속해 나가면서도《수학의 원리》이후 자신의 철학적 사고를 글로 옮기는 데도 열정적이었다. 그는 철학 개론서이지만 독창적인 생각을 담은《철학의 문제들(The Problems of Philosophy)》(1912년)을 썼다. 그리고 자신의 연구 기획을 담은《철학에서의 과학적 방법의 영역으로서의 외부의 세계에 대한 우리의 지식(Our Knowledge of the External World as a Field for Scientific Method in Philosophy)》(1914년)과 《논리적 원자론의 철학 (Philosophy of Logical Atomism)》(1914년)을 썼다. 《수학의 원리》에서 수학에 전혀 빈틈없는 논리적 토대를 제공하려 했던 것처럼, 그는 과학을 포함하여 외부 세계에 대한 우리의 지식에 대해 완벽한 논리적 토대를 제공하려 했다.

러셀은 《논리적 원자론의 철학》에서 명제는 세계와 상응한다고 주장한다. 논리적 원자주의에 따르면, 세계뿐만 아니라 언어도 가장 작은 개별적 구성 요소인 '원자'로 나누어질 수 있다. 언어는 가장 단순한 명제들, 즉 '요소 명제들'로 환원될 수 있는 복잡한 명제들로 만들어진 것이다. 그에 따르면, '원자 명제'의 형태는 '원자적 사실'의 형태와 동일하다. 가장 단순한 원자 명제는 원자적 사실에 대응하여 '이것이 희다.'처럼 어떤 사물이 어떤 특정 성질을 지니고 있는가를 제시하거나, 또는 '이것은 저것 아래에 있다.'라는 것처럼 어떤 특정관계에 있다는 것을 제시한다. 하나 이상의 원자 명제로 구성된 '분자' 명제는 원자 명제들을 포함하고 있으며, 이 분자 명제가 참인지 거짓인지는 그것이 포함하는 부분인 원자 명제들의 참, 거짓에 달려 있다. 논리적 원자론에 따르면, 언어는 무수한 원자 명제들의 집합이, 원자 명제의 참은 그것이 지칭하는 외적인 대상의 경험적 방법에 의해 정해져야 한다. 그는 '기술 이론'을 통해 고유명사가 아닌 명제의 각 부분을 사용하는 데 좀 더 확실한 논리적·언어적 기초를 부여하고자 한다. 러셀의 논리적 원자주의는 그의 천재적 제자인 비트겐슈타인에 의해 《논리-철학 논고 (Tractatus Logico-Philosophicus)》로 정리된다. 그리고 러셀의 기술 이론

런던의 국방성 근처에서 영국의 핵 정책을
반대하며 농성을 벌이는 러셀.

은 빈 학파 논리실증주의에 영향을 끼친다.

러셀은 1914년에 1차 세계대전이 발발되자 '징병 반대운동' 등 왕성한 반전 활동을 다시 벌여 나간다. 양심적인 반전주의자에게 선고된 2년의 중노동 판결에 반대하는 전단을 만들기도 한다. 그는 "폐하의 군대의 징집과 훈련을 손상시킨다고 생각되는 말"을 했다는 죄명으로 기소된다. 그는 유죄를 선고받고 100파운드의 벌금과 10파운드의 소송비용을 부담하든가, 아니면 61일간의 감옥에 들어갈 것을 명령받는다. 그러나 그는 벌금을 내는 것을 거부한다. 그러자 당국은 그의 재산을 차압한다. 그의 사정을 안 친구들은 기부금을 모아 러셀이 차압에서 풀려나게 도움을 준다. 이 사건으로 러셀은 트리니티 칼리지에서 추방된다.

하지만 러셀은 반전 활동을 접지 않는다. 그는 〈독일의 화평 제안〉이라는 글을 써서 발표한다. 그러나 영국과 미국 동맹군을 함부로 비방한 것으로 간주되어 6개월간 투옥된다. 지칠 줄 모르는 그의 열정은 감옥 속에서도 식을 줄 몰랐다. 그는 이 수감 기간에도 《수리철학 서설 (Introduction to Mathematical Philosophy)》(1919년)을 썼고, 새로운 저술을 구상하기 시작했다. 1차 세계대전이 끝나고 나서 그는 영국 노동당의 비공식 당원이 되어 볼셰비키 혁명 후 소련의 실태를 알아보기 위해 소련을 방문한다. 그는 레닌과 트로츠키(Leon Trotsky, 1879~1940년) 등 혁명 지도자들과 만나 대화를 나눈다. 그는 레닌과 오랜 시간 대화를 나누지만, 기대와 달리 실망을 하게 된다. 《반속적 에세이 (Unpopular Essays)》(1950년)에서 그는 그때를 이렇게 기록한다.

> 레닌을 만났을 때 나는 기대한 것보다 위인이라는 인상은 훨씬 덜 받았다. 내가 가장 뚜렷하게 받은 인상은 괴팍한 고집과 몽골인 같은 잔인성이다. 내가 그에게 농업에서의 사회주의에 관하여 질문을 하니까, 그는 자기가 어떻게 가난한 농민들을 선동해서 부유한 농민들과 싸우게 했는지를 기분 좋게 설명하고, "가난한 농민들이 부유한 농민들을 가장 가까운 나무에 목매달아 죽이도록 했지. 하, 하, 하."라고 말했다. 껄껄거리는 그의 웃음소리를 듣고 학살당한 사람들을 생각하니 그만 나는 등골이 써늘했다.

러셀은 신생 국가 소련에서 돌아온 후 중국 베이징으로 떠난다. 그는 베이징 대학교 철학과 초빙교수로 1년간 베이징에 체류한다. 러셀은 중국 곳곳을 여행하면서 강연을 한다. 그의 강연을 인상 깊게 들은 사람 중에는 젊은 마오쩌둥(毛澤東)도 있었다. 마오쩌둥은 그의 강연에 대해 다음과 같이 기록을 남긴다.

> 러셀은 창사에서 열린 한 강연에서 …… 공산주의에 대해서는 우
> 호적이고, 노동자와 농민에 대해서는 반대하는 이야기를 했다.
> 그는 유산계급의 의식을 변화시킬 교육 방법을 마련해야 한다면
> 서, 그 방법을 사용하면 자유를 제한하거나 전쟁과 유혈혁명에
> 의존할 필요가 없을 것이라고 말했다.

물론 마오쩌둥은 러셀의 입장에 동조하지 않았다. 그는 러셀과 달리
교육 방법을 통해서는 결코 자본가를 변화시킬 수 없고, 자본주의도 무
너뜨릴 수 없다고 생각했다. 러셀은 소련에서와 달리 고대 중국의 문명
과 중국인의 생활양식에 커다란 감명을 받았다. 그는 중국이 자신의 가
치를 버리고, 서구의 생활을 따라간다면 세계의 미래는 더 이상 희망이
없다고 생각했다.

"서구의 생활방식은 투쟁과 착취, 끊임없는 변화, 욕구불만, 그리고
파괴를 강력하게 요구한다. 파괴를 위한 능률주의는 결국 인류를 전멸
시킬 것이다."

음담패설과 허위로 가득 찬 책, 노벨문학상을 받다

1921년 9월에 영국으로 돌아온 러셀은 앨리스와 이혼하고 도라 블랙
과 결혼한다. 러셀은 정치적 활동에도 적극 참여해 영국에 온 1922년
과 1923년에 노동당으로 입후보하나 연거푸 낙선한다. 여권주의, 평화

주의 등 당시로서는 상당히 파격적인 입장을 띤 그의 정치적 활동을 사람들은 싫어했다. 심지어 지역의 집주인들은 그에게 세를 주는 것조차 꺼려 했다. 러셀은 유산으로 자녀들을 위한 집을 사고, 나머지 대부분의 재산을 케임브리지 대학교와 한 여자 대학에 기부했다. 이후부터 그는 스스로 돈을 벌어야 했다. 그는 여러 차례 미국으로 강연 여행을 떠났고, 대중적인 에세이도 썼다. 그때 그가 쓴 대표적인 에세이들인《나는 왜 크리스천이 아닌가?(Why I Am Not a Christian?)》(1927년)와《결혼과 도덕(Marriage and Morals)》(1929년), 그리고《행복의 정복(The Conquest of Happiness)》(1930년)은 지금까지 읽히고 있다. 지금으로 보면 새로운 이야기도 아니지만, 이 책들은 당시 독자들에게 상당한 충격을 주었다. 러셀은 기독교 국가에서 자신이 기독교인이 될 수 없는 입장을 공개적으로 표방했고, 보수적 사회에서 성의 자유를 적극적으로 옹호했기 때문이다.

러셀이 이러한 에세이들을 쓴 것은 사람들을 억압하는 권위주의를 비판하고자 한 것이었다. 그는 권위주의에 맹목적으로 복종하지 않기 위해서 초기 교육이 필요하다고 역설했다. 앞에서 언급한 것처럼, 그는 도라 블랙과 함께 새로운 실험학교를 세웠다. 이 학교는 사우스다운스에 있는 형의 집을 빌려 자신들의 자녀와 함께 공부할 스무 명가량의 어린이를 모아 세운 것이었다. 이 학교는 진보적이고 자유주의적이며 반권위주의를 표방했다. 그러나 이 학교는 성공하지 못했다. 러셀이《자서전》에서 언급했듯이, 너무나 문제아들만 많이 모아들였고, 자유와 권위 사이에서 제대로 균형을 잡지 못했기 때문이다. 러셀은 도라와 헤어졌을 때, 이 학교의 경영권도 포기했다.

1938년 가을에 러셀은 시카고 대학교의 객원교수가 되기 위해 미국으로 떠난다. 그러나 미국에서 그의 생활은 그렇게 평탄하지 않았다. 뉴욕 시립대학교의 교수로 초빙되었지만, 러셀을 혐오하는 자들이 그의 저작을 '호색'과 '음담패설', '허위' 등으로 가득 차 있다고 고소했다. 특히 고소장에서 그들이 집중적으로 비난한 것은 《결혼과 도덕》이었다. 가톨릭 신자인 판사는 "러셀의 교육이 학생들이 범죄를 저지르도록 자극할 것"이라는 불합리한 판결을 내렸다. 러셀은 이 재판으로 교수 자리를 잃는다. 그리고 그 사건이 영향을 끼쳐 미국의 다른 대학들도 그를 초빙하려던 계획을 취소하고 만다. 하버드 대학교만이 윌리엄 제임스 기념 강연에 그를 초빙한 계획을 취소하지 않고 용기 있게 그에게 강연을 맡긴다. 하지만 하버드 대학교에서 한 학기가 끝난 후, 러셀은 새로운 일자리를 찾아야 했다.

이때 억만장자인 반스 박사가 자기 재단에서 5년간 강의를 해달라는 제안을 해왔다. 러셀은 반스 재단에서 강의를 했으나, 강의가 불충실하다는 이유로 2년 만에 계약을 파기당한다. 러셀은 반스 박사를 상대로 불법 해고에 대한 소송을 진행해 승소한다. 그가 이 재단에서 행한 강의들은 1945년에 《서양 철학사(History of Western Philosophy)》로 출간되었다. 이 《서양 철학사》는 대중적으로 대단한 성공을 거두었고, 그 덕택에 러셀은 재정상의 불안을 더 이상 느끼지 않게 되었다.

1944년 10월, 러셀은 다시 영국으로 돌아와 케임브리지 트리니티 대학의 특별연구원으로 재직한다. 그는 별다른 의무도 없이 연구에 몰두할 수 있었다. 1948년에는 《인간의 지식: 그 범위와 한계(Human Knowledge: Its Scope and Limits)》라는 책을 펴낸다. 이 책에서 그는 귀납의 문제에 대해 전면적으로 도전한다.

러셀은 이렇게 연구에 몰두하면서도 현실 문제에 눈을 감지 않았다. 그는 2차 세계대전 때에는 평화주의자의 입장을 떠나, 소련에 대한 선제 전쟁을 해야 한다는 입장에 동조하기도 했다. 그 이유는 소련이 핵을 사용해 돌이킬 수 없는 파국을 초래할 수도 있을 것이라는 우려 때문이었다. 영국 정부는 러셀의 반공주의를 적절히 이용했지만, 그의 명성은 이미 국제적으로 상당히 높아 있었다. 1949년에 그는 영국 정부로부터 메리트 훈장을 받았고, 1950년에는 노벨문학상을 받았다. 이 노벨문학상은 특히 그토록 비난을 받았던 《결혼과 도덕》 때문에 주어진 것이었다.

러셀은 1949년에 세 번째 부인과 이혼하고, 1952년에 수년 동안 알고 지내던 미국 여성 에디스 핀치와 결혼한다. 그는 이 결혼에 매우 행복해한다. 지금까지 맛보지 못했던 마음의 평화를 얻을 수 있었다. 그는 이런 글까지 쓴다.

이제 늙어 종말에 가까워서야
비로소 그대를 알게 되었노라.
그대를 알게 되면서
나는 희열과 평온을 모두 찾았고
안식도 알게 되었노라.
그토록 오랜 외로움의 세월 끝에
나는 인생과 사랑이 어떤 것인지 아노라.
이제, 잠들게 된다면
아무 미련 없이 편히 자련다.

결혼 후에 안식을 찾았지만 러셀은 정치적 활동으로 더욱 분주했다. 그는 3차 세계대전이 일어날 가능성이 있다고 보고 그것을 막고자 동분서주했다. 3차 세계대전에서는 핵폭탄이 사용되고, 그로 인해 인류의 대부분이 사멸할 수도 있다고 생각했다. 핵전쟁의 위험을 경고하기 위해 그는 《상식과 핵전쟁(Common Sense and Nuclear Warfare)》(1959년), 《인류에게 미래는 있는가?(Has Man a Future?)》(1961)를 썼다. 1955년에는 아인슈타인을 설득해 평화를 위한 협력을 지지하는 선언에 서명하게 했고, 평화회의를 발족시키기도 했다. 그리고 1958년에는 '핵비무장운동'의 회장이 되었다. 그는 2년 후에 회장직에서 물러나 시민 불복종 운동을 지도했다. 러셀은 1961년에 집단 농성을 주도했다는 혐의로 기소되어 2개월의 금고형을 선고받았다. 그때 그의 나이 여든아홉 살이었다. 건강상의 이유로 러셀은 형무소 내의 병원에 일주일간 구금되어 있다가 풀려났다. 풀려난 후에도 그는 정치적 활동을 더욱 확대해 세계 곳곳의 국제적 분쟁에도 개입하고, 정치범들을 위한 석방운동도 전개했다.

1963년에 러셀은 '버트런드 러셀 평화재단'을 창립한다. 그때 그의 나이가 아흔한 살이었다. 그는 재단 기금을 위해 소장하고 있던 고문서를 온타리오의 맥매스터 대학교에 판다. 그는 시민 재판이라 할 수 있는 러셀 법정을 열어 1966년에 프랑스의 철학자 사르트르와 함께 미국의 베트남 전쟁범죄에 대해 조사하기도 한다. 이 러셀 법정은 그가 사망한 후에도 평화와 인권 침해에 대해 재판을 계속 진행하고 있다.

세계 평화를 위해 활발하게 활동하던 러셀은 유행성 감기로 1970년 2월 2일에 아흔여덟 살의 일기로 사망했다. 그는 흄이 말한 "이성은 정열의 노예이며 또한 그런 상태에 머물러야 한다."는 말을 몸소 실천한 사상가였다. 그에게는 그 누구보다 날카로운 철학적 지성이 있었다. 그러나 그는 그것을 인류의 평화와 행복에 대한 그의 열정을 실현하기 위한 노예로 사용했다.

21

비행사가 될 뻔한 성질 급한 청년

―

루트비히 비트겐슈타인

Ludwig Wittgenstein

성질 급한 한 독일 청년이 러셀의 방을 두드렸다. 러셀은 이 학생과 이미 만나 논쟁을 벌인 적이 있었다. 그 학생이 독일식 악센트로 이렇게 물었다.

"선생님, 제가 완전히 바보인지 아닌지 말씀해주실 수 있습니까?"

"잘 모르겠네. 그런데 왜 그런 것을 내게 묻나?"

"제가 바보라면 비행사가 되고, 그렇지 않으면 철학자가 될 생각입니다."

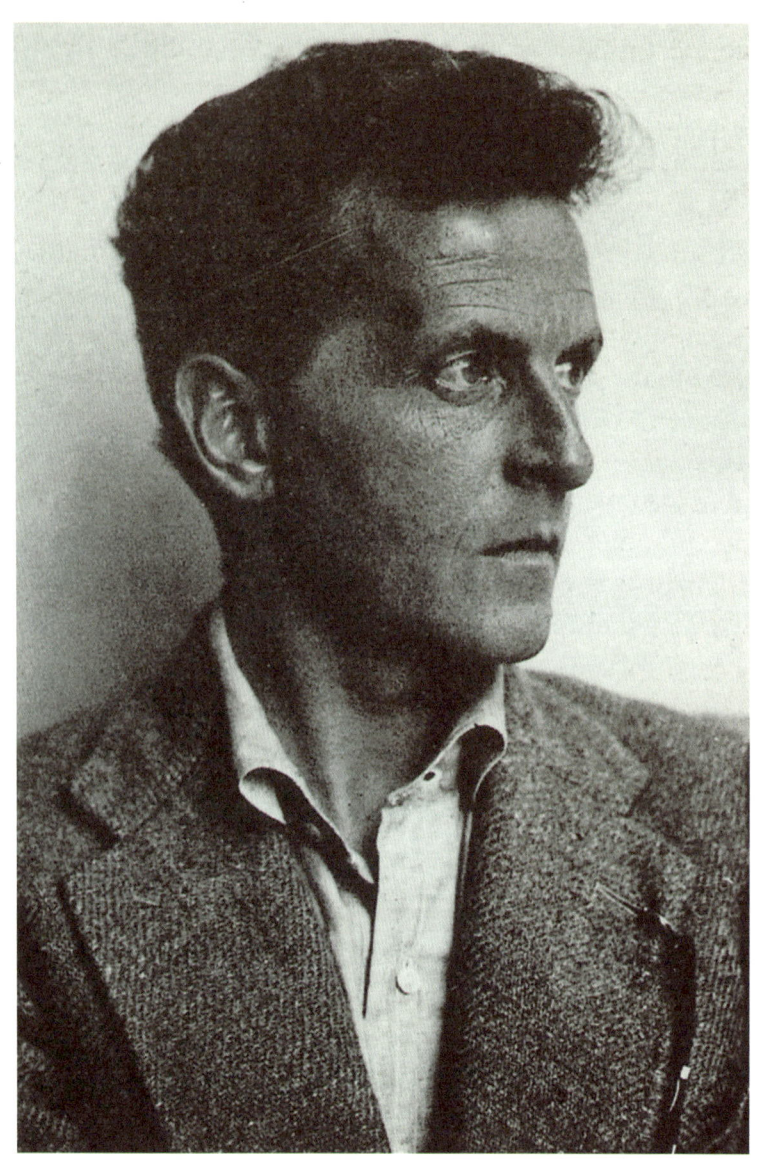

루트비히 비트겐슈타인

"그러면 방학 동안에 철학의 문제에 대해 자네가 생각하는 것을 좀 써 와보게. 그것을 보고 말해주겠네."

다음 학기가 시작되자 그 청년은 다시 러셀을 찾아왔다. 러셀은 그 학생이 내민 글의 첫 문장만 읽고 나서 이렇게 말했다.

"자네는 비행사가 되면 안 되겠어."

러셀이 재능을 알아본 이 청년은 루트비히 비트겐슈타인(Ludwig Josef Johann Wittgenstein, 1889~1951년)이었다. 공학도였던 비트겐슈타인은 수리철학에 관심을 가지고 1911년에 예나 대학교의 프리드리히 프레게(Friedrich Ludwig Gottlob Frege, 1848~1925년)를 찾았다가 러셀 밑에서 공부하는 것이 좋겠다는 충고를 받았다. 그가 러셀을 찾아 케임브리지 트리니티 칼리지에 올 당시, 러셀은 화이트헤드와 더불어 기초 논리학의 고전이 된《수학의 원리》를 막 출판한 때였다. 그러나 비트겐슈타인에 대한 러셀의 첫인상은 그리 좋지 않았다. 러셀은 그때를 이렇게 회상했다.

"내 강연이 끝나자 어떤 성질 급한 독일인이 논쟁을 하러 나에게 왔다. …… 나는 그와 이야기하는 것이 순전히 시간 낭비라고 생각했다."

그러나 러셀은 비트겐슈타인과 만난 지 두 주가 지나기도 전에 그가 문학과 음악에 조예가 깊고 지적 능력이 뛰어난 학생이라는 것을 알아챘다. 러셀은 그를 천재라고 생각했다. 그것도 천재의 완전한 전형이라고 생각했다. 비트겐슈타인은 얼마 지나지 않아 학생 신분에서 철학을 함께 고민하고 새로운 철학의 방향을 모색하는 러셀의 동료가 되었다.

대부호의 아들, 괴팍한 철학자가 되다

비트겐슈타인은 오스트리아 빈에서 태어나 영국의 시민으로 귀화해 영국에서 활동했다. 나치가 오스트리아를 점령하자 유대인 혈통을 지닌 그는 오스트리아로 돌아갈 수 없었다. 그의 집안은 오스트리아에서 가장 부유하고 영향력 있는 집안 가운데 하나였다. 그의 아버지 카를 비트겐슈타인(Karl Wittgenstein, 1847~1913년)은 오스트리아의 철강 산업을 지배하는 실업가이자 대부호였다. 어머니는 재능 있는 피아니스트였다. 카를 비트겐슈타인은 대단한 재력을 바탕으로 당시의 예술가들을 후원한 큰손이었다. 그의 집에는 음악가 브람스나 구스타프 말러 등 수많은 예술가들이 드나들었고, 윤리와 종교, 그리고 예술이 일상적인 집안의 토론 주제였다.

비트겐슈타인은 그런 집안 분위기에서 성장했다. 그는 열세 살이 될 때까지 가정교사를 통해 집에서 교육을 받았다. 유대인 집안이었지만, 그는 가톨릭 식으로 교육을 받았다. 그의 아버지는 개신교로, 어머니는 가톨릭으로 개종한 유대인이었고, 여덟 명의 자녀는 어머니의 주장에 따라 가톨릭 세례를 받은 것으로 알려졌다. 그의 형제자매들은 모두 예술과 지적인 방면에 뛰어난 능력을 보였다. 그의 형 파울 비트겐슈타인(Paul Wittgenstein, 1887~1961년)은 유명한 피아니스트였다. 파울은 1차 세계대전에 참전해 오른팔을 잃었으나 왼팔로 연주를 해 더 유명세를 탔다.

파울과 같이 고난을 극복하며 산 형제도 있었지만, 그의 형제들 가운데 세 사람은 자살을 했다. 비트겐슈타인도 항상 자살의 생각으로 시달

파울 비트겐슈타인. 비트겐슈타인의 형인 파울은 천부적인 재능을 지닌 피아니스트였는데, 한쪽 팔을 잃고도 연주 활동을 계속해서 국제적인 명성을 얻었다.

렸다. 그러나 아버지는 다양한 재능과 무한한 가능성을 지닌 아들 비트겐슈타인에게 자신의 기업을 이끌어가게 할 요량이었다.

비트겐슈타인은 열세 살 때 가정교육을 끝마치고, 린츠에 있는 레알슐레로 갔다. 레알슐레는 기술자와 공무원을 양성하는 목표를 지닌 실용학교였다. 흥미로운 것은 같은 시기에 아돌프 히틀러(Adolf Hitler, 1889~1945년)가 옆 반에서 수업을 듣고 있었다는 사실이다. 평소에 기계에 관심이 많았던 비트겐슈타인은 베를린에서 공부를 한 뒤 1908년에 항공기술을 배우기 위해 맨체스터로 왔다. 맨체스터 대학교에서 3년 동안 지내면서 그는 항공기술 엔지니어로 분사 반동 엔진을 설계하고 프로펠러도 설계했다. 그러나 그의 관심은 공학에서 점차 수학으로, 그리고 철학적인 문제로 바뀌어갔다.

1911년에 비트겐슈타인은 수학과 논리학에 대한 개인적인 물음들을 토의하려고 예나의 수학 교수 프레게를 찾아갔다. 프레게는 수학과 철학을 연구해 근대 수학 논리의 기초를 세우려 애쓰고 있었다. 비트겐슈타인은 그때까지도 아버지의 사업을 물려받아야 하는지, 아니면 수학이나 철학을 공부해야 하는지 결정을 못 내리고 있었다. 프레게는 그에게 수학과 논리학의 연구를 심화시키려면 러셀을 찾아가라고 권했다. 그는 프레게의 조언을 따랐다. 그는 엔지니어 공부를 중단하고, 그때부터 철학자로서의 삶을 걷기 시작했다.

비트겐슈타인은 그렇게 케임브리지로 와서 러셀의 제자가 되었다. 그러나 그는 말 잘 듣는 제자가 아니었다. 논쟁에서 물러서는 법이 없었고, 쉽게 화를 내며 공격적이기까지 했다. 케임브리지 선생들, 즉 러셀과 조지 에드워드 무어(George Edward Moore, 1873~1958년) 등과 항상 논쟁하며 싸우곤 했다. 그는 금세 케임브리지에서 가장 괴팍한 인물로 소문이 났다. 사교와 담을 쌓고 사람들과 잘 어울리지도 않았다. 옷차림도 넥타이를 매지 않고, 수수하게 목이 트인 셔츠를 입고 다녔다. 이런 차림으로는 케임브리지 대학교의 사교 클럽에 출입할 수 없었다. 그도 그런 곳에 출입할 생각이 없었다. 그의 이런 옷차림새는 케임브리지 대학교의 교수가 되어서도 변하지 않았다. 1913년에 아버지가 사망하고, 그는 아버지의 유산을 물려받아 가장 부유한 유럽인 가운데 한 사람이 되었다. 하지만 그는 별로 유산에 관심이 없었다. 그래서 유산 가운데 일부를 라이너 마리아 릴케 등 예술가와 문인들에게 익명으로 기부했다.

비트겐슈타인은 케임브리지에서 다섯 학기를 보냈다. 그 후 1913년에 노르웨이의 한적한 피오르로 물러나 오두막을 손수 짓고 지냈다. 그는 케임브리지의 학자들에 둘러싸여 있으면 가장 근원적인 철학의 문제에 집중할 수 없다고 생각했다. 이 시기에 그는 근원적인 철학의 물음에 집중하며 자신의 생각을 스케치해두었다. 그러다 1차 세계대전이 일어나자 그는 평화주의자인 스승 러셀과 달리 오스트리아-헝가리 군대에 자원해서 입대했다. 우선 그는 포병대에서 행정 일을 맡았다. 그러나 그는 전쟁 행위와 떨어진 행정 일에 만족하지 못했다. 1916년에 그는 자원해서 루마니아 국경 근처에 있는 전선으로 갔다. 그렇다고 전쟁광은 아니었다. 그는 날마다 죽음을 가까이에서 목격하면서 죽음에 대해 고민했다. 이러한 고민은 전쟁이 끝나고 출간된 《논리-철학 논고》에도 그대로 남아 있다.

"죽음은 삶의 사건이 아니다. 죽음은 체험되지 않는다."

군대에 있는 동안 비트겐슈타인은 그의 철학적 단상들을 노트에 적어 배낭에 휴대하고 다녔다. 그는 노트들을 여러 번에 걸쳐 정리했고, 순서를 재조정하고 번호를 붙였다. 이 노트들은 1918년 8월에 완성되었으나, 그와 함께 포로 신세가 되었다. 몬테카시노의 포로수용소에서 그는 이 책을 러셀에게 보냈다. 1921년에 이 책은 독일어로 출판되었고, 곧이어 러셀이 서문을 쓴 독일어와 영어 대역판이 출간되었다.

라틴어로 된 낯선 제목의 이 《논리-철학 논고》는 논리적 실증주의와 분석적 언어철학의 토대가 되었다. 이 책에서 그는 수학 논문의 모범에 따라 일곱 개의 테제들을 다음과 같이 정리했다.

1. 세계는 일어나는 일의 모든 것이다. 2. 일어나는 일, 즉 사실은 사태들로 성립된다. 3. 사실들의 논리적 그림이 사고다. 4. 사고는 뜻을 지닌 명제다. 5. 명제는 요소 명제들의 진리함수다. 6. 진리함수의 일반적 형식은 $[\bar{P}, \bar{\xi}, N(\bar{\xi})]$이다. 이것이 명제의 일

반적 형식이다. 7. 말할 수 없는 것에 관해서는 우리는 침묵하지 않으면 안 된다.

일곱 개의 테제들을 보면 이해하기 어렵지만, 비트겐슈타인이 무엇을 주장하고 있는지를 엿볼 수 있다. 이 일곱 개의 테제들을 관통하는 것은 세계와 언어, 그리고 논리라고 하는 세 가지 커다란 주제들이다. 세계는 사실들의 총체이며, 사실들은 세계를 형성함에 있어 논리적 관계를 갖는다. 우리의 사고는 이런 사실들에 대한 논리적 그림을 그린다. 다시 말해 세계에 대해 우리의 사고는 논리적인 모사를 하는 것이다. 명제는 그러한 사고를 나타낸다. 언어는 이러한 명제들의 복잡한 연관이다. 이렇게 세계와 언어 사이에는 내적인 모사관계를 지니게 된다. 그런데 명제들은 '요소 명제들'로 환원된다. 요소 명제들은 단순 사태를 모사한다. 그리고 복잡한 명제들은 요소 명제들로 구성된다. 복잡한 명제들의 진리 값은 그 명제의 구성 요소인 요소 명제의 참과 거짓에 달려 있다. 요소 명제와 결합된 사태가 존재한다면, 그 진술은 참일 것이다. 《논리–철학 논고》의 마지막 중요한 테제는 언어의 차원을 넘어선 좀 더 깊은 차원의 세계를 다룬다. 이 세계는 언어로 모사되지 않는 종교적이며 신비한 세계다. 자아, 신, 세계의 의미 등등 신비스러운 것은 언어의 경계 밖에 놓여 있다. 그 세계에 대해 비트겐슈타인은 "말할 수 없는 것에 관해서는 우리는 침묵하지 않으면 안 된다."라고 말한다.

비트겐슈타인이 누이를 위해
건축한 집

죽은 삶을 사는 교수, 헛간에서 잠자는 멋진 정원사

비트겐슈타인은 전쟁이 끝난 후 톨스토이의 가르침에 따라 검소하고
소박한 생활을 하기로 결심했다. 그는 아버지로부터 물려받은 유산을
누이들과 주변의 모든 사람에게 나누어 주었다. 그러고 나서 1920년에
서 1926년까지 오스트리아 남부의 산골 마을로 가서 교사가 되었다.
그는 가구가 없는 아주 작은 방에 기거하며 철학자로서보다는 공학 엔
지니어로서 사람들에게 많은 도움을 주었다. 시골 공장의 증기기관이
나 주부들의 재봉틀을 고쳐주어 마을 사람들이 좋아했다. 학교에서는
새로운 학습 방법을 실험하기도 했다. 그는 마을 사람들에게 존경을 받
았다.

그러나 동료 교사들과는 사이가 좋지 않았다. 비트겐슈타인은 결국
교사직을 포기하고 잠시 수도원에서 보조 정원사로 일을 했다. 이때 그

의 잠자리는 연장을 보관하는 헛간이었다고 한다. 정원사 일을 그만둔 후, 그는 건축 양식에 관심을 가졌다. 2년 동안 그는 누이를 위해 초현대식의 건축 방식을 도입한 집을 설계했다. 집의 외관은 화려한 장식이 없이 실용적으로 설계되었다. 그래서 사람들은 그 집을 돌로 된 '논리-철학 논고'라고 부르기도 했다.

그러나 종이로 된 《논리-철학 논고》는 그사이 국제적인 고전이 되었다. 빈 대학교의 철학 교수인 모리츠 슐리크(Moritz Schlick, 1882~1936년)와 루돌프 카르나프(Rudolf Carnap, 1891~1970년) 등이 그를 찾아와 철학을 다시 토론하기 시작했다. 슐리크와 카르나프를 중심으로 한 철학자들과 과학자들의 그룹인 '빈 학파(Wiener Kreis)'의 사람들은 《논리-철학 논고》를 새로운 '과학' 철학의 성서로 여겼다. 이 '빈 학파'는 20세기 철학적 사조인 논리실증주의의 요람이었다. 논리실증주의는 오로지 경험에 토대를 두거나 수학적으로 그리고 논리적으로 정확한 형식을 가진 언표만 받아들였다.

비트겐슈타인은 1929년에 연구학생 신분으로 케임브리지에 돌아왔다. 《논리-철학 논고》가 박사 학위 논문으로 제출되었고, 러셀과 무어가 구술시험을 진행했다. 그는 학위를 받은 뒤 케임브리지의 특별연구원으로 강의를 했다. 그의 강의는 긴장도가 높았다. 강의라기보다는 학생들과의 대화에 가까웠다. 팔걸이가 있는 수수한 의자에 앉아서 그는 원고나 노트 없이 학생들에게 철학적 문제들에 대해 계속 질문을 해댔다. 그 질문은 자기 자신에 대한 질문이기도 했다. 그는 그런 질문에 대해 대답이 떠오르지 않거나 대답이 시원찮으면 이렇게 학생들에게 말하곤 했다.

런던 하이드 파크 스피커스 코너에서 연설하는 사람의 모습.
"언어는 공적이다." 비트겐슈타인에 따르면, 사적인 언어는 없다.

"나는 오늘 정말로 멍청하다. 자네들은 멍청이 선생을 두었네."

극도의 진지함과 최고조로 긴장된 집중력을 발휘해가면서 강의를 해 나갔기에 비트겐슈타인은 아주 강한 정신적 압박을 느꼈다. 그는 강의 가 끝나면 곧장 극장으로 달려가 정신적 압박을 해소하곤 했다. 영화를 보면서 철학 문제들을 잊어버리고자 했던 것이다. 그는 영화관 앞자리 에 앉아 파이를 먹으면서 서부영화를 즐겨 보았다. 그리고 탐정소설도 즐겨 읽었다. 케임브리지에서도 그의 생활은 매우 검소하고 소박했다. 안락의자나 독서용 전등도 없었으며, 벽에는 그림 한 점 걸려 있지 않 았다. 마치 금욕적인 수도승이 사는 방 같았다.

비트겐슈타인은 강의실에서 새로운 철학적 문제들에 집중하기 위해 최소한의 생활만 유지하는 것 같았다. 그렇게 그의 강의실은 긴장도가 높았다. 드디어 강의에 참여한 학생들의 입을 통해 그가 《논리−철학 논고》와는 다른 철학을 발전시키고 있다는 소문이 흘러 나왔다. 1933년에서 1934년까지 그가 행한 강의는 사유와 의미, 감각과 상상, 실재론과 관념론과 유아론에 대한 설명을 담고 있었다. 학생들은 이 강의 노트를 프린트해 돌려보기 시작했다. 이 노트는 《파란 책(The Blue Book)》으로 사후에 출간되었다. 비트겐슈타인은 그 다음 해에 언어와 게임의 비교 등을 담은 강의를 했다. 이때 그가 마련한 강의 노트도 사후에 《갈색 책(The Brown Book)》이라는 이름으로 출간되었다

비트겐슈타인은 케임브리지에서 지내다 1936년에 노르웨이로 건너가 그곳에서 1년간 체류했다. 거기서 그는 《철학적 탐구(Philosophische Untersuchungen)》를 집필하기 시작했다. 그 책에 담긴 내용은 이미 강의에서 논의된 것들이었다. 《철학적 탐구》는 사후에 출간되었지만, 비트겐슈타인의 후기 사상을 엿볼 수 있는 중요한 책이다. 그는 《논리−철학 논고》에서 철학의 본질적인 문제들을 해결했다고 확신했다. 그러나 그는 자신의 저서인 《논리−철학 논고》에 의심을 갖게 되었다. 그는 요소 명제의 참도 확신을 하지 못했다. 더 나아가 그림 이론도 문제로 삼았다. 《철학적 탐구》에서 그는 모든 언어적 표현은 그것이 놓여 있는 행위 맥락에 따라 좌우된다는 확신에 이른다.

"하나의 낱말이 어떻게 적용될지 알아챌 수가 없다. 사람들은 낱말의 사용을 눈여겨보고 그것으로부터 배워야 한다."

1939년에 비트겐슈타인은 조지 에드워드 무어의 후계자로서 케임브리지 대학교의 정교수에 임명되었다. 그러나 교수직을 맡기 전 2차 세계대전이 일어나 그는 다시 자원을 했다. 처음에는 병원에서 환자 수송

요원이 되었다가 나중에서는 의학연구소의 실험실 조수가 되었다. 전쟁이 끝난 후 그는 케임브리지 대학교로 돌아와 교수직을 맡았다. 그러나 그는 교수직을 2년 만에 그만두었다. 그는 교수 생활을 "살아 있는 죽음"이라고 묘사했다. 이제 그는 연구에만 헌신했다. 케임브리지를 떠나 아일랜드의 한적한 농장에서 지내다 골웨이의 바닷가 오두막집에서 살았다. 어부들은 그가 새를 잘 훈련시켰다고 했다. 그는 더블린에서 1948년에 《철학적 탐구》를 완성했다.

1949년에 비트겐슈타인은 미국으로 여행을 가 코넬 대학교의 제자 노먼 맬컴(Norman Malcolm, 1911~1990)을 방문했다. 미국 여행을 마치고 돌아왔을 때 그는 자신이 불치의 병인 암에 걸렸다는 것을 알았다. 생애 마지막 2년 동안, 그는 옥스퍼드, 케임브리지 친구들과 함께 마지막 힘을 다해 철학 작업에 매달렸다. 그가 마지막에 쓴 책은 《확실성(Über Gewiβheit)》(1969년)이라는 이름으로 출판되었다. 그는 1951년 4월 29일에 그의 의사 베번의 집에서 예순두 살의 나이로 세상을 떠났다. 그는 마지막으로 "아주 멋진 삶을 살았다고 말해주시오."라는 말을 남겼다.

비트겐슈타인은 20세기 철학이 '언어적 전환'을 하는 데 가장 큰 공을 세운 사람이다. 칸트가 인간의 확실한 인식을 규명하기 위해 인식 비판을 행했다면, 그는 의미에 관한 물음을 언어라는 매개체에 관한 물음을 통해 제기했다. 그에 의해 철학은 이제 '언어'가 중심이 된다.

22

메스키르히에서 온 마법사

—

마르틴 하이데거

M a r t i n   H e i d e g g e r

마르틴 하이데거(Martin Heidegger, 1889~1976년)는 나치인가? 하이데거를 언급할 때 항상 그의 '나치' 전력은 뜨겁고도 격렬한 논쟁의 대상이었다. 빅터 파리아스(Vitor Farías)가 쓴 《하이데거와 국가사회주의(Heidegger et le Nazisme)》라는 책이 1987년에 프랑스에서 출간되었다. 이 책은 하이데거가 처음부터 끝까지 반유대주의자이고 골수 나치였다고 주장한다. 이 책이 출간되자마자 프랑스에서는 새롭게 논쟁이 일었다. 하이데거가 골수 나치라면 그의 영향을 받은 프랑스의 현대 철학은

마코비츠, 마르틴 하이데거, 1968년

어떻게 평가해야 되는 것인가? 하이데거의 나치 전력에 대한 논쟁은 곧바로 그의 고국인 독일에서도 뜨거운 논쟁을 불러일으켰다.

사실 하이데거가 나치 당원으로 가입한 것은 잘 알려진 사실이다. 그는 1933년 5월 1일에 나치 정권 하의 프라이부르크 대학교 총장에 취임했다. 전임 총장이던 해부학 교수인 폰 묄렌도르프(Wilhelm von Möllendorff, 1887~1944년)는 유대인에 반대하는 현수막 게양을 금지했기에 나치 당국으로부터 취임 두 주 만에 파면을 당했다. 묄렌도르프는 당 간부가 총장이 되는 것을 막기 위해 하이데거가 차기 총장을 맡아주길 원했다. 대학 평의회에서는 기권 두 표를 제외하고 만장일치로 하이데거를 총장으로 선출했다. 총장으로 선출된 하이데거에게 나치 당국은 나치 당원으로 가입할 것을 촉구했다. 그는 상당히 숙고한 끝에 조건을 달아 입당했다. 입당 조건은 총장 재임 중이나 그 이후나 어떤 당 직에도 취임하지 않고 또 당을 위한 활동을 하지 않는다는 것이었다.

그러나 하이데거는 히틀러에 대해 상당한 호감과 희망을 갖고 있었 다. 그는 1933년 5월 27일에 '독일 대학의 자기주장(Die Selbstbehauptung der deutschen Universität)'이라는 제목의 총장 취임 연설을 했다. 이 취 임 연설에서 그는 민족을 위한 대학의 3대 봉사, 즉 노동·국방·지식의 봉사를 호소했다. 그는 연설 말미에서 수상으로 취임한 지 넉 달밖에 안 되는 히틀러 정권을 독일 민족 "부흥의 위대함과 장엄함"이라는 말 로 묘사했다. 그리고 〈독일 학생들에게 고함〉이라는 글에서는 총통 히 틀러만이 "오늘날과 미래의 독일의 현실이자 법칙"이라고 주장했다.

평생 지울 수 없었던 나의 오명, 나치 철학자

물론 하이데거는 극단적인 국수주의나 히틀러의 인종차별주의에는 전혀 동조하지 않았다. 그러나 나치즘에 대한 그의 기대와 평가에도 불 구하고, 그의 총장 재임 기간은 오래가지 못했다. 그는 유대인을 반대 하는 현수막을 게양하려고 하는 학생회장단과도 대립했다. 그리고 대 학 인사에 개입하려는 나치당의 압력에도 응하지 않았다. 1934년 2월, 그는 결국 총장직을 사임했다. 하이데거는 나치의 국가사회주의를 너 무 이상적으로 생각했고, 그에 대해 커다란 기대를 가졌다. 그러나 그 는 나치의 국가사회주의의 실상과 정체를 제대로 보지 못했다. 하이데 거는 1966년에 〈슈피겔〉과의 대화에서 그때 한 자신의 잘못을 고백했 다. 이 대화에서 그는 그 당시 나치의 국가사회주의가 민족 부흥의 돌파구가 될 것이라고 확신했다고 언급했다.

하이데거의 나치 전력은 평생 그에게 지울 수 없는 오명을 안겼다. 그는 2차 세계대전 종전 후 강의를 금지당하고, 대학에서 추방당했다. 그의 철학에 동의하지 않는 사람들은 하이데거를 비판하는 데 그의 나치 전력을 항상 인용했다. 그러나 나치 전력에도 불구하고, 그의 철학은 20세기 철학에 가장 많은 영향을 끼쳐왔다.

총장이 되어 나치당에 가입하지 않았더라면 하이데거는 사상가로서 교수로 더 많은 존경을 받았을 것이다. 한나 아렌트에 따르면, 그는 정식 교수가 되기 전부터, 그리고 그의 주저 《존재와 시간(Sein und Zeit)》이 출간되기 전부터 이미 '숨어 있는 사상계의 왕'이었다. 그리고 매번 하이데거의 세미나에 참석해 새로운 사유의 세계를 경험한 학생들은 그를 '메스키르히에서 온 마법사'라고 불렀다.

하이데거는 독일 슈바르츠발트 남쪽 지역 끝에 있는 작은 시골 마을 메스키르히에서 1889년 9월 26일에 태어났다. 아버지는 성 마르틴 교회의 성당 관리자이자 술 창고지기였다. 어릴 때부터 그는 영주의 장학금을 받을 만큼 공부를 잘했을 뿐만 아니라 수영, 철봉, 축구, 스키 등 스포츠도 잘했다. 그는 가톨릭교회로부터 교회 사제직으로 진출한다는 조건부로 재정적인 도움을 받았다. 1903년에 교회 장학금을 받아 콘스탄츠에 있는 김나지움 학교로 갔다가, 1906년에 프라이부르크에 있는 김나지움으로 옮겼다. 김나지움을 졸업하고 그는 약속대로 사제의 길을 걷기로 하고 예수회에 가입을 했다.

하이데거는 프라이부르크 대학교 신학부에 입학해 신학 공부를 시작한다. 그러나 그는 이 신학 공부를 시작한 지 2년 만에 중단하고 만다.

심장병 때문에 1911년 2월에 학업을 중단해야만 했다. 그는 운동을 너무 많이 한 때문이라고 그 이유를 설명했다. 그러나 가톨릭 신학 공부를 그만두고 싶은 심리적 요인도 컸다. 이때부터 그는 가톨릭 교리와 내적으로 거리를 두기 시작한다.

김나지움 시절에 하이데거는 이미 아버지의 친구에게 선물 받은 브렌타노의 〈아리스토텔레스에 의거한 존재자의 다양한 의미에 관하여(Von der mannigfachen Bedeutung des Seienden nach Aristoteles)〉라는 글을 읽고 철학을 공부하고자 하는 마음을 품었다. 그는 부모의 실망에도 불구하고 결국 철학 공부 쪽으로 방향을 돌린다. 1911년 겨울 학기부터 프라이부르크 대학교 철학과에 정식으로 등록했다. 그렇지만 그는 교회의 도움을 받아 공부해야 했기 때문에 '가톨릭 철학'을 중심으로 연구를 했다. 1913년에 《심리주의에서의 판단론(Die Lehre vom Urteil im Psychologismus)》으로 박사 학위를 취득한 후 중세 전성기의 기독교 철학에 집중했다. 1915년에는 중세 철학자 〈둔스 스코투스의 범주론과 의미론(Die Bedeutungs- und Kategorienlehre des Duns Scotus)〉에 관한 논문으로 교수 자격을 취득했다. 교수 자격 논문의 주심은 신칸트학파의 거장 하인리히 리케르트(Heinrich Rickert, 1863~1936년)였다. 교수 자격 취득 후 그는 1915년부터 프라이부르크 대학교에서 강사 생활을 시작했다. 그러나 1차 세계대전으로 첫 학기에서 1918년까지 민방위군에 동원되어 전시 업무를 수행해야 했다. 강의는 저녁에 진행해야만 했다. 전쟁으로 불안정한 생활을 했지만 하이데거는 그 속에서 인생의 반려를 찾았다. 1917년에 그는 자신의 강의를 듣던 육군 장교의 딸 엘프리데 페트리(Elfride Petri)와 사랑에 빠져 결혼을 했다.

1차 세계대전이 끝날 무렵인 1916년 여름 학기에 에드문트 후설 (Edmund Husserl, 1859~1938년)이 괴팅겐 대학교에서 프라이부르크 대학교로 옮겨왔다. 리케르트가 하이델베르크로 떠나고 후설이 오자 프라이부르크 대학교의 분위기도 신칸트주의에서 금세 현상학으로 바뀌었다. 대학생 시절에 하이데거는 이미 후설의 초기 주저인 《논리적 탐구(Logische Untersuchungen)》(1901년)를 도서관에서 2년 동안 계속해서 대출해 읽었다. 그는 1919년에 후설의 조교가 되었다. 이 무렵 그는 자기가 물려받은 전통적 신앙에 대해 철저하게 사상적으로 논파하면서 공식적으로 가톨릭교회와 작별한다. 그렇지만 신앙과 신학적 내용은 그의 사유 속에 지속적인 흔적으로 남아 있었다. '양심'과 '죄' 같은 기독교의 도덕적 개념들이 그의 철학의 밑바탕에 자리 잡고 있었다.

하이데거는 후설의 현상학에 매료되었다. 현상학은 그에게 새로운 철학적 탐구 방법이자 기초가 되었다. 후설은 철학의 관심을 그 근원들에로 되돌리고자 했다. 그래서 철학을 쓸데없는 아카데미 이론에서 해방시키고자 했다. 현상학의 구호는 "사실 자체로(Zur Sache Selbst)!"였다.

후설은 사태가 스스로를 드러낼 때까지 미리 갖고 있는 입장이나 선입견을 일체 배제하고자 했다. 그는 사태가 자신을 드러내는 대로 그것의 본질을 기술하고자 하는 입장을 취했다. 하이데거는 후설의 현상학에 매료되었다. 후설은 하이데거가 자신의 현상학을 계승 발전시킬 사람으로 기대했다. 당시 후설은 "현상학, 그것은 하이데거와 나다."라고 말할 정도였다.

칠흑 같은 문장들 사이에서 번개처럼 번뜩이던 사상

하이데거는 세계에 대한 인간의 근원적 조건들부터 탐구하라는 후설의 요구를 받아들였다. 물론 그는 자신의 관심사를 추구했다. 후설도 하이데거가 자신의 저작을 연구할 때부터 이미 그 자신의 방식으로 한다는 것을 알았다.

하이데거는 후설 이외에도 베르그송, 딜타이, 지멜, 셸러 등으로 대표되는 '생철학(Lebensphilosophie)'을 수용했다. 생철학은 생의 본질은 수학적이고 합리적이며 체계적인 과학적 방식으로 파악할 수 없고 직관과 체험을 통해 파악될 수 있다는 입장을 취했다. 그가 볼 때, 세계는 단지 의식의 대상으로 우리 앞에 서 있는 것이 아니다. 우리는 세계와의 연관 속에 이미 들어와 있다. 또한 세계와 그에 대한 우리의 이해 역시 역사성을 지닌 것이다. 그는 후설의 비역사적 방법과 형식적 논리성을 거부하고, 인간 현존재의 구체적 실존 분석의 방향으로 나아간다.

하이데거의 《존재와 시간》은 후설의 현상학적 방법에 크게 빚지고 있다. 그러나 그 책에는 하이데거 자신의 철학적 입장이 그대로 들어 있다. 그는 1927년에 출간된 《존재와 시간》을 후설에게 헌정했다. 그러나 후설은 《존재와 시간》에 대해 실망했다. 하이데거가 자신과 다른 철학의 길을 가고 있다고 생각했기 때문이다. 1931년 베를린 강의에서 그는 하이데거의 철학을 신랄하게 비판했다. 하이데거와의 사상적 단교인 셈이었다. 후설은 유대인이었다. 하이데거가 나중에 나치에 가입하자 후설은 하이데거와 인간적 관계마저 끊어버리고 말았다. 하이데거 역시 어려운 처지에 빠진 후설에게 별다른 도움을 주지 않았다.

하이데거는 스승 후설과 다른 새로운 스타일의 철학을 추구했다. 프라이부르크 대학교의 젊은 강사일 때부터 하이데거는 이미 자신만의 철학 스타일로 학생들 사이에서 스타였다. 학생들은 '사실'에 육박해가는 새로운 스타일의 강의에 빠져들었다. 한스 게오르크 가다머(Hans-Georg Gadamer, 1900~2002)는 그때 하이데거의 강의를 들은 경험을 이렇게 증언한다.

"칠흑 같은 문장의 구름들이 함께 몰려와서 그 구름 사이로 번개가 번뜩이면 이 번개는 우리를 반 혼수상태로 만들어버렸다."

1920년에 프라이부르크 대학교의 교수 자리에 결원이 생겼다. 후설의 강력한 천거와 높은 인기에도 불구하고, 하이데거는 프라이부르크 대학교의 교수로 임용되지 못했다. 그 대신 니콜라이 하르트만(Nicolai Hartmann, 1882~1950년)이 교수가 되었다. 그는 2년 뒤에 정교수는 아니지만 정교수 대우를 받는 원외 교수로서 마르크부르크 대학의 초빙을 받았다. 이곳에서도 그의 소문은 퍼져 있었다. 학생들은 하이데거를 '숨겨진 철학의 제왕' 또는 '메스키르히에서 온 마법사'로 부르면서 그를 따랐다. 그의 말투와 몸짓을 흉내 낼 정도였다. 이때 학생들 중에는 《생명의 원리(Das Prinzip)》를 쓴 한스 요나스(Hans Jonas, 1903~1993년)도 있었고, 《전체주의의 기원(The Origins of Totalitarianism)》을 쓴 정치철학자 한나 아렌트도 있었다. 한나 아렌트는 당시 열여덟 살의 어린 여학생으로 하이데거의 강의를 들었다. 어리고도 총명한 이 한나 아렌트에 하이데거는 사랑을 느꼈다. 누가 이 총명하고도 매력적인 여인을 거부할 수 있을까.

이내 한나 아렌트와 하이데거는 연인관계로 발전하게 되었다. 두 사람의 관계는 1924년에서 1928년까지 4년 동안 지속되었다. 그러나 아렌트는 기혼자인 하이데거와의 사랑이 이루어질 수 없음을 깨닫고 괴로워했다. 그녀는 하이데거의 소개로 하이델베르크의 카를 야스퍼스(Karl Theodor Jaspers, 1883~1969년)에게 갔다. 아렌트는 결국 야스퍼스에게서 박사 학위를 받았다. 야스퍼스는 1920년 프라이부르크에서 하이데거를 알게 된 후 그와 의기투합하여 강단철학에 대항하는 철학적 동지관계를 형성했다.

유대인인 아렌트는 하이데거가 나치에 가담하면서 크게 실망하고, 그와의 관계를 단절했다. 나치의 박해를 피해 아렌트는 1933년에 프랑스로 도피했다가 미국으로 망명했다. 하이데거는 하르트만이 쾰른 대학교로 옮겨가고 난 후 공석이 된 프라이부르크 대학교수 자리를 얻기 위해 《존재와 시간》을 집필했다. 이 저서는 1927년 4월에 후설이 편집하는 〈철학과 현상학 연구를 위한 연보(Jahrbuch für Philosophie und phänomenologische Forschung)〉의 8권으로 발간되었다. 이 책에는 '존경과 우정으로 에드문트 후설에게 바침'이라는 헌사가 실려 있었다.

그러나 나치 시대에 하이데거는 후설에 대한 이 헌사를 지워버렸다. 이 책이 출간되지 못할 수도 있다는 출판사의 요청 때문이었다. 그는 각주에 헌사를 넣었다. 비록 각주에 표시했다고는 하지만, 그의 행위는 비겁하게 여겨졌다. 하이데거는 원래 《존재와 시간》을 두 권으로 완성할 생각이었으나 1권밖에 쓰지 못했다. 《존재와 시간》은 미완성 작품이었다. 그렇지만 이 책은 하이데거에게 당대의 가장 대표적인 철학자라는 명성을 가져다주었다. 이 책에서는 '불안', '걱정', '배려', '죽음' 등과 같이 철학에서 오래전에 사라진 주제들이 새롭게 등장했다.

《존재와 시간》은 독자에게 아무 생각 없이 사는 일상으로부터 벗어나 자기의 실존을 의식적으로 실현해야 한다는 강렬한 요구이자 외침을 담고 있다.

《존재와 시간》은 존재의 물음을 새롭게 문제 삼으며 '기초존재론(Fundamentalontologie)'이 되고자 한다. '기초존재론'의 출발점은 현존재로 파악된 인간에 대한 분석이다. 인간은 나무나 돌과 같이 단순하게 존재하지 않는다. 인간은 스스로의 존재를 문제 삼는 유일한 존재다. 이런 의미에서 하이데거는 인간을 '현존재(Dasein)'라고 부른다. 그는 인간이라는 현존재를 통해 '존재'를 이해하고자 시도한다. 인간은 존재의 일부이며, 인간의 자기 이해 속에는 이미 자신의 '존재'에 대한 이해가 들어 있기 때문이다.

인간은 의식적이든 무의식적이든 자신의 존재 방식에 회의를 품으면서 진정한 존재 방식을 희구한다. 그리고 그러한 존재를 실현하기 위한 가능성을 본질로 갖고 있다. 하이데거는 자신의 본래적인 존재 가능성을 실현하고자 하는 인간을 '실존(Existenz)'이라고 부른다. '실존'은 존재를 사물의 배후나 바깥에서 찾으려 하는 것이 아니라 인간의 본래적인 자기실현 속에서 찾는다.

"실존은 스스로를 실현시켜 '본래성'의 양태로 있거나 자신의 선택을 남에게 맡겨 '비본래성'의 양태로 있다."

그런데 인간의 자기실현은 인간 현존재의 근본 구조와 관련이 있다. 하이데거는 인간 현존재의 근본 구조를 '세계-내-존재(Sein in der Welt)'라고 요약한다. 인간은 세계 속에서 사물들 그리고 다른 인간과 관계를 맺고 살아간다. 하이데거에 따르면, 세계는 인간과 독립된 객관의 대상이나 관찰의 대상이 아니다. 세계는 인간이 그 안에 들어가 살고 있는 친숙한 세계이자, 인간이 자신의 의미를 획득하는 의미 연관의 전체다.

익명의 대중으로 타락한 인간, 다시 존재의 빛이 되다

인간은 그러한 세계 속에서 자기실현을 꾀하기도 하며, 적당히 묻혀 살기도 한다. 이 점에서 하이데거는 본래적, 비본래적 존재 방식을 구분한다. 비본래적 존재 방식은 하이데거가 중립적인 인간을 뜻하는 'das Man(세인世人)'이라고 한 익명의 대중처럼 살아가는 것이다. 비본래적 존재 방식이란 대중이 행하는 바에 따라 자신을 이해하고, 대중의 평균성과 일상성 속에서 살아감으로써 타인이 자신의 존재를 떠맡게 내버려두는 것이다. 하이데거는 이러한 비본래성을 '대중으로의 타락'이라고 불렀다. 그는, 인간은 이러한 비본래적 존재 방식에서 벗어나 자기실현을 위한 '본래성'을 회복해야 한다고 주장한다. 비본래성에서 벗어날 수 있는 것은 죽음에 대한 앞선 의식을 통해서다. 죽음은 누가 대신할 수 없다. 자신의 죽음 앞에서 인간은 대중 속으로 숨을 수도 없다. 죽음 앞에서 인간은 홀로다. 그는 자기 자신과 직명하게 된다. 하이데거는, 인간은 불안이라는 근본적인 기분을 통해 자신이 죽음에 내던져져 있다는 것을 체험한다고 말한다. 불안을 통해 삶이라고 하는 자명한 사실이 흔들리고, 죽음의 가능성과 무가 나타난다. 그러한 불안 속에서 인간은 자신이 죽음을 향한 존재라는 것을 경험한다. 그러나 다른 한편으로 그런 경험 속에서 인간은 진정한 자기 자신과 만나게 되며, 자신의 존재 가능성을 발견하게 된다.

하이데거는 죽음에 대한 의식이 우리 자신의 실존을 파악하게 하고, 세인이나 인습들, 사소한 것에 매달리지 않는 자기 자신만의 삶을 기획하고 결단하게 만든다고 한다. 그는 '양심의 부름'이라는 말도 사용하는데, 양심은 자신의 고유한 존재 가능성을 깨닫게 하는 내면의 소리기도 하다.

하이데거는 시간성에 의한 현존재의 자기 이해로부터 존재의 물음을 규명하고자 한다. 영원하고 변하지 않는 존재, 또는 변하지 않으며 시간에 의존하지도 않는 척도를 지향하는 삶은 그에게 더 이상 존재하지 않는다. '존재'와 '시간'은 밀접하게 연관을 맺고 있다. 그러나 《존재와 시간》에서는 존재와 시간의 연관이 정확하게 어떻게 설명될 수 있는지 더 이상 들을 수 없다. 하이데거는 《존재와 시간》을 다음과 같은 물음과 함께 중단했기 때문이다.

"어떤 길이 근원적인 시간에서부터 존재로 인도하는가? 시간 자체가 존재의 지평으로 나타나는가?"

인간의 자기실현을 외치는 하이데거의 《존재와 시간》은 출간되자마자 엄청난 영향력을 발휘했다. 실존철학을 이론적으로 기초하고 있는 이 작품은 무엇보다 독일과 프랑스에서 엄청난 반향을 불러일으켰다. 장 폴 사르트르는 《존재와 시간》의 영향을 받아 《존재와 무(L' Être et le néant)》(1943년)를 썼다. 사르트르가 행한 '실존주의는 휴머니즘이다'라는 강연은 유럽에서 실존주의를 크게 유행시켰다. 하이데거는 〈휴머니즘에 관한 서한(Brief über den Humanismus)〉에서 자신의 철학은 존재철학이지 실존주의가 아니라며 강하게 불만을 표시했다. 〈휴머니즘에

에드바르 뭉크, 〈절규〉, 1893년. 이 작품은
인간 존재의 근원적 불안을 잘 표현하고 있다.

관한 서한〉은 프랑스 철학자 장 보프레(Jean Beaufret, 1907~1980년)의
질문에 대한 대답으로 이루어진 소책자다. 장 보프레는 1946년 9월 12
일에 하이데거를 방문해 단도직입적으로 무엇이 존재인가 하는 질문을
던졌다. 하이데거는 그해 11월 23일자로 된 긴 서한, 즉 〈휴머니즘에
관한 서한〉을 보냈다.

　이 서한에서 하이데거는 인간의 인간성, 즉 휴머니즘을 이해하기 위
한 역사적 이해와 인간을 만물의 영장으로 규정하는 생물학적인 이해
와도 거리를 둔다. 그는 《존재와 시간》에서 인간 현존재의 본질 또는
실체로서 규정한 '실존(Existenz)'에 대해서도 다른 견해를 취한다. 그
는 인간을 탈존(Ek-sistez), 또는 탈존적 본질(ek-statisches Wesen)로 파
악한다. 탈존은 인간이 존재의 진리에로 나와 서 있음을 뜻한다. 인간

의 참다운 본질은 '현존재의 자기 이해'가 아니라, 존재와의 관련 속에서 이해된다. 그는 《존재와 시간》에서 존재의 이해를 현존재의 자기 이해로부터 출발해 이해하고자 한다. 그러나 그는 그러한 접근 방식이 어렵다는 것을 알고 전회(Kehre)를 한다. 전회 이후에 그 존재 자체가 스스로를 드러내는 방식으로 존재를 이해하고자 한다. 그 존재가 어떻게 자신을 드러내고 감추는가에 더 관심을 기울인다. 그는 존재를 통해 인간과 유한한 전체 현실을 고찰하고자 한 것이다.

> 존재가 나타나는지 어떤지, 존재가 어떻게 나타나는지, 어떻게 신과 신들, 역사와 자연이 존재의 빛으로 들어가며 어떻게 현존하고 부재하는지는 인간이 결정하는 것이 아니다. 존재자의 도래는 존재가 역사적으로 보내진 것에 기인한다.

하이데거는 자신의 사상적 전회를 이 소책자에서 처음으로 글로 나타냈다. 그러나 그의 전회는 이미 1930년경에 행한 강연 '진리의 본질에 대해서(Vom Wesen der Wahrheit)'부터 전개되기 시작했다.

그렇다면 인간의 본질을 이해하기 위해 하이데거가 말하는 존재란 무엇인가? 그는 존재와 존재자(존재하는 것)를 구분한다. 존재를 존재자처럼 대상적으로 생각해서는 안 된다. 존재자는 개별적 존재자가 아니라 모든 존재자의 지탱하는 근거, 모든 것을 지배하는 존재의 의미다. 하이데거는 존재를 빛에 비유한다.

"존재 자체는 빛인 반면, 그 빛으로 현존재를 나타나게 하는 것은 '존재자'다."

하이데거가 걷던 들길 초입의 보리수나무

존재의 빛이 없으면 당연히 존재자는 드러날 수가 없다. 하이데거는 존재는 각 시대마다 다르게 드러난다고 말한다. 존재자가 나타나는 방식은 존재의 역사가 진행되면서 변모된다. 존재가 어떻게 빛을 비추느냐에 따라 존재자의 진리가 드러나며 또 가려지기도 한다.

"이러한 빛만이 우리 인간에게 존재자로 가는 통로를 선사하며 보증한다. ······ 이러한 빛의 덕분으로 존재자는 어느 정도 변화하더라도 은폐되어 있지는 않다."

존재는 각각의 역사적 시기마다 존재자와 인간을 상이하게 드러내주고 있다. 그리스인들이나 중세인들은 존재를 현대인과 다른 어떤 것으로 파악하고 있었을 것이다. 전회 이후 하이데거의 작업은 시대마다 드러난 존재의 역사를 파악하는 존재사 탐구가 주된 작업이 된다. 하이데거는 존재자의 진리인 존재를 '비은폐성'으로 파악한다. 하이데거는 존재로 가는 길은 언어를 매개로 열린다고 한다. 그는 〈휴머니즘에 관한 서한〉에서 언어란 "존재로 하여금 스스로 빛을 발하면서 말을 하도록 하는 매개체"라고 한다. 그래서 그는 "언어는 존재의 집이다."라고 정의한다.

신이 떠나버린 세계의 밤, 들길의 사유를 하다

하이데거는 현대를 '존재 망각'의 시대라고 한다. 그는 횔덜린의 시구를 인용해 '현대'를 "신이 멀리 떠나버린", "세계의 밤"이라고 비유한다. 여기서 신은 세계의 의미를 밝혀주던 근거이자 빛이었으나, 이제 그런 신이 떠나자 세계는 캄캄해져버린 것이다. 이 말을 좀 더 쉽게 설명해보자. 소중한 사랑하는 사람이 갑자기 죽었을 때, 우리는 삶의 의미를 상실할 것이고, 환한 대낮일지라도 세상이 캄캄하다고 느낄 것이다. 그것은 그런 사람에 대한 사랑이 우리의 존재 의미를 밝혀주었기 때문이라고 할 수 있다. 하이데거는 '세계의 밤'의 시대에 시인에 주목한다. 시인은 촉수가 예민한 곤충처럼 어둠 속에서 신의 흔적을 더듬으며 찾아간다. 그렇게 시인은 의미를 발견해 우리에게 시로 전달해준다. 하이데거에 따르면, 언어에서 존재의 현존은 무엇보다도 '시'의 근원적인 말함에서 드러난다.

시인이 존재의 부름에 귀를 기울여 그것을 시라는 언어를 통해 나타낸다면, 철학자는 그런 시를 해석하고 존재의 의미를 발견하는 자다. 실제로 하이데거는 휠덜린의 시의 해석을 통해 그런 작업을 했다. 하이데거는 현대는 존재를 망각하고 존재의 이해 방식을 '기술'로 보고 있다고 주장한다. 그에 따르면 인간과 모든 존재자는 기술의 지배 하에 놓여 있다. 인간과 모든 존재자는 기술에 의해 닦달당하며, 생산과 사용을 위한 에너지 자원으로 전락한다. 그는 《기술과 전향(Die Technik und die Kehre)》(1953년)에서 이렇게 말한다.

> 우리는 어느 한 지역을 석탄과 광석을 캐내기 위해 도발적으로 굴착한다. 지구는 이제 한낱 채석장으로, 대지는 한낱 저장고로서 탈은폐될 뿐이다. 농부들이 예전에 경작하던 밭은 그렇지 않았다. 그때의 경작은 키우고 돌보는 것이었다. 농부의 일이란 농토에 무엇을 내놓으라고 강요하는 것이 아니라 씨앗을 뿌려 싹이 돋아나는 것을 그 생장력에 내맡기고 그것이 잘 자라도록 보호하는 것이었다. 그러나 오늘날의 농토 경작은 자연을 닦아 세우며 이전과는 다른 종류의 경작 방법 속으로 흡수되어버렸다.

하이데거는 기술 지배의 시대에서 기술의 본질을 인식하고 인간의 위험을 직시한다. 그는 존재와의 해후를 '섬광처럼 번뜩이는 사건'이라고 말한다. 그는 인간이 일상적 자기 자신에서 벗어나 참다운 존재의 소리를 들을 태세가 되어 있다면 이러한 존재 망각의 시대는 종말을 고할 것이라고 말한다. 하이데거의 후기 사상은 분명 신비하기도 하고 모호한 측면도 많다. 칼 포퍼는 하이데거처럼 모호한 표현을 사용하여 명료한 이해와 분명한 반박을 불가능하게 하는 것은 부정직한 짓이라고 말했다. 그러나 그는 우리에게 '존재의 이해'를 통해 우리 시대의 본질과 우리가 잃어버린 원래의 존재 의미를 일깨워주고자 했다.

하이데거는 2차 세계대전이 끝난 1946년에 강의를 금지당했다. 그러나 연구는 계속할 수 있었다. 1947년에 프랑스 군정당국은 하이데거와 나치의 관계를 '복종 없는 동행자'라고 결론지었다. 하이데거는 토트나우베르크의 산장에서 보내며 계속 철학적 작업을 진행했다. 1951년에 하이데거는 바덴 주 당국에 의해 복권되었다. 그는 수많은 강의와 강연을 했고, 많은 책을 썼다. 그가 죽기 직전에 시작된 전집 간행은 100권 이상이 될 것으로 예고되었다. 하이데거는 죽기 직전인 1966년에 〈슈피겔〉과의 대화에서 나치와의 관계는 잘못된 것이었다고 후회했다. 그리고 스승 후설을 돕지 못한 것에 대해서도 용서를 구했다고 밝혔다. 사상으로서는 거인이었지만 그 역시 인간으로서 흠결 많고 약한 존재였다.

1976년 5월, 하이데거는 프라이부르크의 자택에서 심장마비로 세상을 떠났다. 그가 마지막으로 속삭이듯 남긴 말은 "감사한다!"였다.

하이데거는 평생 들길의 사유를 통해 존재의 진리를 전달하고자 했다. 그는 '들길'을 통해 자신이 어떻게 사유해왔는지 시적인 문체로 밝힌 적이 있었다. 그것은 겸허하게 들길의 소리를 듣는 것이었다.

들길은 호프가르텐 성문에서 시작하여 엔리트 쪽으로 뻗어 있다. 성의 정원에는 고령의 보리수가 서 있다. 들길은 부활절 즈음에는 피어나는 싹들과 깨어나는 목장 사이에서 밝게 빛나고, 성탄

일 즈음에는 눈보라 속에서 가장 가까운 언덕 뒤로 사라진다. 그러나 보리수는 언제나 성벽 너머로 들길을 바라본다. 들길에는 십자가가 서 있고, 들길은 이 십자가에서 숲 쪽으로 구부러진다. 들길은 숲 자락을 지나면서 거기 서 있는 키 큰 떡갈나무에게 인사를 한다. 떡갈나무 밑에는 거칠게 만든 긴 의자가 있다. 그 의자 위에는 가끔 위대한 사상가들의 이런저런 글이 놓여 있었고, 젊은 시절 나는 곤혹스러워하면서 그들에 담긴 수수께끼를 풀려고 애썼다. 수수께끼들이 몰려들어 어떠한 출구도 보이지 않을 때 들길이 도와주었다. 들길이 넓게 펼쳐진 거친 들판을 통과하는 구불구불한 좁은 길 위에서 조용히 발길을 인도했기 때문이다.

글을 읽든 홀로 사색을 하든 사유하는 자는 항상 들판을 통과하면서 이어지는 좁은 길 위를 걸었다. 아침 일찍 풀을 베러가는 농부의 발걸음에 가까이 있었던 것처럼, 들길은 사유하는 자의 발걸음에 항상 가까이 있었다.

23

볼테르를 체포할 수 없다

장 폴 사르트르

Jean-Paul Sartre

거리에서 키 작은 한 노인이 신문을 나누어주고 있었다. 그것은 마오 이스트 성향의 신문 〈인민의 대의〉였다. 이 노인은 이 신문의 편집자로 이미 경찰의 출두 명령을 받고 있었다. 그러나 이 노인은 경찰에 체포 되기 위해 길거리에서 직접 신문을 판매했다. 경찰이 곧 이 노인을 체 포하려 했고, 노인은 서슴지 않고 이른바 '닭장차'에 올랐다. 그러나 그 노인은 곧바로 풀려났다.

'전문 시위꾼'인 이 노인은 프랑스가 낳은 유명한 철학자 장 폴 사르

장 폴 사르트르

트르(Jean-Paul Sartre, 1905~1980년)였다. 그는 과거에도 여러 차례 시위를 벌인 적이 있었다. 모국 프랑스에 반대해 알제리 해방을 지지했다. 그는 '알제리 전쟁에 있어서의 불복종의 권리'를 내세운 '121인의 선언'에 서명했다. 사르트르에 반대하는 재향군인회가 데모를 하며 불복종죄로 사르트르를 체포하라고 요구했다. 당시 이 소식을 들은 샤를 드골(Charles André Joseph Marie de Gaulle, 1890~1970년) 장군은 그에 대해 "볼테르를 체포할 수 있는가."라고 묻고 풀어주었다고 한다.

드골의 배려 덕분에 사르트르는 기소는 면했지만 그의 아파트에는 폭탄 세례가 이어졌다. 다행히 그는 그전에 다른 곳으로 이사해 화를 면할 수 있었다. 폭탄 세례가 있었지만, 그는 현실에 대한 발언과 참여를 멈추지 않았다. 그는 프란츠 파농(Frantz Fanon, 1925~1961년)의 《대지의 저주받은 사람들(The Wretched of the Earth)》의 서문에서 유럽의 제국주의를 고발하고, 제3세계를 강력하게 옹호했다. 1965년에는 미국의 베트남 침공에 대해 미국을 방문하지 않겠다고 선언하고, 거리에서 시위를 벌인 적도 있었다. 1966년에는 러셀과 함께 베트남에 대한 미국의 범죄를 고발하기 위해 국제재판정을 열기도 했다. 파리에서 발생한 1968년 5월 혁명에서 학생들을 지지하고 시위를 주도했다. 그러나 드골의 발언으로 그는 체포되지 않았다.

키 작은 사팔뜨기, 책으로 세계와 만나다

사르트르는 드골의 정치적 입장을 줄곧 적대해왔다. 통렬한 비판의 글을 쓰기도 하고 발언도 했다. 그런 사르트르를 드골은 프랑스 지성의

사르트르를 따라다니는 프랑스 경찰

상징이자 양심인 '볼테르'로 선언했다. 프랑스 정부의 이미지를 고려한 조치였다. 이 선언으로 사르트르는 치외법권적인 존재가 되었다. 〈누벨 옵세르바퇴르(Le Nouvel Observateur)〉의 기자 장 모로(Jean Moreau)는 시위대 전면에 섰던 시몬 드 보부아르(Simone de Beauvoir, 1908~1986년), 사르트르와 함께 경찰에 연행된 적이 있었다. 그는 보부아르와 사르트르의 신분을 확인한 경찰이 어떤 제재도 없이 이들과 함께 연행된 시위대를 풀어주는 것을 목격했다. 이에 장 모로는 사르트르와 보부아르를 바람막이로 해서 '낙태 선언 343인'이라는 더 큰 시위를 준비하기도 했다.

드골이 '치외법권'적 존재로 인정한 이 사르트르는 누구인가? 사르트르는 1905년 6월 21일 파리에서 출생했다. 아버지는 프랑스의 해군 장교였다. 그러나 그가 15개월 되었을 즈음, 아버지는 베트남 파견 때 걸린 열병으로 사망했다. 이로 인해 그는 외조부 집에서 자랐다. 외조부 찰스 슈바이처(Charles Schweitzer)는 노벨평화상을 받은 알베르트 슈바이처(Albert Schweitzer, 1875~1965년)의 작은아버지였다. 어머니와 슈바이처가 사촌 지간이므로, 그에게 슈바이처는 외당숙이다. 두 사람 사이에는 별로 접촉이 없었다. 그러다 1962년에 사르트르의 아파트가 테러를 당하자 슈바이처가 그에게 편지를 보내 위로해주었다. 그리고 사르트르가 반핵운동을 벌일 때 슈바이처는 전폭적인 동감을 표시했다. 슈바이처의 작은아버지, 다시 말해 사르트르의 외조부는 고등학교 독일어 교사였다. 외조부는 어린 사르트르에게 수학과 고전문학을 가르쳐주었다.

사르트르는 외조부의 서재에 가득 찬 책들을 통해 세계를 발견했다. 키가 작고 사팔뜨기였던 그는 같이 놀 친구보다 할아버지의 서재에서 책을 읽고 글을 쓰는 것을 더 좋아했다. 만년에 쓴 자전적 소설 《말(Les mots)》에서 그는 어린 시절에 대해 이렇게 회상한다.

"내가 세계를 만난 것은 책 속에서였다. …… 나는 나의 종교를 발견한 셈이었다. 책보다 더 중요한 것은 없다고 생각했으니까."

사르트르는 파리에 있는 앙리 4세 리세(중·고등학교)에 들어갔다. 얼마 뒤 어머니가 재혼을 하고 나서는 라로셸로 옮겼다. 외조부의 서재에서 보냈던 나르시시즘적인 자기 행복은 어머니가 재혼하면서 깨지고 말았다. 사르트르는 라로셸에서 보낸 시기를 "내 평생 최악의 시기"였다고 말했다. 이 시기에 사르트르는 이른바 사춘기를 겪은 것 같다. 어머니의 재혼으로 배신감을 느꼈고, 의부와 겉으로는 사이가 좋았지만 속으로는 거리를 두었다. 자기가 사팔뜨기에 못생겼다는 것을 느닷없이 깨닫고 불안해하기도 했다. 그리고 신이 존재하지 않는다고 단정하고, 이러한 생각을 죽을 때까지 바꾸지 않았다.

사르트르가 문학이 아니라 철학을 전공하기로 결심을 굳힌 것은 1922년쯤에 앙리 베르그송의 《의식의 직접적 소여에 관한 시론(Essai sur les données immédiates de la conscience)》를 읽은 다음부터였다. 그는 계시를 받는 듯한 충격적인 경험을 다음과 같이 말한다.

"철학이란 진실을 가르쳐주니 정말로 대단한 것이로구나 하고 나는 생각했다. …… 한 권의 책이 되어 하늘로부터 떨어진 진실 앞에서 나는 생각했다. 또 다른 진실들이 떨어지게 해야겠다고."

1924년에 사르트르는 수재들만 모이는 전통의 명문학교 파리 고등사범학교(Ecole Normale Superieure)에 입학한다. 그는 4년의 재학 기간 동안 강의에 거의 참석하지 않았다. 그 대신 모리스 메를로퐁티(Maurice Merleau-Ponty, 1908~1961년), 레이몽 아롱(Raymond Aron, 1905~1983년), 조르주 캉길렘(Georges Canguilhem, 1904~1995년), 장 이폴리트(Jean Hyppolite, 1907~1968년), 어린 시절부터 절친한 친구인 폴 니장(Paul Nizan 1905~1940년) 등과 함께 시간을 보냈다. 그는 고등사범학교 시절을 "입학 첫날부터 독립의 시작이고 4년간의 가장 행복한 시기"였다고 회상한다.

그러한 대가일까? 1928년 그는 교수 자격시험에서 낙방을 하고 만다. 너무 독창적인 생각 때문에 낙방했다고 그는 생각했다. 낙방의 결과로 친구 사촌 누이동생과의 약혼이 취소되었다. 미래의 장인이 될 뻔한 사람이 고등사범학교 졸업생이었는데, 낙방한 사람에게 딸을 줄 수

카페에서 토론하는 사르트르와 보부아르, 1970년

없다는게 이유였다.

사르트르는 다음 해에 다시 교수 자격시험을 준비하면서 보부아르를 만났다. 둘 사이는 급속도로 가까워졌다. 두 사람은 상호 간의 자유와 사랑을 동시에 실현시킬 수 있는 2년간의 계약 결혼에 들어간다. 이 계약 결혼은 파격적인 것이었다. 2년간의 계약 결혼 후에 두 사람은 평생 반려가 된다. 교수 자격시험에서 사르트르는 수석을, 보부아르는 차석을 차지했다. 사르트르는 1929년 11월부터 생시르 육군사관학교에서 기상관측병으로 18개월 동안 군 복무를 했다. 병역을 마친 후, 르아브르 소재 고등학교에 철학교수로 발령을 받았다. 이때 그는 보부아르와의 정식결혼을 고려했으나, 결혼 제도가 자유를 제한하는 부르주아의 제도로 보여 포기하고 말았다.

1933년 9월에 사르트르는 베를린에 있는 프랑스 연구소에서 1년 동

사르트르와 프랑스 지식인들의 캐리커처

안 연구원 생활을 시작한다. 그는 후설을 연구했다. 베를린에서 돌아와 그는 《자아의 극복(Transcendance de l'Ego)》(1934년)과 《상상력(L'Imagination)》(1936년)을 출간했다. 이 책은 당시 그가 현상학에 심취해 낳은 저술이었다.

1937년에 사르트르는 파리에 있는 학교로 옮기게 된다. 보부아르는 1년 전에 이미 파리에 와 있었다. 그들은 몽파르나스 거리의 같은 호텔에 기숙했다. 그러나 그들은 같은 층에 있는 방을 사용하지 않음으로써 자유와 사랑을 동시에 실현시킨다는 당초의 목표를 지켜 나갔다. 이해에 사르트르는 단편소설 〈벽(Le Mur)〉(1939년)을 발표했다. 〈벽〉은 대중들과 비평가들의 호응을 받았다. 다음 해에 첫 장편소설 《구토(La Nausée)》(1938)가 발표되었다. 《구토》는 1931년부터 구상한 소설이었다. 1936년에 원래 뒤러의 작품에서 따온 '멜랑콜리아'라는 이름으로 갈리마르 출판사에 투고했지만 출간되지 못했다. 제목을 바꾸고, 많은 부분을 삭제하고 수정해달라는 출판사의 요구를 들어준 다음에 출판할 수 있었다. 존재론적 우연성의 체험을 그대로 기술한 이 작품은 그를 작가로서 유명하게 만들었다. 노년의 사르트르는 이 소설이 자기의 최고 작품이라고 스스로 평가했다.

이 소설의 주인공 앙트완 로캉탱은 뚜렷한 직업 없이 18세기 기인 롤르봉에 대한 연구를 한다. 그가 부빌르라는 도시에서 일기를 쓰는 형식으로 이 소설은 구성되어 있다. 로캉탱은 자신의 존재를 드러내는 것이 사유가 아니라 오히려 구토라는 것을 발견한다. 구토를 통해 그는 실제로 존재의 부조리를 발견한다. 왜 존재해야 하는가에 대한 대답을 할 수 없는 채 존재할 수밖에 없는 이 근본적인 부조리!

우리는 자신을 주체하지 못하고 거북해하는 수많은 존재들 가운데 있다. 우리는 너 나 할 것 없이 어느 누구도 거기에 있어야 할 하등의 이유가 없다. 당황하고 막연히 불안해하는 존재들은 다른 존재들에 비해 자신을 잉여존재라고 느낀다. …… 부조리란 말이 지금 내 펜 끝에서 태어난다. …… 그리고 아무것도 말로 분명하게 표현하지 못한 채, 나는 '존재'의 열쇠를, 내 '구토'의 열쇠를,

나 자신의 삶의 '열쇠'를 찾았다는 것을 깨달았다. 사실 그 후에 내가 파악할 수 있었던 모든 것은 이 근본적인 부조리로 귀결된다.

이 부조리한 세상을 더욱 부조리하게 만든 것은 2차 세계대전이었다. 그러나 2차 세계대전은 사르트르에게 결정적 전기가 된다. 그는 2차 세계대전을 통해 인간의 정치적 행위에 대해 눈뜨게 된다. 그는 1939년 9월에 참전했다가 1940년에 독일군의 포로가 된다. 그리고 1941년에 수용소를 탈출하여 파리로 돌아온다. 파리에서 다시 철학 교수로 복직한 그는 메를로퐁티와 함께 '사회주의와 자유'라는 비밀 저항 운동 단체를 조직하여 레지스탕스 활동을 한다.

타인은 지옥이다

독일 치하인 1943년에 사르트르는 유명한 희곡 《파리 떼(Les mouches)》를 발표한다. 《파리 떼》를 무대에 올리기 위한 총연습 때 그는 알베르 카뮈(Albert Camus, 1913~1960년)와 알게 되어 곧 가까운 사이가 된다. 이미 그는 카뮈가 쓴 《이방인(L'étranger)》(1942년)에 대한 글을 쓴 적도 있었다. 카뮈도 사르트르처럼 문학과 철학을 함께 추구했다. 그와 카뮈는 프랑스 실존주의를 상징하는 대표적 인물이 된다.

그러나 두 사람 사이에 날카로운 논전이 벌어진다. 카뮈가 《반항적 인간(L'homme révolté)》(1951년)이라는 책을 내자 그것을 사르트르 진영에서 공격한다. 사르트르가 주도한 〈현대(Les Temps Modernes)〉 지에 프랑시스 장송이 카뮈가 혁명을 부정하는 반공적 보수주의라고 평가한 것이다. 사르트르는 우정 때문에 카뮈에 대한 논평을 보류한다. 그러나 카뮈는 자신에 대한 논평이 오직 역사만 믿는 폭력주의자들의 설교라고 사르트르에게 직접 공격을 한다. 그러자 역사를 위한 투쟁을 거부한다는 것은 현상 유지를 바라는 것이라는 사르트르의 날카로운 반격이 가해진다. 그렇게 두 사람은 결별을 한다.

1950년 6월 25일에 발발한 한국전쟁에 대한 논쟁도 두 사람을 더욱 갈라놓았다. 이 전쟁을 두고 두 사람은 이견을 보인다. 그 당시 사르트 르는 소비에트와 공산당 좌파에 경도되어 있었다. 한국전쟁에 대해 그 는 미국의 사주에 의한 북침이라고 믿었다. 카뮈와 메를로퐁티는 소련 공산당의 침략성에 대해 비판적 입장을 보였다. 메를로퐁티는 사르트 르를 "공산주의라는 허깨비에 동조하는 울트라 볼셰비즘"이라고 비판 한다. 사르트르도 이들에 대해 가시 돋친 비판을 한다. 이 일로 절친한 메를로퐁티와도 결별한다. 카뮈는 1960년 교통사고로 사망한다. 사르 트르는 1960년 1월에 주간지 〈옵세르바퇴르〉 505호에 카뮈에 대한 추 도사를 다음과 같이 쓴다.

그와 나는 불화를 겪었다. 불화란 아무것도 아니고 설사 절대로 다시 만나지 않는다 해도 그저 우리에게 주어진 이 비좁은 작은 세상에서 서로 시선을 잃지 않은 채 함께 살아가는 또 다른 방식 일 뿐이다. …… 그는 현 세기 안에서 '역사'에 반대하며 모럴리 스트라는 기나긴 대열의 현재적 후예를 대표했고, 그의 작품은 프랑스 문단에서 가장 독창적인 어떤 것을 구성했다. …… 그가 무엇을 하고 어떤 결정을 내리든 간에, 카뮈는 언제나 우리 문화

영역의 중심 세력으로 계속해서 남아 있을 것이며, 자기 나름의 방식으로 프랑스와 금세기의 역사를 표현해냈을 것이다.

사르트르의 주저 《존재와 무》는 하이데거의 《존재와 시간》의 표절인가? 흔히 말하는 대로 이 책은 《존재와 시간》에 대한 사르트르의 창조적 오독인가? 그러나 《존재와 무》에 대한 그런 평가는 부당한 것이다. 《존재와 무》는 비록 하이데거의 영향을 받았지만, 철학자로서의 사르트르의 독창성과 기발함이 담겨 있는 책이다.

《파리 떼》를 발표한 해에 사르트르는 첫 번째 주저 《존재와 무》(1943년)도 출간했다. 이 《존재와 무》는 720여 쪽에 달하는 상당히 무거운 책으로 무게가 1킬로그램이어서 저울추로 사용했다는 일화도 전해진다. 대단히 추상적이고 난해한 이 책을 그는 비교적 짧은 기간에 썼다. 유명한 카페 종업원, 동성애자 등에 대한 현상학적 기술은 소설처럼 생생하고 구체적이다.

《존재와 무》는 현상학적 존재론의 시도이며, 존재에 대한 물음에서 시작한다. 이 책에서 그는 즉자 존재, 대자 존재를 구분한다. 즉자 존재는 의식과는 무관한 그 자체로 존재하는, 돌멩이나 의자와 같은 사물의 존재다. 즉자 존재는 자기 자신도 타자도 의식하지 않고 그대로 존재한다. 돌멩이도 그 자리에 놓여 있을 때는 어느 누가 고의로 갖다놓을 수도 있다. 의자도 의자를 만든 목수의 의도가 작용할 수 있다. 그러나 그들의 존재는 그 이상일 수 없다. 그런 것이 그대로 그들의 본질을 결정한다. 이에 반해 대자 존재는 자기에 대해 의식하는 존재를 뜻한다. 다시 말해 인간 존재를 뜻한다. 인간은 자신의 존재를 문제 삼는다. 인간은 자신이 돌멩이나 의자와 다른 존재라는 것을 의식한다. 인간은 돌멩이도 아니며, 목수가 그 용도를 미리 정해놓은 의자도 아니라는 것도 안다. 여기서 사르트르는 인간이 태어나기 전부터 인간의 본질을 미리 규정하는 하느님의 존재를 부정한다. 그는 옹기장이와 같은 하느님은 없으며, 따라서 옹기처럼 정해진 인간의 본질도 없다고 주장한다. 인간은 세상에 태어나고서야 자신의 본질을 묻는다. 그러므로 사르트르는 "실존은 본질에 선행한다."라고 주장한다.

인간은 이제 자신의 본질이 아직 규정되지 않은 '무'라는 것을 안다. 아무것도 규정되지 않았기에 인간 존재는 '자유'다. 아무것도 규정되지 않은 인간은 무엇이든 할 수 있는 '자유'가 운명처럼 주어져 있다. 이제 인간은 자신에게 주어진 자유를 통해 스스로의 존재를 선택해야 한다. 인간은 자기 자신을 스스로 만들어갈 수도 있으며, 사물처럼 주어진 대로 그냥 존재할 수도 있다. 그러나 인간은 자신의 자유에 대해 책임을 져야 한다. 이런 '자유'를 의식할 때 인간은 불안을 느낀다. 불안은 공포와 다르다. 불안은 나 혼자 선택해야 하며, 그 자신의 선택에 전적으로 책임을 가져야 한다는 것을 의식할 때 발생하는 감정이다. 그러나 대부분의 인간은 이런 불안을 회피하기 위해 자기에게 주어진 자유를 감추고 즉자적인 상태로 살아가고자 한다. 사르트르는 이것을 '자기기만'이라고 부른다. 사르트르는 불안을 인간의 자유를 실현하는 기획의 동력으로 삼는다. 자유에는 책임이 따른다. 그러기에 불안을 느낀다. 나의 선택은 나에게뿐만 아니라 인류 전체에게도 해당되기 때문이다. 예를 들어 내가 결혼을 선택한다면, 그러한 선택은 결혼이라는 보편적 가치를 지지하는 것이 된다.

인간의 자유가 실현되는 상황은 결국 타자와 연관될 수밖에 없다. 《존재와 무》3부는 대타 존재, 즉 타자와 관계하는 존재를 기술한다. 인간은 혼자 살아가는 것이 아니라 타인과 함께 살아간다. 그런데 타인과의 관계는 항상 우리를 불편하게 하고 당황하게 만든다. 우리는 타인을 의식하지 않을 수 없기 때문이다. 타인의 시선 속에서 우리는 대상으로서 경직화된다. 우리는 타인의 판단에 내맡겨진다. 타인은 우리를 이렇게 저렇게 객관화시키고 대상으로 고정시켜버린다. 그래서 사르트르는 타인을 이렇게 말한다.

"타인은 지옥이다."

그러나 우리는 우리 자신을 알기 위해서는 타인을 필요로 한다. 그렇다면 타인의 판단에 우리를 내맡겨야만 할까? 그렇지 않다면 우리는 그것을 어떻게 극복할 수 있을까? 그것은 더 이상 타인에 판단에 기대지 않고, 우리가 의식적으로 우리 자신의 가능성을 향해 자신을 기획하는 것이다.

시원한 뒷마당의 상큼한 바람 같은 사람

사르트르의 《존재와 무》를 읽고 이해하는 것은 쉬운 일이 아니다. 공산주의자들과 기독교인들은 《존재와 무》를 제대로 읽지도 않고 사르트르에 대해 멋대로 비판했다. 사르트르는 자기 철학을 올바르게 알리기 위해 1945년에 강연을 행했다. 강연 제목은 '실존주의는 휴머니즘이다 (L'Existentialisme est un humanisme)'(1945년)였다. 이 강연에는 강연장의 의자가 부서지고 몇 명이 기절할 정도로 많은 사람들이 모여들었다.

이 강연 이후로 실존주의가 건초 더미에 불붙듯이 유행하기 시작했다. 사르트르는 실존주의의 전도사이자 슈퍼스타가 되었다. 사실 사르트르는 처음에 실존주의란 말을 좋아하지 않았다. 그 말을 처음 쓴 사람은 가브리엘 마르셀(Gabriel Marcel, 1889~1973년)이었다. 사르트르는 《실존주의는 휴머니즘이다》에서 카를 야스퍼스, 가브리엘 마르셀을 유신론적 실존주의로, 하이데거와 자신을 무신론적 실존주의로 규정했다.

강연은 엄청난 성공을 거두었지만, 사르트르는 《존재와 무》에 대해 항상 불만을 품고 있었다. 이 책은 존재론을 다루었지만, 인간의 자유의 조건인 경제적·사회적 관계에 대한 연구는 이루어지지 않았다. 그는 두 번째 철학적 주저인 《변증법적 이성비판(Critique de la raison dialectique)》에서 실존주의와 마르크스주의를 결합시키고자 했다. 이 책은 1960년에 발표되었다. 사르트르는 "사회적 세계에서 인간을 다시 발견하고, 인간의 실천과 특정한 상황을 토대로 해서 사회적 가능성과 대결하고자 하는 인간의 기획을 추적해 이해하고자 하는 인식을" 《변증법적 이성비판》의 과제로 내세운다. 사르트르는 마르크스주의가 개인주의를 선험적인 사회 구성의 전체적 목적에 복종시킨다고 비판했다. 그는 마르크스주의의 도그마를 부수기 위해 실존주의가 마르크스주의에 통합되어야만 한다고 주장한다. 그러나 사르트르가 《변증법적 이성 비판》에서 시도한 이러한 통합은 성공적이지 못했다.

사르트르는 《변증법적 이성비판》을 발표하기 이전에도 수많은 평론과 논문, 그리고 소설과 희곡들을 발표했다. 1년에 몇 편씩 발표할 정도로 엄청난 글을 써댔다. 마치 글쓰기의 화신 같았다. 그렇다고 그가 글쓰기에만 몰두한 것은 아니었다. 플레이보이라는 말이 무색하지 않을 정도로 여러 여자와의 염문도 끊이지 않았다. 매일 다른 여자들과 약속을 정해야 할 정도로 그는 여자들에게 인기가 많았다.

그런 와중에도 사르트르는 소련과 중국, 쿠바, 브라질, 유고 등 세계 곳곳을 방문했다. 쿠바에서는 카스트로와 체 게바라를 알게 되고, 그 나라의 혁명을 전체가 따라야 할 모범으로 찬양했다. 1961년에는 알제리 출신의 흑인 프란츠 파농을 만났다. 그는 파농의 《대지의 저주받은 사람들》의 서문을 썼다. 그리고 알제리의 독립을 지지했다. 그 대가로 그의 아파트에 폭탄 테러가 이어졌다.

1963년에 사르트르는 자전적 소설인 《말》을 발표했다. 이 작품으로 그는 노벨문학상을 받았다. 그러나 그는 이 상을 거절했다. 공식적인 상을 받는 것이 문학을 등급화시키고 제도권 내에 편입시킨다는 이유와, 동서 양 진영에서 한 진영에 편향된 상을 받을 수 없다는 것이었다. 레닌 상을 준다고 해도 그는 거절했을 것이라고 말했다. 1964년에 베트남 전쟁이 일어나자, 사르트르는 러셀과 더불어 국제재판을 열어 미국의 전쟁범죄를 비판했다.

1968년에 학생운동이 일어나자 사르트르는 적극적으로 참여한다. 그는 68학생운동이 진실한 사회주의적 민주주의의 기폭제라고 믿었다. 경찰의 진압작전이 시작되자 그는 폭력을 옹호하기도 했다. 이런 행보 때문에 극좌파와 사르트르는 얼마 동안 동지관계를 형성한다. 그는 1970년에 극좌파 마오이스트 신문인 〈인민의 대의〉의 주간이 되어, 이 신문을 팔려고 거리로 나서기도 한다. 1973년에는 또 다른 신문인 〈리베라시옹(Libération)〉을 창간한다. 1974년에는 유럽을 뒤흔든 테러리스트 조직 적군파의 리더 안드레아스 바더(Bernd Andreas Baader, 1943

시위에 참가한 푸코와 사르트르, 1972년

~1977년)를 서독에서 만난다. 그는 1973년 〈슈피겔〉과의 인터뷰에서 테러리즘을 비판했지만 그들을 혁명가로 옹호했다. 테러리즘을 반대하는 사르트르를 만난 자리에서 바더는 이렇게 쏘아붙인다.

"나는 당신을 친구라고 생각했는데, 알고 보니 재판관이군요."

사르트르의 영향력은 줄어들고, 이미 그의 시대는 지나가고 있었다. 이 무렵 사르트르의 엄청난 필력(筆力)은 고갈되고 있었다. 그의 정신은 여전히 기민하고 적극적이어서 인터뷰를 하고, 영화 시나리오나 윤리학에 관한 책도 썼다. 그러나 그는 더 이상 충실한 생산성을 지닌 비상한 위력을 펼칠 수 없었다. 눈이 멀고 건강이 악화되어 1980년 4월에 그는 폐암으로 사망한다. 2만 5,000여 명이 참석하여 매우 성대하게 치러진 그의 장례식은 빅토르 위고의 장례식을 연상시켰다. 그의 훌륭한 선임자 위고가 받은 국장(國葬) 승인은 없었다. 그곳에 참석한 사람들은 보통 사람들이었고, 사르트르가 항상 그의 글로 권리를 지켜준 사람들이었다.

파리에서 열린 사르트르의 장례 행렬에는 5만 명이 넘는 군중들이 뒤따랐다. 베르나르 앙리 레비(Bernard-Henri Lévy, 1948~)가 말한 것처럼 사르트르는 그 자체가 하나의 국가였다. 그는 대표적인 프랑스의 문화 아이콘이었지만 프랑스인이 되기를 거부했다. 그는 항상 행동하고 실천했다. 치외법권적인 존재였지만, 항상 옳았던 것은 아니다. 그러나 그는 양심에 따라 행동했고, 자신의 자유를 실현하기 위해 참여했다. 그는 자유 그 자체였다.

철학자 질 들뢰즈는 사르트르에 대해 이렇게 평가한다.

"다행히 우리에게는 사르트르가 있었다. 후덥지근한 좁은 방에 갇혀 있던 우리에게 그는 신선한 공기였으며, 시원한 뒷마당의 상큼한 바람이었다."

24

전체주의적 자유주의자

—

칼 포퍼

K a r l P o p p e

1919년 6월, 오스트리아의 수도 빈에서 공산당이 이끄는 시위가 벌어졌다. 시위대와 경찰이 격렬하게 충돌을 했다. 경찰은 열두 명의 시위 참가자들을 죽였다. 시위에 참가한 사람들은 비통한 심정을 누를 수가 없었다. 당 간부가 죽은 사람들에 대해 언급했다.

"희생자들은 미래에 도래할 필연적인 세계 혁명을 위해 죽은 것이다."

그 자리에 모인 사람들은 당 간부의 말에 수긍하는 태도였다. 그러나

칼 포퍼

한 소년은 그 말에 몸서리를 쳤다. 그 소년은 세계 혁명과 "필연적인 역사적 진보"에 대한 신념을 위해 인간이 희생하는 것이 당연하다고 받아들이는 태도를 용납할 수 없었다. 그것은 인간의 가치를 평가절하하는 것이라고 생각했다. 그 소년은 그 일을 계기로 공산주의와 결별했다. 그리고 그때부터 역사는 불변의 법칙에 의해 규정되며, 역사의 진행에 대한 예측은 가능하다고 하는 신념을 불신하기 시작했다. 이렇게 일찍부터 '역사주의'에 대해 심각한 회의를 한 이 소년은 나중에 비판적 합리주의로 유명한 철학자가 되었다.

그 소년의 이름은 칼 포퍼(Karl Raimund Popper, 1902~1994년)였다.

칼 포퍼는 1902년 7월 28일 오스트리아 빈에 사는 변호사의 아들로 태어났다. 그의 아버지는 유대교 신앙을 포기한 유대인이었다. 그는 빈 대학교에서 법학 박사 학위를 받았으며, 사회 개혁과 철학에 관심이 많았다. 그는 집에 1만여 권의 책을 보유한 장서가였다. 포퍼는 어릴 때부터 아버지의 서재에서 플라톤과 베이컨, 그리고 데카르트 등 철학자에 관한 책을 읽으며 자랐다. 키가 작고 자의식이 무척 강하며 호기심이 많았던 그는 학생 시절부터 마르크스의 사상과 프로이트, 아들러의 정신분석 이론에 열광했다.

한쪽 눈과 아홉 개의 이를 잃고 완성한 책

그러나 그는 앞에서 언급한 1919년의 사건을 계기로, 그리고 그해에 알베르트 아인슈타인(Albert Einstein, 1879~1955년)의 상대성 이론의 강의를 들은 다음부터 지적인 방향을 달리했다.

아인슈타인은 1916년 3월 20일 〈물리학 연보(Annalen der Physik)〉에 상대성 이론을 발표했다. 이 논문에서 아인슈타인은 자신의 이론을 검증할 세 가지 예들, 즉 수성의 근일점이 1세기에 43도만큼 궤도상에서 돈다는 것, 빛의 중력장 속에서 휜다는 것, 중력장 속에서 빛의 적색 편이가 일어난다는 것을 제시했다. 수성의 근일점이 궤도상에서 돈다는 것은 이미 19세기 중반에 프랑스의 천문학자 위르뱅 르베리에(Urbain Jean Joseph Leverrier, 1811 1877년)가 관측했다. 따라서 아인슈타인은 자신의 이론이 이 르베리에의 관측 결과와 일치한다고 주장했다. 그러나 빛이 강한 중력장을 지날 때 생기는 휘는 현상과 적색 편이는 아직

관측되지 않았다. 태양 주변에서 빛이 휘는 현상은 1차 세계대전 직후인 1919년 개기일식 때 영국의 일식 관측대에서 처음으로 관측되었다.

아인슈타인은 포퍼에게 많은 영향과 영감을 주었다. 포퍼는 아인슈타인이 마르크스, 프로이트와는 다르다고 생각했다. 그가 생각할 때 아인슈타인은 자신이 주장한 가설을 절대적 진리로 선언하지 않고 틀릴 수도 있다는 것을 인정한 용기 있는 사람이었다.

과학적 진리가 영구불변한 진리가 아니고 틀릴 수도 있다는 생각은 이후 포퍼 철학에 중요한 기틀이 된다. 청년 포퍼는 공산주의와는 입장을 달리했어도 사회적 참여와 포괄적인 사회 개혁의 목적을 앞으로 자신이 수행해야 할 의무로 생각했다. 그는 일용노동자로 일을 하는 동시에 교사가 되기 위한 교육을 받기로 결심한다. 1922년에서 1924년에는 가구 공장의 견습생으로 일한다. 목공 장인은 "궁금한 게 있으면 뭐든지 물어봐라. 나는 모든 것을 안다."라고 포퍼에게 자주 말을 했다고 한다. 실제로 포퍼는 그때 목공 장인에게서 많은 것을 배웠다고 술회한 적이 있다.

포퍼는 음악에도 관심이 많아 음악가가 되려고 빈 음악학교에 1년간 다니기도 했다. 그러나 그는 빈 대학에서 심리학과 철학을 공부하고, 1928년에 〈사유 심리학의 방법론 문제〉라는 논문으로 철학 박사 학위를 취득한다. 1930년에는 고등학교 교사로 임용되고 결혼도 한다. 당시에는 모리츠 슐리크와 루돌프 카르나프를 중심으로 한 빈 학파가 위세를 떨칠 때였다.

빈 학파가 관심을 둔 문제는 "어떻게 과학적 이론과 비과학적 이론을 구분할 수 있는가?"였다. 포퍼는 대학 시절에 카르나프의 세미나에 참어했다. 그러나 그는 빈 학파에 속하지 않았다. 빈 학파가 과학과 비과학을 가르는 기준으로 내세운 '검증 가능성의 원리'를 비판했다. 예를 들어 '까마귀가 까맣다.'는 사실을 '경험적으로 모두' 검사하여 입증하는 것은 불가능하다. 지구 곳곳의 까마귀를 다 찾아내야 하고, 미래의 까마귀까지 조사해야 하기 때문이다. 그러면 '까마귀가 까맣다.'라는 명제는 어떻게 일반적인 명제가 될 수 있는가? 세상의 모든 까마귀를 조사할 수도 없는데. 포퍼는 이 점에서 '검증 가능성의 원리' 대신에 '반증 가능성의 원리'를 내세운다. '까마귀가 까맣다.'라는 명제는 '하얀 까마귀'나 '노란 까마귀'가 나오기 전까지 일반적인 과학적 명제로 용인된다. 그러나 '하얀 까마귀'나 '노란 까마귀'가 나온다면, 그것은 오류로 증명된다.

포퍼는 이렇게 과학적인가 아닌가 하는 기준을 그 이론의 반증 가능성, 즉 반박 가능성에 둔다. '사후 세계'에 대한 이론은 입증하거나 반증할 수도 없다. 우리가 죽어서 확인할 수도 없기 때문이다. 그것은 과학이 아닌 것이다. 포퍼의 반증 이론은 과학적 이론이 오류 가능성을 가지고 있으며, 과학은 항상 이 오류 가능성을 제거함으로써 발전한다는 것을 뜻한다. 이런 의미에서 포퍼가 볼 때 과학은 항구불변한 진리가 아니다. 1935년에 그는 이러한 주장을 담은 《탐구의 논리(Logik der Forschung)》를 출판한다. 빈 학파의 사람들은 이 책에 충격을 받는다. 그들의 주장을 철저하게 비판하고 새로운 방식으로 해결책을 내놓았기 때문이다. 이 책은 고등학교 교사인 그를 유명한 과학철학자로 만든다. 아인슈타인도 이 책에 관심을 가진다. 아인슈타인은 이 책의 몇몇 오류만 제거한다면 "정말 훌륭한 책"이 될 것이라고 포퍼에게 말한다. 포퍼는 1935년에서 1936년에 걸쳐 영국에 체류한다. 그는 에이어, 이사야 벌린, 버트런드 러셀, 에르빈 슈뢰딩거, 프리드리히 하이에크 등 유명한 학자들과 만남을 가진다.

1936년에 포퍼는 유럽 반대편에 있는 뉴질랜드 크라이스트처치에 있는 캔터베리 대학의 철학과 강사 제안을 받는다. 이 시기는 이미 히틀러가 정권을 완전히 장악해 민족주의와 반유대주의가 고조되고 있었다. 결국 그는 나치 지배의 유럽을 떠나 뉴질랜드 행을 선택한다. 1937년 1월에 그는 뉴질랜드에 도착한다. 그곳에서 그는 조용한 삶을 살면서 논리학과 과학 이론의 확립에 관심을 집중할 생각이었다. 그러나 그에게 정치에 대한 관심을 갖게 하고, 정치철학에 대한 책을 쓰게 하는 사건이 일어난다.

1938년 3월 13일에 오스트리아는 독일 나치 제국에 병합된다. 오스트리아의 합병 이후 유대인들은 더욱 핍박을 받게 된다. 고향의 가족과 친지들, 그리고 친구들은 포퍼에게 뉴질랜드로 갈 수 있는 허가서를 얻게 해달라고 도움을 요청한다. 그러나 뉴질랜드는 매우 엄격한 입국정책을 고수했다. 망명자들을 포용하는 정책이 없었다. 그는 도움을 주기 위해 백방으로 뛰어다닌다. 동지들과 함께 '유대 망명자 위원회'를 설립해 관료들을 끊임없이 설득한다. 그 결과 서른여섯 가족들이 뉴질랜드에 입국할 수 있었다. 나치가 12월 유대인 학살을 벌인 이후에야 뉴질랜드 정부는 유대인들에게 비자를 발급해주었다. 그러나 2차 세계대전이 일어나자 그런 조치도 더 이상 쓸모가 없었다. 포퍼의 어머니는 1938년 빈에서 사망하고, 그때까지 살아 있던 누이는 프랑스를 거쳐 겨우 스위스에 도착할 수 있었다.

포퍼는 논리학과 과학 이론의 문제를 접어두고 전체주의에 반대하는 책인《열린 사회와 그 적들(The Open Society and Its Enemies)》을 쓰기로 결심한다. 그러나 그런 책을 쓰기에는 여건이 매우 열악했다. 뉴질랜드로 가져온 책도 많지 않았고, 대학 도서실의 책도 많지 않았다. 게다가 대학 당국은 포퍼에게 매우 비협조적이었다. 그들은 외국인 강사인 포퍼가 강의 이외에 연구 활동을 하는 것을 못마땅하게 여겼다. 그리고 전쟁 중에 종이가 귀해지자 그가 가져가는 종이에 대해 값을 지불하라고 요구했다. 강사 생활로 받는 돈으로는 생활하기도 빠듯했다. 그는 집을 얻기 위해 빚을 져야만 했다. 유럽에 있는 사람들과 교신하기 위해 국제우편 요금과 전보에 많은 돈을 사용해야 했다. 그 때문에 그는 난방과 의류, 심지어 음식까지 모든 것을 절약해야 했다.

포퍼는 돈이 없어 대학 구내식당에서 식사조차 할 수 없었다. 그는 자신의 텃밭에서 나오는 '쌀과 당근'으로 끼니를 해결했다. 그것도 안 되면 '식이요법'으로 견뎌야 했다. 그런 궁핍한 생활 속에서도 그는 저술을 해 나갔다. 항상 부족한 잠, 결핍된 영양으로 우울증 증세가 심해졌다. 건강은 계속 악화되었고, 반복적으로 의사의 처방을 받아야만 했다. 이따금씩 그는 한쪽 눈밖에 뜰 수가 없었고, 농양으로 인해 아홉 개의 이를 잃기도 했다. 그는 이렇게 견디기 어려운 상황에서도 모든 열정을 책을 저술하는 데 투입했다. 1942년에《열린 사회와 그 적들》1권을, 1943년 2월에는 2권을 완성했다. 책은 그의 엄청난 열정을 반영하듯 1,000쪽 분량이나 되었다.

책은 완성되었지만 출판이 문제였다. 유럽과 미국의 여러 출판사에 문의해 타진해보았지만, 관심을 보이는 출판사가 거의 없었다. 여러 곳절을 겪은 후에 《열린 사회와 그 적들》은 1945년 영국에서 출판된다. 전쟁은 이미 몇 달 전에 끝난 상태였다. 책이 출판되자 영어권에서 곧바로 주목을 받으며 그 중요성을 인정받는다. 포퍼는 열린 사회 이론의 주창자가 된다.

'열린 사회'라는 개념은 포퍼가 만든 것이 아니다. 그는 프랑스 철학자 앙리 베르그송에게서 그 개념을 차용해왔다.《열린 사회와 그 적들》의 1권은 국가 유토피아를 최초로 주장한 플라톤 철학에 대한 비판을 담고 있고, 2권 '거짓 예언자'는 헤겔과 마르크스, 그리고 역사주의에 대한 청산을 담고 있다. 포퍼는 플라톤과 헤겔, 마르크스 이 세 명의 사상가 모두를 전체주의의 선구자로 간주한다. 그는 이들 사상가들을 비판하면서 전체주의 사상과 대결한다. 포퍼는 전체주의적 독재가 지배하는 사회를 닫힌 사회로 본다. 닫힌 사회는 마술적 금기나 독단이 지배하는 억압된 사회이며, 전체주의적 사회다. 그는 닫힌 사회의 대안으로 열린 사회를 내세운다.

포퍼는《열린 사회와 그 적들》에서 열린 사회의 대표적 인물로 페리클레스(Perikles, 기원전 490~429년)를 내세운다. 그는 페리클레스의 말을 인용해 열린 사회의 특징을 다음과 같이 이야기한다.

"단지 소수만이 정치적인 구상을 계획하고 관철시킬 수 있지만, 우리 모두는 그것을 판단할 수 있는 능력을 가졌다."

열린 사회는 도그마를 허용하지 않으며, 유토피아적 거대 기획이나 어떤 종류의 역사 예언도 필요로 하지 않는다. 열린 사회는 한 사람 또는 소수의 현명한 지도자가 이끌고 가는 닫힌 사회와 달리 시민 각자가 스스로 판단을 내릴 수 있고 책임을 지는 사회다. 그리고 비판과 토론이 허용되는 사회가 바로 열린 사회다. 포퍼는 《열린 사회와 그 적들》로 현대 자유주의적 민주주의 이론의 상징적 인물이 된다. 물론 포퍼의 열린 사회 이론에 대해서 보수적이고 기존의 자본주의 체제에 대한 옹호라는 비판도 제기된다. 포퍼는 사회 혁명과 거대한 약속으로 자본주의 문제를 풀 수 있다고 생각하지 않는다. 그는 현재 눈앞에서 벌어지는 구체적 문제의 해결에서부터 출발해 점진적 개혁을 해야 한다고 생각한다. 그리고 제도는 시민의 자유와 약자를 보호하는 것이 되어야 한다고 주장한다.

부지깽이를 든 비트겐슈타인과 치고받다

1945년에 포퍼는 영국 런던정경대학(London School of Economics, LSE)의 전임강사로 초빙되고, 1949년에는 전임교수가 된다. 그는 과학철학 그룹에서 활발하게 활동한다. 1959년에 《과학적 발견의 논리(Logik der Forschung)》를, 1963년에는 《추측과 논박(Vermutungen und Widerlegungen)》을, 1973년에는 《객관적 인식(Objektive Erkenntnis)》을 출판하는 등 왕성한 연구 활동과 저작 활동을 펼쳐 나간다.

포퍼의 지적 호기심과 탐구는 지칠 줄 몰랐다. 그는 일상생활에서 열린 마음으로 사람들을 대했지만, 학문적 입장이나 정치적 입장에서는 그렇지 않았다. 그는 토론에서 얼버무리는 것을 결코 참지 못했다. 그가 비트겐슈타인과 벌인 논쟁은 유명하다. 1946년 10월 26일, 포퍼는 영국 케임브리지 대학교 철학과 교수와 학생들의 토론 서클인 '모럴 사이언스 클럽'의 초청을 받고 강연을 했다. 그가 선택한 주제는 '철학적

난문제'였다. 포퍼가 이 주제를 선택한 것은 다분히 비트겐슈타인을 겨냥한 것이었다. 그는 "철학적 문제가 실재한다."고 주장했다. "철학의 문제가 언어의 혼란을 해명하기 위한 것이라면 자신은 철학자가 되고 싶지 않다."고 말했다. 화가 난 비트겐슈타인은 "철학적 문제란 언어적 유희에 불과하다."고 주장했다. 그들의 설전은 윤리학의 문제로까지 넘어갔다. 비트겐슈타인은 그때 벽난로 옆에 있었는데, 흥분한 나머지 부지깽이를 들고 그것으로 허공에 자신의 주장을 그리며 말을 해 나갔다. 그는 포퍼에게 윤리학의 지위에 관한 질문을 던지면서, 도덕적 규범의 예를 하나 들어보라고 요구했다. 포퍼는 "초청 연사를 부지깽이로 위협하지 않는 것"이라고 대답했다. 이 대답에 격분한 비트겐슈타인은 부지깽이를 내동댕이치고 문을 쾅 닫으며 방을 나가버렸다. 10분 정도에 걸친 둘 사이의 설전은 부지깽이 때문에 여러 소문을 낳았다. 훗날 포퍼는 그 일에 대해 이렇게 회상한다.

"놀랍게도, 그 일이 있은 지 얼마 되지 않아 비트겐슈타인과 내가 부지깽이를 들고 치고받았다는데 그게 정말이냐는 편지가 뉴질랜드에서 왔다."

포퍼는 논쟁에서 굉장히 공격적이었다. 그는 자유로운 정치적 견해를 가지긴 했지만, 자신과 다른 의견을 가진 사람들에게 관용적이지 않았다. 그래서 주변 사람들은 그에게 '전체주의적 자유주의자'라는 별명을 붙여주기도 했다. 포퍼는 항상 "비판적 주장에 귀를 기울이고 경험으로부터 배우는" 태도를 요구했다. 그가 이렇게 논쟁에 공격적이었던 것은 우리가 언제나 틀릴 수 있다는 생각 때문이었다.

포퍼는 LSE에서 정년퇴임하고서도 계속해서 탐구를 해 세계에 대한

달라이 라마와 만난 포퍼

이론을 내놓는다. 그는 세계를 세 종류로 구분한다. 세계 1은 물질의 세계이고, 세계 2는 그것에 대한 우리의 의식의 세계이며, 세계 3은 우리의 사고에 의해 만들어지지만 우리의 사고와 독립되어 초시간적으로 객관적으로 존재하는 사상·언어·윤리·과학·예술 등이다.

포퍼는 1965년에 그동안의 공로를 인정받아 영국 여왕에게서 기사 작위를 받았다. 1969년에는 공로훈장을, 1993년에는 오토 한 평화 메달을 받기도 했다. 그는 두 주 동안 병을 앓은 다음 1994년 9월 14일에 런던에서 사망했다. 그는 죽기 직전까지 저술을 했다. 화장한 후 포퍼의 유골은 빈으로 보내져 부인이 묻힌 공동묘지에 함께 안장되었다. 그가 최후로 무슨 말을 남겼는지는 모른다. 그러나 그가 쓴 《추측과 논박》의 서문을 보면 그가 우리에게 전하고 싶은 이야기가 들어 있다. "우리는 우리의 실수로부터 배울 수 있다."

25

당신은 자신을 철학자라고 생각하십니까

—

자크 데리다

J a c q u e s   D e r r i d a

1992년 영국 케임브리지 대학교에서 자크 데리다(Jacques Derrida, 1930~2004년)에게 명예박사 학위를 수여하려고 했다. 그러나 케임브리지 대학교의 몇몇 원로 회원들, 즉 배리 스미스와 윌러드 콰인, 데이비드 암스트롱, 르네 톰 등 분석철학적 성향의 철학자들이 반대하고 나섰다. 그들은 데리다의 철학이 학문적 명석함과 엄격함을 결여한 채 허풍과 애매한 표현으로 가득 차 있다고 비판했다. 특히 콰인은 그를 사이비 철학자이자 소피스트라고 비난했다.

자크 데리다

　이전부터 데리다는 영미 철학자들과는 사이가 좋지 않았다. 1977년
에 그는 존 오스틴(John Langshaw Austin, 1911~1960년)의 화행철학과
관련해 존 설(John Rogers Searle, 1932~　)과 논쟁을 벌였다. 이 논쟁에
서 설은 데리다가 오스틴의 화행론을 잘못 읽었다고 논박했다. 데리다
가 오스틴이 논증을 하면서 사용한 은유와 비유, 가벼운 말투 등을 가
지고 말장난을 하면서 오스틴의 명백한 의도를 왜곡하였다는 것이다.
데리다는 설의 논박에 대한 답변으로 《유한책임회사(Limited Inc abc)》
를 썼다. 그러나 여기서도 그는 설의 반박을 통째로 인용하면서 그 특
유의 정교한 말장난처럼 보이는 텍스트 해석을 시도했다. 설과 설의 입
장에 동조하는 영미 철학자들은 또다시 데리다가 가당치 않은 술책을

부린다고 생각했다. 이 논쟁은 영미 철학자들 사이에 데리다의 저작에 대한 강한 거부감 또는 적개심에 불을 댕기는 계기가 되었다.

명예박사 학위 수여 문제는 결국 투표에 부쳐졌다. 명예박사 학위를 수여하는 문제로 투표를 하는 것은 29년 만에 처음 있는 일이었다. 투표 결과는 336대 204로 데리다에게 명예박사 학위를 수여하는 것으로 끝이 났다. 투표가 끝났어도 데리다에 대한 찬반 논란은 쉽게 가라앉지 않았다. 논란은 그가 죽고 나서도 이어졌다. 그가 사망했을 때, 〈가디언〉은 그에게 존경심을 표하는 기사를 내보낸 반면, 〈뉴욕 타임스〉는 4,000명이나 되는 서명자들의 항의를 받을 정도로 그에 대한 신랄한 기사를 내보냈다.

지적 사기꾼, 철학을 해체하다

그렇다면 데리다는 정말로 지적 사기꾼인가? 아니면 새로운 철학의 등장을 알리는 철학자인가? 데리다는 1930년에 알제리의 엘 비아르에서 중하위 계층의 유대인 집안에서 태어났다. 1940년에 프랑스가 독일에 점령당한 뒤, 프랑스령 알제리도 나치 독일의 영향력에 들어갔다. 독일의 괴뢰정권인 비시 정권에 의해 알제리에서도 나치의 유대인 박해가 시작되었다. 유대인에게 할당된 학교 배정 인원이 7퍼센트로 축소되었다. 열두 살의 유대인 소년 데리다는 반에서 수석을 했지만 학교에서 퇴출당했다. 유대인 교사들도 직업을 잃었다. 그러나 이에 대해 항의하는 사람은 없었다. 독일의 패전 뒤에도, 이 인종차별 법률은 이른바 '자유' 프랑스 정부에 의해서 6개월이나 더 지속되었다.

학교에서 추방된 뒤 데리다는 해직 교사와 유대인 청소년들이 만든 유대인 학교를 다니지 않았다. 이 시기에 그는 학교 공부보다 공을 차는 데 더욱 열심이었다. 그는 프로 축구선수가 될 생각으로 여러 번 축구 경기에 나갔다. 그러나 축구를 그렇게 잘하지 못한다는 것을 깨닫고 프로 선수의 꿈을 접었다. 축구에 빠져 생활한 데리다는 대학 입학자격 시험에서 낙방했다. 두 번째 시도에서 그는 엘리트 대학에 들어갈 수 있는 좋은 성적을 받았다. 이 시기에 그는 같은 알제리 출신인 카뮈에 대한 라디오 프로그램을 듣고 난 후 철학에 흥미를 느끼기 시작했다.

데리다는 공부를 하러 프랑스 파리로 갔다. 고등사범학교에 입학한 첫날 그는 같은 알제리 출신인 루이 알튀세르(Louis Althusser, 1918~1990년)를 만나 친구가 되었다. 알튀세르는 훗날 《마르크스를 위하여(Pour Marx)》(1965년)와 《자본론 읽기(Lire le Capital)》(1972년)를 써서 유명한 마르크스주의 이론가가 되었다. 그러나 그는 정신착란 상태에서 아내를 살해한 죄로 오랫동안 정신병원에 수감되었다가 자살로 생애를 마감했다. 데리다는 푸코와도 친분을 쌓았다. 학창 시절에 데리다는 벨기에 루뱅에 있는 후설 기록보관소를 방문했고, 후설을 연구해 〈후설 현상학에서의 생성의 문제(Le problème de la genèse dans la philosophie de Husserl)〉를 졸업 논문으로 제출했다. 1956년에는 장학금을 받아 하버드 대학교에 1년간 방문 연수를 할 수 있는 자격을 획득했다. 그는 1957년 6월에 보스턴에서 심리분석가 마그리트 오쿠튀리에(Marguerite Aucouturier)를 만나 결혼을 했다. 미국에서 돌아온 후 1960년에서 1964년까지 소르본 대학교에서 조교로 강의했다.

1962년에 알제리 독립전쟁이 종식되고, 그는 최초의 주요 저서이자

청소년 시절에 축구선수였던
데리다

번역서를 출간했다. 그것은 후설의 《기하학의 기원(L'órigine de la
Géométrie)》의 번역과 함께 실은 단행본 분량의 해설서였다. 그는 이
저작으로 장 카바예 상을 수상했다. 1965년에는 실증주의적 문학 연구
의 주장에 반대하는 새로운 문학 비평지 〈텔켈(Tel Quel)〉지와 교유를
시작했다. 이해에 그는 이폴리트와 알튀세르의 초청으로 고등사범학교
에서 강의를 했다. 1966년에는 존스 홉킨스 대학교 학술대회에서 〈인
간과학의 담론 속에서 본 구조, 기호, 그리고 놀이(Structure, Sign, and
Play in the Discourse of the Human Sciences)〉를 발표해 높은 호응을 얻
었다. 이 발표는 북미 문학 비평가들에게 해체론이 최초로 영향을 미친
사건이었다. 1967년에 데리다는 본격적인 저서 《목소리와 현상(La voix
et le phénomène)》과 《글쓰기와 차이(L'écriture et la différence)》(1967
년), 그리고 《그라마톨로지에 대하여(De la grammatologie)》(1967년)를
발간했다.

그의 주저《그라마톨로지에 대하여》는 서양 형이상학의 문자에 대한 편견을 폭로한다. 이러한 편견은 '인종 중심주의', '음성언어 중심주의', '로고스 중심주의'에 기초한 것이다. 이러한 편견에 기초한 서구의 형이상학은 현전의 형이상학이다. 데리다는 서양 형이상학이 '진리'로 가정하는 궁극적인 무엇이 따로 있다는 믿음과 그것에서 출발하는 현전의 형이상학은 결국 모든 가치의 서열 체계를 매기려는 욕망이며 따라서 억압의 구조라고 폭로한다. 또한 현전의 형이상학이란 지금 눈앞에 있는 것만 중시하고 그 밖의 다른 시간성을 배제한다. 따라서 로고스 중심주의에서는 음성언어를 절대 기준으로 삼고, 역사성을 그 속에 담는 문자언어가 억압되고 무시되어왔다고 한다.

데리다의 이러한 입장은《산종(Dissemination)》(1972년)에서도 드러난다. 그는 플라톤의《파이드로스》에 나오는 토스와 타무스의 신화를 이야기한다. 토스는 글을 발명한 신으로, 자신의 창조물인 글을 이집트 왕 타무스에게 건네주려 한다. 글은 세대를 걸쳐 내려왔던 구술 전통보다 더 많은 정보를 저장하고, 기억 또한 저장할 수 있는 형식이다. 그러나 이집트 왕 타무스는 글이 인류에게 이로움보다 위험을 더 준다고 판단해 신의 선물을 거부한다.

백성들은 책만 읽고 이제 더 이상 사물을 외우면서 배우는 어려운 작업을 하지 않으려 할 것이다. 그렇게 되면, 그들의 기억력은 쇠퇴할 수밖에 없을 것이다. 책 때문에 스승이 항상 옆에 붙어서 인도하고 안내할 필요도 없어질 것이다. 그러한 스승이 없다면 학생들은 자신이 읽는 것을 잘못 해석할 수도 있을 것이다. 현명한 선생은 종이와 잉크보다 커다란 권위를 가진다. 책으로 인해 스승의 권위도 해체되고, 스승과

제자를 이어주던 사회적 구속력도 해체될 것이라고 염려한다.

이 일화에서 보는 것처럼, 플라톤은 말을 글보다 중요하게 생각했다. 그에게 말은 문자보다 '선한' 종류의 글, 즉 "학습자의 영혼 속에 새겨진" 것으로 부각되었다. 데리다는, 플라톤의 경우처럼, 철학과 종교의 서양적 전통에 있어 고유하게 나타나는 글에 대한 말의 특권적 우월성은 편견이라고 주장한다.

데리다는 《그라마톨로지에 대하여》에서 텍스트에 대한 해체적 독해를 제시한다. 전통적인 텍스트는 저자의 기의가 담겨 있는 책이나 글을 뜻한다. 따라서 텍스트를 해석한다는 것은 저자의 기의를 파악하는 것으로 인식됐다. 그러나 데리다는 텍스트를 전통적인 방식으로 이해하지 않는다. 그는 기호 그 자체로는 아무런 의미를 갖지 아니하고 기호들의 전체 체계 안에서 그것이 놓이는 위치에 따라 어떤 것을 의미하게 되는 것이라는 현대 언어학의 주요 교훈을 수용한다. 그러나 그는 언어는 의미를 고립화된 용어로 고정시키기에는 너무나 빠르게 움직이는 급류라고 주장한다. 해석의 대상인 텍스트는 고정된 것이 아니라 유동적이며, 그 속에서 언어의 의미는 자유롭게 놀이를 한다. 따라서 언어의 확정적인 개념 정의는 불가능하다.

데리다는 이러한 상황을 나타내 위해 '차연 (La différance)'이라는 신조어를 만든다. 이 차연이란 말은 '차이'와 동시에 '연기하다'를 의미하는 프랑스어 differer를 합성해서 만든 신조어다. 차연(différance)은 다르다라고 하는 différence 중 변칙인 a를 넣어서 만든 것인데, 표기만 다를 뿐 발음하게 되면 표준 스펠링과 차이가 없다. 차연은 어떤 단어나 문장이 확정적이고 고정적인 의미 맥락을 담지하지 못하고 그 뜻을 끊임없이 유예시키는 현상을 일컫는다.

전쟁은 우리를 유인원으로 되돌아가게 한다

《그라마톨로지에 대하여》에는 차연 못지않게 유명하지만 악명 높은 말이 등장한다.

"텍스트 밖에는 아무것도 없다."

데리다가 텍스트 밖에는 아무것도 없다고 해서 언어와 독립된 실재 그 자체를 부정하는 것은 아니다. 그는 우리가 언어를 사용할 때 상정하고 있는 언어의 대상 또는 실재는 없을지도 모른다고 의심한다. 언어의 의미와 실재 사이에는 관련이 없다. 언어는 실재와 상관없이 텍스트 속에서 자유롭게 놀이를 하며 그 의미가 이해되기 때문이다.

데리다는 텍스트에 대한 해체적 독해를 통해 기존의 확정적이고 고정된 텍스트의 의미를 해체해 의미가 끊임없이 유동한다는 것을 보여준다. 그런 과정에서 하나의 진리가 아니라 복수의 진리가 드러날 수 있다. 기존 사유 체계와 의미에 대한 이런 데리다의 해체적 작업은 종종 대책 없는 철학의 부정으로, 아니면 허무주의적인 운동으로 오해되기도 한다.

그러나 데리다에 따르면, 해체는 파괴가 아니라 기존 사유 체계의 한계를 교정하는 것이다. 해체론은 로고스 중심적인 전통을 구성하는 언어·개념·범주 등의 검증이라 볼 수 있다. 그는 해체가 긍정적이며 변형의 잠재력을 갖춘 독해 방식임을 강조한다.

칸트는 《순수 이성 비판》에서 학문 체계를 세우는 방법을 순수 이성의 건축술에 비유한 바 있다. 그에게 건축술은 "하나의 이념 아래서의 다양한 인식의 통일"을 뜻한다. 형이상학적인 '하나의 이념'은 철학이라는 집을 유지하는 원리이자 뼈대다. 헤겔은 그런 하나의 이념 하에 우주와 세계를 포괄하는 하나의 철학적 건축물을 짓고자 했다. 하이데거는 《존재와 시간》 2부에서 서양 형이상학의 극복이라는 과제를 내세웠다. 데리다는 하이데거보다 한 걸음 더 나아가 그런 서양 형이상학의 해체를 주장한 것이다.

데리다는 전통적 철학이 추구해온 철학의 목표에 대해 문제를 삼는다. 영미 분석철학자들이나 논리실증주의자들이나 모두 철학의 목표에 대해서는 의심하지 않았다. 다만 그것에 도달하는 방법이나 철학의 목표를 좀 더 분명하게 하는 것에 신경을 썼다. 그러나 데리다는 해체적 독법을 통해 그런 철학의 목표를 해체하고자 시도한다. 그에게 해체는 철학의 방법론이 아니라 그 자체가 새로운 철학이라 할 수 있다. 데리다는 일본의 이주추(Izutzu) 교수에게 보내는 1983년 7월 10일자 서한에서 '해체'에 대해 이렇게 쓰고 있다.

> 해체는 방법이 아닙니다. 그리고 한 가지 것으로 변형될 수 없습니다. …… 해체라는 단어에 반드시 붙어 다니는 것처럼 보이는 기술적, 방법론적 은유가 어떤 영역(특히 미국의 대학 또는 문화적 영역)에서는 사람들로 하여금 옆길로 새게 만들어왔고 나쁜 길로 이끌어왔다는 것도 사실입니다.

데리다의 책들은 그를 국제적으로 유명하게 만들었고, 포스트모더니즘의 새로운 바람을 일으켰다. 특히 미국에서 환영을 받았다. 1972년부터 시작해서 데리다는 《조종(Glas)》, 《우편엽서(La carte postale. De Socrate à Freud et au-delà)》 등 중요한 책을 1년에 한 권 이상 발간했다. 이해부터 그는 파리와 미국을 오가며 시간을 보냈다. 미국의 존스 홉킨스 대학교와 예일 대학교에서 정기적으로 강의를 했다. 데리다는 프랑스보다 미국에서 영향력이 커져갔다. 그는 미국의 철학자들보다는 문학 비평가와 이론가들에게 영향을 끼쳤다.

1978년에 데리다는 《에쁘롱: 니체의 문체들(Eperons: Les Styles de Nietzsche)》이라는 책을 출간했다. 1979년에는 〈살아가기: 경계선상〉이라는 논문을 발표했는데, 이 논문이 일종의 예일 선언문이라 할 수 있는 《해체론과 비평(Deconstruction and Criticism)》에 수록되었다. 예일 학파의 구성원은 해럴드 블룸과 제프리 하트먼, 힐리스 밀러, 폴 드 만 등의 비평가들이었다. 이들은 예일 대학교 영문학과와 비교문학과에서 학생들을 가르치며 서로 가까운 사이였다. 이들은 모두 자크 데리다의 추종자들로서 문학 작품의 해석에 해체비평을 도입하여 고도로 이론적인 성격의 비평 활동을 수행했다. 이들은 함께 비평집을 내고, 서로 외형적인 면에서 유사한 공통점을 지녔어도 각기 독자적인 방법을 추구했다. 그러므로 예일 학파라는 이름 자체는 존재하고 있지만, 사실 해산된 것이나 마찬가지였다. 그들은 데리다를 이용했다는 혐의까지 낳고 있다.

데리다는 벨기에 출신의 폴 드 만과 존스 홉킨스 대학교에서 만나 1983년 그가 죽을 때까지 관계를 지속했다. 데리다는 폴 드 만이 죽고 나서 얼마 지나지 않아 《폴 드 만을 위한 회고록(Memoires: pour Paul

《글쓰기와 차이》표지

de Man)》을 썼다. 1988년에는 〈비판적 연구(Critical Inquiry)〉에 〈조개 속에 들어 있는 심해 소리처럼(Like the Sound of the Sea Deep Within a Shell: Paul de Man's War)〉을 썼다. 데리다가 이런 글을 쓰기 전에 폴 드 만의 과거 전력에 대한 폭로가 있었다. 폴 드 만은 벨기에의 나치 점령 시절에 나치를 동조하는 신문에 200편 이상의 글을 썼고, 그중 몇 편은 분명하게 반유대적이었다. 비평가들은 데리다가 폴 드 만의 반유대적 성격을 최소화했다고 비난했다. 몇몇 비평가들은 데리다가 반유대주의에 반대하는 발언을 해왔지만, 폴 드 만에게는 너무 관대했다고 지적했다. 1960년대에 데리다는 하이데거의 제자 장 보프레의 글이 반유대적이라고 해서 결별한 적이 있었기 때문이다.

데리다에 대한 미국에서의 평가는 높았지만 프랑스 국내에서는 아직도 냉담한 편이었다. 그가 1980년에 폴 리쾨르(Paul Ricoeur, 1913~2005년)의 후임 교수직에 지원했다가 실패했다는 것은 그런 분위기를 반영한다.

1981년에 국제적으로 데리다를 주목하게 한 사건이 일어났다. 그것은 그가 마약 소지범으로 체코슬로바키아 당국에 체포된 것이었다. 그는 체코의 반체제 지식인들을 돕기 위한 얀 후스 재단을 설립한 적이 있었다. 1982년에 그는 체코슬로바키아를 방문해 반체제 인사들이 주관하는 '비공식적' 세미나에 참석했다. 그리고 카프카의 무덤을 방문했다. 그러나 체코 당국은 그에게 치욕을 주기 위해 마약 소지라는 야비한 죄명으로 체포해 구금했다. 데리다는 프랑수아 미테랑 대통령의 도움으로 풀려났다. 1989년에도 데리다는 바츨라프 하벨이 대통령에 당선되기 이전에 체코슬로바키아의 표현의 자유를 위한 운동을 벌였다.

1983년에 데리다는 다른 사람들과 함께 국제철학학교를 설립하고 초대 교장으로 선출되었다. 1987년에는 미국 어빈 시에 있는 캘리포니아 대학교의 정규 교수가 되었다. '해체론'을 통해 문학과 건축, 영화, 패션에 포스트모더니즘의 바람을 몰고 온 데리다의 철학은 뒤늦게 공식적으로 인정받기 시작했다. 그는 미국 예술과학아카데미 회원이 되었고, 케임브리지와 컬럼비아 대학교 등 유수한 여러 대학에서 명예박사 학위를 받았다. 2001년에는 프랑크푸르트 대학교에서 아도르노 상을 받았다.

데리다는 연구 이외에도 현실에 대한 참여를 꾸준히 해왔다. 사망하기 1년 전까지도 그는 현실 문제에 대해 발언을 했다. 조지 부시의 이라크 전쟁 승리 선언이 나온 직후인 2003년 5월에 그는 독일의 철학자 위르겐 하버마스(Jürgen Habermas, 1929~)와 함께 이라크 전쟁에 반대하는 공동 선언문을 독일과 프랑스의 유력 일간지들에 게재했다. 이 선언문에서 하버마스와 함께 그는 이라크 전쟁을 "우리 스스로를 유인원으로 되돌아가게 하는 도덕적으로 타락한" 행위라고 비판했다.

데리다는 2004년에 췌장암 선고를 받았다. 투병 중이던 그는 그해 8월 〈르몽드〉와의 회견에서 "나는 자신과 '싸움 중'이고 이는 무섭고 고된 싸움이지만 이것이 바로 인생이란 걸 안다."고 말했다. 2004년 10월 8일, 그는 인생이라는 고된 싸움에 종지부를 찍었다. 데리다는 평생 프랑스 공립대학교에서 어떤 교수 자리도 제공받지 못했다. 그러나 그의 사망은 프랑스 대통령 미테랑에 의해 발표되었다.

"우리 시대 지성계의 가장 중요한 인물 가운데 한 사람이 타계했다."

평생 '해체론' 때문에 반철학자 또는 허무주의자로 오해 받아온 데리다에게 한 기자가 물었다.

"당신은 무엇보다 당신 자신을 철학자라고 생각하십니까?"

"나의 핵심적인 과제는 이런 것입니다. 현재의 철학은 현재의 그 자신이 아닌 다른 어떤 것으로 그 자신에게 나타날 수는 없을까? 그리하여 좀 더 독창적인 방식으로 그 자신을 반성하고 또 질문할 수는 없을까?"

26

모닝 빵 같은 푸코

—

미셸 푸코

M i c h e l   F o u c a u l t

프랑스의 고등사범학교는 국가 엘리트를 키우는 곳이다. 경쟁과 긴장으로 학생들은 정신적 스트레스를 받는다. 한 학생이 교실 바닥에 누워 면도칼로 가슴을 그으려고 했다. 그때 한 선생이 다가와 그를 말렸다. 이 학생은 밤새도록 손에 칼을 들고 한 친구를 쫓아다닌 적도 있었다. 1948년에 이 학생은 다시 자살을 기도했다. 동급생들은 이 학생이 거의 미쳤다고 생각했다. 그가 왜 그러는지 이해하지 못했다. 하루는 한 친구가 이 학생에게 어디를 가는지 물었다. 그때 이 학생은 태연하

미셸 푸코와 애완 고양이

게 이렇게 말했다.

"목을 맬 줄을 사러 할인점에 가."

이 학생은 자신의 동성애적 성향 때문에 괴로워했다. 그는 동성연애
자들의 바에 갔다온 날이면 수치심과 후회로 괴로워하다 탈진 상태가
되곤 했다. 고등사범학교에 입학한 지 2년이 되던 해, 그는 아버지의
손에 이끌려 정신병원인 생트-안 병원에 갔다. 명민한 이 학생은 정신
병원에 입원해서 오히려 정신과 의사들과 정신병동을 대상으로 관찰하
기 시작했다. 얼마 후부터 이 학생은 정신병동의 인턴이 되어 정신과
의사들과 함께 일을 하기 시작했다.

자살을 기도하고 정신병원에 입원한 이 학생은 정신병동의 역사와
광기의 연구로 유명한 철학자 미셸 푸코(Michel Paul Foucault, 1926~

1984년)다. 푸코가 학생이던 1950년대는 동성연애가 일종의 정신병이거나 '불법' 또는 수치스러운 행위였다. 물론 지금까지도 그런 분위기는 없어지지 않았다.

푸코는 에이즈로 사망한 동성애자였다. 여러 종류의 마약을 상용하면서 사도마조히즘적인 성적 행동을 실행하기도 했다. 그는 재규어 자동차를 몰며 속도를 즐긴 속도광이기도 했다.

철창 속에 갇힌 광기를 해방시켜라

엄밀하게 말해 푸코는 단 한 권의 전통적 주제의 철학 책을 쓰지 않았다. 그가 쓴 《임상의학의 탄생(Naissance de la clinique)》(1963년)이나 《광기의 역사(Histoire de la folie à l'âge classique)》(1961년), 《감시와 처벌(Surveiller et punir)》(1975년), 《성의 역사(Histoire de la sexualité)》(1976~1984년) 등은 심리학 또는 역사학으로 분류될 수 있는 책들이다. 그런데도 우리는 이 광기를 넘나드는 푸코를 철학자로 부를 수 있을까? 들뢰즈는 푸코를 이렇게 평가한다.

"푸코는 가장 완전한, 아마도 유일한 20세기의 철학자다."

들뢰즈가 20세기의 철학자로 부른 푸코는 어떠한 사람이었을까? 미셸 푸코는 1926년에 프랑스의 지방도시 푸아티에에서 외과 의사의 아들로 태어났다. 할아버지도 외과 의사였다. 푸코의 아버지는 아들도 의사가 되기를 바랐다. 그러나 아들은 열일곱 살 때 결코 의사가 되지 않겠다고 선언했다.

푸코는 네 살에 앙리 4세 고교 유치부에 들어갔다. 학교에 가기에는 아직 어린 나이였지만 누나와 떨어지기 싫어 떼를 썼기 때문이다. 그의 나이 열세 살 때 2차 세계대전이 발발했다. 그때 그는 생-스타니슬라스 학교의 학생이었다. 독일군이 곧 푸아티에를 점령했다. 푸코는 학교 난방을 위해 동기들과 함께 독일군 부대에서 장작을 훔쳐오기도 했다. 전쟁으로 인해 저항하던 몇몇 교사들이 체포되었다. 1942년부터 그는 철학 공부를 위한 개인 교습을 받았다. 베르그송과 플라톤, 데카르트, 스피노자, 그리고 칸트의 책을 읽었다. 그는 아버지가 기대한 의학 공부가 아니라 철학 공부를 하기로 결심한다.

푸코는 푸아티에 고교를 떠나 파리의 명문 고등사범학교의 입학 준비를 하기 위해 파리의 앙리 4세 고교로 전학을 갔다. 이 학교의 철학 교사는 이폴리트였다. 그는 이폴리트의 헤겔 해석에 매료되었다. 1946년 7월 입학시험에서 그는 4등으로 합격했다. 그는 고등사범학교에서 메를로 퐁티 등 여러 유명한 교수의 강의를 들었다. 그러나 푸코의 대학 시절은 그다지 순탄하지 않았다. 앞서 언급한 대로 그는 자신의 성 정체성 때문에 좌절하며 우울증 증세를 보였다. 그는 점차 동료들과 잘 어울리지 못했고, 마침내 자살을 시도했다.

푸코는 생트-안 정신병원에 입원해 정신과 치료를 받았다. 그는 동성에 대한 성적 관심을 털어놓았으나, 당시만 해도 정신과 의사들은 동성애를 심각한 질병으로 취급했다. 정신과 의사들은 푸코의 우울증을 치료할 수 없었다. 그런데 정신병원에 있으면서 푸코는 정신병원 자체를 관심의 대상으로 삼았다. 그는 정신과 의사들이 단순히 치료뿐만 아니라 그 이상의 역할을 한다고 느꼈다. 인간이 무엇을 하고, 무엇을 하면 안 되는지를 결정하는, 그런 '정신적 경찰관'의 역할을 한다는 느낌을 받았다. 이때의 경험은 이후 그의 연구 활동에 큰 영향을 미친다.

푸코는 1949년에 심리학 교사 자격증을, 1950년에는 철학 교사 자격증을 획득했다. 그는 파리 고등사범학교를 졸업한 뒤, 1950년에 프랑스 공산당(Parti communiste francaise, PCF)에 가입했다. 전후 프랑스 전역에 몰아닥친 격렬한 파업 물결 속에서 프랑스의 대다수 지식인들은 노동자의 편에 섰고, 공산당은 25퍼센트대의 지지를 얻을 정도로 힘 있는 정당이었다. 하지만 그는 스탈린이 사망한 이후인 1953년에 공산당을 떠났다. 프랑스 지식인들이 소련에서 일어난 일들을 문제 삼기 시작하던 시기였다.

1951년부터 푸코는 고등사범학교에서 심리학을 가르치기 시작했다. 데리다가 이 강의를 수강하기도 했다. 푸코는 학생들을 파리의 정신병원에 데리고 가 환자들을 직접 보여주고, 의사의 치료 과정에 대해 견학을 시켰다. 이 과정을 통해 푸코는 정신분석학에 더욱 관심을 기울였다. 1952년에 그는 파리 소재 심리학 기관으로부터 심리－병리학 학위를 받았다. 릴 대학교에서 심리학을 가르쳤고, 들뢰즈를 처음 만났다.

프랑스 생활에 시달리던 푸코는 1955년에 '자유'를 느끼기 위해 스웨덴으로 떠났다. 그는 스웨덴의 웁살라 대학교에서 프랑스 문화와 언어를 가르쳤다. 거기서 그는 16세기에서 20세기 사이의 의학 자료들을 모아놓은 거대한 도서관을 접하고 몇 년간 이 도서관에서 살다시피 하면서 연구를 했다. 이때 그는 《광기의 역사》를 집필하기 시작했다. 이후 1960년까지 폴란드 바르샤바와 독일 함부르크의 프랑스 센터 원장을 지냈다.

1960년 프랑스로 돌아온 푸코는 클레르몽페랑 대학교에서 철학과

히에로니무스 보슈, 〈바보들의 배〉의 일부, 1490~1500년.
중세 유럽에는 광인들을 태우고 떠돌아다니는 배가 있었다.

심리학을 가르쳤다. 1961년에는 《고전주의 시대의 광기의 역사》로 박
사 학위를 받았다. 지도교수는 이폴리트였다. 이 박사 학위 논문은 《광
기의 역사》로 출간되어 많은 호평과 동시에 악평을 받았다.

《광기의 역사》는 고전주의 시대에 광기를 둘러싸고 실제로 이루어진
일들에 관해 기록하고 있다. 푸코는 '광기'의 개념이 형성되고 유포되
는 과정을 고고학적 방법으로 추적한다. 《광기의 역사》의 유명한 상징
이 된 '바보들의 배'는 광인들을 태우고 이 도시에서 저 도시로 돌아다
녔다. 르네상스 시대의 광인들은 도시에서 내쫓겨 상인이나 선원들에
이끌려 가다가 원래 살던 도시의 정화를 위해 내버려졌다. 17세기가 되
자 도시에서 추방되어 어느 정도 자유로운 존재로 내팽개쳐진 광인들

시위에 참가한 푸코, 1973년

은 유치장에 갇히는 신세가 되었다. 르네상스 시대에 광기는 일상적 삶에서 없어서는 안 될 한 부분으로 이해되었다. 그러나 고전주의 시대에 들어 광인들은 구치소에 수감되었고, 광기는 사람들의 시야에서 사라졌다. 광기는 인간 이성에 정반대인 것으로, 또는 도덕적 틀을 위반하는 것으로 '철창' 속에 갇히게 되었다. 이제 구치소에는 광인뿐만 아니라 게으름과 나태로 도덕적 일탈을 한 사람들, 즉 가난한 사람과 실업자, 성범죄자, 종교적 신성모독 죄인, 그리고 자유사상가까지 수감되었다.

18세기 후반에 가서야 광기는 도덕적 결함이 아니라 질병으로 이해되었다. '질병 환자'로 이해된 광인은 '구치소'에서 '해방'되었으나 내적으로 더욱 정교하고 엄격한 처벌 기제인 '정신 치료'를 받아야 했다. 정신 치료를 받으면서 그들의 모든 생각과 행동은 기존 부르주아 사회의 엄격한 도덕 규칙을 따르도록 강제되고, 그렇지 않을 경우 처벌을 받게 되었다. 이처럼 푸코는 광기의 역사를 추적해감으로써 광기와 대비되는 이성주의의 '차별과 배제의 논리'를 역으로 드러낸다. 그리고 어째서 이성은 비이성을 질병으로 치부하고, 어째서 감금하고 억압하고 마침내 침묵 속에 가두었을까 하는 물음을 던진다. 그는 광기의 역사를 탐구해 이성의 독단에 대한 강력한 경고와 이성의 '타자'에 대한 새로운 인식을 불러일으킨다.

1962년에 푸코는 클레르몽페랑 대학교의 교수로 임용되었다. 그는 《임상의학의 탄생》(1963년)과 《레이몽 루셀(Raymond Roussel)》(1963년)을 출판했다. 그는 이번에는 병원에 고고학과 계보학적 방법을 사용해 의학 체계가 그다지 진보하지 않았던 시대의 의학 분야의 담론을 분석해 19세기 임상의학적 담론의 탄생을 재구성한다. 그는 근대 의학이 어떻게 질병을 효율적으로 인식하고 분류하고 정의하는지를 탐구하면서, 임상의학과 국가와 제도, 사회와 담론의 관계가 어떻게 작용하는지를 분명하게 드러낸다. 《임상의학의 탄생》은 정신분석학자 자크 라캉(Jacques-Marie-Émile Lacan, 1901~1981년)에게서 호평을 받았다.

체제는 우리를 조용히 혹사시킨다

1965년에 푸코는 군사정권이 들어선 브라질로 가서 2개월간 강의를 했다. 이때부터 그는 적극적으로 반민주와 싸우기 시작한다. 그가 1966

년에 다시 프랑스를 떠나 튀니지로 간 이유도 같았다. 떠나기 전에 그가 출판한 《말과 사물(Les mots et les choses)》(1966년)은 마치 빵집의 모닝 빵처럼 팔려 나가며 베스트셀러가 되었다. 그의 책이 잘 팔리자 〈누벨 옵세르바퇴르〉지는 아예 기사 제목을 '모닝 빵 같은 푸코'로 뽑았다. 이 책의 초판은 일주일 만에 매진되었다. 《말과 사물》의 부제는 '인간과학의 고고학'이다. 푸코는 이 책에서 《광기의 역사》와 같은 시기를 다루면서 인간에 관한 학문들을 출현시킨 개념적 배경을 규명한다. 그는 호르헤 보르헤스(Jorge Luis Borges, 1899~1986년)의 단편소설을 읽으면서 이 책에 대한 영감을 얻었다고 한다. 풍자적인 아르헨티나 출신의 작가 보르헤스의 단편에 나오는 '어떤 중국 백과사전'을 인용한다. 이 백과사전에서는 동물들이 다음과 같이 분류된다. ① 황제에 속하는 동물, ② 향료로 처리하여 썩지 않게 보존된 동물, ③ 길들여진 동물, ④ 젖을 빠는 돼지, ⑤ 물고기, ⑥ 전설상의 동물, ⑦ 주인 없는 개, ⑧ 현재의 분류에 포함되는 동물, ⑨ 광포한 동물, ⑩ 셀 수 없는 동물, ⑪ 낙타털과 같이 미세한 모필로 그려질 수 있는 동물, ⑫ 기타, ⑬ 물주전자를 깨뜨리는 동물, ⑭ 멀리서 볼 때 파리같이 보이는 동물.

이 동물 분류가 나오는 중국의 백과사전은 《산해경(山海經)》이다. 푸코는 이 익살스런 동물 분류를 보고 사물에 질서를 부여하는 분류 체계가 엄청나게 다를 수 있음을 보여준다고 생각했다. 그는 이러한 중국의 동물 분류로부터 '현대 서구인들은 어떻게 현상을 질서 지우고, 어떻게 사유하는가?'라는 물음을 이끌어낸다. 《말과 사물》은 바로 이런 물음에 대한 대답으로서 사물에 대한 인간의 경험에다 질서를 부과하는 과정을 파헤치고 있다. 《말과 사물》을 출판한 해에 푸코는 현상학 비판으로 사르트르와 2년간 논쟁을 벌인다. 사르트르는 푸코에게 있어 적이자 스승이며 동지였고, 어떤 의미에서 푸코의 스승이었다. 푸코는 몇 번의 인터뷰에서 사르트르를 공격한다. 그는 '인간의 죽음'을 주장하고 사르트르 형태의 휴머니즘과 의식철학에 대해 공개적으로 적대감을 표현한다.

푸코는 1966년 6월에 행한 인터뷰에서 사르트르를 이렇게 공격한다.

"《변증법적 이성비판》은 20세기를 사유하려는 19세기 인간의 놀랍고도 눈물겨운 노력입니다. 이런 점에서 사르트르는 마지막 헤겔주의자이고 마르크스주의자입니다."

사르트르도 푸코에게 반격을 가한다. 그는 《말과 사물》이 성취한 바를 인정했지만 푸코를 부르주아지의 마지막 옹호자로 보았다.

"그가 겨냥한 것은 마르크시즘이다. 그의 관심은 새로운 이데올로기를 구축하는 것, 다시 말해서 부르주아지가 마르크스에 대항해 세울 수 있는 마지막 댐을 건설하는 것이다."

푸코는 이러한 비판에 대해 이렇게 빈정댄다.

"부르주아지는 불쌍하기도 하지. 자신들을 지킬 성채가 고작 내 책밖에 없다니."

푸코는 《말과 사물》의 후광 속에 튀니지로 떠났다. 그가 튀니지로 간 것은 더 이상 클레르몽페랑 대학교에서 가르치기 싫어서였다. 튀니지에서 그는 1968년 5월 혁명을 맞이하게 됐다. 그는 파리의 격렬한 학생운동 현장에는 없었지만, 튀니지 역시 학생운동의 열기 속에 휩싸여 있었다. 좌파 학생들은 튀니지를 가능한 한 빨리 근대화시키려는 친미정권에 대항해 연일 격렬한 시위를 벌였다. 이 과정에서 학생들은 체포되어 중형을 선고받았다. 푸코가 가르치던 제자들도 투옥됐다. 그는 쫓기는 학생들을 자기 아파트에 숨겨 경찰에 체포되지 않도록 도와주기도 했다.

1968년 말에 서둘러 프랑스로 돌아온 푸코는 본격적인 정치적 행동에 돌입했다. 급진적 활동에 참여하고, 거리에 나가 격렬하게 시위를 하다가 여러 차례 체포되기도 했다. 그는 급진적인 철학자들을 모으고 좌익 학생들과 행동을 함께했으며, 이주 노동자들의 인권 문제나 에스파냐·이란·폴란드 등의 정치 문제에 일일이 개입하는 등 실천하는 지식인의 모습을 보여줬다.

푸코는 68혁명의 결과로 생긴 파리 8대학인 뱅센 실험대학의 철학과장을 맡게 되었다. 그러나 그는 제멋대로 행동하는 극좌파 학생들과 맞서 쇠파이프를 들고 싸워야 했으며, 학생들과 더불어 실험대학을 못마땅하게 생각하는 교육부에 가서 점거 농성을 하기도 했다. 또 그들을 체포하러 온 경찰과 싸우기도 했다. 1970년에는 콜레주드프랑스 교수로 취임해 '사상 체계의 역사' 분야를 담당했다. 임명된 이후에도 그는 공개강좌를 통해 반체제 운동에 힘을 쏟았다.

이해에 《지식의 고고학(L'archéologie du savoir)》(1969년)이 출간되었다. 1971년에 그는 사르트르와 함께 인종주의에 반대하는 시위를 했다. 1971년과 1972년에 감옥에서 일어난 일련의 폭동을 계기로 감옥 수감자들의 인권에 각별한 관심을 가지게 된 푸코는 수감자와 감옥의 상황을 연구하고 개선할 목적으로 감옥정보모임(Group d'information sur les prisons, GIP)을 설립했다. 이 그룹에 사르트르와 들뢰즈가 가입했다.

이때부터 푸코는 감옥의 역사를 연구하는 데 심혈을 기울였다. 1975

디에고 벨라스케스, 〈라스 메니나스(필립 4세의 가족)〉, 1656년.
푸코는 《말과 사물》에서 이 그림을 해석했다.

년에 발간한 《감시와 처벌》은 처벌의 형식으로서 감옥의 기원을 연구한 결과물이다. 푸코는 사회 곳곳에서 미시권력이 작동하고 있다는 점을 실증적으로 제시했다. 즉 권력은 정치권력뿐 아니라 넓은 의미에서 힘의 관계를 뜻한다는 것이다. 권력은 인간들의 모든 관계 속에 내재돼 있으며, 모세혈관과 같이 권력관계는 사회 구석구석까지 망을 형성하고 있다. 이것이 바로 푸코가 말하는 미시권력이다. 푸코를 비판하는 쪽에서는 그의 권력 분석이 그 어떤 정치적 행동의 가능성도 부인하는 막다른 골목이라고 지적한다. 하지만 푸코는 정치적 저항은 당위라고 주장한다. 권력관계는 저항을 통해 변화되게 마련이라는 얘기다.

푸코의 권력 이론은 구조주의와 후기 구조주의 이론, 페미니즘, 이탈리아 자율주의 운동 등에 다각도로 영향을 끼쳤다. 1968년 이후의 사회를 분석하면서 푸코가 규정한 자신의 과제는 그의 실천적 지향을 잘 보여주고 있다.

"우리는 우리를 조용히 혹사하는 체제를 웃음거리로 만들고, 실체를 폭로하고, 그것을 변화시키고, 전복시켜야 한다. 내가 저술 작업에서 할 일도 바로 그런 것이다."

1976년에 푸코는 권력-지식의 연계를 다룬 책 《성의 역사》 1권을 출판한다. 《성의 역사》 1권은 '앎의 의지'라는 부제가 붙어 있다. 그가 이 책에서 세운 가설은 "성은 억압되지 않았다."는 것이다. 그에 따르면, 성의 역사는 오히려 선동과 증대의 역사다. 억압 대신 선동과 증대가 이뤄지고 거기로부터 수많은 성에 관한 '담론'이 생겨났다. 어찌 보면 사소할 수도 있는 '성'에 관한 담론을 급격하게 증가시킨 것은 고해성사나 성의학, 정신분석학 등 수많은 지식들이었다. 이제 성 담론은 정신분석가나 정신의학자, 범죄자, 성도착자, 재판관 등과 연관되면서 권력 문제로 등장한다.

푸코는 1978년에 기자로 활동하기도 했다. 그는 혁명 전야의 이란을 두 번씩 방문해 반체제 인사들과 학생운동의 지도자들을 만났다. 그는 이란에서 보고 들은 바를 기초로 해 이탈리아 잡지 〈코리에레델라세라 (Corriere della Sera)〉에 이란 혁명에 관한 몇 가지 기사와 보고서를 기고했다. 그는 호메이니에 의한 이란 혁명과 이슬람을 매우 긍정적으로 생각했다. 그러나 그의 리포트는 많은 비판을 받았다. 호메이니 역시 종교 독재자였다.

나는 내가 경험한 것을 쓴다

1980년대부터 푸코는 고대의 윤리로 연구 방향을 전환했다. 그는 1983년부터 캘리포니아 대학교 버클리 분교에서 교수 생활을 했다. 1984년에는 《성의 역사》 2권 '쾌락의 활용'과 《성의 역사》 3권 '자기에의 배려'가 출간되었다. 《성의 역사》 1권과 상당한 시간 차이를 두고 발행된 《성의 역사》 2권과 3권은 기독교 권력이 고착화되기 이전의 고대 그리스·로마의 성 윤리를 다루고 있다. 그는 고대 이교도의 사례들을 들어 '성의 문제는 권력의 문제'라고 하는 자신의 주장을 더욱 풍부하게 뒷받침하고 있다.

1984년 푸코는 건강이 나빠져 병원에 입원한다. 그는 자신이 에이즈에 걸린 것을 알고 있었으나, 이 사실이 알려지는 것을 원치 않았다. 그는 1984년 6월 25일 쉰일곱 살의 나이로 파리의 살페트리에르 병원에

르네 마그리트,
〈두 가지 미스터리〉, 1966년.
그림 속의 그림에 '이것은 파이
프가 아니다.'라고 쓰여 있다.
푸코는 이 그림을 가지고
같은 제목의 책을 썼다.

서 사망했다. 그가 죽고 난 후 수백 명의 친구들과 추종자들이 그에게 마지막 경의를 표하기 위해 병원 영안실에 몰려들었다. 그 가운데는 푸코의 오랜 친구이자 뛰어난 철학자인 들뢰즈도 있었다. 푸코의 장례식에서 들뢰즈는 그 앞에서 슬픔으로 갈라지고, 흐느낌을 겨우 참아내며 떨리는 목소리로 《성의 역사》 마지막 두 권의 서문을 읽었다. 이 두 책은 푸코가 투병 기간 내내 썼던 책이다. 그는 이 책의 출간을 죽기 직전에 볼 수 있었다.

푸코가 죽고 나서 그의 논문과 모든 작품을 모은 전집 《말한 것과 쓴 것(Dits et écrits)》이 출판되었다. 그가 썼던 많은 책들은 그의 개인사와 연결되어 있었다. 그는 한 인터뷰에서 이렇게 말을 한 적이 있다.

"나는 직접적, 개인적 경험에 의해 영감을 얻지 못한 채로는 단 한 권의 책도 쓰지 않았다. 최소한 조금이라도 경험이 있어야만 했다."

장례식에서 들뢰즈가 읽었던 서문은 어쩌면 푸코의 개인적 관심사와 학문적 관심사를 말해주는 듯하다.

내 작업의 동기는 아주 간단했다. 어떤 사람들은 그 자체로 충분하다고 생각할 것이다. 그토록 끈질기게 작업에 몰두했던 나의 수고는—단지 호기심. 그렇다. 일종의 호기심 때문이었다. 반드시 알아야 할 지식을 자기 것으로 만들고자 하는 호기심이 아니라 자기가 자신으로 떨어져 나가는 것을 허용해주는 그런 호기심이다. …… 우리 인생에는 성찰과 관찰을 계속하기 위해서 "자기가 현재 생각하는 것과 다르게 생각할 수도 있으며, 자기가 지금 보고 있는 것과 다르게 지각할 수도 있다."라는 의문이 반드시 필요한 그런 순간들이 있다.

27

피에로의 옷과 같은 세계

—

질 들뢰즈

Gilles Deleuze

미셸 푸코는 질 들뢰즈(Gilles Deleuze, 1925~1995년)에 대해 "어느 날 이 세기는 들뢰즈의 시대라고 불릴 것이다."라고 선언한 적이 있다. 들뢰즈는 이에 대해 "우리를 좋아하는 사람은 웃게 만들고 그 외의 다른 사람들은 격노하게 만들려는 의도를 지닌 농담"이라고 반응했다.

그러나 푸코의 선언은 맞아떨어졌다. 들뢰즈를 옹호하든 비판하든, 그를 제대로 이해하건 안하건 간에 그를 빼놓고 현대 철학을 이야기하기 어려운 시대가 되었으니까. 그런 들뢰즈가 1995년 11월 4일 파리 시

질 들뢰즈

내 자신의 아파트에서 몸을 던져 자살했다. 프랑스 지식인 계층에서 자살은 충격적이기는 해도 아주 드문 사건은 아니었다. 유명한 마르크스주의자 루이 알튀세르는 권총으로 자신의 머리를 쏘아 자살했고, 니코풀란차스는 투신자살을 했다. 프랑수아 미테랑 전 대통령의 마지막 좌파 총리였던 피에르 베레고부아는 아파트 스캔들에 휘말리자 자신의 명예를 지키기 위해 권총자살을 했다.

그래도 생성과 긍정의 철학을 이야기했던 들뢰즈가 자살을 선택했다는 것에 많은 사람들이 충격을 받고 이유를 궁금해했다. 그러나 그가 왜 자살을 선택했는가에 대한 개인적인 이유는 아무도 알 수가 없다. 다만 추측해볼 수 있는 정황은 있다. 들뢰즈는 평생 고질적인 호흡기 질환으로 인해 고통을 받았다. 그는 죽기 몇 년 전부터 인공호흡기에 의지해왔고, 죽기 얼마 전에는 인공호흡기로 연명하며 침대에 누워 지냈다. 그는 그런 삶을 더 이상 내버려둘 수 없었을지도 모른다. 젊은 시절에 그는 《경험론과 주체성(Empirisme et subjectivité)》(1953년)에서 자살에 대해 이렇게 쓴 적이 있었다.

> 자살하는 자는 자연을 거역하는 것이 아니다. 또는 말하는 방식을 바꾸면 자신의 창조자를 거역하는 것이 아니다. 그는 고통에서 벗어나기 위해서 자연이 그에게 남겨놓아 준 유리한 길을 선택해 이 자연의 충동에 따르는 것이다. …… 죽는 것으로 우리는 자연의 명령의 하나를 완수하는 것이다.

능동적 죽음을 택한 애주가

어쩌면 들뢰즈는 수동적 죽음이 아니라 능동적 죽음인 자살을 통해 '고통에서 벗어나' '자연의 명령'을 완수하려 한 것은 아닐까? 흔히 말하듯, 죽음은 거대한 삶의 한 과정일지도 모른다. 죽음을 통해 우리는 개별적 삶을 매듭짓고, 또 다른 개별적 삶과의 차이를 말하며, 삶의 다양성에 대해 이야기할 수 있을지도 모른다. 그렇다면 들뢰즈는 어떤 삶을 살았을까?

들뢰즈는 파리의 17구역에서 태어났다. 그는 청소년기를 빼고는 이곳을 벗어나지 않고 살았다. 그의 아버지는 엔지니어로 1차 세계대전 참전 용사이며, 보수적이고 반유대적이기까지 했다. 들뢰즈의 형은 독일군 점령 시기에 레지스탕스 활동을 하다 체포되어 아우슈비츠로 가는 도중에 사망했다.

가난한 가정에서 태어난 들뢰즈는 전쟁 전에 공립학교에 다녔다. 독일군이 프랑스를 침공했을 때 그는 노르망디에서 가족과 함께 휴가를 보내고 있었다. 그는 그곳에서 1년 동안 학교를 다녔다. 노르망디에서 한 교사를 알게 되었는데, 그 교사의 영향 아래 지드와 보들레르, 그리고 다른 저자의 책들을 읽게 되었다. 이때 처음으로 학문에 흥미를 느끼기 시작했다.

들뢰즈는 파리로 돌아와서 국립중등학교인 앙리 4세 리세에 다녔다. 그곳에서 고등사범학교 입시를 준비했지만 입학시험에 통과하지 못했다. 대신 1944년에 소르본 대학교에 입학해 철학을 공부했다. 장 이폴리트와 조르주 캉길렘 등에게서 배웠다. 1947년에 흄에 관한 연구를 해 졸업 논문인 〈경험론과 주체성: 흄에 따른 인간 본성에 관한 시론(Empirisme et subjectivité)〉을 썼다. 1948년에 그는 교사 자격시험에 합격했다. 이후 1956년까지 아미앵과 오를레앙, 파리의 리세 등 여러 고등학교에서 학생들을 가르쳤다. 그는 1956년에는 《D. H. 로렌스》를 프랑스어로 번역한 번역가와 결혼을 했다. 1953년에는 졸업 논문으로 제출한 〈경험론과 주관성〉을 책으로 펴냈다. 이때 그의 나이는 스물여덟 살이었다.

1957년에 들뢰즈는 소르본 대학교 철학사 분야의 조교가 되었다. 이 무렵부터 매우 독특하고 개성적인 그의 강의가 알려지기 시작했다. 1960년에는 국립과학연구센터(CNRS)의 연구원으로 일을 했다. 1964년에는 리옹 대학교의 강사가 되었다. 흄에 관한 책을 펴낸 지 10년 만에 그는 여러 가지 중요한 저작을 연달아 펴낸다. 1962년에 《니체와 철학 (Nietzsche et la philosophie)》을, 1963년에는 《칸트의 비판철학》을, 1964년에는 《프루스트와 기호들(Proust et les signes)》을, 1965년에는 《니체(Nietzsche)》를, 1966년에는 《베르그송주의(Le Bergsonisme)》를 부지런하게 펴냈다.

이 저서들 가운데 《니체와 철학》은 프랑스에 니체 연구의 붐을 가져온 책이다. 미셸 푸코는 《니체와 철학》을 읽고 열광했다. 푸코는 들뢰즈와 만나 오랫동안 깊은 우정을 나눈다. 그는 니체가 제기한 철학의 문제의식을 들뢰즈와 평생 공유했다. 들뢰즈는 푸코가 창설한 '감옥정보모임'에서 다른 지식인들과 활동했다. 이 그룹은 프랑스 감옥 시설의 열악한 상황을 널리 알리고 감옥－체제에 작동하는 권력을 기술하고자 했다. 들뢰즈는 1978년에 푸코와 '테러리즘'에 대한 정치적 의견과 철학 노선에 대한 차이로 결별을 했다. 그러나 두 사람은 서로의 작업에 대해 계속해서 관심을 가졌다. 푸코는 죽기 전에 들뢰즈와의 재회를 희망했으나 이루어지지 않았다. 들뢰즈는 1986년에 푸코가 죽은 다음 《푸코(Foucault)》라는 책을 썼다. 그는 "내가 필요했기 때문에, 그리고 푸코에 대한 존경 때문에" 그 책을 썼다고 말했다.

68혁명이 일어나던 해에 들뢰즈는 40대 중반의 나이였다. 이해에 그는 박사 학위 논문 〈차이와 반복(Différence et répétition)〉과 부논문인 〈스피노자의 철학에서의 표현주의(Spinoza et le problème de l'

장 외귀스트 앵그르, 〈오이디푸스와 스핑크스〉, 1808년. 들뢰즈는 프로이트 정신분석의 중심 개념인
오이디푸스를 안티의 대상으로 삼아 욕망의 오이디푸스화를 비판하는 책을 썼다.

expression)〉를 썼다. 이 박사 학위 논문은 철학사 연구를 벗어나 이제 들뢰즈 자신의 철학을 알리는 작품이었다. 그는 68혁명을 계기로 동성애자 권리와 팔레스타인 해방운동에 적극 참여했다. 그 와중에도 그는 1969년에 《의미의 논리(Logique du sens)》를 출간했다. 이때 그는 알코올에 상당히 빠져 있었다. 아침 일찍 《의미의 논리》를 쓰고 나서, 하루 종일 위스키를 마시고 있었다고 한다. 《의미의 논리》 계열 22 〈자기와 화산〉은 알코올중독에 대한 감동적인 분석을 담고 있다. 그는 폐가 약해 더 이상 술을 마실 수가 없는 지경이 되었다. 그 덕분에 그는 알코올중독자가 되지는 않았다.

《의미의 논리》를 출간한 해에 들뢰즈는 68혁명 운동의 영향으로 생겨난 실험대학인 파리 8대학(뱅센 대학교, 후에 생드니 대학교로 개명) 교수가 된다. 1987년에 은퇴할 때까지 그는 그곳에서 학생들을 가르쳤다. 뱅센 대학은 '68혁명'의 중요한 지적 실험의 장이었다. 이곳에서는 전문적인 학자 양성이나 취업 등과는 무관한 철학적 탐구나 강의가 자유롭게 진행되었다. 학생들뿐만 아니라 여러 계층의 대중들이 와서 자유롭게 강의를 들었다. 들뢰즈는 이 실험대학 운동을 열렬히 옹호했다. 그러나 이 실험대학은 정부의 관료주의에 부딪혀 결국 실패하고 만다.

1969년에 들뢰즈는 정신과 전문의이자 정신분석학자이며 공산당원
인 펠릭스 가타리(Félix Guattari, 1930~1992년)를 만난다. 가타리는 고
등학교 때부터 전투적 좌익 활동가였고, 프랑스 공산당에 대해 비판적
인 이른바 '극좌파' 마르크스주의자였다. 그는 68혁명에 적극적으로 참
여해 주도적인 역할을 했다. 그는 들뢰즈와 만나기 전에 이미《기계적
무의식(L' inconscient machinique. Essais de Schizoanalyse)》(1979년) 같은
책을 출간한 적이 있었다.

가타리는 프로이트와 라캉의 정신분석학에서 벗어나기 위해 모색하
던 중 들뢰즈를 찾게 된다. 두 사람은 편지를 통해 서로 의견을 나누다
가 의기투합하여 이후 공저를 계속해서 내놓게 된다. 들뢰즈는 가타리
와 함께《앙티-오이디푸스: 자본주의와 정신분열증(L' Anti-Œdipe
Capitalisme et schizophrénie)》(1972년),《카프카(Kafka)》(1975년),《천 개
의 고원(Mille Plateaux-Capitalisme et schizophrénie)》(1980년)을 썼다. 그
는 가타리와 함께 문학에서부터 정신분석학, 그리고 자본주의 분석 등
전통적인 철학의 영역을 넘어서는 광범위한 주제를 다루었다.

1980년대에 들어와 들뢰즈는 미술과 영화에 관한 책들을 썼다. 유명
한 영국 화가 프랜시스 베이컨을 다룬《프랜시스 베이컨-감각의 논리
(Francis Bacon Logique de la sensation)》(1981년)를 썼고, 영화에 관한
책인《영화 1(Cinéma I: L' image-mouvement)》(1981년),《영화 2(Cinéma
II: L' image-temps)》(1983년)를 출간했다. 1988년에는 라이프니츠의 철
학을 다룬《주름, 라이프니츠와 바로크(Le pli-Leibniz et le baroque)》를

펴냈다. 1991년에는 가타리와의 마지막 공저 《철학이란 무엇인가?(Qu'est-ce que la philosophie?)》를 출간했다. 그런데 1992년에 가타리가 갑작스럽게 사망했다. 들뢰즈는 두 사람이 서로에게 귀를 기울이고 보충해주면서 서로를 사랑하듯 작업을 해왔다고 말한다. 그리고 가타리에게 푸코와 더불어 정치가 무엇인지 가르쳐준 사람이라고 고마워했다.

앞에서 보았듯이, 들뢰즈의 철학은 대체적으로 세 시기로 구분할 수 있다. 첫째 시기는 철학자에 대한 철학사적 연구의 시기고, 둘째 시기는 〈차이와 반복〉과 《의미의 논리》를 낸 자신의 철학을 본격화한 시기이며, 셋째 시기는 가타리와 공동으로 철학의 영역을 넘어 작업하던 시기라고 할 수 있다.

철학사적 연구의 시기라 할 수 있는 첫 번째 시기의 저작들에서 들뢰즈는 플라톤과 헤겔처럼 철학사의 주류적 입장을 다루지 않는다. 그는 주류 철학사의 입장이 언제나 지배적이고 억압적이라고 생각했기 때문이다. 주류 철학사에 오히려 반기를 들거나 반대되는 입장에 있던 철학자들, 즉 에피쿠로스나 루크레티우스, 흄, 베르그송, 스피노자, 니체 등에 그는 주목한다. 그들은 주류 철학사에 편입되지 않거나 편입될 수 없는 어떤 새로운 사유의 노선을 그린 철학자들이다.

들뢰즈는 1950년대부터 1970년대에 걸쳐 이들 철학자들에 대한 모노그래프 작업을 했다. 그는 이 작업을 "남색질(enculage)을 하는 것과 같다."라고 표현한 적이 있었다. '남색질'이란 무엇인가? 들뢰즈는 과거의 철학자들을 등 뒤에서 덮쳐 어느 사이엔가 그들의 사생아를 만들어버린다. 그렇게 해서 부모 자신도 알아보지 못하는 '괴물 같은' 자식을 낳는 것이다. 그는 이렇게 철학사적 탐구를 통해 과거 철학자들의 아이디어를 다른 방식으로 그리고 예기치 않은 방식으로 다시 펼쳐놓는다. 그는 흄, 베르그송, 스피노자에게 각기 다른 질문과 다른 주제 방식으로 접근해 '남색질'로 자식들을 낳았다. 그러나 그 자식들은 '괴물'이기는 해도 헤겔주의와 변증법에 대한 철저한 거부라는 공통점을 지닌다. 또한 그렇게 낳은 자식들은 서로 공명하고 내통하며 들뢰즈 철학의 싹을 피운다. 그의 이런 '남색질'은 흄, 베르그송, 스피노자, 니체, 칸트 연구에서도 관통되며 변주된다. 특히 니체는 들뢰즈에게 지대한 영향을 미쳤다. 자신에 대한 니체의 영향을 들뢰즈는 이렇게 표현한 적이 있다.

"니체 역시 등 뒤에서 덮쳐 사생아를 만들려고 했다. 그런데 어느새 니체가 내 등 뒤를 덮치고 있었다."

두 번째 시기에 쓰인 가장 중요한 저서는 무엇보다 《차이와 반복》이다. 이 책은 '플라톤주의의 전복'이라는 유명한 표현으로 요약된다. 플라톤주의란 무엇인가? 그것은 수많은 개별자들의 원형인 이데아를 주장한다. 예를 들어 현실에 존재하는 의자는 어느 것 하나도 똑같은 의자가 있을 수 없다. 아무리 똑같은 공장에서 나온 의자라고 할지라도 엄밀하게 말해 결코 같을 수 없다. 그러나 이렇게 수많은 차이가 나는 의자를 '의자'라는 하나의 보편적 개념으로 부를 수 있는 것은 모든 의자에 공통적인 이데아가 있기 때문이다. 플라톤주의에 따르면, 가장 원형적이고 모범적인 의자, 즉 이데아로서의 의자가 있으며, 현실의 의자들은 그 이데아의 원형을 분유(分有)받고 있기 때문이다. 플라톤의 이데아론에 따르면, 우리는 손쉽게 우열을 가를 수 있다. 현실의 의자들 중 이데

작가 루이스 캐럴과 앨리스. 들뢰즈는 《의미의 논리》에서 다차원적인 의미와
심층적인 즐거움을 주는 《이상한 나라의 앨리스》를 다각도로 분석한다.

아의 성격을 더 많이 받은 것은 '좀 더 우월한 것'이고 그렇지 않은 것
은 '좀 더 열등한 것'으로 분류할 수 있다. 이렇게 이데아의 '원형'으로
부터 우리는 모든 개별자에게 수직적 위계질서를 부여할 수 있다.

　그러나 들뢰즈는 그런 수직적 위계질서와 우열 가리기를 문제 삼는
다. 그는 모든 개별자에게 수직적 위계질서를 부여하는 이데아적 원형
은 없으며, 개별자들 사이엔 오직 수평적인 '차이'만이 있다고 주장한
다. 이데아적 원형이 없으면 우열이나 수직적 위계질서가 있을 수 없
다. 그리고 불완전한 것에서 원형에 가까운 완전한 것에로 이르는 '변
증법적 발전'도 있을 수 있다. 그는 수평적 차이가 창출해낸 다양성만

이 계속 되풀이된다는 '반복'의 사상을 통해 플라톤의 이데아론과 헤겔의 변증법을 제거한다.

세 번째 시기를 대표하는 글은 동료 가타리와 함께 저술한 《앙티－오이디푸스》(1972년)와 《천 개의 고원》(1980년)일 것이다. 니체의 《안티－그리스트(Der Antichrist)》를 연상시키는 이 책 제목은 정신분석학에 대한 '니체적인 비판'을 시사한다. 《앙티－오이디푸스》는 정신분석학의 중심 개념인 오이디푸스를 안티의 대상으로 설정해 전복을 꾀한다. 들뢰즈와 가타리는 욕망을 긍정하며 옹호한다. 프로이트가 정의한 바와 같이 욕망의 오이디푸스화는 부정적이고 억압적이다. 그들은 아빠－엄마－나의 삼각형화를 통해 오이디푸스적 욕망을 가족주의 틀에 가두어 버린 프로이트의 정신분석을 비판한다. 그들은 오이디푸스적 욕망을 역사적·혁명적 사유 안에서 보아야 한다고 주장한다. 《앙티－오이디푸스》의 부제가 '자본주의와 정신분열증'인 것처럼, 그들은 정신분석학의 비판을 통해 자본주의의 비판을 시도한다. 우리는 사회에 진입하기 위해 본능적인 욕망들을 포기해야 한다. 그리고 부성적 권위에 대한 복종과 죄의식을 통해 우리는 바람직한 사회적 가치로 자신의 삶을 예속한다. 오이디푸스적 욕망 길들이기는 욕망에 대한 각종 억압과 금지를 통해 자본주의 체제에 순응하도록 해 우리를 영원히 자본주의 아래에서 길들이고자 하는 것을 보여준다. 들뢰즈는 이렇게 말한다.

"이제 어디를 둘러보아도 아버지, 어머니밖에는 볼 수 없다."

그러나 들뢰즈와 가타리는 욕망을 긍정하며, 반－오이디푸스적 욕망을 주장한다. 욕망은 문명화되기 위해, 그리고 자본주의사회 체제에 적응하기 위해 우리가 억압해야 할 어떤 것이 아니다. 그들은 욕망을 끝없이 분출하는 어떤 생명력의 일종이라고 보았다. 그래서 욕망과 생산은 동일한 힘이며, 그들은 그것을 '욕망하는 생산'이라고 불렀다.

그런데 왜 이러한 욕망의 해방과 긍정이 자본주의 체제를 위협하는 '혁명적'인 것일까? 자본주의 체제가 오이디푸스적이라면, 본성상 비오이디푸스적인 욕망의 긍정은 곧바로 자본주의에 대해 혁명적이고 위협적일 수밖에 없기 때문이다. 이러한 점에서 《앙티-오이디푸스》는 '욕망'의 긍정을 통해 '68년 혁명을 이론화하려는 책'이라고 할 수 있다.

두 사람은 1980년에 《천개의 고원》을 출간했다. 책의 부제가 '자본주의와 정신분열증 2'인 것으로 보아 《앙티-오이디푸스》의 후속편이라는 것을 알 수 있다. 이 책은 전편인 《앙티-오이디푸스》만큼 두꺼우며, 난해해서 읽기 어렵다. 《천개의 고원》의 핵심 개념이자 서문을 장식하는 생경한 단어는 리좀(Rhizom)이다. 그는 리좀을 《앙티-오이디푸스》에서 긍정했던 욕망의 생산과 '무의식의 생산 그 자체'라고 한다. 리좀은 어떻게 그런 무의식과 욕망을 생산하는가? 리좀은 일찍이 들뢰즈가 흄의 연구에서 발견한 '접속사'를 매개로 다른 것과 '관계'를 맺음으로 생산한다.

철학은 하나의 나무다

들뢰즈는 흄을 통해 '관계'라는 개념에 주목한다. 관계는 하나의 원리나 중심으로 통합되는 변증법적 통일이나 운동이 아니다. 그것은 서로 다른 것을 연결하고 교통시키는 것이다. '그리고', '와' 같은 '접속사'는 그러한 '관계'를 나타낸다. 이런 접속사로 연결된 문장은 'A는 B

다'라고 하는 동일률에 기초한 문장과 다르다. 'A는 B다'라는 것은 동일성을 전제로 하거나 A의 B의 귀속을 나타낸다. 동일률은 타자를 일체화하거나 통합한다. 접속사로 이어지는 관계는 그런 동일률에 기초하지 않으며, 서로 다른 것들을 다양한 방식으로 연결시켜준다. 들뢰즈는 흄을 "접속사를 해방하고, 관계 일반에 관해 고찰한" 철학자로 이야기한다. 그는 흄에게서 이렇게 관계의 사상을 읽어낸다. 이 관계의 사상은 통합하는 원리와 중심을 갖지 않는, 따라서 전체화하는 것이 불가능한 단편의 세계를 나타낸다. 이 세계는 피에로의 옷처럼 잡다한 색깔을 가진 여러 가지 천을 꿰매어놓은 그런 세계 같은 것이다. 이 관계의 사상은 리좀의 중요한 핵심 내용이기도 하다. 그는 가타리와 더불어 《천개의 고원》에서 리좀에 대해 이렇게 말한다.

> 리좀은 시작하지도 않고 끝나지도 않는다. 리좀은 언제나 중간에 있으며 사물들 사이에 있고 사이-존재이고 간주곡이다. 나무는 혈통관계이지만, 리좀은 결연관계이며, 오직 결연관계일 뿐이다. 나무는 "~이다(etre)라는 동사를 부과하지만, 리좀은 그리고 …… 그리고 …… 그리고"라는 접속사를 조직으로 갖는다.

원래 리좀은 식물학에서 뿌리를 한곳에 깊이 박는 식물류가 아닌 담쟁이처럼 자신의 줄기와 뿌리가 같이 이어져 나가는 식물류를 가리키는 말이다. 리좀과 대비되는 것은 나무이다. 나무는 줄기로부터 가지, 가지로부터 다시 작은 가지로, 중심으로부터 거리에 의해서 정해지는 서열이 있다. 그러나 리좀은 전체를 통합하는 중심도 계층도 없다. 한없

세계 각국어로 번역된
들뢰즈와 가타리의 저작들

이 연결되고, 만나서 다시 새롭게 생겨나게 하는 연쇄가 있을 뿐이다. 사실 서양의 학문에서 중심과 부분을 구분하고 질서를 나타낼 때 흔히 나무에 비유하곤 했다. 데카르트는 《철학의 원리》를 프랑스어로 번역한 피코에게 편지를 쓸 때 학문의 체계를 나무로 설명한 적이 있다.

"그러므로 온 철학은 하나의 나무와 같다. …… 그 뿌리는 형이상학이요, 그 줄기는 물리학이요, 또 그 줄기로부터 뻗어 있는 가지는 다른 여러 과학이다."

이 리좀이란 개념은 나무의 질서와 대비된다. 리좀은 철학적으로는 그동안 본질, 존재, 제일 원인, 목적론적 과정 등의 개념을 통해 모든 하위의 것을 일사불란하게 질서 잡고자 했던 주류적 철학의 전통을 전복시키는 개념으로 생각된다. 리좀은 정치적으로는 단일한 자기 동일성의 확립을 통한 우열을 짓고, 타자를 복속시키는 체제와 질서에 반대되는 개념으로 볼 수 있다. 리좀은 비본질적이며 동일적이지 않다. 그렇다고 리좀이 단순한 혼돈과 혼란을 뜻하는 것은 아니다. 리좀은 이질적인 규칙과 배열과 운동에 의해 정의되는 다른 질서다. 리좀의 개념을 사회에 적용해볼 때, 리좀은 자유로운 개인들의 차이를 인정하고 그것들의 한없는 연결과 접속을 통해 새로운 사회의 구성을 가능하게 하는 개념이기도 하다.

1980년에 출간된 《천개의 고원》은 출간 시 《앙티-오이디푸스》만큼 커다란 관심을 받지 못했다. 1993년에 들뢰즈는 푸코의 자서전을 쓴 디디에 에리봉(Didier Eribon, 1953~)과의 회견 중 자신의 저서 《천개의 고원》을 언급했다. 그는 이 책이 자신의 저서 가운데 가장 잘된 책인데, 이 책에 대한 독자들의 반응이 신통치 않은 것을 아쉬워했다. 그는 책이 너무 두껍기 때문이 아닐까 생각하기도 했다. 또한 지난 것이 아닐까 의심하기도 했다. 그러나 들뢰즈가 생각했던 것과 달리, 그 책의 시대가 지난 것이 아니라, 아직 오지 않은 것이라 해야 옳을 것이다. 이 책으로 인해 들뢰즈의 세기가 될 것이라고 했던 푸코의 말은 21세기에도 이어질 것 같다.

들뢰즈는 폐암으로 오랫동안 고생했다. 그는 나중에 양 허파를 잃게 될 정도로 병이 들어 있었다고 한다. 폐활량이 보통 사람의 8분의 1에 불과했지만, 그는 골초여서 강의시간에도 담배를 피웠다. 그리고 병든 몸이 못 견딜 때까지 알코올에 취해 살기도 했다. 손톱은 길게 길러 덩굴처럼 손가락 아래로 감겨 있었다. 오랫동안 산소 호흡기에 의지해 살던 들뢰즈는 1995년 11월 4일에 투신자살했다.

드니 유이스망(Denis Huisman)이 편찬한 《철학자 사전》을 보면 들뢰즈를 괴상하고 별난 철학자라고 소개하고 있다. 소개대로, 들뢰즈의 철학은 서술 방식이나 표현 모두 별스러웠고, 항상 변화해갔으며, 기존의 다른 철학과 차이가 났다. 그러나 그것은 어쩌면 바람직한 것이기도 하다. 니체는 미완으로 남긴 《힘에의 의지(Der Wille zur Macht)》에서 이렇게 말한다. 그것은 들뢰즈를 두고 한 말 같다.

"철학자가 '별짜'라는 것은 필연이고, 어쩌면 바람직한 것이다."

28

첫사랑의 시간

—

한나 아렌트

Hanna Arendt

열다섯 살 먹은 여학생과 무분별하기로 악명이 높은 젊은 교사 사이에 충돌이 벌어졌다. 젊은 교사는 모욕적인 언사를 내뱉어 이 여학생을 화나게 했다. 대부분의 경우, 학생이 꾹 참고 쉬쉬하는 것과 달리, 이 소녀는 젊은 교사를 상대로 수업 거부를 주도했다. 이 소녀는 열네 살에 이미 칸트의 《순수 이성 비판》과 카를 야스퍼스의 《세계관의 심리학(Psychologie der Weltanschauungen)》을 읽었다. 그리고 친구들과 동아리를 만들어 그리스 고전을 읽을 정도로 조숙한 학생이었다. 사건이 벌

한나 아렌트

어지자, 학교에서는 일방적으로 그녀에게 불리한 조치를 취했다. 어린 여학생을 퇴학시키기로 결정한 것이다. 그녀의 양아버지가 교장을 상대로 항의를 해보았지만, 결정은 바뀌지 않았다. 교장은 학생들을 주도해 수업 거부를 한 것을 학교에 대한 중대한 도전으로 생각했다.

열다섯 살의 어린 이 여학생은 불의에 대한 불복종과 항의가 얼마나 힘든 결과를 낳는지 체험했다. 그러나 그녀는 그런 불의에 주눅 들지 않았다. 퇴학을 당한 후, 그녀는 가족의 전폭적인 후원을 받으며 베를린으로 갔다. 그리고 베를린 대학에서 과르디니(Romano Guardini, 1885~1968년)의 강의를 들었다. 강의를 들으면서 그녀는 신학과 키르케고르에 관심을 갖게 되었다. 그녀는 베를린에서 다시 돌아와 외부 학생 자격으로 고등학교 졸업 자격시험에 응시하겠다고 했다. 학교는 더 이상 그녀를 반대하지 않았다. 그녀는 1924년에 다른 학생들보다 1년 먼저 졸업 자격시험에 합격했다.

고집이 세고 저항적이지만 놀라울 정도로 지적인 이 여학생은 유대인 여성 철학자 한나 아렌트(Hanna Arendt, 1906~1975년)다. 그녀는 어머니의 영향을 많이 받았다. 그녀의 어머니는 로자 룩셈부르크(Rosa Ruxemburg, 1871~1919년)의 열렬한 지지자였다. 룩셈부르크 단체인 스파르타쿠스단의 반란으로 총파업이 일어났을 때, 그녀는 딸에게 역사적인 사건이므로 관심을 가지라고 말했다. 그러나 이 역사적인 사건은 짧은 순간에 비극적으로 끝이 났다. 룩셈부르크와 카를 리프크네히트(Karl Liebknecht, 1871~1919년)는 자유단원들에게 체포되어 사살되었다. 어머니의 영향이 있었지만, 그녀는 처음부터 혁명가나 사회이론가가 되려고 하지 않았다. 그녀는 오히려 실존적인 문제에 관심이 많았다.

한나 아렌트가 사회적인 문제와 정치적인 문제에 본격적으로 관심을 갖게 된 것은 유대인이라는 자신의 정체성을 확고히 깨달으면서부터였다. 그녀는 독일 하노버 교외에 있는 린덴의 유대인 가정에서 태어났다. 그녀의 아버지 파울 아렌트는 전기회사에서 일을 했다. 그녀가 세 살이었을 때, 아버지는 질병으로 직업을 포기해야만 했다. 그녀의 가족은 고향 쾨니히스베르크로 이사를 갔다. 칸트의 고향으로 유명한 쾨니히스베르크는 십자군 원정 당시 독일 기사단이 처음으로 건설한 도시다. 칸트가 활동하던 18세기에 쾨니히스베르크는 독일계 유대인들에게 계몽의 중심지였다. 그녀는 어린 시절을 회상하면서 쾨니히스베르크의 집에서 '유대인'이라는 말을 들어보지 못했다고 한다. 다른 아이들과 놀 때 '유대인'이라고 부르는 것을 듣고 유대인 문제를 어렴풋이 깨달 았지만, '반유대주의'라는 문제에 대해 심각하게 생각해보지 않았다고 한다.

일곱 살이 되던 해, 아렌트는 부친과 조부를 동시에 잃었다. 어머니 가 그녀를 홀로 양육했다. 그녀의 어머니는 아렌트의 어린 시절을 관찰 하고 기록할 정도로 지적인 여성이었다. 어머니는 그녀가 열네 살 때 마르틴 베어발트와 재혼했다. 마르틴 베어발트는 러시아 출신 금융업 자의 아들로 꽤나 부유한 사업가였다. 그에게는 이미 아렌트보다 나이 가 많은 두 딸이 있었다. 이 두 딸은 모두 음악에 재능이 있었다. 아렌 트는 피아노를 배웠지만 음악적 재능이 모자랐다. 그리고 고집을 피워 바이올린도 배우러 다녔지만, 그녀의 재능은 다른 데 있었다.

한나 아렌트는 학문에 재능이 있었다. 그녀는 대학 자격시험에 통과 한 후 철학과 신학, 그리고 그리스어를 배우기 위해 마르부르크 대학교 로 갔다. 그녀가 이 대학으로 간 까닭은 '가장 현대적이고 관심을 끌었 던' 후설의 현상학, 그리고 완벽한 스승이며 후설의 제자인 하이데거가 있었기 때문이다.

철학의 숨겨진 제왕을 만나다

아렌트는 오랜 시간이 지난 후 마르부르크 대학교에서 철학과의 만 남을 '첫사랑'의 시간이라고 표현했다. 철학이 그의 첫사랑이었지만, 그것은 하이데거의 인격으로 현현된 철학이었다. 하이데거는 1922년에 정교수 대우를 받는 원외교수로서 마르크부르크 대학교에 초빙되었다. 그는 당시에 하빌리타치온(Habilitation, 교수 자격 취득 논문) 이외에 다른 글을 출간한 적이 없었다. 그러나 그에 대한 소문은 이미 넓게 퍼져 있었다. 학생들은 하이데거를 '숨겨진 철학의 제왕' 또는 '메스키르히에서 온 마법사'로 불렀다.

1924년에 아렌트는 마르부르크 대학교에 입학했다. 이때 학생들 중에는 《책임의 원리》, 《생명의 원리》를 쓴 한스 요나스(Hans Jonas, 1902~1993년)도 있었다. 아렌트는 45년이라는 시간이 흐른 다음인 1969년 하이데거 탄생 80주년에서 이때의 분위기를 다음과 같이 간결하게 회상했다.

"사람들은 사유하는 법을 배우기 위해 하이데거에 관한 소문을 따랐다."

한나 아렌트가 하이데거의 강의를 처음 들을 때는 열여덟 살의 어린 여학생이었다. 그때 하이데거는 두 아들을 가진 서른다섯 살의 가장이었다. 아렌트는 하이데거의 강의를 듣고, 그의 철학에 매료되었다. 그녀는 하이데거에게 사랑을 느꼈다. 하이데거도 이 어리고 총명한 여학생의 사랑을 거부하지 않았다. 그는 편지와 시에서 자신의 헌신을 표현했으며, 그녀의 사랑이 꽃피우게 했다. 그러나 그는 사랑 때문에 자신의 생활을 변화시키려 하지 않았다. 두 사람의 관계는 1924년에서 1928년까지 4년 동안 지속되었다. 그러나 아렌트는 기혼자인 하이데거와의 사랑이 이루어질 수 없음을 깨닫고 괴로워했다. 1925년 여름에 아렌트가 쓴 '무제'라는 시를 보면 그런 심적인 갈등을 엿볼 수 있다.

부끄럽게, 마치 비밀처럼

당신은 왜 나에게 손을 내미는지요?

당신은 우리의 포도주를 알지 못할 만큼

그렇게 먼 나라에서 온 사람인가요?

아렌트는 프라이부르크 대학교로 가서 후설과 함께 연구를 했다. 그
녀는 하이데거와 떨어져 있으면서 그와의 관계에 대해 반성했다. 그리
고는 마르부르크 대학교로 돌아오지 않았다. 그녀는 하이데거 밑에서
학위 논문을 쓸 수 없었다. 그래서 하이데거는 그녀를 하이델베르크 대
학교의 카를 야스퍼스에게 소개했다. 야스퍼스는 하이데거와 의기투합
하여 철학을 개혁하고자 한 사람이었다. 아렌트는 20세기의 가장 위대
한 두 철학자에게 배우는 행운을 누렸다. 그것도 아주 가까이에서, 때
로는 함께 작업에 참여하면서. 아렌트가 하이데거를 만났을 때, 그는
《존재와 시간》을 쓰고 있었다. 하이데거는 아렌트와 만나던 시기인
1923년에서 1928년까지의 기간이 자신에게는 "가장 자극적이고 가장
침착하며 가장 파란만장한 시기"였다고 공개적으로 밝힌 적이 있었다.
이 시기에 그는 《존재와 시간》과 《칸트와 형이상학의 문제(Kant und
das Problem der Metaphysik)》를 집필하고 있었다.

아렌트가 하이델베르크 대학교로 왔을 때 카를 야스퍼스는 3부작으
로 된 대작 《철학(Philosophie)》을 쓰기 위해 고심하고 있었다. 어렸지
만 아렌트는 이미 세계적 철학자들과 문제를 공유하고 지적인 영감을
불러일으키고 있었다. 1928년에 그녀는 야스퍼스에게서 〈아우구스티
누스에게 있어서 사랑(Der Liebesbegriff bei Augustin)〉이라는 제목의 학

무솔리니와 히틀러. 세계를 전쟁과
죽음의 소용돌이로 몰고 간 히틀러.
유대인 말살정책으로 600여만 명의
유대인이 학살당했다.

위 논문을 썼다. 그 학위 논문에서 그녀는 아우구스티누스의 사랑을 야
스퍼스의 철학 방법의 구조에 따라 세계 지향적인 사랑, 초월적 사랑
(하느님의 사랑), 그리고 실존적 사랑(이웃 사랑)으로 나누어 다룬다. 아
렌트는 앞의 두 사랑이 지향하는 사랑을 이웃 사랑으로 본다. "너의 이
웃을 너와 같이 사랑하라."는 이웃 사랑은 변증법적 의미에서 앞의 두
사랑의 개념을 연결시키며 초월하고 있다. 이 학위 논문에는 야스퍼스
의 영향 이외에도 하이데거의 사유 방식의 영향이 나타나 있다.

　아렌트는 야스퍼스와는 스승으로서, 그리고 나중에는 철학적 토론자
로서 지속적인 관계를 유지했다. 1969년에 야스퍼스가 사망하자, 그녀
는 몇 개월 동안 검은 상복을 입고 다닐 정도로 그에 대한 존경과 사랑
을 잃지 않았다. 그러나 그녀는 1933년에 하이데거가 나치당에 가입하
자 그와의 관계를 끊었다.

1933년에 아렌트는 체코를 거쳐 파리로 망명한다. 파리로 망명하기 전 그녀는 결혼을 한다. 상대는 마르부르크 대학교 철학과 동기인 유대인 귄터 슈테른(Günther Stern, 1902~1992년)이었다. 그녀는 1929년에 베를린에서 그를 다시 만난다. 그들은 7개월간 동거 생활을 하다가 그해에 결혼한다. 귄터 슈테른은 철학 교수를 지망한 공산주의자였다. 그는 재능이 있었지만, 유대인에 대한 비우호적 분위기 탓에 교수가 될 수 없었다. 그래서 언론과 문필 생활로 만족해야 했다. 그는 귄터 안데르스(Günther Anders)라는 필명으로 알려졌다.

아렌트는 베를린에서 머무는 동안 한 유대인 여성의 삶을 다룬 《라헬 파른하겐: 한 유대인 여성의 삶(Rahel Varnhagen : Lebensgeschichte einer deutschen Jüdin aus der Romantik)》이라는 책을 쓰기 시작한다. 이 책은 1938년에 망명지인 파리에서 완성되어 1958년 미국에서 출간된다. 아렌트에게 이 흥미로운 유대인 여성을 소개해준 사람은 친구 안나 멘델스존이었다. 아렌트가 쓴 이 책에는 유대인 여성과 역사, 사회 등 여러 가지 측면이 중첩적으로 깔려 있다. 그녀는 사회적·심리적 측면에서 라헬의 인생 가운데 많은 부분에 공감한다. 그녀는 이 여인의 전기에 자기의 심정을 이입해놓는다. 이 책의 밑바닥에는 독일인 하이데거와 유대인 여성 아렌트와의 사랑이 어두운 그림자처럼 깔려 있다. 그러나 아렌트는 이 책을 통해 하이데거의 주술로부터 벗어나기 시작한다.

무국적자로서의 삶

아렌트는 《라헬 파른하겐》의 여성을 통해 유대인으로서의 자각과 동시에 역사와 정치 문제에 대해 관심을 기울이기 시작한다. 아렌트는 독일 사회에 결코 동화될 수 없었던 라헬 파른하겐이라는 유대인 여성을 통해 유대인으로서 '현실'의 문제에 눈을 뜬다. 아렌트는 베버가 유대인과 관련해 처음으로 쓴 개념인 '파리아(Paria, 국외자)'를 사용한다. 파리아는 독일의 동화정책에도 불구하고 결코 동화될 수 없었던 유대인을 뜻한다. 그러면 파리아로서의 라헬 파른하겐은 어떤 여성인가? 라헬 파른하겐은 18세기에 실존했던 여성이다. 그녀는 19세기 베를린에서 슐라이어마허, 슐레겔, 훔볼트 등 당대의 유명한 문인들을 상대로 살롱을 경영했다. 그녀는 독일인 귀족 아우구스트 파른하겐(Karl August Varnhagen von Ense, 1785~1858년)과의 결혼을 통해 유대인이라는 출생을 지우고자 했다. 그러나 그녀는 결국 그런 시도가 헛된 망상이었음을 깨달았다. 독일 사회의 부르주아 계급은 그녀를 결코 수용하지 않았고, 귀족들은 그녀를 멀리했기 때문이다. 그녀는 자신이 결코 동화될 수 없는 유대인이라는 것을 깨달았다. 동화되지 않은 유대인으로서 라헬은 동화된 유대인인 파브뉴보다 현실이 어떤 것인지 훨씬 더 잘 느낄 수 있었다. 아렌트는 책의 말미에서 동화주의를 통한 유대인 배제정책의 성격을 다음과 같이 서술한다.

"전체적으로 유대인들에게 적대적인 사회에서—그리고 이 상황은 유대인들이 살고 있는 모든 나라에 해당한다—동화될 수 있는 유일한 길은 반유대주의에 동화되는 길밖에 없다."

라헬은 이러한 동화를 거부했고, 자신이 유대인이라는 것을 솔직하게 수용했다. 아렌트는 이 여성을 통해 유대인 여성으로의 삶을 이해하고, 그 여성의 눈으로 현실을 바라보기 시작했다. 라헬은 아렌트의 '또 하나의 자아'였다.

아렌트는 라헬 파른하겐에 관한 책을 집필하면서 역사와 정치에 훨씬 더 많은 관심을 기울였다. 마르크스와 트로츠키를 읽었고, 베를린 정치대학교의 유대인 교수들과 자주 만났다. 1932년에는 〈독일의 유대인 역사(Geschichte der Juden in Deutschland)〉라는 잡지에 〈계몽주의와 유대인 문제(Aufklärung und Judenfrage)〉라는 논문을 발표했다. 이 논문에서 아렌트는 주로 헤르더의 입장을 따라 유대인의 문제를 서술했다. 그녀는 보편적 '이성'을 강조하는 계몽주의의 태도에 대항하여 개개인과 민족에 필요한 역사의 중요성을 강조한 헤르더의 입장을 지지했다.

1933년에 히틀러가 정권을 완전히 장악한 후 독일의 상황은 매우 위험해졌다. 그녀는 1932년에 이주할 것을 고민했지만 베를린에 남기로 했다. 그녀의 남편은 공산주의자들의 소행으로 알려진 독일 의회 방화 사건 때문에 1933년 봄에 파리로 이주했다. 베를린에 혼자 남게 된 그녀는 반유대주의적인 조치가 시행됨에 따라 더욱 시급해진 시온주의 운동에 열중했다. 그녀가 시온주의 운동에 적극적으로 참여하게 된 것은 1926년에 하이델베르크에서 만난 시온주의자 쿠르트 블루멘펠트(Kurt Blumenfeld, 1884~1963년)의 영향이 컸다. 그는 그녀의 정치적 멘토였다. 블루멘펠트는 유대인 문제에 대해 그녀의 눈을 뜨게 해주었다. 그녀는 자신의 아파트를 히틀러 체제에 반대하는 시온주의 운동을 하는 사람들뿐만 아니라 사회주의자들에게도 은신처로 제공했고, 그들이 도주하는 것을 도왔다. 결국 그녀는 1933년에 어머니와 함께 점심을 먹기 위해 귀가하던 중 게슈타포에게 체포되었다. 다행히 별다른 혐의가 발견되지 않아 여드레 만에 풀려났다. 그렇지만 그녀는 더 이상 독일에 머무는 것이 위험하다고 느껴 체코슬로바키아를 거쳐 파리로 망명했다. 파리에서 그녀는 잠시 UN 기구에서 일하다가 다시 세계 시온주의자 조직의 회원으로 활동했다. 시오니즘은 고대 유대인들의 고향이었던 팔레스타인 지역에 유대인 국가를 건설하는 것을 목표로 하는 유대인 민족주의 운동이다.

아렌트는 파리에서 남편과 재회한다. 그러나 그들의 부부 생활은 오래가지 못했다. 귄터 슈테른이 1936년에 뉴욕으로 떠나면서 그들의 관계는 끝이 났다. 아렌트는 그와 헤어지고 나서 두 번째 남편이 되는 하인리히 블뤼허(Heinrich Friedrich Ernst Blücher, 1899~1970년)를 만난다. 그는 1919년에 스파르타쿠스 폭동에 가담한 비유대인 공산주의자이자 독일 공산당의 창설자이기도 했다. 하인리히 블뤼허는 1940년에 전처와 이혼하고 그녀와 결혼했다.

아렌트는 프랑스에서 1933년에서 1941년까지 머무른다. 그러나 무국적자로서의 프랑스 생활은 안전하지 못했다. 1938년 봄, 프랑스 정부는 반 외국인 칙령을 공포한다. 1939년에는 적대 국가인 독일 국민을 감금하는 시행령을 실시한다. 1940년 5월에 블뤼허와 아렌트 부부는 체포되어, 아렌트는 에스파냐 국경 근처 귀르의 여자 수용소로 보내지고, 블뤼허는 행방이 묘연해진다. 모든 것을 압수당한 채 여자 수용소에서 아렌트는 독일 시인 베르톨트 브레히트(Bertolt Brecht, 1898~1956년)가 《노자가 국경을 넘어가는 길에 쓴 도덕경에 관한 전설(Legende von der Entstehung des Buches Taoteking auf dem Weg des Laotse in die Emigration)》을 되뇌며 희망과 위안을 받는다.

오스카 코코슈카, 〈노는 아이들〉, 연대 미상.
전쟁은 어린 아이들의 미래와 희망을 앗아간다.

"흐르는 부드러운 물이 시간이 지나면 힘 있는 돌을 이긴다오."

아렌트에 따르면, 절망에 빠져 있던 사람들이 이 시를 복음을 전파하듯 입에서 입으로 옮겨 마치 이 시가 들불처럼 수용소에 퍼졌다고 한다. 이 시는 발터 벤야민(Walter Bendix Schönflies Benjamin, 1892~1940년)이 친구인 베르톨트 브레히트를 만나고 돌아오면서 가지고 온 미출간 시였다. 이 시를 벤야민은 아렌트에게 들려주었고, 아렌트는 그것을 암기했다. 아렌트 부부는 베를린 시절부터 벤야민과 잘 알고 지냈다. 그녀는 벤야민을 하이데거와 같은 '시적인 사상가'로 여겼다. 아렌트 부부는 1939년과 1940년에 벤야민과 유대교 신비주의에 대해 논의하며 많은 영향을 받았다.

발터 벤야민은 유대계 독일인으로 마르크스주의자이자 문학평론가이며 철학자였다. 그는 게르숌 숄렘(Gershom Scholem, 1897~1982년)의 유대교 신비주의와 마르크스주의의 영향을 받았으며, 프랑크푸르트학파의 아도르노와 독일 시인 베르톨트 브레히트와 교유했다. 그는 일회성, 창조성 등 전통적 예술 작품의 이해에 대항하여 복제 가능한 기술 발전의 시대에 있어 예술 작품의 의미를 통찰하고자 했다. 그는《기술 복제시대의 예술 작품(Das Kunstwerk im Zeitalter seiner technischen Reproduzierbarkeit)》(1936년)에서 사진과 영화 등 새로운 기술과 예술 형식이 가지고 올 사회 효과와 변화에 대해 언급한 적이 있었다. 그의 예술 이론은 현재에 매체 미학으로 다양하게 조명되며 해석되고 있다.

1940년에 프랑스가 독일에 점령당하자 블뤼허와 아렌트는 수용소에서 해방되었다. 두 사람은 안전하지 못한 독일 점령 하의 프랑스를 피해 미국으로 떠나기로 결심했다. 미국으로 떠나기 전, 아렌트 부부는 1940년 마르세유에서 구금에서 풀려난 벤야민를 마지막으로 만날 수 있었다. 그들은 벤야민에게 뉴욕 사회조사연구소의 동료들이 그를 위해 미국행 긴급비자를 확보했다는 사실을 알려주었다. 벤야민은 불안한 마음으로 그들에게《역사철학에 관한 테제(Thesen Über den Begriff der Geschichte)》(1940년)를 포함하여 원고 모음집을 맡겼다.

아렌트 부부는 나중에 벤야민이 에스파냐 국경에서 자살했다는 소식을 들었다. 1940년에 벤야민은 프랑스가 독일에 점령당하자 프랑스를 몰래 떠나 에스파냐를 거쳐 미국으로 가고자 했다. 프랑스 출국허가서를 가지고 있지 않던 그는 소규모의 사람들과 함께 피레네 산맥을 넘어 프랑스를 탈출해 에스파냐로 가려고 했다. 그러나 에스파냐 국경마을

인 포르부에 도착하자 세관원은 에스파냐를 통과하는 것을 허락하지 않았다. 노자는 국경에서 세관원의 부탁으로 《도덕경》을 저술할 기회가 있었지만, 벤야민에게는 그런 기회가 없었다. 세관원은 그가 누구인지도 몰랐다. 벤야민은 절망한 나머지 국경에서 음독자살했다. 그가 음독자살한 것에 마음이 움직인 세관원은 그의 일행들을 모두 통과시켜주었다.

아렌트 부부는 미국행 비자를 얻어 1941년에 미국으로 떠났다. 그들은 벤야민이 맡긴 《역사철학에 관한 테제》와 다른 원고를 미국 뉴욕의 사회조사연구소로 가지고 갔다. 그들은 《역사철학에 관한 테제》를 뉴욕으로 가는 배를 기다리는 동안 서로에게 읽어주고 주변 사람들에게도 큰 소리로 읽어주었다. 아렌트는 죽은 친구를 위해 그의 이름의 이니셜을 딴 'W. B.'라는 시를 썼다.

언젠가 땅거미 지는 저녁이 다시 오고,
별들에게서 밤이 떨어져 내릴 때,
우리의 몸을 활짝 피고 누워 있겠지요.
가까이에서든, 먼 곳에서든.
……

멀리서 들리는 소리, 가까이에 있는 걱정.
죽은 자들이 내는 모든 소리,
그들은 우리를 깊은 잠으로 인도하기 위해
우리가 전령으로 먼저 보낸 사람들이지요.

아렌트에게 벤야민의 죽음은 파리아로서의 유대 지식인의 비극적 운명을 보여주는 것이었다. 그것은 앞으로 아렌트가 이론적으로 힘겹게 싸워야 할 운명을 예고하는 것이기도 했다.

아렌트 부부는 리스본을 거쳐 1941년 5월에 미국에 도착했다. 그녀는 그해 10월부터 뉴욕에서 발간되는 독일계 유대인 주간지 〈건설(Aufbau)〉에서 일했다. 유대사에 관한 글로 그녀는 미국의 시온주의자들 사이에서 명성이 잘 알려져 있었기 때문이다. 그녀는 주로 시온주의자들과 함께 활동을 했다. 그러나 시온주의의 세계관에 대해서는 비판적 입장을 취했다. 그녀가 생각하는 정치 원리는 자유와 정의였다. 이 원리는 시온주의의 본질인 선택 받은 민족이라는 생각과 일치하지 않았다.

미국에서 지낸 지 얼마 되지 않은 1943년에 아렌트는 유대인 학살 소식을 접한다. 도저히 상상할 수 없는 방식으로 유대인 학살이 벌어진 것이다. 그녀는 이 전대미문의 학살사건을 추적한다. 그녀는 1945년부터 《전체주의의 기원(The Origins of Totalitarianism)》이라는 책을 집필해 그 추적의 결과를 담는다. 이 작업 이외에도 큰 유대계 출판사의 편집장으로 자리를 옮겨 카프카의 일기를 편찬하는 작업을 맡는다. 1949년에서 1952년까지는 '유대문화재건(Jewish Cultural Reconstruction, JCR)'이라는 조직의 책임자로 일한다. 또 1949년에서 1950년까지는 JCR의 위임을 받고 독일을 다시 방문한다. 그때 그녀는 1933년 이후 헤어졌던 카를 야스퍼스와 하이데거를 다시 만난다.

하이데거와의 만남은 괴롭고도 복잡했다. 하이데거는 여전히 그녀에 대한 감정을 간직하고 있었다. 그는 아렌트와 만나고 온 다음 날 부인에게 그녀가 자기 삶의 열정이었고, 저서를 집필하는 데 영감을 주었다고 솔직하게 고백하고 용서를 구했다.

인류의 개조를 위해 제거 당하는 개인

미국으로 돌아온 아렌트는 1951년에 780여 쪽에 달하는 방대한 양의 《전체주의의 기원》을 출간한다. 이 책은 독일에서는 1955년에 《전체주의적 지배의 요소와 기원(Elemente und Ursprünge totaler Herrschaft)》이라는 이름으로 출간된다. 이 책은 출간되자마자 많은 주목을 받는다. 《전체주의의 기원》은 '반유대주의'·'제국주의'·'전체주의', 이렇게 3부로 구성되어 있다. 그녀는 전체주의는 인간성 또는 인간의 본질을 파괴하는 세력으로 '공존'을 불가능하게 하는 유일한 정부 형태라고 말을 한다. 아렌트는 이 책에서 홀로코스트, 아우슈비츠와 수용소 군도의 시각에서 전체주의를 이해하려고 한다. 그녀는 묻는다. 인간을 조직적으로 학살하고 유대 인종을 말살하려는 전체주의 정권이 어떻게 현대에서 가능한 것인가?

아렌트는 이러한 물음을 파헤치기 위해 대부분 역사학자들이 쓰는 순수한 인과적 서술 방식을 쓰지 않았다. 전체주의는 단순한 역사 문제가 아니라 현실 정치의 문제였다. 전체주의의 본질을 이해하고 그것에 저항하고자 했다. 그러기 위해서는 전체주의에 대한 역사적 설명뿐만 아니라, 전체주의 운동 및 지배의 본질적 구조를 밝혀내야 했다. 그녀는 반유대주의, 제국주의를 전체주의 운동이라는 전혀 새로운 형태의 정치적 억압으로 파악했다. 따라서 유대인들이 유럽인들의 증오 대상이 된 원인에 대한 분석이 필요했다. 유대인들은 유럽의 민족국가 형성 과정에서 막대한 자본과 신용으로 국가의 중요한 재정적 필요를 충족시켜주는 중요한 역할을 했다. 그리고 그 대가로 일종의 정치적 특권을 인정받았다. 그러나 19세기 말 제국주의가 도래한 후, 민족국가는 쇠퇴해갔고, 유대인과 국가 간의 그러한 밀착관계는 끝이 났다. 제국주의 시대는 전통적 계급 체제가 붕괴되고, 정치권력이 대중으로 이행한 시기였다. 정치적 특권을 잃은 유대인들은 여전히 부를 갖고 있었다. 그러나 그 부가 바로 대중들의 증오의 대상이 되었다. 유럽에 반유대주의가 형성되었지만, 아직 그것은 유대인들을 말살하는 폭압적인 정치 세력으로 발전하지 않았다.

아렌트가 볼 때, 제국주의는 전체주의가 정치 세력화하는 본격적인 계기가 되었다. 제국주의의 팽창은 유럽 대중에게 식민지 인종에 대한 지배 의식과 식민지 인종주의적 편견을 전파했다. 전체주의는 이러한 인종주의적 편견을 통해 새로운 정치권력으로 등장한 대중들을 규합했다. 다른 한편으로 제국주의 시대에는 정치에 무관심하고 개인적 이익에만 관심을 갖던 부르주아지에 의한 정치 개입이 시작된 시기였다. 부와 정치적 권력을 장악한 부르주아지는 온갖 부조리와 부패를 야기했다. 대중은 불만에 가득 차 있지만 고립되어 있으며 사회에서 주변부를 차지했다. 전체주의는 부르주아지의 탐욕과 자만에 찬 지배에 대해 이런 대중들을 규합해 그들의 세력을 얻어 나갔다. 전체주의는 이들을 교묘하게 정치 조직화하고, 거기에 인종주의적 이데올로기까지 동원해 자신의 체제를 구축했다. 실제로 히틀러와 스탈린은 대중의 인기를 얻고 권력을 장악했으며, 대중들의 간절한 열망에 대한 응답이었다. 전체주의 지도자들은 이들 대중에게 개인적 정체성과 역사적 운동의 주체라는 허위의식을 심어주었다. 이러한 허위의식에 기반해 전체주의 하에서 대중은 거대한 폭력적 군중으로 변하게 되었다. 아렌트는 이러한 현상을 표현하기 위해 '폭력적 대중(mob)'이라는 개념을 사용했다.

전체주의는 독재 체제와도 다르다. 독재자는 자신의 사적인 이익이나 권력을 위해 시민의 이익을 배반하고 억압한다. 그리고 거창한 목적을 내세운다. 그러나 전체주의는 인간에 대한 전체적 지배를 목적으로 한다. 전체주의는 지배 수단으로 이데올로기와 테러를 사용한다. 이데올로기는 역사와 미래, 그리고 세계를 설명하는 논리적 신념 체계로서 전체주의 운동의 논리성을 제공한다. 독재정권이 무력을 사용하여 대중들을 지배하는 것과 달리, 전체주의 체제의 지배자와 대중은 전체주의적 이데올로기의 논리성에 스스로 굴복하고 그것을 위해 일한다. 히틀러나 스탈린과 같은 지배자는 이데올로기적 논리성에 스스로 신념화된 지배자다. 그들은 그들의 신념을 실현하기 위해 가공할 폭력인 '테러'를 쓰는 것을 주저하지 않는다. 그들에게 테러는 그들의 신념을 구체적으로 실현시키기 위한 '정당화된' 수단이기 때문이다. 그들은 '테러'를 통해 그들의 신념에 위배되는 모든 장애물을 제거해 나간다. 그들은 '전체의 신념'을 위해 인간들의 자유와 다양성 등을 제거하고, 전체의 목적을 위한 거대한 규모의 단일한 인간을 만들어낸다. 이런 의미에서 아렌트는 전체주의적 테러의 궁극적인 목적을 다음과 같이 말한다.

"테러의 궁극적인 목적은 여러 사람의 복지나 한 사람의 이익이 아니라, 인류의 개조로서 종(種)을 위해 개인들을 제거하는 것이며, 전체를 위해 '부분들'을 희생시키는 것이다."

노예로 붙잡혀 가는 아프리카 흑인들.
유럽 사람들은 흑인을 처음 보고
끔찍한 공포를 느꼈다.
이는 노예제도와 인종차별주의의
바탕이 되었다.

　이러한 전체주의적 테러의 본모습이 가장 잘 드러난 곳이 바로 강제
수용소다. 강제수용소는 전체주의의 근본 신념이 실험되고 검증되는
실험실로서 모든 인간의 개별성과 자발성을 말살해버리는 곳이다. 이
강제수용소를 통해 드러난 전체주의라는 정부 형태가 목적한 바는 바
로 인간성의 완전한 파괴와 말살이다. 아렌트에 따르면, 한마디로 말해
전체주의는 인간성 또는 인간의 본질을 파괴하는 세력으로 '공존'이 불
가능한 유일한 정부 형태라는 것이다. 《전체주의의 기원》의 결론에서
그녀는 인간의 모든 공동생활을 파괴하는 전체주의에 대항해 정치적으
로 새롭게 시작해야 하는 인간의 자유를 이렇게 옹호한다.

"정치적으로 시작은 인간의 자유와 동일하다. '시작이 있기 위해 인간이 창조되었다.'고 아우구스티누스는 말했다. 새로운 탄생이 이 시작을 보장한다. 실제로 모든 인간이 시작이다."

《전체주의의 기원》이 출판되자마자 아렌트는 곧바로 유명세를 탄다. 아렌트는 그 영향으로 1951년에 미국 국적을 취득할 수 있었다. 미국 국적을 취득하기 전까지 그녀는 파리에서부터 12년간 무국적자로서의 삶을 살았다. 그녀는 무국적자의 삶을 통해 처절하게 깨달은 것이 있었다. 그것은 국적 그 자체가 "인간으로서의 권리를 가질 수 있는 권리"에 해당하는 인간의 기본 권리라는 것이었다. 이와 연관해 그녀는 인간의 기본적 권리이자 조건으로서 인간의 정치적 삶에 대해 많은 관심을 기울인다. 그 결과 1958년에 《인간의 조건(The Human Condition)》이라는 책을 펴낸다. 이 책에서 그녀는 기존의 정치 이론들에 대해 철저한 비판을 가한다. 그리고 그녀는 탄생, 죽음, 삶, 다양성, 세계 등 인간 실존의 조건들뿐만 아니라 인간의 근본적 활동과 그것이 이루어지는 조건들에 대해 탐구한다.

그녀는 고대 그리스 문화로 거슬러 올라가서 세 가지 근본적인 인간 활동을 구분한다. 고대 그리스인들은 노동, 작업, 그리고 행위를 구분했다. 노동은 생존을 위해 필요한 육체적 활동이며, 작업은 수공업적으로 또는 예술적으로 뭔가 만들어내는 활동이다. 그리스인들은 빵을 굽거나 아이를 낳거나 생존에 필수적인 노동은 노예와 외국인, 그리고 여성의 소관으로 생각했다. 그리고 그런 일은 공공 생활의 영역이 아니라 사적인 영역에 속한 것이라고 생각했다. 그리스인들은 예술 작품을 만드는 작업도 육체적 활동과 연관이 있으며, 이것도 자유인이 할 일이 아니라고 생각했다. 그리스인들의 생각에 자유인이 해야 할 활동은 폴리스의 공공 영역에서 이루어지는 말과 행위였다. 공공 영역인 정치적 영역에서의 말과 행위는 인간이 자기만의 고유함을 드러내는 활동이다. 이것이 인간을 형성하는 본질이다. 만약 이러한 말과 행위가 없다면 인간은 더 이상 삶을 사는 것이 아니라 그저 숨을 쉬며 죽어가는 것이다. 인간은 말과 행위를 통해 자신의 고유함을 드러내고 또 서로를 이해한다. 이러한 것이 인간의 다양성을 형성한다. 아렌트는 인간의 조건으로 정치 공동체와 공적 문제에 대한 절대적인 참여를 주장한다.

아렌트는 《인간의 조건》이후에도 여러 책을 계속 펴냈다. 《과거와 미래 사이(Between Past and Future)》(1961년), 《혁명론(On Revolution)》(1963년), 《예루살렘의 아이히만(Eichmann in Jerusalem: A Report on the Banality of Evil)》(1963년), 《정신의 삶(The Life of the Mind)》(1978년)을 썼다. 특히 예루살렘에서 있었던 아이히만 재판에 대한 그녀의 생각을 담은 《예루살렘의 아이히만》은 많은 논란을 불러일으켰다.

책상 앞의 살인자, 악은 생각하지 않는다

1960년 5월 24일, 이스라엘 비밀요원들은 아르헨티나에서 아돌프 아이히만을 납치해 이스라엘로 송환했다. 송환 과정을 두고 국제적 논란이 벌어졌지만, 이스라엘은 아이히만을 예루살렘에서 재판하고자 했다. 아이히만은 누구인가? 그는 1906년 독일 졸링겐에서 태어났다. 1932년에 비밀 나치당에 입당해, 같은 해 하인리히 히믈러(Heinrich Luitpold Himmler, 1900~1945년)가 조직한 나치 친위대(SS) 정예부대에 들어갔다. 히믈러가 국가안전국(RSHA)을 창설했을 때 베를린에 있는 유대인 담당부서에서 일했다. 1942년 1월, 베를린 근교에서 나치 고위 관리들이 모여 유대인 문제의 '마지막 해결책'에 필요한 계획을 세웠다. 그것은 유대인을 대량 학살하는 것이었다. 아이히만은 이 문제를 해결하는 책임을 맡았다. 그는 유대인을 선별하고 집결시킨 다음 집단 수용소로 보내 그들을 죽음으로 몰아넣었다. 전쟁 뒤 아이히만은 미군에 붙잡혔으나 포로수용소에서 탈출했다. 이후 몇 년 동안 중동 지역을 전전하다가 아르헨티나로 건너갔다. 이스라엘 비밀요원은 그를 끈질기게 추적해 결국 1960년 5월에 부에노스아이레스 근처에서 그를 체포하는 데 성공했다. 1961년 4월 11일부터 시작된 이 재판에서 아이히만은 교수형을 선고받았다.

아렌트는 아이히만의 재판이 열릴 것이라는 소식을 듣고, 곧바로 〈뉴욕커(The New Yorker)〉의 편집장에게 재판의 리포터를 하겠다고 자청했다. 아렌트는 예정되어 있는 대학의 강의도 취소하고 재판을 참관했다. 그리고 다섯 번에 걸쳐 재판 참관 기사를 〈뉴요커〉에 게재했다.

아돌프 아이히만을 취재하다가 아렌트는 깜짝 놀랐다. 수백만 명의 유대인 학살을 자행한 아이히만은 성격 파탄자도 아니고 정신이상자도 아니었기 때문이다. 그는 너무나 멀쩡하고 평범했다. 거대한 이데올로기에 도취되어 있지도 않았다. 오히려 그는 칸트를 들먹이며 자기의 의무를 다했을 뿐이라고 주장했다. 그는 이상을 위해서라면 "아버지마저도 죽일 수" 있을 정도로 자신은 이상주의자라고 주장했다. 그러나 아렌트는 심문과 재판 과정에서 보인 아이히만의 이런 행동을 허풍이라고 생각했다.

아이히만이 의무 운운하며 뻔뻔하게 자행했던 악행을 어떻게 설명할 수 있을까? 그녀는 그의 과거에서부터 그의 생각까지 면밀하게 추적했다. 그녀가 도달한 결론은 의외로 간단했다. 아이히만은 이상을 들먹이지만, 무엇이 옳고 그른지 판단하거나 사유할 능력이 없는 사람이었다. 그는 자신의 '복종'과 칸트의 '의무'를 구별하지 못했다. 그는 자신의 이상에만 충실해 그것이 타인의 입장에서 어떻게 생각될 수 있는지 판단할 수 없었다. 그리고 타인과 제대로 소통할 수 있는 언어 능력도 부재했다. 그가 쓰는 말들은 나치가 만들어낸 상투어였다. 그러한 언어는 현실을 호도하고, 자기가 하는 일에 대해, 현실에 대해 눈감게 해주었다. 예를 들어 학살이라는 말 대신에 최종 해결책, 유대인 이송 작업은 재정착과 같은 말을 쓰는 것이다. 이러한 언어는 스스로를 기만하고, 현실을 제대로 볼 수 없게 한다. 아렌트가 보기에 아이히만은 이상주의자가 아니었다. 그는 히틀러에 대한 맹목적 충성심만이 있을 뿐, 스스로 사유할 능력이 없는 한 평범한 인간이었다. 그는 자기 일을 완벽하게 해내고자 한 정상적인 관료였지만 책상 앞의 살인자였다.

아이히만에 대한 아렌트의 이런 기사는 심한 반대와 저항을 불러일으켰다. 1963년에 '악의 평범성'이라는 부제가 달린 《예루살렘의 아이히만》이 나왔을 때 유대인들은 거세게 반발하며 그녀를 비난했다. 유대인들은 아렌트가 유대인 수백만 명을 학살한 악을 사소하고 평범한 일로 만들고 있다고 비난했다. 저명한 시온주의 학자 숄렘도 그녀에게는 유대인에 대한 사랑이 부족하다고 비판했다. 악의 평범성에 대한 그녀의 주장은 그녀의 사후에도 많은 반대를 낳았다. 철학자 칼 포퍼는 1982년에 〈타임스 문예부록(The Times Literary Supplement)〉에 쓴 글에

재판 받는 아이히만. 아렌트는 아이히만이
보여준 잔인함의 근원이
"생각하지 않음"에서 연유한다고 말했다.

서 '악의 평범성'이라는 아렌트의 개념은 무의식적으로 하이데거와 낭
만주의를 옹호하고 그들에게 면죄부를 주려 한 것이 아닌가 하는 의심
을 나타내기도 했다.

그러나 아렌트가 '악의 평범성'을 통해 말하고자 한 것은 자신의 의
무를 다하고 있다고 스스로 생각하는 사람들에게서 그런 악행이 얼마
든지 다시 나타날 수 있다는 것이다. 예를 들어 광주항쟁에서 명령을
이행한 군인들은 자신의 의무를 다했다고 할 수 있다. 그러나 그것은
무고한 시민을 살해하는 악행이었다. 그것은 의무지만, 받아들여서는
안 되는 악이다. 악은 평범하지만, 우리가 옳고 그름에 대해 사유하기
를 멈추었을 때, 그것은 전 세계에서 그리고 우리 주변에서 항상 나타

날 수 있는 현상이다.

　아렌트는 1953년부터 프린스턴과 하버드, 버클리 등에서 강연을 해 달라는 요청을 받았다. 그녀는 1959년에 프린스턴 대학교 최초의 여교수가 되었다. 1963년부터는 시카고 대학교로 옮겨 1967년까지 일을 했다. 또 1967년부터 1975년에 사망할 때까지 뉴욕의 사회조사 대학원의 정치철학 교수로 일했다. 그녀는《예루살렘의 아이히만》이외에도,《혁명론(On Revolution)》(1963년),《어두운 시대의 사람들(Men in Dark Times)》(1968년),《공화국의 위기 : 정치에 있어서 거짓말(Crises of the Republic: Lying in Politics)》(1969년),《시민적 불복종(Civil Disobedience)》(1969년),《폭력의 세기(On Violence)》(1969년) 등 중요 저작들을 연이어 출간했다. 그녀가 보여준 이론적 · 정치적 활동은 그녀 생전에 이미 많은 존경을 받았다. 그녀는 1959년에 함부르크 시가 수여한 레싱 상을, 1967년에 독일 언어예술학술원에서 준 지그문트 프로이트 상을, 1975년에는 유럽 문화에 대한 기여를 인정받아 코펜하겐 대학교의 존닝 상을 받았다.

　아렌트는 1973년과 1974년에 행한 애버딘 대학의 기퍼드 강의들에 기초해《정신의 삶-사유》,《정신의 삶-의지》를 1978년에 출간했다. 이것은《정신의 삶(Life of the Mind)》의 1부와 2부에 해당한다. 그녀는《예루살렘의 아이히만》에서 제기한 물음인 인간의 사유력과 정치적 행위의 연관을 규명하기 위해 관심을 기울였다. 이《정신의 삶》은 사유, 의지, 그리고 판단의 3부작으로 집필될 예정이었다. 그녀는 1부와 2부는 완성했지만, 3부인 판단은 완성하지 못했다. 1975년에 3부 '판단'의 집필을 막 시작할 무렵 그녀는 두 번째 심장마비를 일으켜 사망했다.

완성되지 않은 3부에 해당하는 〈판단〉 부분은 유고집으로, 1982년에 《칸트 정치철학 강의(Lectures on Kant's Political Philosophy)》라는 제목으로 출간되었다.

아렌트의 장례식은 1975년 12월 8일에 리버사이드 기념 예배당에서 거행되었다. 그녀의 오랜 친구이자 마르부르크 대학 동기인 한스 요나스는 아렌트에 대해 이렇게 조사(弔詞)를 했다.

제가 이 남다른 신입생을 어떻게 기억하지 않을 수 있겠습니까! 부끄러워하고 수줍어하며, 특별히 아름다운 외모와 고독한 눈매를 지닌 아렌트는 금방 규정할 수 없을 정도로 여전히 예외적이며, 남다르게 뛰어난 인물이었습니다.

한나 아렌트는 철학의 깊은 심연으로 빠져들어 가지 않고, 일생 동안 유대인 문제와 현실 정치 문제에 대해 고민했다. 그녀는 인간의 자유와 타인의 자유, 그리고 그러한 자유를 형성할 수 있는 조건에 대해 평생 열정을 바쳐 연구했다. 그녀가 그렇게 열정을 바친 까닭은 단 한 마디로 요약될 수 있다.

"아모르 문디(세계 사랑)!"

나는 이 글을 쓰기 위해 철학자들이 남긴 삶의 궤적이나 글을 추적하면서 이런 질문들을 던지곤 했다.

"당신의 삶은 어땠습니까? 왜 그런 생각을 하게 되었지요? 도대체 하고자 하는 말이 뭡니까?"

이 물음들을 통해 나는 그들과의 대화를 시도하기도 했다. 만약 철학자들이 살아 있다면, 내가 던진 물음들에 대해 그들은 어떤 대답을 했을까? 그런 상상을 하며 글을 써 내려갔다. 현대로 내려올수록 철학자들의 대답은 알아듣기 쉽지 않았다. 그들이 설명해주는 이론은 난해하고 복잡해 쉽고 명쾌하게 잘 정리되지 않아 글로 옮기기가 어려웠다. 그래도 내 나름대로는 이 책에서 독자에게 철학자들의 뜻을 쉽고 분명하게 전달하고자 노력했다.

되돌아보니, 〈고중세〉 편에서도 그랬지만 〈근현대〉 편을 쓰면서도 철학자들의 생애가 내 머릿속에 강렬한 인상과 감동으로 남아 있다. 목숨의 위협을 받으며 네덜란드로 망명해 영국 혁명을 기획하고 새로운 사회에 맞는 철학을 꿈꾸었던 로크, 유대교로부터 파문을 당하면서도 우주의 진리를 설파했던 '스피노자', 동서 문명의 교류를 꿈꾸었던 박학다식한 천재 라이프니츠, 유물론자로 낙인이 찍혀 고통을 받으면서도 끝내 철학을 포기하지 않았던 '포이어바흐', 세계 평화와 정의를 위해 노령의 나이에도 시위를 주도하며 정열적으로 살았던 러셀, 〈인민의 대의〉라는 신문을 거리에서 나누어주었던 사르트르, 이가 빠지는 영양실조를 견디며 이론적으로 전체주의에 맞서 싸우기 위해 《열린 사회와 그 적》의 집필에 몰두하던 포퍼의 모습이 내 기억에 아직 강렬하게 남아 있다. 독자 여러분도 내가 느꼈던 그러한 강렬한 인상과 감동을 이 책을 통해서 조금이라도 느꼈으면 하는 바람이다. 철학자들의 삶을 들여다보면서, 그들이 쓴 철학 책이 결코 뜬구름 잡는 소리가 아니라 시대와 현실의 문제를 해결하기 위한 치열한 고뇌의 결과라는 것을 알 수 있었다.

헤겔이 말한 대로 철학사는 본질적으로 세계사다. 왜냐하면 철학자들은 그 시대의 문제를 핵심적으로 파악하고 그것을 이론화했기 때문이다. 따라서 철학사를 읽는다는 것은 곧 세계사의 본질과 핵심을 읽는다는 뜻이다. 이 말을 그대로 적용해본다면, 〈고중세〉와 〈근현대〉 편에 소개된 철학자들의 삶을 이해한다는 것은 세계사의 본질과 핵심과 맞부딪치며 고뇌했던 대표적 인간들을 이해하는 것이라고 할 수 있다.

여기서 한 사람 한 사람 호명할 수 없어 안타깝지만, 이 책이 완성될 때까지 가족과 많은 분들의 격려와 관심이 있었다. 그리고 이 〈근현대〉 편을 내기 위해 많은 수고를 기울인 휴머니스트의 김학원 대표, 이상용 부사장, 선완규 편집주간, 임미영 편집장과 김서연 편집자에게 감사를 드린다.

그러나 나에게 지적인 자극을 주며 대화에 응해준 철학자들이 없었다면, 이 책은 애당초 쓰일 수 없었을 것이다. 또한 그러한 철학자들에 대해 관심을 기울이는 독자 여러분이 없었다면, 이 책은 세상의 빛을 보지 못했을 것이다. 그러한 점에서 이 책을 읽어준 독자 여러분에게도 감사를 드린다.

참고 문헌

0. 개설서

· Copleston, F., *A History of Philosophy*, vol. 1~9, The Newman Press, Westminster, 1961.

· Diels/Kranz, *Die Fragmente der Vorsokratiker, I~ III,* Weidmann, 1974. 〔이 책의 약호는 DK 로 하고 인용은 본문에 표시〕; 《소크라테스 이전 철학자들의 단편선집》, 김인권 외 옮김, 아카넷, 2005.

· Hegel, G., *Geschichte der Philosophie, I, II,* Frankfurt/M., 1986.

· Hirschberger, J., *Geschichte der Philosophie I, II,* Herder, Basel, Freiburg, Wien, 1965; 《서양 철학사》 상·하, 강성위 옮김, 이문출판사, 2006.

· Höffe, O., *Klassiker der Philosophie, I, II,* C. H. Beck, München, 1981.

· ———, *Kleine Geschichte der Philosophie,* C. H. Beck, München, 2001.

· Kenny, A., (ed) *Western Philosophy,* Oxford Univ. Press, 1993.

· Kunzmann, P., u. a., *dtv-Atlas zur Philosophie,* München, 1993; 《그림으로 읽는 철학사》, 홍 기수 외 옮김, 예경, 1999.

· Lutz, B., (hrsg.), *Metzler Philosophen Lexikon,* Metzler, Stuttgart, 1995.

· Magee, B., *The Story of Philosophy,* Dorling Kindersley, London, 2001; 《사진과 그림으로 보 는 철학의 역사》, 박은미 옮김, 시공사, 2002.

· Russel, B., *History of western philosophy,* George Allen & Unwin, London, 1979; 《서양철학 사》, 서상복 옮김, 을유문화사, 2009.

· Russel, B., *Wisdom of the West,* Crescebt Books Inc., 1979; 《서양의 지혜》, 이명숙 외 옮김, 서광사, 1990.

· Störig, H. J., *Weltgeschichte der Philosophie,* Stuttgart, 1985; 《세계철학사》, 박민수 옮김, 이룸, 2008.

· Weischedel, W., *Die philosophische Hintertreppe,* dtv, 2008; 《철학의 뒤안길》, 이기상·이말숙 옮김, 서광사, 1991. 〔이 책의 약호는 PH로 하고 인용은 본문에 "(PH 인용 쪽수)"로 표시〕

· Zimmer, R., *Das Philosophenportal,* München 2004; 《한 권으로 읽는 철학의 고전》, 이동희

옮김, 문예출판사, 2006.

1. 프랜시스 베이컨

- Bacon, F., *The Works of Francis Bacon*, vol. 1~14, Edited by J. Spedding, L. Ellis, Douglas D. Heath, London, 1857~1874.
- Whitney, C., *Francis Bacon and Modernity*, Yale Univ. Press, 1986.
- 베이컨, F., 김종갑 옮김,《새로운 아틀란티스》, 에코리브르, 2002.
- ──, 이종흡 옮김,《학문의 진보》, 아카넷, 2002.
- ──, 진석용 옮김,《신기관》, 한길사, 2001.

2. 토머스 홉스

- Hobbes, T., *Leviathan*, C. B. Macpherson, 1968;《리바이어던》1·2, 진석용 옮김, 나남출판, 2008;《리바이어던》, 김용환 옮김, 살림, 2008.
- 턱, R., 강정인 옮김,《홉즈의 이해》, 문학과지성사, 1993.

3. 르네 데카르트

- Descartes, R., *Oeuvres de Descartes*, vol. 13, Edited by Ch, Adam & P. Tannery, Paris 1974~1986.
- 데카르트, R., 원석영 옮김,《철학의 원리》, 아카넷, 2002.
- ──, 이현복 옮김,《방법서설, 정신지도를 위한 규칙들》, 문예출판사, 2001.
- ──, 이현복 옮김,《성찰, 자연의 빛에 의한 진리탐구, 프로그램에 대한 주석》, 문예출판사, 1997.
- 케니, A., 김성호 옮김,《데카르트의 철학》, 서광사, 1998.

4. 바뤼흐 스피노자

- Spinoza, B., *Sämtliche Werke in sieben Bänden*, Hamburg, 1972~1973.
- Vries, T., *Spinoza*, Hamburg, 1994.
- 스피노자, B., 강영계 옮김,《에티카》, 서광사, 2007.
- ──, 김호경 옮김,《신학 정치론》, 책세상, 2002.
- ──, 김호경 옮김,《정치론》, 갈무리, 2008.
- ──, 양진호 옮김,《데카르트 철학의 원리》, 책세상, 2010.

- 스크러턴, R., 정창호 옮김, 《스피노자》, 시공사, 2000.

5. 고트프리트 라이프니츠

- Finster, R. / Heuvel, G., *Gottfried Wilhelm Leibniz*, Reinbek in Hamburg, 1990.
- Heinz, H. H., *Leibniz, Stuttgart,* 1958.
- Leibniz, G. W., *Die Philosophische Schriften von G.W. Leibniz,* 7 Bd, Hildesheim, 1978.
- Liske, M-T., *Gottfried Wilhelm Leibniz,* München, 2000.
- 들뢰즈, G., 이찬웅 옮김, 《주름, 라이프니츠와 바로크》, 문학과지성사, 2004.
- 라이프니츠, G. W., 배선복 옮김, 《모나드론 외》, 책세상, 2007.
- ———, 배선복 옮김, 《철학자의 고백》, 울산대학교 출판부, 2002.
- ———, 배선복 옮김, 《라이프니츠와 클라크의 편지》, 철학과현실사, 2005.
- ———, 이동희 옮김, 《라이프니츠가 만난 중국》, 이학사, 2003.
- 로스, G. M., 문창옥 옮김, 《라이프니츠》, 시공사, 2000.
- 이정우, 《주름, 갈래, 울림: 라이프니츠와 철학》, 거름, 2001.

6. 존 로크

- Udo Thiel, *Locke,* Reinbek in Hamburg, 1990.
- 로크, J., 강정인 옮김, 《통치론》, 까치, 2007.
- ———, 공진성 옮김, 《관용에 관한 편지》, 책세상, 2008.
- ———, 이극찬 옮김, 《시민정부론》, 연세대학교 출판부, 1970.
- ———, 이재한 옮김, 《인간오성론》, 다락원, 2009.
- ———, 최유신 옮김, 《관용에 관한 편지》, 철학과현실사, 2009.

7. 조지 버클리

- 버클리, G., 이재영 옮김, 《새로운 시각 이론에 관한 시론》, 아카넷, 2009.
- ———, 한석환 옮김, 《하일라스와 필로누스가 나눈 대화 세마당》, 지만지, 2008.
- ———, 문정복 옮김, 《인간 지식의 원리론》, 울산대학교 출판부, 1999.

8. 데이비드 흄

- Hume, D., *The philosophical Works of David Hume,* 4 vols. Edited by T. H. Green and T, H. Grose, London 1874~1875, Reprinted in Darmstadt, 1964.

· Streminger, G., *Hume*, Reinbek in Hamburg, 1986.

· ———, *David Hume-Sein Leben und sein Werk*, München, 1995.

· 흄, D., 이준호 옮김, 《오성에 관하여 : 인간 본성에 관한 논고》 1, 서광사, 1994.

· ———, 이준호 옮김, 《정념에 관하여: 인간 본성에 관한 논고》 2, 서광사, 1996.

· ———, 이준호 옮김, 《도덕에 관하여: 실험적 추론 방법을 도덕적 주제들에 도입하기 위한 시도, 인간 본성에 관한 논고》 3, 서광사, 2008.

· ———, 이태하 옮김, 《자연종교에 관한 대화》, 나남출판, 2008.

· ———, 이태하 옮김, 《종교의 자연사》, 아카넷, 2004.

· 이준호, 《데이비드 흄: 인간 본성에 관한 논고》, 살림출판사, 2005.

9. 장 자크 루소

· Gaul, J-P., *Jean-Jacques Rousseau*, München, 2001.

· Rousseau, J-J., *Oeuvres complétes*, vol. 1~4, Paris, 1959~1969.

· Taureck, B. H. F., *Jean-Jacques Rousseau*, Reinbeck bei Hamburg, 2009.

· 루소, J-J., 서익원 옮김, 《신 엘로이즈》 1·2, 한길사, 2008.

· ———, 김중현 옮김, 《에밀》, 한길사, 2003.

· ———, 이환 옮김, 《사회계약론》, 서울대학교 출판부, 1999.

· ———, 주경복·고봉만 공역, 《인간 불평등 기원론》, 책세상, 2003.

· 김용민, 《루소의 정치철학》, 인간사랑, 2004.

10. 이마누엘 칸트

· Borowski, W., *Darstellung des Lebens und Charakters I. Kants*, Reprintted in Brüssel 1968.

· Gulyga, A., *Immanuel Kant*, Frankfurt/M., 1985.

· Höffe, O., *Immanuel Kant*, München, 1996; 《임마누엘 칸트》, 이상헌 옮김, 문예출판사, 1997.

· Kant, I., *Werke*, 10 Bd., Damstadt, 1983.

· ———, *Kritik der reinen Vernunft*, Hamburg, 1956; 《순수이성비판》 I·II, 백종현 옮김, 아카넷, 2006.

· ———, *Kritik der praktischen Vernunft*, Hamburg, 1967; 《실천이성비판》, 백종현 옮김, 아카넷, 2009.

· ———, *Kritik der Urteilskraft*, Hamburg, 1924; 《판단력비판》, 백종현 옮김, 아카넷, 2009.

· ——, *Die Religion innerhalb der Gerenzen der blossen Vernunft*, Königsberg, 1793; 《이성의 한계 내에서의 종교》, 신옥희 옮김, 이화여자대학교 출판부, 1990.

· Vorländer, K., *Immanuel Kant*, Hamburg, 2003.

· Vorländer, K., *Immanuel Kants Leben*, Hamburg, 1911; 《칸트의 생애와 사상》, 서정욱 옮김, 서광사, 2001.

· 칸트, I., 이한구 옮김, 《칸트의 역사철학》, 서광사, 1992.

11. 요한 고틀리프 피히테

· Fichte, J. G., *Fichtes Werke*, 8 Bd.. Berlin, 1971.

· Jacobs, W. G., *Johann Gottlieb Fichte Rowohlt*, Hamburg, 1998.

· 백훈승, 《피히테의 자아론 : 피히테 철학 입문》, 신아출판사, 2004.

· 피히테, J. G., 곽복록 옮김, 《독일 국민에게 고함》, 민성사, 1999.

· ——, 한자경 옮김, 서광사, 1997.

· ——, 한자경 옮김, 《전체지식론의 기초》, 서광사, 1996.

· ——, 서정혁 옮김, 《학자의 사명에 관한 몇 차례의 강의》, 책세상, 2002.

· ——, 이신철 옮김, 《학문론 또는 이른바 철학의 개념에 관하여》, 철학과현실사, 2005.

12. 프리드리히 셸링

· Baumgartner, H. M., Korten, H., *Friedrich Wilhelm Joseph Schelling*, München, 1996.

· Boenke, M., (Hrsg.), *Schelling*, München, 2001.

· Frank, M., *Eine Einführung in Schellings Philosophie*, Frankfurt a. M., 1985.

· Gulyga, A., *Schelling, Leben und Werk, Aus dem Russischen übertragen von Elke Kirsten*, Stuttgart, 1982.

· Heidegger, M., *Schelling*, Vom Wesen der menschlichen Freiheit, 1936.

· Jaspers, K., *Schelling. Größe und Verhängnis*, Frankfurt a. M., 1988.

· Josef, W. F., *Friedrich W. J. Schelling zur Einführung. Junius*, Hamburg, 1996.

· Jörg, S. H., (Hrsg.) *Friedrich Wilhelm Joseph Schelling*, Stuttgart, 1998.

· Schelling, F. W. J., *Ausgewählte Schriften*, 6 Bd., Suhrkamp, Frankfurt / M., 1983.

· 셸링, F. W. J., 전대호 옮김, 《초월적 관념론 체계》, 이제이북스, 2008.

· ——, 김윤상·심철민·이신철 공역, 《신화 철학》 1·2, 나남출판, 2009.

· ——, 심철민 옮김, 《조형미술과 자연의 관계》, 책세상, 2002.

- ——, 최신한 옮김, 《인간적 자유의 본질 외》, 한길사, 2000.
- ——, 한자경 옮김, 《자연철학의 이념》, 서광사, 1999.
- ——, 한자경 옮김, 《철학의 원리로서의 자아》, 서광사, 1999.
- 하이데거, M., 《셸링》, 동문선, 1997.

13. 게오르크 헤겔

- Finkard, T., *Hegel*, Cambridge University Press, 2000; 《헤겔, 영원한 철학의 거장》, 전대호·태경섭 옮김, 이제이북스, 2006.
- Fulda, H. F., *Georg Wilhelm Friedrich Hegel*, München, 2003.
- Gulyga, A., *Hegel*, Frankfurt a. M., 1981.
- Hegel, G. W. F., *G. W. F. Werke*, 20 Bd. Suhrkamp, Frankfurt/M., 1986.
- Jaeschke, W., *Hegel-Handbuch. Leben Werk Wirkung*, Stuttgart, 2003.
- Ludwig, R., *Hegel für Anfänger-Phänomenologie des Geistes*, München, 1997; 《정신현상학-쉽게 읽는 헤겔》, 이동희 옮김, 이학사, 2002.
- Rosenkranz, K., *Georg Wilhelm Friedrich Hegels Leben*, Darmstadt, 1997.
- Schnädelbach, H., *G. W. F. Hegel zur Einführung*, Hamburg, 1999.
- Taylo, C., *Hegel*, Frankfurt a. M., 1983.
- Wiedmann, F., *Hegel*, Rowohlt, Reinbek, 2003.
- 헤겔, G. W. F., 임석진 옮김, 《정신현상학》 1·2, 한길사, 2005.
- ——, 임석진 옮김, 《대논리학》, 지학사, 1982.
- ——, 박병기·박구용 옮김, 《정신철학》, UUP, 2000.
- ——, 임석진 옮김, 《법철학》, 한길사, 2008.
- ——, 임석진 옮김, 《피히테와 셸링 철학체계의 차이》, 지식산업사, 1999.
- ——, 권기철 옮김, 《역사철학강의》, 동서문화사, 2008.

14. 아르투르 쇼펜하우어

- Abendroth, W., *Schopenhauer*, Reinbek bei Hamburg, 1967; 《쇼펜하우어》, 이안희 옮김, 한길사, 1998.
- Abendroth, W., *Arthur Schopenhauer in Selbstzeugnissen und Bilddokumenten*.
- Möbuß, S., *Schopenhauer für Anfänger*, München, 2; 《의지와 표상으로서의 세계: 쉽게 읽는 쇼펜하우어》, 공병혜 옮김, 이학사, 2002.

· Safranski, R., *Schopenhauer und die wilden Jahre der Philosophie,* München, 1987.

· Schopenhauer, A., *Sämtliche Werke,* Suhrkamp, 5 Bd., Frankfurt / M., 1993.

· Spierling, V., *Arthur Schopenhauer zur Einführung. Junius,* Hamburg, 2006.

· ──, 곽복록 옮김, 《의지와 표상으로서의 세계》, 을유문화사, 2002

· ──, 김미영 옮김, 《도덕의 기초에 관하여》, 책세상, 2004.

15. 프리드리히 니체

· Franzel, I., *Nietzsche,* Reinbek bei Hamburg, 1991.

· Montinari, M., *Friedrich Nietzsche, Eine Einführung,* Berlin / New York, 1991.

· Nietzsche, F., *Sämtliche Werke,* 15. Bd., Walter de Gruyter, Berlin / NewYork, 1988.

· Hollingdale, R. J., *Nietzsche: The Man and his Philosophy,* London, 1965 ; 2nd rvd. edn., 2001 ; 《니체, 그의 삶과 철학》, 김기복 외 옮김, 이제이북스, 2004.

· Safranski, R., *Nietzsche,* Frankfurt / M., 2002 ; 《니체 : 그의 생애와 사상의 전기》, 오윤희 옮김, 문예출판사, 2003.

· Schmidt, R., & Spreckelsen, C., *Nietzsche für Anfänger - Also sprach Zarathustra,* München ; 《쉽게 읽는 니이체, 짜라투스트라는 이렇게 말했다》, 김미기 옮김, 이학사, 2005.

· 니체, F., 이진우 옮김, 《비극의 탄생 / 반시대적 고찰》, 책세상, 2005.

· ──, 김미기 옮김, 《인간적인 너무나 인간적인》 I · II, 책세상, 2001~2002.

· ──, 김정현 옮김, 《선악의 저편 / 도덕의 계보》, 책세상, 2002.

· ──, 백승영 옮김, 《바그너의 경우 · 우상의 황혼 · 안티 크리스트 · 이 사람을 보라 · 디오니소스 송가 · 니체 대 바그너》, 책세상, 2002.

· ──, 오성균 옮김, 《즐거운 학문》, 책세상, 2005.

· ──, 정동호 옮김, 《짜라투스트라는 이렇게 말했다》, 책세상, 2000.

16. 쇠렌 키르케고르

· Kierkegaard, S. A., *Werke,* Bd. 1~5, Reinbek, Hamburg, 1960.

· Rohde, P. P., *Kierkegaard,* Hamburg, 2002 ; 《키에르케코르, 코펜하겐의 고독한 영혼》, 임규정 옮김, 한길사, 2003.

· 라우리, W., 임춘갑 옮김, 《키르케고르 평전 : 키르케고르의 생애와 사상》, 다산글방, 2007.

· 키르케고르, S. A., 임규정 옮김, 《죽음에 이르는 병》, 한길사, 2007.

· ──, 임규정 · 연희원 옮김, 《유혹자의 일기》, 한길사, 2001.

- ———, 임규정 옮김, 《불안의 개념》, 한길사, 1999.
- ———, 임춘갑 옮김, 《공포와 전율 / 반복》, 다산글방, 2007.
- ———, 임춘갑 옮김, 《이것이냐 / 저것이냐》 1 ·2, 다산글방, 2008.

17. 루트비히 포이어바흐

- Bruno, G. bis Hegel, G. W. F.(Erlangen 1835 / 1836). *Bearb. von Carlo Ascheri und Erich Thies.* Darmstadt, 1974.
- Feuerbach, L., *Gesammelte Werke,* (hrsg.) von Werner Schuffenhauer, Akademie Verlag, Berlin, 1967~2007.
- ———, *Vorlesungen über Logik und Metaphysik,* Darmstadt, 1976.
- ———, *Vorlesungen über die Geschichte der neueren Philosophie von Ludwig Feuerbach,* Zur Moralphilosophie(1868), Berlin, 1994.
- Jaeschke, W., *Werner Schuffenhauer (Hrsg.)*: *Ludwig Feuerbach, Entwürfe zu einer Neuen Philosophie,* Hamburg, 1996.
- Wartofsky, M. W., *Feuerbach,* Cambridge Univ. Press, Cambridge, 1977.
- Weckwerth, C., *Ludwig Feuerbach,* Zur Einführung, Hamburg, 2002.
- Saß, H - M., *Ludwig Feuerbach, Mit Selbstzeugnissen und Bilddokumenten,* Rowohlts Monographien, München, 1978.
- 엥겔스, F., 강유원 옮김, 《루트비히 포이어바흐와 독일 고전철학의 종말》, 이론과실천, 2008.
- 포이어바흐, L., 강대석 옮김, 《기독교의 본질》, 한길사, 2008.
- ———, 강대석 옮김, 《종교의 본질에 대하여》, 한길사, 2006.

18. 카를 마르크스

- Marx, K. & Engels, F., , *Die Ausgewahlte Werke von Marx und Engels in sechs Bänden,* Dietz Verlag, Berlin, 1974; 《맑스 · 엥겔스 저작선집》(전 6권), 최인호 옮김, 박종철 출판사, 2000 ~2003.
- ———, *Die deutsche Ideologie,* Berlin, 1845~1846; 《독일 이데올로기》 1, 박재희 옮김, 청년사, 2007.
- ———, *Manifest der Kommunistischen Partei,* London Februar, 1848; 《공산당선언》, 이진우 옮김, 책세상, 2002.

· ───── , _Das Kapital. Kritik der politischen Oekonomie._ Bd. I~III, 1867~1869 ; 《자본론》1~3,
김수행 옮김, 비봉출판사, 2005.

· 프롬, E., 최재봉 옮김, 《마르크스를 말하다》, 에코의 서재, 2007.

19. 존 스튜어트 밀

· Gaulke, J., _John Stuart Mill,_ Rowohlt, Hamburg, 1996.

· Mill, J. S., _Autobiography of John Stuart Mill,_ Columbia Univ. Press, New York, 1924 ; 《자서
전》, 배영원 옮김, 범우사, 2008.

· ───── , _Collected works of John Stuart Mill,_ 33 vols., Toronto Univ. Press, 1963~1991.

· Thomas, W., _Mill,_ Oxford Univ. Press, New York, 1983 ; 《존 스튜어트 밀 : 생애와 사상》,
허남결 옮김, 서광사, 1997. ; 밀, J. S., 서병훈 옮김, 《여성의 종속》, 책세상, 2007.

· ───── , 서병훈 옮김, 《자유론》, 책세상, 2007.

20. 버트런드 러셀

· Ayer, A. J., _Russell,_ Woburn Press, 1974 ; 《러셀》, 신일철 옮김, 이화여자대학교 출판부,
1995.

· Russell, B., _Principia Mathematica_ (mit Alfred North Whitehead). 3 Bände, Cambridge
Univ. Press, Cambridge, 1910~1913.

· ───── , _The Problems of Philosophy,_ Williams & Norgate, London. (dt. Probleme der
Philosophie, 1912.

· ───── , _Our Knowledge of the External World,_ Open Court, Chicago / London, 1914.

· ───── , _Why I Am Not a Christian,_ Watts, London, 1927 ; 《나는 왜 기독교인이 아닌가》, 송
은경 옮김, 사회평론, 2005.

· ───── , _Marriage and Morals,_ George Allen & Unwin, London, 1929.

· ───── , _An Inquiry into Meaning and Truth,_ W. W. Norton & Company, New York, 1940.

· ───── , _The Conquest of Happiness,_ W. W. Norton & Company, 1996.

· ───── , _Unpopular Essays,_ A Clarion Book, New York, 1950 ; 《반속적 에세이》, 홍은희 옮
김, 삼성출판사, 1976.

· ───── , _Human Knowledge : Its Scope and Limits,_ Routledge, 2009 ; 《행복의 정복》, 이순희 옮
김, 사회평론, 2005.

· ───── , _The Problem of China,_ George & Unwin Ltd, 1922 ; 《러셀, 북경에 가다》, 이순희 옮

김, 천지인, 2009.

- ――, *My Philosophical Development*, Routledge, 1995.
- ――, *The Autobiography of Bertrand Russell*, vol. I ~ 3, George Allen & Unwin, London, 1967~1969 ; 러셀, B., 송은경 옮김, 《러셀 자서전》 상·하, 사회평론, 2003.

21. 루트비히 비트겐슈타인

- Wittgenstein, L., *Werkausgabe*, Bd. 1~8, Frankfurt / M., 1991.
- 비트겐슈타인, L., 이영철 옮김, 《논리철학논고》, 책세상, 2006.
- ――, 이영철 옮김, 《철학적 탐구》, 책세상, 2006.
- ――, 이영철 편역, 《청색 책·갈색 책》, 책세상, 2006.
- 서광선·정대현 편역, 《비트겐슈타인》, 이화여자대학교 출판부, 1989.
- 슐테, J., 김현정 옮김, 《비트겐슈타인》, 인물과사상사, 2007.

22. 마르틴 하이데거

- Biemel, W., *Martin Heidegger*, Hamburg, 1973 ; 《하이데거》, 신상희 옮김, 한길사, 1997.
- Figal, G., (Hrsg.), *Heidegger Lesebuch*, Frankfurt a. Main., 2007.
- Farías, V., *Heidegger et le Nazisme*, Lagrasse, 1987.
- Geier, M., *Martin Heidegger*, Hamburg, 2005.
- Heidegger, M., *Sein und Zeit*, Tübingen, 1993 ; 《존재와 시간》, 소광희 옮김, 경문사, 1998.
- ――, *Holzwege*, Frankfurt a. M., 2003 ; 《숲길》, 신상희 옮김, 나남출판, 2008.
- ――, *Vom Wesen der Wahrheit*, Frankfurt, 1954 ; 《진리의 본질에 관하여》, 이기상 옮김, 까치, 2004.
- ――, *Die Technik und die Kehre*, Tübingen, 1962 ; 《기술과 전향》, 이기상 옮김, 서광사, 2004.
- ――, *Erläuterungen zu Hölderlins Dichtung*, Frankfurt a. M., 1996.
- ――, *Die Selbstbehauptung der deutschen Universität*, Frankfurt a. M., 1990.
- Pöggeler, O., *Der Denkweg Martin Heideggers*, Neske, Pfullingen, 1983 ; 《하이데거 사유의 길》, 이기상 외 옮김, 문예출판사, 1983.
- Safranski, R., *Ein Meister aus Deutschland, Heidegger und seine Zeit*, Frankfurt a. M., 1998.
- 박찬국, 《하이데거와 나치즘》, 문예출판사, 2001.
- ――, 《들길의 사상가》, 동녘, 2004.

- 이수정·박찬국, 《하이데거, 그의 생애와 사상》, 서울대학교 출판부, 2004.

23. 장 폴 사르트르

- Sartre, J. F., *L'Être et le Néant*, Paris, 1943; 《존재와 무》, 손우성 옮김, 삼성출판사, 1977.
- ——, *L'existentialisme est un humanisme*, 1945; 《실존주의는 휴머니즘이다》, 박정태 옮김, 이학사, 2008.
- ——, *Critique de la raison dialectique I~III,* Gallimard, Paris, 1960; 《변증법적 이성비판》 1·2·3, 박정자·변광배·윤정임·장근상 공역, 나남출판, 2009.
- 박홍규, 《카페의 아나키스트 사르트르: 자유를 위해 반항하라》, 열린시선, 2008.
- 베르나스코니, R., 변광배 옮김, 《HOW TO READ 사르트르》, 웅진지식하우스, 2008.
- 비멜, W., 《사르트르》, 한길사, 1999.
- 사르트르, J. F., 방곤 옮김, 《구토》, 문예출판사, 1999.
- ——, 정명환 옮김, 《문학이란 무엇인가》, 민음사, 2000.
- ——, 박정태 옮김, 《지식인을 위한 변명》, 이학사, 2007.
- ——, 정명환 옮김, 《말》, 민음사, 2008.
- ——, 윤정임 옮김, 《시대의 초상: 사르트르가 만난 전환기의 사람들》, 생각의나무, 2009.
- 앙리 레비, B., 변광배 옮김, 《사르트르 평전》, 을유문화사, 2009.

24. 칼 포퍼

- Geier, M., *Karl Popper,* Hamburg, 2003.
- Popper, K. R., *Open Society and Its Enemies,* Princeton Univ. Press, 1971; 《열린사회와 그 적들》 1·2, 이한구 외 옮김, 민음사, 2006.
- ——, *All Life is Problem Solving,* Routledge, 2001; 《삶은 문제해결의 연속이다》, 허형은 옮김, 부글북스, 2006.
- ——, *The Poverty of Historicism,* Routledge, 2002; 《역사주의의 빈곤》, 이석윤 옮김, 벽호, 1996.
- 매기, B., 이명현 옮김, 《칼 포퍼: 그의 과학철학과 사회철학》, 문학과지성사, 1995.
- 포퍼, K. R., 이상헌 옮김, 《우리는 20세기에서 무엇을 배울 수 있는가?》, 생각의나무, 2000.
- ——, 이한구 옮김, 《추측과 논박》 1·2, 민음사, 2001.
- ——, 박중서 옮김, 《끝없는 탐구: 내 삶의 지적 연대기: 칼 포퍼 자서전》, 갈라파고스, 2008.

25. 자크 데리다

· Derrida, J., *L'écriture et la différence*, Seuil. 1967 ; 《글쓰기와 차이》, 남수인 옮김, 동문선, 2001.

· ———, *De la grammatologie,* Paris, 1967 ; 《그라마톨로지에 대하여》, 김웅권 옮김, 동문선, 2004.

· ———, *La voix et le phénomène*, Presses Universitaires de France. 1967 ; 《목소리와 현상 : 후설 현상학에서 기호 문제에 대한 입문》, 김상록 옮김, 인간사랑, 2006.

· ———, *Éperons. Les styles de Nietzsche,* Champs Flammarion, 1972 ; 《에쁘롱 : 니체의 문체들》, 김다은·황순희 공역, 동문선, 1998.

· ———, *Glas, Galilée,* Paris, 1974.

· ———, *La carte postale, De Socrate à Freud et au-delà,* Flammario, 1980.

· ———, *De l'esprit, Heidegger et la question,* Galilée, Paris, 1987.

· 노리스, C., 이종인 옮김, 《데리다》, 시공사, 1999.

· 데리다, J., 김보현 편역, 《해체》, 문예출판사, 1996.

· ———, 박찬국 옮김, 《정신에 대해서 : 하이데거와 물음》, 동문선, 2005.

· ———, 배의용 옮김, 《기하학의 기원》, 지만지, 2008.

· 지마, P., 김혜진 옮김, 《데리다와 예일학파》, 문학동네, 2001.

· 도이처, P., 변성찬 옮김, 《HOW TO READ 데리다》, 웅진지식하우스, 2007.

· 키멜레, H., 박상선 옮김, 《데리다 철학의 개론적 이해》, 서광사, 1996.

26. 미셸 푸코

· Foucault, M., *Histoire de la folie à l'âge classique Folie et déraison,* Paris, 1961 ; 《광기의 역사》, 이규현 옮김, 나남, 2003.

· ———, *Naissance de la clinique une archéologie du regard médical,* Paris, 1963.

· ———, *La verité et les formes juridiques,* Paris, 1964.

· ———, *Les mots et les choses Une archéologie des sciences humaines,* Paris, 1966 ; 《말과 사물》, 이광래 옮김, 민음사, 1997.

· ———, *Originaltitel L'archéologie du savoir,* Paris, 1969 ; 《지식의 고고학》, 민음사, 2000.

· ———, *Originaltitel L'ordre du discours,* 1970.

· ———, *Ceci n'est pas une pipe,* Paris, 1973.

· ———, *Surveiller et punir la naissance de la prison,* Paris, 1975 ; 《감시와 처벌 : 감옥의 역사》,

오생근 옮김, 나남출판, 2003.

· ────, *Histoire de la sexualité*, vol. 1∼3, La volonté de savoir, Paris, 1976∼1985 ; 《성의 역사》, 이규현 옮김, 나남출판, 2004.

· 밀스, S., 임경규 옮김, 《현재의 역사가 미셸 푸코》, 앨피, 2008.

· 에리봉, D., 《미셸 푸코》 상 · 하, 시각과언어, 1995.

· 푸코, M., 심세광 옮김, 《주체의 해석학: 1981∼1982》, 동문선, 2007.

27. 들뢰즈

· 구니이치, U., 이정우 · 김동선 공역, 《들뢰즈, 유동의 철학》, 그린비, 2008.

· 들뢰즈, G., 가타리, F., 최명관 옮김, 《앙띠 오이디푸스: 자본주의와 정신분열증》, 민음사, 2000.

· ────, 김재인 옮김, 《천 개의 고원: 자본주의와 분열증》 2, 새물결, 2001.

· 들뢰즈, G., 이정우 옮김, 《의미의 논리》, 한길사, 1999.

· ────, 허경 옮김, 《푸코》, 동문선, 2003.

· ────, 김상환 옮김, 《차이와 반복》, 민음사, 2004.

· ────, 이찬웅 옮김, 《주름, 라이프니츠와 바로크》, 문학과지성사, 2004.

· ────, 박정태 옮김, 《들뢰즈가 만든 철학사: 생성과 창조의 철학사》, 이학사, 2007.

· ────, 박찬국 옮김, 《들뢰즈의 니체》, 철학과현실사, 2007.

· 콜브룩, C., 백민정 옮김, 《질 들뢰즈》, 태학사, 2004.

· ────, 한정헌 옮김, 《들뢰즈 이해하기: 차이생성과 생명의 철학》, 그린비, 2007.

28. 한나 아렌트

· Arendt, H., *Der Liebesbegriff bei Augustin, Versuch einer philosophischen Interpretation*, 1929.

· ────, *The Origins of Totalitarianism*(1951). Rev. ed.; Schocken, New York, 2004 ; 《전체주의의 기원》 1 · 2, 이진우 외 옮김, 한길사, 2006.

· ────, *The Human Condition*, Chicago Univ. Press, Chicago, 1958 ; 《인간의 조건》, 이진우 외 옮김, 한길사, 2009.

· ────, *Rahel Varnhagen: the life of a Jewess*, Harcourt Brace Jovanovich, New York, 1974.

· *Die ungarische Revolution und der totalitäre Imperialismus*, 1958.

· *Between Past and Future: Six exercises in political thought*, Viking, New York, 1961(Two more essays were added in 1968).

· *On Revolution,* Viking, New York, 1963 ; 《혁명론》, 홍원표 옮김, 한길사, 2004.

· *Eichmann in Jerusalem: A Report on the Banality of Evil,* 1963. Rev. ed ; Viking, New York, 1968 ; 《예루살렘의 아이히만》, 김선욱 옮김, 한길사, 2009.

· ————, *Men in Dark Times,* Harcourt Brace and World, New York, 1968.

· ————, *On Violence.* Harvest Books, New York, 1970.

· ————, *The Jew as Pariah: Jewish Identity and Politics in the Modern Age,* 1978.

· ————, *Life of the Mind Ed. Mary McCarthy,* 2 vols., Harcourt Brace Jovanovich, New York, 1978.

· ————, *Lectures on Kant's Political Philosophy,* Chicago Univ. Press, 1992 ; 《칸트 정치철학 강의》, 김선욱 옮김, 푸른숲, 2002.

· ————, *The Promise of Politics.* Edited with an Introduction by Jerome Kohn, Schocken, New York, 2005.

· ————, *Between Past and Future,* Lotte Kohler, 1986 ; 《과거와 미래 사이》, 서유경 옮김, 푸른숲, 2009.

· Bernstein, R. J., *Hannah Arendt and Jewish Question,* Polity Press ; 《한나 아렌트와 유대인 문제》, 김선욱 옮김, 아모르문디, 2009.

· *Hannah Arendt / Karl Jaspers Correspondence, 1926~1969,* Edited by Lotte Kohler and Hans Saner, translated by Robert Kimber and Rita Kimber, Harcourt Brace Jovanovich, New York, 1992.

· *Hannah Arendt and Martin Heidegger. Letters, 1925~1975,* Edited by Ursula Ludz, translated Andrew Shields, Harcourt, New York, 2004.

· Heuer, W., *Hannah Arendt,* Rowohlt, 1999.

· Young-Bruehl, E., *Hannah Arendt: For Love of the World,* Yale Univ. Press, 1982 ; 《한나 아렌트 전기》, 홍원표 옮김, 인간사랑, 2007.

· 김비환, 《축복과 저주의 정치학》, 한길사, 2001.

세상에서 가장 흥미로운 철학 이야기 근현대 편

지은이 | 이동희

1판 1쇄 발행일 2010년 8월 30일
1판 2쇄 발행일 2011년 4월 25일

발행인 | 김학원
편집인 | 선완규
경영인 | 이상용
편집장 | 위원석 정미영 최세정 황서현
기획 | 나희영 임은선 박인철 김은영 박정선 김희은 김서연 정다이
디자인 | 김태형 유주현
마케팅 | 이한주 하석진 김창규
저자 · 독자 서비스 | 조다영 함주미(humanist@humanistbooks.com)
스캔 · 출력 | 이희수 com.
용지 | 화인페이퍼
인쇄 | 청아문화사
제본 | 정민제책

발행처 | (주)휴머니스트 출판그룹
출판등록 | 제313-2007-000007호.(2007년 1월 5일)
주소 | (121-869) 서울시 마포구 연남동 378-8, 9호 동현빌딩 3층
전화 | 02-335-4422 팩스 | 02-334-3427
홈페이지 | www.humanistbooks.com

ⓒ 이동희 2010

ISBN 978-89-5862-358-8 03100

만든 사람들

기획 | 김서연(ksy2001@humanistbooks.com) 선완규
편집 | 임미영
디자인 | 민진기디자인